中国禅宗
典籍丛刊

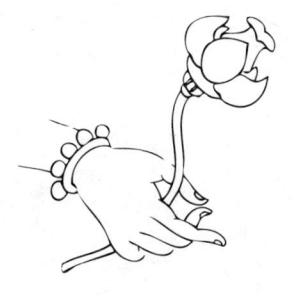

祖堂集

主编 杨曾文　黄夏年

【南唐】静、筠禅僧 编　张华 点校

中州古籍出版社
· 郑州 ·

珍贵的早期禅宗史书《祖堂集》
——代序

杨曾文

一、《祖堂集》

《祖堂集》在中国久已佚失，是日本学者在 20 世纪 20 年代于朝鲜发现的现存最早的禅宗史书。五代南唐保大十年（952）由泉州招庆寺的静、筠二位禅僧编撰。全书二十卷，继承禅宗南宗编于唐贞元十七年（801）的史书《宝林传》（现仅有残本）的祖统世系，编撰从过去七佛，至禅宗所奉初祖大迦叶……第二十八祖菩提达摩……第三十二祖弘忍、第三十三祖慧能，以及从慧能弟子青原行思至第八代属于雪峰义存法系的禅师、从另一弟子南岳怀让至第七代属于临济义玄法系的禅师或居士 246 人（实有传记者）的传记。

北宋景德元年（1004）法眼宗禅僧道原编撰《景德传灯录》三十卷，翰林学士杨亿与兵部员外郎李维、太常丞王曙奉诏加以刊削裁定，并由杨亿作序，在大中祥符四年（1011）敕入大藏经，此后成为最盛行的禅宗史书，出现多种编印本。然而同样是禅宗史书，比它早52年出世的《祖堂集》却逐渐从社会上湮没无闻。

在《祖堂集》被发现后，日本学者对它作了很多深入细致的研究，特别是先后在花园大学禅文化研究所、京都大学人文科学研究所任职的柳田圣山教授对《祖堂集》的研究花费精力最大，从20世纪50年代开始誊写刻印《祖堂集》和抄写语汇卡片，1972年指导中文出版社将花园大学收藏的朝鲜刻本《祖堂集》影印出版，1980年以后将自己抄录的卡片整理统编为《祖堂集索引》三册陆续出版，先后花了30多年的时间。他为中文出版社影印的《祖堂集》写的序、为《祖堂集索引》上册写的《绪言》、为下册写的《祖堂集解题》，全面概述了自己及其他日本学者对《祖堂集》的研究成果。此外，驹泽大学椎名宏雄教授的《〈祖堂集〉的编成》（驹泽大学《宗学研究》1979年第21号）依据佛教史书和中国地方志的资料对此书的编撰及其在朝鲜的刊印等作了论证；日本石井修道所著《宋代禅宗史的研究》（大东出版社1987年出版）第一章《景德传灯录的历史性格》的第五节也对《祖堂集》有关作者、编撰问题作了细致的考察。

下面主要参考柳田、椎名、石井三位教授的研究成果，并参照有关文献资料对《祖堂集》的编撰、在中国的流传、高丽版的雕印及其发现，略作介绍。

二、关于《祖堂集》的编撰

唐朝后期至五代时期，慧能开创的禅宗南宗逐渐成为禅宗的主流，并且得到迅速发展。在禅宗的发展中虽然慧能的弟子神会

(686—760)北上与北宗辩论，在"安史之乱"中主持戒坛为平定叛乱筹集军饷立功，为扩大南宗影响和取得朝廷对禅宗南宗的支持作出巨大贡献，但真正将南宗禅法传播于后世者是慧能另两个弟子青原行思、南岳怀让法系的弟子。在青原的弟子石头希迁的门下，出了药山惟俨和天皇道悟，在药山的法系后来形成曹洞宗；在道悟的法系经三传至雪峰义存（822—908），在雪峰的法系后来形成云门宗和法眼宗。在南岳的弟子马祖道一的法系，后来形成临济宗、沩仰宗。

《祖堂集》的编撰者出自雪峰义存的法系。《祖堂集》之序的作者是泉州招庆寺的住持净修文僜禅师。《祖堂集》卷十三所载《福先招庆和尚传》、《景德传灯录》卷二十二《泉州招庆院省净修大师传》皆是他的传记。此外，明代福州鼓山涌泉禅寺僧元贤在崇祯十六年（1643）编撰的《泉州开元寺志》（《中国佛寺史志汇刊》第二辑第8册，台湾明文书局1980年出版）和乾隆二十八年刊《泉州府志》卷六十五皆有省僜的传。下面据这些资料对文僜的生平略作介绍。

文僜，即省僜（？—972），俗姓阮，泉州仙游县（在今福建省）人，原精于戒律，并常讲《观弥勒菩萨上生经》，后改奉禅宗，相继参谒雪峰弟子鼓山神晏、长庆慧棱、安国弘韬，皆未契悟，后投至雪峰的另一弟子保福从展（867—928）的门下，从受禅法。此后游历吴、楚等地，访师参禅。

泉州在五代时期先归十国之一的闽国统辖。唐末王潮为福州观察使，占据今福建地方。五代后梁开平三年（909），王潮之弟王审知被封闽王，领有五州，治福州（在今福建）。后唐同光三年（925）王审知死，诸子为争王位发生内乱。后唐长兴四年（933）王延钧即位称帝，都长乐（今福州），国号闽。后晋天福八年（943）王延钧弟王延政另在建州（今福建建瓯）称帝，国号殷，三年后复国号闽，不久被南唐所灭。时为南唐保大三年（945）。

雪峰义存及其弟子得到闽王和地方官僚的大力支持，在福州、泉州、漳州一带地区建立寺院，传播禅法，影响很大。王延彬是闽王王审知之侄，唐末天祐初（904）为平卢节度使，权知泉州军州事，翌年正式为泉州刺史，官至检校太保、太尉等，前后任泉州刺史达26年（约至930）。他出生于泉州佛寺，信奉佛教，"多艺，工诗歌，颇通禅理"（《十国春秋》卷九十四《王延彬传》）。泉州开元寺建于唐垂拱二年（686），曾名白莲瑞应道场、莲花寺，唐中宗时改名龙兴寺，唐玄宗时改称开元寺。王延彬在此开元寺内另建千佛院，请省僜担任住持。《祖堂集·福先招庆和尚传》记载他被迎入招庆寺举行开堂仪式时，有僧问："九年少室，五叶开花；十载白莲，今日如何开示？"前句是说达摩在少林寺面壁九年，后世五代禅门兴盛；后句是说文僜在泉州开元寺（白莲道场）十年，今日来招庆寺将开示何法？十年是个概数，省僜在开元寺住的时间也许在十年以上。因为省僜曾任开元寺千佛院住持，也曾以"白莲"、"千佛"为号。20世纪20年代日本学者从伦敦大英博物馆所收藏的敦煌遗书中发现《泉州千佛新著诸祖师颂》（S1635，《大正藏》卷八十五有此校本），大概就是他在千佛院撰写的。

泉州的招庆寺（或称招庆院）创自中唐之前，泉州刺史王延彬重新建造，天祐三年（906）请雪峰的弟子慧棱（854—922）为住持，后来慧棱应闽王王审知之请到福州住长庆院传法，此寺由其弟子道匡担任住持。（参考《万历重修泉州府志》卷二十四《杂志》并《景德传灯录》卷十八《慧棱传》、卷二十一《道匡传》）省僜与道匡为同辈。后晋开运元年（944）三月，闽国拱辰都指挥使朱文进弑景宗，自立为闽王，任黄绍颇为泉州刺史。同年十一月泉州指挥使留从效（904—960）斩黄绍颇，不久归顺后唐。后唐以泉州为清源军，任命留从效为节度使、漳泉等州观察使，累授他同平章事、兼侍中、中书令，封鄂国公、晋江王。留从效死于宋建隆初年（960），南唐赠太尉、灵州大都管。（《十国春秋》卷九十三《留从效传》等）就在黄绍颇任泉州刺史时，省僜从开元寺千佛院被迎请到招庆寺，并经朱文进奏请受明觉禅师之号。此后招庆寺焚于兵火，留从效将其别墅南园改建为寺，名南禅寺，施舍给田产，又将原来招庆寺的产业皆归属南禅寺，请省僜为首任住持，"法徒景附，成大法席"。《祖堂集·福先招庆和尚传》记载："后以郡使钦仰，请转法轮，敬奏紫衣，师号净修禅师矣。"这里的"郡使"已经不是黄绍颇，当为留从效，经他的奏请，南唐后主赐给省僜紫衣，并授以净修禅师之号。宋兴，南唐后主向宋称臣，经左仆射徐铉（"徐相"）表请，宋朝赐省僜真觉禅师之号。省僜死于宋开宝五年（972）。（《泉州开元寺志·省僜传》及《万历重修泉州府志》卷二十四《杂志》）前述慧棱、道匡、省僜都曾为招庆寺住持，他们分别被称为"前招庆"、"中招庆"和"后招庆"。

省僜（文僜）在为《祖堂集》写的序言中说，佛祖本来不想以文句言教来启悟众生，然而为了利济众生，不得已才有言教偈颂流布世间，但长期以来人们已经对古今师承关系不甚明了，"常虑水涸易生，乌马难辨"。在这种情况下，

> 今则招庆有静、筠二禅德，袖出近编古今诸方法要，集为一卷，目之《祖堂集》。可谓珠玉联环，卷舒浩瀚。既得奉味，但觉神清。

他应编撰者之请，写出此序。招庆寺的静、筠二禅僧与省僜是什么关系？柳田圣山等日本学者多以为他们是文僜的弟子。然而省僜尊称二人为"禅德"，说请他写序是"命余为序"，也许他们不是他的直系弟子，而是住在招庆寺中的与他辈分相仿佛的有相当名望学问的禅师。他们所编撰的《祖堂集》虽按人物传记形式记述禅宗历代祖师事迹，但以记述他们传授禅法的语录为主，故称此书为"古今诸方法要"。所谓"一卷"自然不是普通篇幅的卷，而是指全书未分卷，采取长卷的形式。北宋庆历元年（1041）成书的国家图书馆的藏书目录《崇文总目》的子部录目《祖堂集》，也谓一卷。

在《祖堂集》所载禅宗所奉从大迦叶至菩提达摩的"西国二十八代祖师"、从达摩至慧能的"唐土六代祖师"，以及南岳怀让、吉州行司（行思）、惠（慧）忠、石头希迁、马祖道一的传记之后，皆载有"净修禅师赞"，由四字八句组成。这些赞即是省僜的作品。如前所述，"净修"是他的号。经查，这些偈颂出自前述《泉州千佛新著诸祖师颂》。在偈颂的前面有终南山僧慧观写的序，谓：

> 南岳泰公著五赞十颂，当时称之以美谈，及乐浦、香

岩,尤长厥颂。斯则助道之端耳。

这里所提到的南岳泰公、乐浦属石头的法系,香岩属马祖的法系。南岳泰公,是嗣法于石霜庆诸的南岳玄泰,《祖堂集》卷九、《景德传灯录》卷十六有传,人称"泰布衲",在南岳七宝台居住传法,门下不立门徒。因当地民众有砍山林烧荒耕种(烧畲)的习俗,他曾作《畲山谣》谏止。死前书二偈,其中一偈曰:"不用剃头,不用澡浴,一堆猛火,千足万足。"《祖堂集·南岳玄泰和尚传》谓:"平生所有歌行偈颂,遍于寰海道流耳目。"乐浦,或作落浦,名元安(834—898),是夹山善会的弟子,《祖堂集》卷九《落浦和尚传》载有他写的《神剑歌》、《浮沤歌》;《景德传灯录》卷三十载有他的《浮沤歌》;《宋高僧传》卷十二《元安传》谓其"答酬请益,多偶句华美,为四海传焉"。香岩,或作香严,名智闲(?—898),是沩山灵祐的弟子,《祖堂集》卷十九《香严和尚传》载有他作的很多偈颂,《景德传灯录》卷十一《智闲传》说他"示学徒语多简直,有偈颂二百余篇,随缘对机,不拘声律,诸方盛行";卷二十九载有其偈颂十九首;卷三十载有他的《励觉吟》、《归寂吟》。可以认为,省僜撰写偈颂是受到这些属于前辈的禅师之影响的。

此序后面说《祖师颂》的作者是"千佛僜(按,《大正藏》本误作"灯"字)禅师"、"后招庆明觉大师"。如前所述,"泉州千佛"、"后招庆明觉大师",即省僜。静、筠二僧在编撰《祖堂集》时将此偈颂中的诸祖师赞置于他们传记之后,并且还增加在此偈颂中没有的为道吾、德山、洞山、长庆等人写的赞。这种做法自然是征得省僜的同意的。

省僜除写《祖师颂》外，在《景德传灯录》卷二十九还载有他的《示执坐禅者》和《示坐禅方便》两首偈颂。

禅宗重视传法世系。唐末五代在福州、泉州、漳州一带地方最盛行的是禅宗雪峰的法系。雪峰属于石头希迁的法系。因此，《祖堂集》的编撰者在编写禅宗历代禅师的传记时，将石头系的96人的传记置于前面，而在此后才是江西马祖法系的禅师（因内含传承世系不明者，未便计数）。全书原不分卷，高丽雕印时分为二十卷。其内容结构是：前二卷是过去七佛、西国二十八祖与唐土六祖的传记；第三卷至二十卷除传为四祖道信的旁系嗣法牛头法融及其三代弟子、五祖弘忍的旁系嗣法老安及其弟子等8人的传记之外，皆为六祖慧能弟子及属于南宗法系的禅师或居士。在南宗中，以石头法系的篇幅最大，占有从卷四至卷十三的10卷，而在其中雪峰的法系约占有4卷的篇幅（卷十、卷十三的全部和卷七、卷十一、卷十二的一部分）；江西马祖法系占有从卷十四至卷二十的7卷（内含传承不明者）。禅门五宗中法眼宗的成立在此书编撰之后，故此书对此宗没有涉及；对其他四宗——属于石头法系的曹洞宗、云门宗，属于马祖法系的沩仰宗、临济宗的创始人及其传承者都有详略不同的介绍。

三、《祖堂集》在中国的流传

在宋初编撰《景德传灯录》之时，《祖堂集》还存在。到底编撰《景德传灯录》有没有参考和利用《祖堂集》的传记资料？现在一般的说法是没有。但是据椎名宏雄《〈祖堂集〉的编成》考证，两者章节有不少相应和内容相近的地方。这可能有两个原因：第一，如柳田圣山、椎名宏雄所说的那样，两者在编撰时都利用了唐慧炬（或作智炬）成书于801年的《宝林传》（现有残本7卷）和雪峰的弟子惟劲成书于10世纪初的《续宝林传》（已佚），对所载禅宗南宗所奉西国、唐土祖师的事迹、语录有所吸收；第二，编撰《祖堂集》时大量利用历代禅师的"行状"、"行录"、"实录"、碑文以及禅林流行的语录等文字资料；同样，编撰《景德传灯录》也要利用这类资料。当然，《祖堂集》中占有约4卷篇幅的雪峰法系的传记，大概是此书编撰者凭借自己所在的地理优势，充分利用了他们容易搜集到的资料编撰的。正是这一部分，与《景德传灯录》有关部分的排列次序和内容很不相应。

《祖堂集》编撰之后，在中国曾短期流传，据现存一些资料推测，至少在它编撰100多年之后还存在，此后才从中国佚失。近年日本学者对此作了考察，除前面提到宋代《崇文总目》载有《祖堂集》的目录外，以下图书也提到或利用了《祖堂集》。

（一）宋代天台宗僧四明知礼（960—1020）在其《十不二门钞》卷上载，有人提出，当年菩提达摩的弟子三人得法有浅有深：尼总持谓"断烦恼，证菩提"；道育说"迷即烦恼，悟即菩提"；慧可谓"本无烦恼，元是菩提"。达摩认为他们分别是"得吾皮"、"得吾肉"、"得吾髓"（意为慧可的见解最符合他的禅旨），请知礼加以评论。知礼从天台宗"相即不二"的教理对所谓慧可的见解加以批判，并且指出此说出自"圭峰异说"（唐朝圭峰宗密《裴休拾遗问》，即《中华传心地禅门师资承袭图》），不足为信，说"若据《祖堂》，自云：三祖礼三拜，依位立"

（按，现存高丽本《祖堂集》达摩、慧可传中无此语，而出自《景德传灯录》卷三《菩提达摩传》，也许是高丽本与宋本稍有差别）。此后宗晓所编《四明尊者教行录》卷四记载天童子凝禅师致知礼的信，对知礼的说法提出质疑，其中有"今据《祖堂》及《传灯录》"的话；知礼对此复信加以解释。二人前后几次往复书信论辩，三次都提到《祖堂集》。

（二）北宋云门宗的高僧契嵩（1007—1072）在其《夹注辅教篇》中引韩愈被贬潮州见大颠和尚事，谓此出《祖堂集》（按，大颠是石头希迁弟子，事见《祖堂集》卷五《大颠和尚传》）。《夹注辅教篇》在中国已经失传，日本现存室町时代的刻本。

（三）张方平（1007—1091），字乐全，翰林学士，官至御史中丞、三司史，居士，所著《禅源通录序》（《乐全集》卷三十三）中提到中国的佛教史书，说萧梁有《续法纪》，北魏有《付法藏传》，唐有《宝林传》、《心要》、《祖堂》等著述，宋代有《传灯录》，时代师承，本末详备。《禅源通录》二十四卷，宋僧西余拱辰编撰，久佚，现在韩国发现其节略本《禅源通录撮要》四卷。（日本石井修道《宋代禅宗史的研究》第一章《景德传灯录的历史性格》第三节《关于撰者永安道原》及其注11）

自《景德传灯录》编撰并被钦定编入大藏经之后，此书成为风行海内的主要禅宗史书。此后相继又有《天圣广灯录》、《建中靖国续灯录》、《联灯会要》、《嘉泰普灯录》等禅宗史书（所谓灯史）出世，被编入大藏经，流行全国，并传到海外。在这种气运形势下，《祖堂集》便逐渐在中国消失无闻了。这确实是令人惋惜的事，然而古今佚失的珍贵图书又何止是一部《祖堂集》呢！

四、高丽刻本《祖堂集》及其被发现

古代以中国为中心的汉语系佛教相继传入朝鲜和日本。公元4世纪后期中国佛教传到朝鲜。当时正值高句丽、百济和新罗三国鼎立时期。7世纪中叶建立统一的新罗王朝,佛教逐渐普及全社会,从唐传入的华严宗、法相宗以及禅宗、密宗比较盛行。新罗禅宗是先后由不同的僧人从中国传入的,在各地以某个寺院为中心传授禅法,至新罗末年形成8个较大的中心,进入高丽王朝(918—1392)以后形成9个中心,称"禅门九山"。其中一派传北宗禅,一派传石头系的曹洞禅,其他皆传马祖系诸派的禅法。随着佛教与朝鲜传统文化习俗的深入结合,12世纪形成朝鲜的民族佛教宗派曹溪宗。

朝鲜佛教及其各个宗派所依据的主要经典都是来自中国的汉文佛经。最初是手抄本,到高丽王朝时从宋朝传入木版雕印的大藏经《开宝藏》。高丽主要以北宋藏经为底本先后两次雕印大藏经。《初雕大藏经》雕印于11世纪,在13世纪30年代蒙古入侵时版木焚于战火。现在通用的《高丽藏》是《再雕大藏经》。高丽高宗二十三年(1236)蒙古大举入侵,高宗与群臣为祈求佛菩萨保佑而发愿以国家的财力再雕印一部大藏经,历经15年完成,雕版8万多块。当时高丽迁都江华岛,负责雕印大藏经的最高机构设在江华岛,称"大藏都监";在庆尚道的南海郡和江华岛设立"分司大藏都监",分担雕印事业。

《再雕大藏经》包括正藏、副藏。正藏是由大藏都监和分司大藏都监主要根据唐《开元释教录·入藏录》和《贞元释教

录·入藏录》新增部分目录雕印的经典，还有部分宋译佛经，共有 1524 部 6558 卷。副藏是由分司大藏都监雕印的在经录《入藏录》中尚未录目的典籍，有 15 部 233 卷，其中有延寿《宗镜录》、智俨《华严搜玄记》、均如《十句章圆通录》，以及《证道歌事实》、《金刚三昧经论》、《禅门拈颂集》等，《祖堂集》是其中之一。《祖堂集》卷一的尾部有"乙巳岁分司大藏都监雕造"，可以证明《祖堂集》是在高宗三十二年（1245）由分司大藏都监雕印的。

在高丽版《祖堂集》的前面所载文僜的序之后，有负责雕印此书的匡隽写的海东新开印版《祖堂集》的前记。其中说：

> 已上序文，并《祖堂集》一卷，先行此土。尔后一卷齐到。谨依具本，爰欲新开印版，广施流传，分为二十卷。以此先写七佛，次胺天竺二十七祖，并诸震旦六代。代有傍正，祖位次第，并以录上。随其血脉，初后联绵，昭穆之仪，有孙有嫡也。其纂成，所以群英散说，周览于眼前；诸圣异言，获瞻于卷内。今以沙门释匡隽所冀中华集者，永祛惜法之痕；此界微曹，愿学和禅之美。深渐洞彻，乞恕愆尤。

可见，在高丽僧匡隽负责雕印《祖堂集》之前，高丽已有不分卷的《祖堂集》流行，但不很完整。《祖堂集》的全本是后到的。匡隽即以此全本为底本，将它分为二十卷雕刻印行。此《祖堂集》的排列次序是：最前面是过去七佛，此后依次是，印度二十七祖、中国六祖及其后世列代。对于各代的正传、旁传和前后次序，按照他们的血脉法系和先后世系编排，以显示他们的辈分上下，有法孙有嫡系。匡隽说，这种编纂将分散的历代贤圣祖师语录、"异言"集中一起，是便于人们阅读的。他希望通过雕印《祖堂集》的善德，能消除过去未致力弘法的过愆，并愿高丽的民众借此学习禅宗学人的美善品德。

据此序言，匡隽不仅仅将《祖堂集》分卷雕印，还对《祖堂集》作了相当多的加工。现在可以确定的是他在雕印前记的后面，编录了全书各卷的目录，并加文字或字间小注说明历代禅师的传承法系的正、旁及代数、人数等。例如在慧能名字下加"初祖旁出"，用小字注明"道育、总持"；此后是"四祖下旁出：慧融第一、智严第二、慧方第三、法持第四、智威第五、慧忠第六；前智威下出马素和尚，马素下出道钦和尚，道钦下出鸟窠和尚"，后面是小注："已上九人则空宗也。"这是对以慧融（法融）为始祖的牛头禅派法系的介绍，然而在后面的正传中，只为慧融（牛头）、马素（鹤林）、道钦（先径山）、鸟窠四人立传。匡隽对慧能以后的禅宗代数是以过去七佛为七代，再加上从大迦叶至慧能的三十三代为四十代来计算的。例如前记中有"六祖下出思和尚、荷泽和尚、忠国师、崛多三藏、智策和尚、本净和尚、一宿觉和尚、让和尚"，此后小注曰："已上八人第四十一代。"全书以石头、马祖二大法系为主。石头法系六代（以石头为四十二代，则至四十八代），有96人；马祖法系五代（以马祖为四十二代，则至四十七代）未注出人数，按其目录为82人，按实有传记在灌溪和尚之后漏掉兴化和尚，应为83人。前记最后说："海东新开印版《祖堂集》，现其本迹者二百五十三员，并载于二十卷内；莫知迹者，不能具录矣。"是说全书二十卷所载

253人的传记,记述他们出身、师承法系以及事迹,至于那些身世事迹不明者则不能载录。然而据实有传记计算则仅有246人的传记。从高丽匡隽雕印前记的口气来看,也许他对原本《祖堂集》作了某些改编的工作。

在唐、五代禅宗兴盛之后,丛林盛行抄写和流行著名禅师的语录公案,《临济录》记载义玄斥之为"大册子上抄死老汉语",有名望的禅师一般都反对弟子读语录、执著语录。然而在禅宗界流行的语录是越来越多的,以至直到今天仍有不少语录保存下来。从《祖堂集》的传记来看,当初编撰时大量利用了这些语录,同时也利用了记载僧人生平、经历的"行状"、"实录"等文字资料。如果有的传记只利用了语录而未能利用"行状"等资料,一般都加以说明,如卷四《天皇和尚传》谓"未睹行状,不决终始之要",卷五《长髭和尚传》谓"未睹行录,不决化缘终始",卷六《渐源和尚传》谓"未睹实录,不决终始",等等。

《祖堂集》载有新罗时期到唐求法的几位禅僧的详细传记,而这些人在《景德传灯录》的有关章节仅记载他们的名字。这些禅僧的多数被高丽王朝时期禅门九山奉为始祖。日本学者忽滑谷快天(1867—1934)在其《朝鲜禅教史》(春秋社1930年出版;中国现有朱谦之译本,改名《韩国禅教史》,中国社会科学出版社1995年出版)的第二编《禅道蔚兴之时代》中作了最早的引用。现按传记的前后列表介绍如下:

姓名	在高丽禅门九山的地位	法系	师承	卷次
齐云灵照		石头	雪峰义存	11
福清玄讷		石头	雪峰义存	11
元寂道义	迦智山派始祖	马祖	西堂智藏	17
桐里慧彻（或作慧哲）	桐里山派始祖	马祖	西堂智藏	17
实相洪直（或作洪陟）	实相山派始祖	马祖	西堂智藏	17
慧目玄昱	凤林山派始祖	马祖	章敬怀晖	17
崛山梵日	崛山派始祖	马祖	盐官齐安	17
圣住无染	圣住山派始祖	马祖	麻谷宝彻	17
双峰道允	师子山派始祖	马祖	南泉普愿	17
五冠顺之		马祖	仰山慧寂	20

其中的灵照、玄讷没有回国，从雪峰受法后在中国传法，在《景德传灯录》卷十八、十九也分别有传。灵照先后在婺州齐云山、越州镜清院、杭州龙华寺等地传法，受到吴越王的优遇。玄讷在泉州传法，受到泉州刺史、检校太尉王延彬的敬信。

在高丽的禅门九派之中，有七个派的创始人在《祖堂集》载有传记。其中嗣法于西堂智藏的道义、慧彻（慧哲禅师）、洪直，嗣法于章敬怀晖的玄昱，嗣法于麻谷宝彻的无染，在《景德传灯录》卷九仅录名字；嗣法于盐官齐安的梵日，在《景德传灯录》卷十录有其名（《大正藏》本误作"品日"）；嗣法于南泉普愿的道允，《景德传灯录》卷十载录其名为"道均"。高丽禅门九派的另外二派是：曦阳山派，始祖是智诜（824—882），嗣法于禅宗四祖道信；须弥山派，始祖是利严（870—936），嗣法于洞山良价的弟子云居道膺，传曹洞宗。他们在《祖堂集》中没有传记。

嗣法于仰山慧寂的五冠顺之,在《景德传灯录》卷十二有传,作"新罗五观山顺支",全传不到百字。《祖堂集》卷二十所载《五冠山瑞云寺和尚传》却占有很大篇幅,约有 6000 字。沩仰宗创始人沩山灵祐、仰山慧寂主张"借色明心,附物显理"(《联灯会要》卷七《灵祐传》),认为在传法中可以借助某种东西、某种动作等启示学人领会如何达到解脱的道理。慧寂在传法中经常应用画圆相(○)的方式传递禅机妙义。然而无论是在《祖堂集》,还是在《景德传灯录》中有关这方面的记述并不太多。《祖堂集·五冠山瑞云寺和尚传》中对顺之回国后利用圆相或在圆相内外再写上某些字来传法的做法,却有十分详细的记载。这对研究沩仰宗的禅法具有很重要的资料价值。顺之死后,高丽王朝赐谥"了悟禅师"。韩国黄寿永所编《韩国金石遗文》(韩国一志社 1976 年出版)内收有《高丽了悟和尚碑》,有不少内容与此传相同。(石井修道《沩仰宗的盛衰之四》,载 1990 年《驹泽大学佛教学部论集》第 21 号)

那么,这些朝鲜禅僧的传记是谁编写的呢?是原来的静、筠二僧编写的,还是高丽的僧人,或者就是匡隽在对照在高丽流传的前后二本《祖堂集》雕版印行时加进去的?现在没有确实资料,不好断定,还是以阙疑为好。

五、高丽刻本《祖堂集》的被发现和研究

奇怪的是在高丽刻本《祖堂集》出世之后,即使在朝鲜也好像就没有人读过它,因此长期以来社会上就不知道它的存在。

直到20世纪日本学者在朝鲜庆尚南道伽耶山海印寺调查收藏在这里的《高丽大藏经》的版木时，才发现它的存在。发现者是20世纪二三十年代主持编印《大正新修大藏经》的学者之一的小野玄妙。1926年大屋德城发表《朝鲜海印寺经板考》（《东洋学报》15-3）对此作了最初的报道。此后对此考察研究者不断增加。1943年宇井伯寿《第三禅宗史研究》由岩波书店出版，其中第二章评述洞山语录和曹山语录时对《祖堂集》的成立作了详细考证。

二战后，日本临济学院专门学校改为花园大学。这是日本临济宗妙心寺派经办的大学，在京都。绪方宗博将自己秘藏的《祖堂集》赠送花园大学图书馆收藏。据说此书是由朝鲜海印寺幻镜和尚赠给他的。此后日本学者以花园大学及其后成立的禅文化研究所为中心对《祖堂集》展开了越来越广泛和深入的考察和研究。当初限于条件未能对《祖堂集》进行影印，是利用简单的誊写技术油印《祖堂集》的，少量的印本只在部分的学者、学生中流传，后来也传到国外，引起国际学术界的密切注意。1965年韩国东国大学出版《晓城赵明基博士华甲纪念佛教史学论丛》，此书作为附录影印出版了海印寺原本《祖堂集》，从而为国际学术界研究《祖堂集》带来很大方便。因为《祖堂集》内容涉及范围十分广泛，是用唐五代的俗语写成的，传记中夹杂很多俗体、异体、简化体、变体的文字，因而也被用来研究当时中国的历史、文化、风俗和语言文字、语法等。

在日本学者中，柳田圣山在对《祖堂集》的研究方面用功最勤，在研究的同时，为编制全书的索引抄写了大量卡片。他在

1953年发表《祖堂集的资料价值》（《禅学研究》第44号）；1964年发表《祖堂集本文研究（一）》（《禅学研究》第54号）；1969年至1976年连续发表《祖堂集的故事1—22》（《禅文化》第51—82号），对《祖堂集》的内容和语言作了深入的考察。1972年设在京都的中文出版社在柳田圣山的指导下，将花园大学图书馆珍藏的高丽版《祖堂集》影印出版，从此《祖堂集》为日本国内外更多人所知和利用。柳田圣山为此书写的《关于祖堂集》的序言对此书的产生、内容和重新发现、研究等作了概要的介绍。从1980年至1984年，柳田圣山编集的《祖堂集索引》上中下三册陆续由京都大学人文科学研究所出版发行，在全书最后附有影印的《祖堂集》全文。他为第一册写的《绪言》，为第三册写的《祖堂集解题》，对《祖堂集》作了比较全面的介绍，并系统地介绍了多年来自己和国际学术界对《祖堂集》的研究成果。

欧美学者也对《祖堂集》进行了若干研究，先后发表了一些研究成果。其中法国著名汉学家戴密微在1970年发表《〈祖堂集〉的成立史研究》（Le Recueil be la Salle bes Patriarches Tsou-Tang tsi，载于《通报》第56卷第4—5册）

中国长期以来对《祖堂集》的发现似乎没有引起注意，并且由于长期未能得到《祖堂集》的印本，因而研究起步很晚。20世纪80年代随着改革开放的发展，中日文化交流日益频繁，两国学者互访的人次越来越多。中国学者对日本的包括佛教研究在内的社会人文科学研究的情况有了更多的了解。在这当中，中国的佛教研究学者也开始关心日本对《祖堂集》的研究，并且引进并利用《祖堂集》进行研究。笔者在1982年初到日本京都大学人文科学研究所进行学术考察和研究三个月，曾参加柳田圣山主持的禅宗文献研究班，其间对日本的禅宗研究作了一些调查。回国之际，承蒙柳田教授的好意特将他的专著《初期禅宗史书的研究》和中文出版社影印本《祖堂集》签名赠我。回国前，我又买了一本《祖堂集》，回国后赠送给任继愈先生。此后，在我的佛教研究中，特别是在我撰写《唐五代禅宗史》的过程中经常参考和引用《祖堂集》的资料，然而遗憾的是一直没能对此书作专门研究。据我现在所知，我国的一些学者在利用《祖堂集》对唐五代的语言、语法的研究中已经做出了不少可贵的成绩，但至今尚没有人结合唐五代的社会和佛教、禅宗的历史对《祖堂集》的形成及其结构内容、特色等进行深入系统的研究。然而我相信，在产生《祖堂集》的祖国，今后一定会有人利用丰富翔实的资料，在充分吸收国内外学者研究成果的基础上，在对《祖堂集》的研究中做出无愧于时代，无愧于产生《祖堂集》的祖国的优异成绩来。

在《祖堂集》从中国失传大约900余年之后，1994年上海古籍出版社首次将《祖堂集》在国内影印出版，从而为中国学者研究和利用《祖堂集》提供极大的方便。此后，1996年岳麓书社出版了由吴福祥、顾之川点校的《祖堂集》。这大概是世界上第一部加上标点、分段并且用活字印刷的《祖堂集》。书前由点校者写的《前言》参考日本学者的研究对《祖堂集》作了简要的介绍。此书用繁体字出版，为便于研究者了解本书文字原貌和风格，对原书的俗字、多种字体、通假与古今字、异体字等，皆予保留，但在"校记"中加以说明。此书的出版确实为中国不同学科的学者利用《祖堂集》进行研究带来很大的方便。然而毋庸讳言，此书点校有很多欠妥和错讹之处，今后有必要加以修正。

六、期待出版简体字本《祖堂集》

现在佛教典籍多用繁体字整理出版，这固然可以满足专门从事佛教和有关学科的研究者的需要，提供专业研究的便利，但也为社会上更多的人阅读这些典籍带来不便。因为现在社会上通行的是简体字，即使是一般的大学毕业生也不习惯阅读繁体字的图书。

笔者在1996年11月到湖南长沙出席关于唐代石头希迁禅师的佛教研讨会期间，与中国社会科学出版社副编审宋立道、中国社会科学院世界宗教研究所《世界宗教研究》的编辑黄夏年二位谈到这个问题，一致认为有必要编校并出版一部简体字的《中国禅宗典籍丛刊》，开始所选的禅籍不妨少一些，以后再陆续增加；对所选文献不仅要用简体字，而且要分段，使用现代通用的标点，尽可能少用异体字。回到北京以后，经过一段时间的酝酿准备，拟出20多个选题，在1997年春便约请我们熟悉的学者承担这些选题，分头选择底本和参校本开展点校工作。选题中最多的是语录，此外也有少量的禅宗史书。中国禅宗史籍很多，我们只将早期禅宗史书《楞伽师资记》、《传法宝纪》、《历代法宝记》和著名记言体史书《祖堂集》、《景德传灯录》以及《禅林僧宝传》列入第一批计划点校的典籍目录之中。

1997年5月笔者到南京出席纪念金陵刻经处创办130周年的

佛教学术会议，其间与江苏省社会科学院哲学与文化研究所的张华同志相识，当谈起用简体字点校出版禅宗典籍的计划时，他表示愿意参加这一项十分有意义的工作，经协商由他负责点校《祖堂集》。此后他立即着手工作，在点校过程中我们之间通过几封信对一些问题进行商讨。经过约一年半时间，张华同志终于将《祖堂集》点校完成，直接将稿子寄到我家。我为他能够按时完成任务而高兴。随后我放下手中的工作，将全部稿子检视一遍，重点复校了全书的序、海东版前记、目录和书中的部分章节，最后仔细阅读了他附在书后的《祖堂集论考》。总的印象是点校得相当不错。特别是原来《祖堂集》卷四《药山和尚》和卷六《投子和尚》中有几段缺文和很多字迹模糊不清的地方，他参照《宋高僧传》、《景德传灯录》和《古尊宿语录》的有关章节的文字作了校补；岳麓书社点校本《祖堂集》中的某些点校不当和错误的地方，在此书得到了订正；大部分自然段落也分得比较得当。在最后所附他写的《祖堂集论考》中，对《祖堂集》的版本、内容结构和特色等作了比较全面的论述，特别结合《祖堂集》的具体内容对唐末马祖开创的洪州宗的衰落和石头宗的兴起进行了比较深入的论证，提出了有价值的并且值得进一步深入探讨的见解；对《祖堂集》的源流和学术价值也作了比较系统的论证，提出了中肯的看法。

应当指出，由于现在国内科研条件的限制，难以看到日本、韩国等国在《祖堂集》研究中所取得的所有重要研究成果，甚至连必要的佛教文献资料也不易备齐，可以想见张华同志点校和研究的艰辛程度。这种情况自然也对他的点校与研究带来不利的影响。这表明在他的研究论文中对某些问题的论述还不够全面细致，某些论据还有待进一步充实。可以预料，读者在阅读本书过程中也会发现他的点校仍存在一些不当和失误之处。谨望随时指出，以便修正。

最后，我希望此书能早日出版，使中国更多的读者能够看到这部在国内失传达900多年的珍贵的禅宗史书，通过阅读书中很多具有鲜明个性的禅宗僧人和居士的妙趣横生并且富有深邃哲理的语录，窥测唐、五代人们精神生活世界的一个别具风采的领域。我也希望以此为契机，有更多的人从不同角度对《祖堂集》进行研究，不断做出新的成绩来。

1998年10月19日于南方庄公寓

点校凡例

一、本书以日本京都中文出版社 1972 年《祖堂集》影印本为底本，凡改正底本，一般都作校注说明。惟脱字难辨者以□表示，增字以［］表示，正字以（）表示，不另作校记。

二、原本为繁体字，今一律用简体字。人名、地名中的异体字，一般保留。为保持原本风貌，通假字如者（这）、被（披）、已（以）、元（原）等，不加校改。

三、原本不分段，此次出版，按文意自然分段，所出校注都置于每个自然段落之后。

目 录

祖堂集序 1
海东新开印版前记 2

卷第一

第一毗婆尸佛 9
第二尸弃佛 9
第三毗舍浮佛 9
第四拘留孙佛 10
第五拘那含牟尼佛 10
第六迦叶佛 11
第七释迦牟尼佛 11
第一祖大迦叶尊者 24
第二祖阿难尊者 30
第三祖商那和修尊者 32
第四祖优婆毱多尊者 34
第五祖提多迦尊者 36

第六祖弥遮迦尊者 ………………………………… 37
第七祖婆须密尊者 ………………………………… 39
第八祖佛陀难提尊者 ……………………………… 40
第九祖伏驮密多尊者 ……………………………… 41
第十祖胁尊者 ……………………………………… 42
第十一祖富那耶奢尊者 …………………………… 43
第十二祖马鸣尊者 ………………………………… 44
第十三祖毗罗尊者 ………………………………… 45
第十四祖龙树尊者 ………………………………… 46
第十五祖迦那提婆尊者 …………………………… 47
第十六祖罗睺罗尊者 ……………………………… 48

卷第二

第十七祖僧伽难提尊者 …………………………… 49
第十八祖伽耶舍多尊者 …………………………… 50
第十九祖鸠摩罗多尊者 …………………………… 51
第二十祖阇夜多尊者 ……………………………… 52
第二十一祖婆修盘头尊者 ………………………… 54
第二十二祖摩拏罗尊者 …………………………… 55
第二十三祖鹤勒尊者 ……………………………… 56
第二十四祖师子尊者 ……………………………… 57
第二十五祖婆舍斯多尊者 ………………………… 58
第二十六祖不如密多尊者 ………………………… 60
第二十七祖般若多罗尊者 ………………………… 60
第二十八祖菩提达摩和尚 ………………………… 61

第二十九祖惠可禅师 …………………………………… *76*

　　第三十祖僧璨 ………………………………………… *80*

　　第三十一祖道信和尚 …………………………………… *81*

　　第三十二祖弘忍和尚 …………………………………… *83*

　　第三十三祖惠能和尚 …………………………………… *90*

卷第三

　　牛头和尚 ……………………………………………… *99*

　　鹤林和尚 ……………………………………………… *104*

　　先径山和尚 …………………………………………… *105*

　　鸟窠和尚 ……………………………………………… *106*

　　懒瓒和尚 ……………………………………………… *108*

　　老安国师 ……………………………………………… *110*

　　腾腾和尚 ……………………………………………… *111*

　　破灶堕和尚 …………………………………………… *112*

　　靖居和尚 ……………………………………………… *113*

　　荷泽和尚 ……………………………………………… *115*

　　慧忠国师 ……………………………………………… *117*

　　崛多三藏 ……………………………………………… *132*

　　智策和尚 ……………………………………………… *132*

　　本净和尚 ……………………………………………… *134*

　　一宿觉和尚 …………………………………………… *140*

　　怀让和尚 ……………………………………………… *143*

卷第四

　　石头和尚 ……………………………………………… *146*

耽源和尚 ... 153

天皇和尚 ... 154

尸梨和尚 ... 154

丹霞和尚 ... 155

招提和尚 ... 166

药山和尚 ... 166

卷第五

大颠和尚 ... 183

长髭和尚 ... 186

龙潭和尚 ... 188

翠微和尚 ... 190

云岩和尚 ... 191

华亭和尚 ... 200

椑树和尚 ... 204

道吾和尚 ... 205

三平和尚 ... 210

石室和尚 ... 213

德山和尚 ... 215

卷第六

投子和尚 ... 220

草堂和尚 ... 226

神山和尚 ... 230

洞山和尚 ... 232

渐源和尚 ... 250

石霜和尚 ……………………………………………… *251*

卷第七

　　夹山和尚 ……………………………………………… *256*

　　岩头和尚 ……………………………………………… *264*

　　雪峰和尚 ……………………………………………… *272*

卷第八

　　云居和尚 ……………………………………………… *287*

　　钦山和尚 ……………………………………………… *296*

　　中山和尚 ……………………………………………… *297*

　　曹山和尚 ……………………………………………… *298*

　　华严和尚 ……………………………………………… *311*

　　本仁和尚 ……………………………………………… *314*

　　青林和尚 ……………………………………………… *316*

　　疏山和尚 ……………………………………………… *318*

　　龙牙和尚 ……………………………………………… *322*

　　幽栖和尚 ……………………………………………… *325*

　　上蓝和尚 ……………………………………………… *326*

卷第九

　　落浦和尚 ……………………………………………… *328*

　　盘龙和尚 ……………………………………………… *338*

　　逍遥和尚 ……………………………………………… *339*

　　先洞安和尚 …………………………………………… *340*

　　黄山和尚 ……………………………………………… *340*

　　韶山和尚 ……………………………………………… *342*

栖贤和尚 343

大光和尚 344

肥田伏禅师 346

涌泉和尚 347

南际和尚 348

云盖和尚 349

九峰和尚 350

南岳玄泰和尚 356

宝盖和尚 357

玄泉彦和尚 358

乌岩和尚 358

灵岩和尚 359

罗山和尚 360

卷第十

玄沙和尚 364

长生和尚 370

鹅湖和尚 372

大普和尚 373

镜清和尚 373

翠岩和尚 383

报恩和尚 384

化度和尚 385

鼓山和尚 386

隆寿和尚 388

安国和尚 …………………………………………… *389*

长庆和尚 …………………………………………… *393*

卷第十一

保福和尚 …………………………………………… *404*

云门和尚 …………………………………………… *416*

齐云和尚 …………………………………………… *421*

永福和尚 …………………………………………… *427*

福清和尚 …………………………………………… *428*

潮山和尚 …………………………………………… *429*

惟劲禅师 …………………………………………… *429*

越山鉴真大师 ……………………………………… *432*

睡龙和尚 …………………………………………… *433*

佛日和尚 …………………………………………… *436*

水西南台和尚 ……………………………………… *437*

中曹山和尚 ………………………………………… *437*

金峰和尚 …………………………………………… *438*

鹿门和尚 …………………………………………… *439*

卷第十二

荷玉和尚 …………………………………………… *441*

育王和尚 …………………………………………… *445*

紫陵和尚 …………………………………………… *446*

长兴和尚 …………………………………………… *447*

报慈和尚 …………………………………………… *447*

后疎山和尚 ………………………………………… *448*

禾山和尚 …………………………………………………… 450

宝峰和尚 …………………………………………………… 461

光睦和尚 …………………………………………………… 462

同安和尚 …………………………………………………… 463

泐潭和尚 …………………………………………………… 464

后云盖和尚 ………………………………………………… 465

黄龙和尚 …………………………………………………… 466

龙光和尚 …………………………………………………… 467

龙回和尚 …………………………………………………… 469

清平和尚 …………………………………………………… 471

中塔和尚 …………………………………………………… 472

仙宗和尚 …………………………………………………… 474

卷第十三

招庆和尚 …………………………………………………… 477

福州报慈和尚 ……………………………………………… 484

舒州龙潭和尚 ……………………………………………… 494

福先招庆和尚 ……………………………………………… 496

山谷和尚 …………………………………………………… 504

卷第十四

江西马祖 …………………………………………………… 507

大珠和尚 …………………………………………………… 516

百丈政和尚 ………………………………………………… 519

杉山和尚 …………………………………………………… 521

茗溪和尚 …………………………………………………… 522

石巩和尚 …………………………………………… 523

紫玉和尚 …………………………………………… 525

南源和尚 …………………………………………… 527

百丈和尚 …………………………………………… 528

鲁祖和尚 …………………………………………… 536

高城和尚 …………………………………………… 537

章敬和尚 …………………………………………… 539

卷第十五

西堂和尚 …………………………………………… 542

鹅湖和尚 …………………………………………… 544

伏牛和尚 …………………………………………… 546

盘山和尚 …………………………………………… 547

麻谷和尚 …………………………………………… 549

盐官和尚 …………………………………………… 550

五洩和尚 …………………………………………… 552

大梅和尚 …………………………………………… 556

永泰和尚 …………………………………………… 558

东寺和尚 …………………………………………… 559

邓隐峰和尚 ………………………………………… 561

归宗和尚 …………………………………………… 562

汾州和尚 …………………………………………… 567

大同和尚 …………………………………………… 570

金牛和尚 …………………………………………… 570

龟洋和尚 …………………………………………… 570

陈禅师 …………………………………… 572

黑涧和尚 …………………………………… 573

闭魔岩和尚 …………………………………… 573

庞居士 …………………………………… 573

卷第十六

南泉和尚 …………………………………… 577

沩山和尚 …………………………………… 590

黄檗和尚 …………………………………… 596

西林操和尚 …………………………………… 601

古灵和尚 …………………………………… 602

石霜性空和尚 …………………………………… 603

卷第十七

大慈和尚 …………………………………… 604

福州西院和尚 …………………………………… 606

处微和尚 …………………………………… 609

东国元寂禅师 …………………………………… 610

东国桐里和尚 …………………………………… 611

东国实相和尚 …………………………………… 611

东国慧目山和尚 …………………………………… 611

公畿和尚 …………………………………… 613

关南和尚 …………………………………… 614

东国通晓大师 …………………………………… 614

普化和尚 …………………………………… 618

东国无染国师 …………………………………… 620

天龙和尚 …………………………………………… 622

　正原和尚 …………………………………………… 622

　芙蓉和尚 …………………………………………… 625

　岑和尚 ……………………………………………… 625

　白马和尚 …………………………………………… 634

　下堂和尚 …………………………………………… 635

　东国双峰和尚 ……………………………………… 635

卷第十八

　赵州和尚 …………………………………………… 637

　紫胡和尚 …………………………………………… 646

　陆亘大夫 …………………………………………… 647

　仰山和尚 …………………………………………… 648

卷第十九

　香严和尚 …………………………………………… 669

　径山和尚 …………………………………………… 683

　灵云和尚 …………………………………………… 685

　王敬初居士 ………………………………………… 688

　临济和尚 …………………………………………… 689

　观和尚 ……………………………………………… 693

　陈和尚 ……………………………………………… 696

　大随和尚 …………………………………………… 698

　灵树和尚 …………………………………………… 699

　崄山和尚 …………………………………………… 700

　道吾休和尚 ………………………………………… 700

俱胝和尚 ······ 701
胜光和尚 ······ 702
资福和尚 ······ 703

卷第二十

东国五冠瑞云和尚 ······ 705
米和尚 ······ 721
宝寿和尚 ······ 722
灌溪和尚 ······ 723
兴化和尚 ······ 724
后鲁祖和尚 ······ 724
隐山和尚 ······ 726
兴平和尚 ······ 727
米岭和尚 ······ 728

附录

《祖堂集》论考 ······ 730
主要参考资料 ······ 778

祖堂集序

泉州招庆寺主净修禅师文僜①述

夫诸圣兴来，曲收迷子。最上根器，悟密旨于锋芒②未兆之前；中下品流，省玄枢于机句已施之后。根有利钝，法无浅深。矧乎圣人虽利生而匪生，圣人虽兴化而宁化。苟或能所斯在，焉为利济之方？然遗半偈一言，盖不得已而已。言教甚布于寰海，条贯未位于师承。常虑水涸易生，乌马难辨③。今则招庆有静、筠二禅德，袖出近编古今诸方法要，集为一卷，目之《祖堂集》。可谓珠玉联环，卷舒浩瀚。既得奉味，但觉神清。仍命余为序，坚让不获，遂援毫直书。庶同道高仁，勿以讥诮。乃录云尔。

【校注】

①文僜，又名省僜，号"净修禅师"，见本书卷第十三《福先招庆和尚传》。《景德传灯录》卷二十二有《省僜传》。现存敦煌文书《泉州千佛新著诸祖师颂》中有终南山僧慧观撰序，称"千佛灯（僜之误）禅师"，见于《大正藏》卷八十五。

②芒：原本模糊，据文意校。

③辨：原本误作"辩"。

海东新开印版前记①

释匡隽撰

已上序文,并《祖堂集》一卷,先行此土。尔后一卷齐到。谨依具本,爰欲新开印版,广施流传,分为二十卷。以此先写七佛,次朡②天竺二十七祖,并诸震旦六代。代有傍正,祖位次第,并以录上。随其血脉,初后联绵,昭③穆之仪,有孙有嫡也。其纂成,所以群英散说,周览于眼前;诸圣异言,获瞻于卷内。今以沙门释匡隽所冀④中华集者,永祛惜法之痕;此界微曹,愿学和禅之美。深惭洞彻,乞恕愆尤⑤。一一上名,次第如后。

【校注】

①原本无此标题,点校者新加。
②朡:原本不清,而此字训为"著"、"系",符合文意。
③昭:原作"眅"。
④冀:原本为异体字,校为通行字。
⑤愆尤:原本"愆"为异体字,"尤"作"疣"。

第一毗婆尸佛,第二尸弃佛,第三毗舍浮佛,第四拘留孙佛，第五拘那含佛，第六迦叶佛，第七释迦佛。

第一大迦叶祖，释尊传金襕袈裟，见在鸡足山。令迦叶持此衣，待弥勒出世，分付此衣。传衣为信也。第二阿难祖，第三商那和修，第四优婆毱多，第五提多迦，第六弥遮迦，第七婆须密，第八佛陀①难提，第九伏陀密多，第十胁祖师，第十一富那耶奢，第十二马鸣尊者，第十三迦毗罗祖师，第十四龙树祖师，第十五提婆祖师，第十六罗睺罗。已上七佛并西天二十三祖，第一卷已毕。

【校注】

①陀：原本作"陑"，今改为陀，下同。

第十七僧迦难提，第十八伽耶舍多，第十九鸠摩罗，第二十阇夜多，第二十一婆修盘头，第二十二摩拏罗，第二十三鹤勒祖师，第二十四师子比丘，第二十五婆舍斯多，第二十六不如密多，第二十七般若多罗。

第二十八初祖达摩，第二十九祖惠可，第三十祖僧璨①，第三十一祖道信，第三十二祖弘忍，第三十三祖慧能。已上天竺并震旦六代衣钵相传事迹毕。

初祖傍出：道育、总持。第二卷毕。

【校注】

①璨：原本作"璨"。

四祖下傍出：慧融①第一，智严第二，慧方第三，法持第四，智威第五，慧忠第六。前智威下出马素和尚，马素下出道钦和尚，道钦下出鸟窠和尚。已上九人则空宗也。

五祖下傍出：神秀和尚、安国师、道明和尚。前神秀出普寂和尚，普寂下出懒瓒②和尚。老安下出腾腾和尚、坦然和尚、破灶堕。已上八人则北宗③也。

六祖下出：思和尚、荷泽和尚、忠国师、崛多三藏、智策和尚、本净和尚、一宿觉和尚、让和尚。已上八人第四十一代。第三卷已毕。

【校注】

①慧融：即牛头法融。
②懒瓒：原本作"嬾愰"。
③北宗：原本误作"比宗"。

思和尚下出石头和尚，忠国师下出耽源和尚。已上二人，四十二代。

石头下出天皇和尚、尸利和尚、丹霞和尚、招提和尚、药山和尚。第四卷已毕。大颠①和尚、长髭和尚。已上七人，四十三代。

天皇下出龙潭和尚，丹霞下出翠微和尚，药山下出云岩和尚、华亭和尚、椑②树和尚、道吾和尚，大颠下出三平和尚，长髭下出石室和尚。已上八人，四十四代。

龙潭下出德山和尚，第五卷已毕。翠微下出投子和尚，圆禅师③下出宗密禅师，云岩下出神山和尚、洞山和尚，道吾下出渐源和尚、石霜和尚，第六卷已毕。华④亭下出夹山和尚。已上八人，四十五代。

德山下出岩头和尚、雪峰和尚。第七卷已毕。洞山下出云居和尚、钦山和尚、中山和尚、曹山和尚、华严和尚、本仁和尚、青林和尚、疎山⑤和尚、龙牙和尚、幽栖⑥和尚，夹山下出上蓝和尚，第八卷已毕。落浦和尚、盘龙和尚、逍遥和尚、洞安和尚、黄山和尚、韶山和尚，石霜下出栖贤和尚、大光和尚、肥⑦田和尚、涌泉和尚、南际和尚、云盖和尚、九峰和尚、南岳泰、宝盖和尚。已上二十八人，四十六代。

岩头下出玄泉和尚、乌岩和尚、灵岩和尚、罗山和尚。第九卷已毕。雪峰下出玄沙和尚、长生和尚、鹅湖和尚、大普和尚、镜清和尚、翠岩和尚、报恩和尚、化度和尚、鼓山和尚、隆寿和尚、安国和尚、长庆和尚、第十卷已毕。保福和尚、云门和尚、齐云和尚、永福和尚、福清和尚、潮山和尚、惟劲和尚、越山和尚、睡龙和尚，云居下出佛日和尚、水西和尚，曹山下出仲曹山和尚、金峰和尚、鹿门和尚、第十一卷已毕。荷玉⑧和尚、育王和尚，华严下出紫陵和尚、长兴和尚，龙牙下出报慈和尚，疎山下出后疎山和尚，九峰下出禾山和尚、宝峰和尚、光睦和尚、同安和尚、泐⑨潭和尚，云盖下出后云盖，玄泉下出黄龙和尚，罗山下出龙光和尚、龙回和尚、清平和尚，玄沙下出中塔和尚。已上四十七人，四十七代。

长庆下出仙宗和尚、第十二卷已毕。后招庆、报慈和尚，保福下出龙潭和尚、福先招庆、山谷和尚。已上六人⑩，四十八代。第十三卷已毕。已上九十六人，石头下法孙。次辨江西下。

【校注】

①颠：原本作"顛"，今校为颠，下同。

②椑：原字缺笔，今参《景德传灯录》卷十四《宣州椑树慧省禅师》校作"椑"。

③圆禅师：即遂州道圆，参《景德传灯录》卷十三。

④华：原本作"花"字，今改，下同。

⑤疎山：疎，原本作"踈"。下同。

⑥栖：原本作"㮭"，今改，下同。

⑦肥：原本字异体难识，今校之。

⑧荷玉：原本作"荷王"。

⑨沨：原本作"汭"。

⑩六人：原本作"五人"。

六祖能大师下出让和尚。四十一代。

让和尚下出马祖。四十二代。马祖下出大珠和尚、百文政、杉山和尚、茗溪和尚、石巩和尚、紫玉和尚、南源和尚、百丈和尚、鲁祖和尚、高城和尚、章敬和尚、第十四卷已毕。西堂和尚、鹅湖和尚①、伏牛和尚、盘山和尚、麻谷②和尚、盐官和尚、五洩和尚、大梅和尚、永泰和尚、东寺和尚、邓隐峰、归宗和尚、汾州和尚、大同和尚、金牛和尚、龟洋和尚、陈禅师、黑涧和尚、[闭]魔岩和尚、庞居士、已上三十一人，四十三代。第十五卷已毕。南泉和尚③。

百丈下出沩山和尚、黄檗和尚、西林和尚、古灵和尚、性空和尚、第十六卷已毕。大慈和尚、西院和尚、西堂下出处微和尚、海东陈田、海东桐里、海东实相，章敬下出海东慧目山［和尚］、公畿和尚，盐官下出关南和尚、海东崛山，盘山下出普化和尚，麻谷下出海东圣住，大梅下出天龙和尚，五洩下出正原和尚，归宗下出芙蓉和尚，南泉下出岑和尚、白马和尚、下堂和尚、海东双峰、第十七卷已毕。赵州和尚、紫湖和尚、陆亘大夫。已上二十七人，四十四代。

沩山下出仰山和尚、第十八卷已毕。香严和尚、鸿諲和尚、灵云和尚、王敬初④，黄檗下出临济和尚、观和尚、陈和尚，西院下出大随⑤和尚、灵树和尚、峣山和尚，关南下出道吾和尚，天龙下出俱胝和尚，紫湖下出胜光和尚。已上十四人，四十五代也。

仰山下出资福和尚、第十九卷已毕。海东顺之，王常侍下出米和尚，临济下出宝寿和尚、灌溪和尚⑥。已上五人，四十六代。

灌溪下出后鲁祖、隐山和尚、兴平和尚、米岭⑦和尚。第四十七代也。第二十卷毕。

【校注】

①鹅湖和尚：前后有两个鹅湖和尚，嗣马祖者称鹅湖大义，嗣雪峰者即鹅湖智孚。

②麻谷：原本作"麻浴"。

③南泉和尚：嗣马祖，仍属四十三代。原本记马祖法嗣"三十一人"，漏计南泉，当为"三十二人"。

④王敬初：原本"初"后还有"敬"字，已删。

⑤随：原字缺笔，今校作"随"。

⑥卷二十在灌溪和尚之后有兴化和尚,此缺。
⑦米岭:原本作"米领"。

　　海东新开印版《祖堂集》,现其本迹者二百五十三员,并载于二十卷内。莫知迹者,不能具录矣。

卷第一

第一毗婆尸佛

姓拘楼,刹利王种。父字槃裱,母字槃头末陀。所治国名,刹末提。偈曰:
  身从无相中受生,喻如幻出诸形象;
  幻人心识本来空,罪福皆空无所住。

第二尸弃佛

姓拘楼,刹利王种,父字阿轮拏,母字婆罗诃越提。所治国名,阿楼那①和提。偈曰:
  起诸善法本是幻,造诸恶业亦是幻;
  身如聚沫心如风,幻出无根无实性。

【校注】
①那:原本作"郍"字。

第三毗舍浮佛

姓拘楼,刹利王种。父字须波罗提和,母字耶舍越提。所治

国名,阿耨优摩。偈曰:

> 假借四大以为身,心本无生因境有;
> 前境若无心亦无,罪福如幻起亦灭。

第四拘留孙佛

姓迦叶,婆罗门种。父字阿枝达兜,母字随舍迦。所治国名,轮诃利提。偈曰:

> 见身无实是见佛,了心如幻是了佛;
> 了得身心本性空,斯人与佛何殊别?

第五拘那含牟尼佛

姓迦叶,婆罗门种。父字耶睒钵多,母字郁多罗。所治国名,差①摩越提。偈曰:

> 佛不见身知是佛,若实有知别无佛;
> 智者能知罪性空,坦然不惧于生死。

【校注】

①差:原字异体难辨,今校为"差"。

第六迦叶佛

姓迦叶,婆罗门种。父字阿枝达耶婆,母字檀明越提耶。所治国名,波罗私。偈曰:

一切众生性清净,从本无生无可灭;

即此身心是幻生,幻化之中无罪福。

第七释迦牟尼佛

姓释迦,刹利王种。父字阅头檀,母字摩诃摩耶。所治国名,迦维罗卫。偈曰:

幻化无因亦无生,皆则自然见如是;

诸法无非自化生,幻化无生无所畏。

是释迦佛者,即贤劫中第四佛也。三劫之中,初千佛,花光佛为首,下至毗舍浮佛,于过去庄严劫中而得成佛也。中千佛者,拘楼孙佛为首,下至楼至如来,于现在贤劫中次第成佛也。后千佛者,日光①如来为首,下至须弥相佛,于未来星宿劫中当得成佛也。

贤劫初时,香水弥满,中有千茎大莲华。王其第四禅,观见此瑞,递相谓曰:"今此世界若成,当有一千贤人出现于世。"是故,此时名为贤劫。

准《因果经》云:"释迦如来未成佛时,为大菩萨,名曰善慧,亦名忍辱。功行已满,位登补处,生兜率天,名曰圣善,亦曰护明。为诸天王说补处行,亦于十方现身说法。期运将至,当下作佛。觏诸国土何者处中,则知迦毗罗国最是地之中矣。"

故《本起经》云:"佛之威神,至尊至重,不生边地之倾斜也。此迦毗罗城,三千日月,乾②坤之中央也。往古诸佛,皆兴于此。"《俱舍论》云:"剡浮洲之中矣。"《山海经》云:"身毒之国,轩辕氏居之。"郭璞③注曰:"则中天竺也。彼土自分五天竺国,中天竺国是天地之中。名既非边,中义现矣。"

《因果经》云:"中天大夏种姓有四:谓刹利帝种、婆罗门种、毗舍罗种、首陀种。"刹利王种最为高贵,劫初以来相承不绝。余之三姓,非此所论,但明佛姓,自分五别。

【校注】

①原本"光"前似脱一字,据《三劫三千佛缘起》所脱字应为"日"字,谓日光佛为星宿劫中的首位佛。

②乾:原字异体难辨,今校为"乾",下同。

③郭璞:晋人,"郭"字,原本作"廓",今正。其人博学有高才,好古文奇字,有《山海经注》等传世。

又《长阿含经》云:"劫初成时,未有日月光明,诸天福尽下生,皆化为人。欢喜为食,身光远照,飞行自在,无有男女尊卑亲属。自然地味,味如酥①蜜,有试尝②者,遂生抟食,光威通亡,呼嗟在地。食多貌悴,食少③形泽,便兴胜负。地味则没,又生地皮。因食地皮故,诸恶凑集。又生林藤④、粳米等,众味甘美。因兹食者，具男女根。如是展转，便为姻媾，遂始胎生。"《楼炭经》云："自然粳米，朝刈⑤暮熟⑥。"《中阿含经》云："米长四寸，人竞⑦预取。如是相煞⑧，预取之处，后更不生。"

《长阿含经》云："尔时，众生既见不重生故，各怀忧恼，互⑨封田宅以为疆⑩畔。其有自藏以来，盗他田馨⑪，由是诤起，无能决者。议立一人，号平等主，赏善罚恶，仍共供给。时有一人容质瑰伟，威严鞠物，众所信伏，则往请之。彼既受已，遂有民主名焉。"《楼炭经》云："众人言议，为作长号，谥之曰王。以法取祖，故名刹利。"此译田地主也。

时阎浮提，天下富乐安隐。地生青草，如孔雀毛。八万郡国，聚落相闻。无有寒热，及病恼者。王以正法治此，奉行十善。互相崇敬，犹如父子。人寿极久，不可量计。后有余王不行正法，其寿遂减至十千岁。如是渐减，至今百年。先于劫初创始为王，展转相承，至菩萨身罗䭾罗，正嫡便绝。余族枝流，今犹嗣位。故下广列转轮，粟散绍续之相也。

【校注】

①酥：原本作"苏"字。

②尝：原本作"当"，疑误。

③少：原本作"小"字，古代二字相通。

④藤：原本字讹写。

⑤刈：原本字异体难认，今校。

⑥熟：原本作"焭"。

⑦竞：原本字异体难认，今校为"竞"，下同。

⑧煞：原本字模糊，今校为"煞"。
⑨亙：原本字异体难认，今校之，下同。
⑩疆：原本作"壃"。
⑪馨：原本模糊。一作"谷"。

初民主王号曰大人，第二珍宝王，乃至第三十三善思王。如上三十三王，子子相承也，亦是粟散而已。次下并是转轮圣王，嫡嫡相承，至于菩萨。

《楼炭经》云："真阇王有一太子名波连迦"，译云"大鱼王"也。《佛本行经》云："中天有城名曰褒多那，人民繁炽，其中有帝名大鱼王。"从此王乃至大名称王，有子孙相承，苗裔计有八万四千二百七十二王，尽是金轮王。最后有二王，为阎浮提主，名茆草王。草王有太子，名大茆草王。大茆草王无子为王，作是念言："我上祖代代相承，皆是金轮王之苗裔，我今无嗣，种姓将恐断绝；我若出家，恐断王种，若不出家，则断圣种。"思惟是已，则持国事付诸大臣，王乃入山修道，成五通仙，名曰王仙。此王仙先有夫人名善袭，在宫有娠，后生一子，是大茆草王之苗裔也。后诸大臣知是王仙太子，遂则重册灌顶，绍承王位，号为遮王。又云郁摩王，亦曰懿摩王也。

王有二妃：一名善贤，二名妙端正。妙端正者，生四太子：一名炬面，二名金色，三名象众，四名别成。善贤夫人唯生一子，名曰长寿。端严可喜，世间小（少）双，唯无骨相，不堪绍位。善贤思惟："妙端正四子炬面等辈，兄弟群族；我今唯此一子，虽然端正，不堪为王。作何方便，令①我此子得绍王位？"

尔时，遮王驾车宫苑②安慰诸妃，善贤出来启王言："我种种安隐，唯有一愿拟从王，乞愿王赐我。"王曰："从心所欲，朕当与之。"善贤曰："王不得变悔，请王设誓。"王言："若变悔者，朕当破作七分。"善贤白大王曰："炬面等四子宜可摈出。"王言："此四子无过，云何摈出？"王良久思惟，为自设誓已，不违愿故，遂判四子摈于他方。

【校注】

①令：原本作"今"字，据文意当为"令"。
②苑：原本字异体难认，今校作"苑"。

时四王子白父王言："我等四人不造余过，忽然摈我出国，何也？"王言："知汝四子实无过失。不辜横遭如上所说，此非我心，善贤之意。"时四童子所生庶母并眷属等，闻此事已，疾至王所，白大王言："我等四子奉王摈出，我愿随去。"王言宜依。遮王有敕续告四子："若欲姻娉，莫婚他族。宜亲内姓，无令种姓断绝。"此四童子敬王教敕，则领眷属面北而去。至舍夷林，其中水土宽平，无诸坑①阜，将诸眷属住此林中。福德盛故，遂成巨国。后遮王思，问群臣："朕昔摈出四子，今在何方？"大臣奏曰："今在香山之北，雪山之南，二山中间有林，名曰舍夷。地沃丰饶，人民炽盛，百姓归之，犹如廛市②，郁成大国。册立为王，名尼拘罗城——古仙迦毗罗得道之处，因兹立城名也。"时遮王闻已，再三叹言："我子释迦！我子释迦！"释迦者，译言"能仁"也。

【校注】

①坈：原本作"昧"字。

②廛市：原本作"郾市"。左思有《魏都赋》"廊三市而开廛"，廛指卖东西的店铺。

大遮王三子已殁，唯有别成，号曰尼拘罗王，是佛祖祖。此王有太子，名曰拘卢罗王，是佛高祖。此王有太子，名曰瞿拘卢王，是佛曾祖。此王有太子，名曰师子颊王，是佛祖。此王有四太子：一名输头檀那，则净饭王；二名输拘卢檀那，则白饭王；三名途卢那，则斛饭王；四名阿弥都檀那，则甘露饭王。

净饭王有二太子：一名悉达多，则是佛，四月八日生，身长丈六；二名难陀，则是逆风扫地者也，四月九日生，身长丈五尺四寸。白饭王有二太子：一名调达，是佛堂兄①，四月七日生，身长丈五尺四寸；二名阿难，是佛侍者，四月十日生，身长丈五尺三寸。斛饭王有二太子：一名释摩男，捉土成金者，四月十二日生，身长丈四寸。②甘露饭王有二太子：一名波投，出家竟，四月十三日生，身长丈四寸；二名跋提子，入道，四月十四日生，身长丈四寸。

【校注】

①堂兄：原本作"当兄"。

②原本此处疑有脱文。因上文曰"二太子"，今只说其一，不见其二。《佛本行集经》及《智度论》为摩诃男、阿㝹

楼驮二人。

《佛本行经》曰：尔时，护明菩萨在兜率天上，心念欲化一切众生，遂敕金团天子："汝善观察诸王种族，则当为吾拣一生处。"金团天子奉菩萨敕，为其观察。观察已，竟白菩萨言："有刹利种姓瞿昙氏，刹利帝后，依瞿昙大仙学道，从师姓瞿昙氏。元本以来，世世为金轮王之种族。乃至遮王苗裔以来，子孙相承，住彼迦毗罗城，释种之所都也。其中有王名师子颊王，此王有太子名输头檀那王，今此王者于一切世间天人之中有大名称，堪为菩萨托生之处。"菩萨叹曰："善哉！善哉！汝善观察诸王种姓，如汝所说，我定生彼。"

又《经》云：护明菩萨欲降下时，摩耶夫人告净饭王言："大王当知，我今欲受八禁清净斋戒。"当斋戒已，遂则眠。于梦中见有一六牙白象，其首朱色，七支拄地，以金装牙，天人乘之，从空而下，赴净饭王宫。

据《阿含经》曰，推佛降神母胎，则当此土姬周第五帝昭王即位二十三年①癸丑之岁七月十五日托阴摩耶。至二十四年甲寅之岁，摩耶夫人于毗罗苑中游戏快乐，见波罗树花可爱，举右手攀枝，菩萨从右胁而诞生。身真金色，相好具足。

【校注】

①二十三年：原本作"二一三年"，疑"一"为"十"之误，今即校正。又，关于佛之生年，此处推为周昭王二十四年甲寅之岁，当公元前977年，与今流行说法不同。据汉译

《善见律毗婆沙》"出律记",推断为前565年,约与中国孔子同时。南传佛教或作前624或前623年。

又《普曜经》云:佛初生时,放大光明,照十方界,地涌金莲,自然捧足;东西南北,各行七步,观察四方,一手指天,一手指地,作师子吼,"天上天下,唯我独尊"。又偈曰:

  我生胎分尽,是最后末身;

  我已得解脱,当复度众生。

说此偈已,感九龙吐水,沐浴太子。太子浴已,默然不语,还同世间婴儿。

又案《周[书]异记》云:昭王即位二十四年甲寅之岁四月八日,江河泉池忽然泛涨,宫殿人舍、山川大地咸悉震动。其光有五色,贯入大微,遍于四方。昭王问太史①苏由曰:"是何祥也?"苏由奏曰:"有大圣人生于西方。"又问:"于天下如何?"由曰:"则时无也,他一千年外,声教被于此土。"即是佛初生西天竺国迦毗罗城净饭王宫,瑞应此土。

【校注】

①太史:太史,原本作"大央"。

案《十二因缘经》云:太子年登十九,厌①皇后宫。父王恐畏出家,遂敕箫韵娱乐太子。太子不乐,坐至三更,五百宫人悉皆得睡。净居天子时在虚空中,说偈告于太子:

> 世间不净众惑迷,无过妇人身体性。
> 世间衣服庄严故,愚痴是边生贪欲。
> 是人能作如是观,如梦如幻非真实。
> 速舍无明勿放逸,心得解脱功德身。

又天人于窗牖中,叉手白太子言:"时可去矣!"太子闻此偈已,心生欢喜。潜命车匿,鞍捶陟来。四神捧足,逾城西北而去。太子念言:"夫出家者,具大慈悲,不留马迹,王必罪于门人。"则于城西北角留一马迹,令知腾空西北而去。时当此土周昭王四十二年壬申之岁,二月八日夜半也。

【校注】

①厌:原字异体难辨,今校作"厌"字。

案律云:太①子去已,至摩竭陀国斑荼山中。于其石上结跏趺坐,作是念言:"以何物剃除须发?"才起此念,净居天子便即捧刀。太子自把剃须发已,净居天子更捧缦僧伽梨衣,[太子]便脱旧日所著衣服,并脱头冠,白马等付与车匿,将还王宫。并说偈言,辞父王曰:

> 假便恩爱久共处,时至命尽会别离。
> 见此无常须臾间,是故我今求解脱。

尔时,太子在于山中,勇猛精进,修无上道。又诣阿蓝迦蓝处,三年学不用处定,知非便舍。复至郁头蓝弗处,三②年学非想非非想定,知非亦舍。又至象头山,同诸外道日食麻麦,经于六年。苦行将满,则于尼连河浴。苦行日久,就岸稍难,追成仙人挽低③树枝，接于太子。

【校注】

①太：原本作"大"字。

②三：原本作"一"，此则校作"三"。《佛本行集经》卷二十二与《中阿含经》卷五十六，皆说佛出家后曾从郁头蓝弗学非想非非想定三年。

③低：原字异体难辨，今校之。

又《因果经》云：浴已，"我若以羸劣之身而取道者，外道言自饿则是涅槃，故当受食"。太子才起此念，时有难陀、波罗奈姊①妹二人捧上乳糜。太子又自念言，"当将何器而受食？"才起此念，时四天王各捧石钵。其时菩萨为平等故，并总受之；息贪欲故，按成一钵，以受乳糜。食②充色力，欲诣正觉山。

【校注】

①姊：原本作"姉"。
②食：原本作"飡"。

准《本行经》云：太子思念，"当用何物而坐？应须净草"。才起此念，路上遇刈草人，名曰吉安。太子语曰："此草可能惠施小许，不为爱惜？"吉安则授与，逦迤而去。

至正觉山，为太子德重故，其山震动。山神出现，语太子曰："此非成道处。"太子问曰："何方堪耶？"山神："从此去摩竭提国南一十六里,有金刚座,贤劫千佛皆升此座,成等正觉。宜当往彼。"

尔时,太子遂则下山,遇一盲龙,盲龙语太子曰:"菩萨欲求成道处也?"太子问:"汝何知我菩萨?"盲龙曰:"我昔于毗婆尸佛时为恶性比丘,毁骂三宝,遂堕龙中,兼盲其目。过去三佛出世,我眼则开,灭后还闭①。今见汝身,令我眼开,故知汝是菩萨。"则引太子诣金刚座。以草敷上,遂升此座。太子发弘愿言:"我若不成无上菩提,誓不起于此座。"而成正觉,号之为佛。

【校注】

①闭:原本作"闲"字。

故《普曜经》云:菩萨于二月八日,明星出时,大悟。便造偈曰:

因星得悟,悟后非星。

不随于物,不是无情。

时当此土周第六帝穆王三年癸未之岁二月八日成道,因此三十成道也。

尔时,释迦如来成道竟,示众曰:"夫出家沙门者,断欲去爱,识自心源;达佛本理,悟无为法;内无所得,外无所求;心不系道,亦不业结;无念无作,非修非证;不历诸位,而自崇敬,名之为道。"

有一比丘问:"如何是清净本性?"佛言:"毕竟净故。""如何是本性无知?"佛言:"诸法钝故。"

外道问佛:"不问有言,不问无言?"佛乃良久。外道作礼,赞曰:"善哉!善哉!世尊有如是大慈大悲,开我迷云,令我得入。"

外道去后,阿难问佛:"外道以何所证,而言得入?"佛言:"如世间良马,见鞭影而行。"

如是说法住世,四十九年后,于拘尸那城熙连河侧娑罗双树间,入于涅槃。寿龄当七十九矣。时周穆王五十二年壬申之岁二月十五日,暴风忽起,飘损人舍,伤折树木,山河大地悉皆震动;西方有白虹十二道通过此土,连夜不灭。当此之时,则佛入涅槃之祥应。

又《涅槃经》云:尔时,世尊欲涅槃时,迦叶不在众会,佛告诸大弟子:"迦叶来时,可令宣扬正法。"又云:"吾有清净法眼,涅槃妙心,实相无相,微妙正法,付嘱于汝,汝善护持!"并敕阿难嗣二传化,无令断绝。而说偈曰:

法本法无法,无法法亦法。

今付无法时,法法何曾法?

尔时,迦叶与五百弟子在耆阇崛山,身心寂然,入于三昧。于正受中,倏然心惊,举身战栗①。从定中出,见诸山地皆大振动,则知如来已入涅槃。告诸弟子:"我佛大师,入于涅槃,经于七日,已入棺中。苦哉!苦哉!应当疾往,至如来所,恐已茶毗②,不得见佛。"以敬佛故,不敢飞空往如来所,则将弟子寻路疾行,悲哀速往。正满七日,至拘尸城茶毗所,问大众言:"如何得开大圣金棺?"大众答曰:"佛入涅槃,已经二七,恐有损坏，如何得开？"迦叶言："如来之身，金刚坚固，不可俎坏，德香芬馥，若缒檀山。"作是语已，涕泪交流，至佛棺所。尔时如来大悲平等，为迦叶故，棺自然开，皆则解散，现出三十二相、八十种好，真金紫磨、坚固之身。尔时迦叶复重悲哀，与诸弟子绕佛七匝，长跪合掌，说偈哀叹曰：

苦哉苦哉大圣尊，我今荼毒苦切心。
世尊灭度一何速，大悲不能留待我。
我于崛山禅定中，遍观如来悉不见。
又观见佛已涅槃，倏然心战大震[3]惊。
忽见暗云遍世界，复睹山地大振动。
则知如来已涅槃，故我疾来已不见。
世尊大悲不普我，令我不见佛涅槃。
不蒙一言相教告，今我孤露何所依？
世尊我今大苦痛，情乱迷闷昏浊心。
我今为礼世尊顶，为复哀礼如来胸？
为复敬礼大圣手，为复悲礼如来腰？
为复敬礼如来脐，为复深心礼佛足？
何故不见佛涅槃？唯愿示我敬礼处。
如来在世众安乐，今入涅槃皆大苦。
哀哉哀哉深大苦，大悲示教所礼处。

尔时迦叶说是偈已，世尊大悲，则现二足千辐轮相，出于棺外，回示迦叶；从千辐轮放千光明，遍照十方一切世界。尔时迦叶与诸弟子见佛足已，一时礼拜千辐轮相。大觉世尊金刚双足还自入棺，封闭如故。

尔时，如来以大悲力，从心胸中火踊棺外，渐渐荼毗，经于④七日，焚妙香薪，尔乃方尽。佛力威神，内外白㲲⑤而无损也。此有二表：外一重白㲲不损者，表俗谛存焉；内一重白㲲不损者，表真谛不坏也。

自如来入涅槃壬申之岁，至今唐保大十年壬子岁，得一千九百一十二年。教流汉土，迄今壬子岁，凡经八百八十六年矣。

【校注】

①栗：原本作"慓"字。

②荼毗：梵语，此云焚烧，僧死而焚之也。亦作茶毗。音译字本无定，荼茶古本一字，尤易相混。

③震：原本作"振"字。

④于：原本写作"千"字。

⑤㲲：原本作"氎"字。指内衣。

第一祖大迦叶尊者

摩竭国人也。姓婆罗门。父名饮泽，母字香志。与瓶沙王竞富，唯让一犁；共摩竭以争饶，更逾千倍。积长者之贝玉，祈诸树神；获贫女之金珠，庄严塔像。载诞金光之子，结成金色之妻。果合前缘，深扶宿愿。虽为贵偶，乃无欲情。欲求出家，泽、志听许。便投世尊，发弘誓愿。上法受戒，清贞守素。无爱无欲，常行头陀。世尊在日，命坐付衣，常于众中称叹第一。

尔时，大迦叶告诸比丘曰："佛已荼毗，金刚舍利非我等事。

何以故？自有国王大臣、长者居士①，求最胜福田者，自当供养。我等宜当结集法宝，无令断绝；为未来世作大照明，绍隆正法。"尔时迦叶作大神通，往须弥顶，而说偈曰：

> 如来诸弟子，且莫般涅槃。
>
> 若得神通者，当赴于结集。

说是偈已，则击揵铜。揵铜之中而传此偈，声遍三千大千世界，得神通者悉皆赴集。圣众既繁，遂拣内闲三藏、外达五明②、足满六通、智圆四辨者，其数四百九十有九，悉集王舍城阇崛山宝钵罗窟，此云"七叶岩"。

【校注】

①士：原本脱字，此据文意校。

②五明：原本作"五朋"。五明乃印度各教教授学徒的五种学问，即声明、工巧明、医方明、因明和内明。据《大唐西域记》卷二称，"七岁之后渐授五明大论"。

尔时，阿难为漏未尽，当被跋阇比丘有他心智，则便观察知："阿难兄有欲漏故，未及众圣，不得入会。"时阿难比丘当自念言："我事如来亦无缺犯，为自有漏，不及行数。"思惟是事，晓夜经行。明相出时，身体疲极，兼卧之次，头未至枕，得证果位。心生欢喜，则往宝钵罗窟，击其石门。

尔时，迦叶在于窟中，问："是何人敲我此户？"答言："是佛侍者，比丘阿难。"迦叶语曰："汝漏未尽，不得入来。"阿难答言："我已证无漏。"迦叶报言："汝既证无漏，可现神变，以遣众疑。"尔时阿难则骋神通,从钥孔入,得在众位,添数五百。

案《育王经》云:迦叶告阿阇世王:"我今欲集如来三藏,愿大王为我檀越。"王言:"愿诸大圣集如来三藏,无有遗余,不舍慈悲,受我供养。"

阿阇世王为结集主。时诸比丘则从座起,咨问长老大迦叶:"于三藏中,先集何藏?"迦叶语云:"当集修多罗藏。"迦叶白圣众言:"此阿难比丘,多闻总持,有大智慧;常随如来,梵行清净,所闻佛法,如水传器,无有遗余。佛所赞叹,聪敏第一。宜可请彼集修多罗藏。"大众默然允之。迦叶告阿难曰:"汝于今者,宜宣法宝。"阿难躬受敬诺,观察圣心,而说偈曰:

比丘诸眷属,离佛不庄严;

犹如虚空中,众星之无月。

说是偈已,礼众圣足,则升法座。

案《七事记》云:尔时阿难当升座已,尊诸相好,现身如佛。众见此瑞,则生三疑:一谓大师慈悲故,从涅槃起,为我等辈宣甚深法;二谓他方诸佛知我释迦奄化故,而来此中宣扬妙法;三谓阿难转身成佛,为众说法耶?

尔时,阿难而说是言:"如是我闻,一时佛住某城某处,说某经教,乃至人天等作礼奉行。"阿难则下法座,却复本身。诸菩萨等知是世尊加被,众疑悉遣。时迦叶问诸比丘:"阿难所言不错谬乎?"诸比丘皆云:"不异世尊所说。"

于是,迦叶请优波离集毗尼藏,次命迦旃延集阿毗昙藏。迦叶则入愿智三昧[①],观所集法藏,皆无欠少。由兹流布,而不断绝。

【校注】

①愿智三昧：原本"愿"字不清晰，"三"字脱落为"二"。

《阿阇世王忏悔经》有三种阿难：一阿难陀，此云庆喜，持声闻法藏，于上二乘随力随分；二阿难陀跋罗，此云庆喜贤，持中乘法藏，于上大乘随力随分，于下小乘容与兼持；三名阿难陀婆伽罗，此云庆喜海，持菩萨大乘法藏，于下二乘容与兼持。

又，台教中有四阿难，何等为四？一者庆喜阿难结集藏教；二者贤阿难结集通教；三者典藏阿难结集别教；四者海阿难结集圆教。论其本也，唯一金龙尊佛；语其迹也，分四阿难弟子。

梵语阿难，此翻无染。阿者，无也；难者，染也。论此无染亦分为二，一者断除烦恼名为无染，二者出离修证名为无染。断除烦恼无染，是名传教阿难；出离修证无染，是名传禅阿难矣。

阿难问师："传佛金襕外，别传个什么？"师唤阿难，阿难应喏。师曰："倒却门前刹竿著！"

阿阇世王请师说法，师受请升座，良久，乃下。王问师："何故不为弟子说？"师云："大王位崇名重。"

迦叶尊者阐一乘而利物，弘二教以度人，实得他心，终无我想。说法住世四十五年，度无量众。乃告阿难言："如来正法眼付嘱于我，我今年迈，持佛僧伽梨衣入鸡足山，待慈氏下生①。汝受佛嘱，弘扬正法，勿令断绝。听吾偈曰：

法法本来法，无法无非法。

何于一法中，有法有非法？"

【校注】

①慈氏下生：慈氏即弥勒。下生，原本作"一生"。据《玄应音义》卷二十五说，弥勒旧云慈氏，"有二因缘，一值慈佛发心，二初得慈心三昧，因以名焉"。而《弥勒下生经》即说弥勒自兜率天下生人间成佛之事，因此原本说"一生"可能是笔画脱落。

尔时，迦叶说是偈已，遂入王舍城，辞阿阇世王。王寝不遇，留言付于门者，令奏王知云："吾当往鸡足山矣。"

准《西域记》云："此山三峰如仰鸡足故，因此立号也。"迦叶尊者于此山中，以草敷坐结跏而已，作是念言："今我此身著佛所与粪扫之衣，及持僧伽梨①等，经于五十七俱低六十百千岁②，慈氏佛出世，不令其朽坏。"作是念已，遂语山曰："若阿阇世王与阿难来山，当为开，令其得入。若归去后，复当还合。"言讫，便入灭尽定，应时大地六种震动。

尔时，阿阇世王于睡梦中，见殿梁折，遂则惊觉。时执扃之使奏闻王知，云："大迦叶辞王往鸡足山欲入涅槃，遇王殿寝，未敢奏闻。"王闻此语，遂生悲泣，云："朕何薄祐！诸圣涅槃，不得睹见。"则诣竹园精舍，礼阿难足，借问迦叶所在。遂命阿难同往鸡足。

王到山已，山自开辟，迦叶在中，全身不散。王乃敕诸力士，积诸香薪，欲阇维③之。阿难白大王曰："摩诃迦叶以定持身，待于弥勒下生捧付僧伽梨竟，方入涅槃。如今切不可焚也！"王闻是语，以种种供养心生悲恋，然后礼辞定身，却命阿难入于王舍城。阿阇世王与阿难才出此山，山合如故。

【校注】

①僧伽梨：三衣之一，此衣由许多碎条（九条以上）组成，比丘入王宫聚落乞食说法时必穿。而粪扫衣即为纳衣，以其同于人所委弃之粪扫者，缝纳为衣。粪扫衣、僧伽梨等同为十二头陀行之衣项。

②五十七俱低六十百千岁：俱低，表数目字，又作俱胝、俱致。《玄应音义》五曰："此言千万或言亿，而甚不同，故存本耳。"据《弥勒下生经》说，弥勒从兜率天下生人间成佛，要经过五十六亿七千万岁，而此处说五十七亿六千万岁。

③阇维：焚烧义，同荼毗，僧死而焚之。徐陵文曰："用震旦之常仪，乖阇维之旧法。"

师入灭时，当此土周第八主孝王五年丙辰岁矣。净修禅师赞曰：

伟哉迦叶，密传佛心。
身衣一纳，口海千寻。
威仪庠序，化道幽深。
未逢慈氏，且定鸡岑。

第二祖阿难尊者

王舍城人也。姓刹利帝。白饭王子,是佛之堂弟①也。本是金龙尊佛,今为如来所化。建立法幢,度六万众。高悬佛日,大照迷徒。博达总持,多闻第一②。

【校注】
①堂弟:堂,原本作"当"。
②博达总持,多闻第一:"博"字讹写,"总"字异体难辨,今参《增一阿含经》卷三校之。其说,"我声闻中第一比丘,知时明物,所至无碍,所忆不忘,多闻广远,堪忍奉上,所谓阿难比丘是"。

师巡游,往至一竹林之间,闻一比丘错念佛偈曰:"若人生百岁,不见水潦涸;不如生一日,而得睹见之。"阿难闻已,嗟叹曰:"世间一凡有,不解诸佛意;徒载四围陀,不如空身睡。"阿难叹已,语比丘曰:"此非佛语,如今当听我演佛偈曰:若人生百岁,不会诸佛机;未若生一日,而得决了之。"具如《宝林传》所说也。

尔时,阿难告商那和修言:"如来正法眼付嘱于我,我今付汝。当弘吾教,勿令断绝。"复谓末田底曰:"佛预记汝,吾灭度后一百二十年,罽宾①国中有一比丘,名末田底,流布佛法。"

尔时商那和修与末田底同师阿难。末田底无弟子,商那和修

有一弟子,名优婆毱多,西国罗汉宗首。尔时阿难付法偈曰:

　　本来付有法,付了言无法。

　　各各既自悟,悟了无无法。

【校注】

①罽宾:原本"罽"字缺笔,今校之。罽宾(kasmira)乃西域国名,在今克什米尔一带,系大乘佛教发源地之一。唐译作迦湿弥罗。

师付法已,踊身虚空,作十八变,入风轮奋迅三昧①,分身四分:一分奉忉利天,一分奉沙竭罗龙王,一分奉毗舍离王,一分奉阿阇世王。各起宝塔供养。

【校注】

①入风轮奋迅三昧:《景德传灯录》卷一作"入风奋迅三昧"。奋迅,即振奋、奋起貌。《敦煌变文集》卷四《降魔变文》:"其师子……眼似流星,牙如霜剑,奋迅哮吼,直入场中。"故奋迅三昧,又作师子奋迅三昧。

阿难入灭时,当此土周第十主厉王十二年癸巳岁矣。净修禅师赞曰:

　　多闻庆喜,高建法幢。

　　传佛金偈,继祖银釭。

　　慈悲第一,智慧无双。

饮光后嘱,月印秋江。

第三祖商那和修尊者

亦名商诺迦,是西天自然九枝秀草名也。摩突罗国人也。姓毗舍多,父名林胜,母字娇奢耶。在母胎中六年始生,寻后出家。身衣自然,化成九条①。得庆喜之法,广度群生,大作明灯。

【校注】
①身衣自然,化成九条:据《传法正宗记》,商诺迦生时身自有衣,因此得名。商诺迦即唐言自然服。何故化成九条?因比丘所着之僧伽梨衣由九条碎片组成,故又称九条服。

乃云佛记:"吾灭度后二百年中,圣者继我。"则入三昧,观见吒利国中有长者子,名曰善意而姓首陀,后生三子,少者出家,当续于我大兴吾教。吾当以小神通至于彼国,不将徒众而自往之。长者作礼问:"尊者远至,有何所须?"答曰:"我无伴侣,孑然一身,欲命徒侣而归佛道。"长者曰:"我乐世俗,不能出家。若复生子,当给于汝。"师云:"善哉!善哉!"言已,则归本座。

时长者寻后果生三子,前二子不愿出家,第三子名优婆毱多,年十七。尔时,[商那]和修告父而曰:"佛记此子云:吾灭度后二百年中,当第四师而度筹众①。"父闻佛记,则奉尊者,任其出家。

【校注】

①筹众：筹，是僧人入定时用来计数之筹。此处形容师度无量众，不计其数。后文说眱多尊者凡度一人即抛一筹，积满一室。

师乃问鹅多了曰："汝年几岁耶?"子曰："年十七岁也。"师曰："汝［身］①十七岁，性②十七岁耶?"子曰："性非十七岁③。"子白师曰："［师发已白④，］为心白耶? 为头白耶?"师曰："此白是发，非心、头也。"子曰："身自十七岁，非性尔也。"

【校注】

①"身"字据《宝林传》卷二《商那和修章》补。

②"性"原作"姓"字，据《宝林传·商那和修章》改。下面几个"性"字同。

③性非十七岁：此句前原有"性非十七岁"，疑是衍文，现删去。或者此种衍文是因为后来抄写者不知"姓"、"性"二字可通混用之，而存此对照? 如敦煌本《坛经》有"……獦獠身与和尚不同，佛性有何差别"。

④师发已白：原本无此四字，为句意完整，此据《景德传灯录》添增。

在师左右三四年间，出家，具戒，便证圣果。尔时商那和修告毱多言："如来以大法眼付嘱迦叶，如是展转乃至于我，我今

付嘱于汝。听吾偈曰:

> 非法亦非心,无心亦无法。
> 说是心法时,是法非心法。"具如宝林传所说也。

自商那和修灭度时,当姬周第十一主宣[王]一十三年乙未岁矣。净修禅师偈曰:

> 胎衣尊者,暗室明灯。
> 人天耳目,佛法股肱。
> 非心非色,不减不增。
> 良哉至圣[①],觉海大鹏。

【校注】

①原本"至圣",敦煌出《泉州千佛新著诸祖师颂》(以下简称《诸祖师颂》)则作"至理",见《大正藏》第85卷。

第四祖优婆毱多尊者

吒利国人,其姓首陀。佛记:"于禅祖中当其第四,化度群品如我今日。贤劫之中当得成佛,名无相好如来。"十七出家,二十成道。随方行化,至摩突罗国,大众云集。半月说法,天花时降,地神腰现,而听法故,尽获解脱。具如《宝林传》所说也。

尔时,毱多尊者凡度一人,抛下一筹。筹长四寸,满一石室,室高丈六,纵广亦然。其后度者,名曰提多迦,志求出家。

师问曰:"为心出家耶?为身出家耶?"子曰:"我来出家,

非为身心而求利益。"师云:"不为身心,复谁出家?"子曰:"夫出家者,无我之故;无我之故,心不生灭;心不生灭,则是常故;既是常故,诸佛亦常。心无形相,其体亦尔。"师云:"汝当大悟,心自明朗。依佛法中,度恒①沙众。"

【校注】
①恒:原作"怛"。

尔时,毱多尊者曰:"我今将此法眼付嘱于汝,汝可流布,无令断绝。汝今当听我说偈曰:

心自本来心,本心非有法。

有法有本心,非心非本法。"

毱多尊者付嘱法已,即入涅槃。尔时提多迦取石室筹,积之焚烧,拾取舍利,竖塔供养。时当此土姬周第十二主平王三十一年庚子之岁矣。净修禅师赞曰:

优婆毱多,辩泻悬河。

法山峥嵘①,道树婆娑。

筹盈石室,尸系天魔。

性非十七,悟在刹那。

【校注】
①原本"峥嵘",《诸祖师颂》则作"嵴崒"。嵴崒、峥嵘,皆高峻貌。

第五祖提多迦尊者

摩迦陀国人也。在舍,父梦金日从屋而出,放大光明,照一宝山,山顶有泉。初名香众,因父梦故,号提多迦,译云通真量。

毱多云:"如来记汝,'吾灭度后一百年中,必有一子而证道果'。"又为师解其父梦:"宝山者,吾身是也;出光明者,汝智慧也;从屋而出者,入道也;山顶泉者,无上法味也。"提多迦闻毱多解梦,心自祈庆,而说偈曰:

巍巍七宝山,常出智慧泉。

回为真法味,能度诸有缘。

毱多尊者以偈答曰:

我法传于汝,当现大智慧。

金日从屋出,照耀于天地。

尔时,提多迦闻毱多偈已,合掌瞻颜。既得付法,游历诸土,而度群品。具如《宝林传》所说也。

尔时,弥遮迦,八千仙中主,欲求出家。尔时提多迦告曰:"汝欲出家,各应自念,非假刀剃。随所念故,须发自净;深敬佛故,衣生袈裟,而变檀相。"时诸仙人各自念佛,心生敬慕,须发自净,袈裟生体;心不退转,尽获圣果。

尔时,提多迦告弥遮迦曰:"如来以正法眼付嘱迦叶,如是展转乃至于我。我今将此法眼付嘱于汝。听吾偈曰:

通达本法心,无法无非法;

悟了同未悟，无心亦①无法。"

师说偈已，化火三昧而烬其体。弟子弥遮迦收得舍利，斑茶山中起塔供养。时当此土姬周第十五主庄王七年己丑岁矣。净修禅师赞曰：

多迦大师②，无我出家。
了根达境，免却③空花。
体非形相，理出齿牙。
随方利物，岂有匏瓜④？

【校注】

①"亦"原为"得"字，据《宝林传》卷二《提多迦章》改。

②原本"师"字，《诸祖师颂》作"士"字。

③原本"免却"二字，《诸祖师颂》则作"兔月"，见《大正藏》第85卷。

④原本"匏瓜"，《诸祖师颂》作"瓟瓜"。匏瓜，见于《论语·阳货》："吾岂匏瓜也哉？"参《本草纲目》："瓠之无柄而圆大形扁者为匏。"

第六祖弥遮迦尊者

中印土人。得提多迦法。具如传中。

尔时，弥遮迦得法已，游历行化。众中有一人名婆须密，欲求出家。尔时提多迦尊者曰："佛在世时，至北天竺，而谓阿难曰：'此国土中，吾灭度后三百年末，有一圣者当出于世，姓婆罗堕，名婆须密，于诸祖中当其第七。'佛之记汝，非我所知。汝可出家，舍除触器①，合证圣果。"

【校注】
①触器：即下文之"酒器"。"触"通"浊"，而佛家戒酒，故称酒器为污浊之器。

时婆须密弃其酒器，合掌作礼，深自觉知："我昔曾于无量劫中而施宝座于第七佛。与我授记，于贤劫中当得作佛，于禅祖中当得第七。如尊所说，深达昔缘，如寤①所睹。尊者大慈愿接引我。"
时弥遮迦则为出家，而授②佛戒。所作已办，深自知之。乃命付法，而说偈言：
　　　无心无可得，说得无名法③。
　　　若了心非心，始解心心法。

【校注】
①寤：原作"窹"。醒觉。
②授：原本作"受"字，二字相通。
③《宝林传》卷二《弥遮迦章》作"说得不名得"。

师入灭度时，当此土姬周第十八主襄王十七年丙申岁矣。净修禅师赞曰：

弥遮迦祖，习五通仙。

遇师法正，省我心偏①。

悟如来②悟，玄之又玄。

神通示灭，八部潸③然。

【校注】

①原本"省我心偏"，《诸祖师颂》作"看我心偏"，"看"字不如"省"好。

②原本"来"字，《诸祖师颂》作"未"字。

③原本"潜"字，今校为"潸"，而《诸祖师颂》则作"潜"，误。按："八部"指具有一定神通的天龙等八部众，尊者神通示灭，八部为之悲叹。

第七祖婆须密尊者

北天竺国人也。得弥遮迦法已，而自行化度诸有情。

至迦摩罗国，大作佛事。于此座前有大智者而称佛陀难提，问师曰："解论义不？"师曰："论则不义，义则不论。若拟论义，终非论义。"

佛陀难提闻师论义，心则敬伏而求出家。师则纳受，具戒，证果，乃命付法，而说偈曰：

心同虚空界，示等虚空法；

证得虚空时，无是无非法。具如本传。

自婆须密入定时，当此土姬周第二十一主定王十九年辛未岁矣。净修禅师赞曰：

祖婆须密，入弥遮室。

迷悟本如，物我冥一。

手携酒器①，顶②擎佛日。

奚是奚非，谁得谁失？

【校注】

①手携酒器：原本"携酒器"三字模糊不清，参《诸祖师颂》校。另参《景德传灯录》卷一也说婆须密，"常服净衣，执酒器，游行里巷，或吟或啸，人谓之狂"。

②原本"顶"字，《诸祖师颂》作"项"，二字形近，易混。

第八祖佛陀难提尊者

迦摩罗国人。姓瞿昙波。当生之时，顶上有珠，珠光照耀。年至四十，遇婆须密，而得出家，便证圣果。

游行化导，至提迦国，而有一人名伏驮密多。而问师曰："父母非我亲，谁为最亲者？诸佛非我道，谁为最道者？"师曰："汝言与心亲，父母非可比；汝行与道合，诸佛心即是。外求有相佛，与法不相似；若识汝本心，非合亦非离。"

尔时，伏驮密多闻尊者说是妙法，则五体投地，深敬作礼。尔时佛陀难提告伏驮密多曰："如来以大法眼付嘱迦叶，如是展转，吾当第八。汝受法宝，勿令断绝。听吾偈言：

虚空无内外，心法亦如是；

若了虚空故，是达真如理。"具如本传。

师入灭时，当此土姬周第二十四主景王十二年丙寅岁矣。净修禅师赞曰：

佛陀难提，大化群迷。

心无内外，法离高低。①

五天论将，三界云梯。

卓然真气，南北东西。

【校注】

①原本"心无内外，法离高低"，《诸祖师颂》则误作"心无心外，法理高位"。

第九祖伏驮密多尊者

尊者提迦国人，姓毗舍罗。具如本传。

得佛陀难提法已，至中印国大作佛事，导化群品，百千人俱。有一长者名曰香盖，家有一子号曰难生，依师出家。尔时师既受已，勤苦修行，胁不至席，因兹立号，名胁尊者。

尔时，伏驮密多告比丘难生曰："如来以大法眼付嘱迦叶，展转相传至今于我。我将此法付嘱于汝，汝善护持，无令断绝。汝受吾教，而听偈曰：

真理本无名，因名现真理。

领得真实法，非真亦非伪。"

师说偈已,默然入定,诸天散花,而供养之。时胁尊者则以香薪用阇维之,收得舍利,建塔供养。时当此土姬周第二十六主敬王三十五年甲寅岁矣。净修禅师赞曰:

伏驮密多,大器晚成。

五十不语,五十不行。

俄逢大士,倏契无生。

崖松有操,鹭鹚①无程。

【校注】

①原本"鹭鹚",《诸祖师颂》误作"秋鸡"。鹭、鹚为两种形状似鹰的水鸟,善捕鱼类,性好屹立,每立更不移处,故曰"无程",以与崖松之"有操"对应。按:鹚,古称雎鸠。

第十祖胁尊者

中印国人也。得伏驮密多法,广化群迷。

至花氏国,有一长者名曰宝身,而有七子,第七子名富那耶奢,礼师白言:"我今欲出家,尊者当济度。"尔时尊者则为出家具戒,证果,乃命付法,而说偈曰:

真体自然真,因真说有理;

领得真真法,无行亦无止。

师付法已,化火三昧而自焚身。耶奢尊者收拾舍利,竖塔供养。时当此土姬周第二十八主贞[定]王二十二年癸亥岁矣。净修禅师赞曰：

> 胁大尊者，爱憎网撦①。
>
> 量等虚空，道唯潇洒②。
>
> 真体自然，因真舒写③。
>
> 约世苍茫④，奔腾意马。

【校注】

①网撦：网，原字异体难辨，今校为"网"。撦，音同"拆"，撕破。

②原本"唯"字，《诸祖师颂》则作"准"。潇洒：潇，原作"萧"。

③原本"写"字，《诸祖师颂》则作"凭"。

④原本"约"字，《诸祖师颂》则作"幼"。"茫"字，原本异体难识，今校为"茫"。

第十一祖富那耶奢尊者

花氏国人也。姓瞿昙。兄弟七人，而处最幼。心明博达，无诸所求。得付法已，广宣流布，次第游化。

又至一城，名波罗奈。遇一长者名马鸣，问师曰："我欲识佛，何者即是？"师曰："汝欲识佛，不识者是。"马鸣曰："佛既不识，争知是乎？"师曰："汝既不识，争知不是？"马鸣曰："此是锯义。"师曰："彼是木义。"师却问："锯义者何？"马鸣曰："共师并出。"马鸣却问："云何木义？"师曰："汝被我解。"尔时马鸣闻师胜义,心即欢喜而求出家。具如传中。

尔时,富那耶奢告马鸣曰:"我今将此正法眼藏付嘱于汝,汝可流布,勿令断绝。"而说偈曰:

迷悟如隐显,明暗不相离;

今付隐显法,非一亦非二。

时马鸣闻师说偈,心大庆悦。师付法已,则现神通,飞行自在,却至本座,而入寂定。时当此土姬周第三十三主安王十四年戊戌岁矣。净修禅师赞曰:

富那夜师,智若须弥。

心捐去住①,身外荣衰。

明暗隐现,视听希夷。

现前提取②,更莫参差。

【校注】

①原本"心捐去住",《诸祖师颂》作"心指法住",不妥。

②原本"取"字,《诸祖师颂》作"住"。

第十二祖马鸣尊者

波罗奈国人。具如本传。

尔时,马鸣告毗罗曰:"我今将此正法眼藏付嘱于汝,汝可流布,无令断绝。而听偈曰:

隐显即本法,明暗元无贰;

今付悟了法,非取亦非弃。"

师入大寂时,当此土姬周三十五帝显王二十七年甲午岁矣。净修禅师赞曰:

尊者马鸣,化花氏城。

魔宫雾卷,释苑风清。

我欲识佛,不识者明①。

莫非玄解,动足尘生。

【校注】

①原本"明"字,《诸祖师颂》作"朋",误。

第十三祖毗罗①尊者

花氏国人。具如本传。

尔时毗罗告龙树曰:"我今将此正法眼藏用付于汝,汝当护持,勿令断绝。而听偈言:

非隐非显法,说是真实际。

悟此隐显法,非愚亦非智。"

毗罗入灭时,当此土姬周三十七帝赧王四十一年壬辰岁。净修禅师赞曰:

毗罗大圣,因地魔王。

凭师指教,豁②证真常。

胡为愚智,讵是讵长③?

德性兰慧,性净冰霜。④

【校注】

①毗罗:《景德传灯录》第十三卷作"迦毗摩罗"。
②原本"豁"字,《诸祖师颂》作"杀",不通。
③原本"讵是讵长",《诸祖师颂》作"谁是矩长"。
④原本此句,《诸祖师颂》作"德馨性净,兰蕙冰霜"。

第十四祖龙树尊者

西天竺人。具如传中。

尔时,龙树告提婆曰:"我今将此正法眼藏用付于汝,汝当受教,听吾偈曰:

为明隐显法,方说解脱理;
于法心不证,无嗔亦无喜。"

龙树尊者寂然入定,时当此土秦第二帝始皇三十五年己丑岁①。净修禅师赞曰:

菩萨龙树,化龙是务②。
心晓佛心,住而非住。
身显圆月③,法流膏雨。
提婆投机,熟谙旨趣④。

【校注】

①三十五年己丑岁:原本字序颠倒,作"三十丑年己五岁"。另,"秦第二帝",盖由秦庄襄王算起,非指秦二世也。

②务:《诸祖师颂》则作"雾"。

③原本"月"字,《诸祖师颂》作"了"。

④熟谙旨趣:"熟"字,原本作"就",《诸祖师颂》作"孰"。

第十五祖迦那提婆尊者

南印土人。姓毗舍罗。具如传中。

尔时,提婆尊者告罗睺罗多曰:"我今将此正法眼藏用付于汝,汝宜传授,无令断绝。而听偈言:

本对传法人,为说解脱理;

于法实无证,无终复无始。"

此师灭度时,当此土前汉第四主文帝十九年庚辰岁矣。净修禅师赞曰:

迦那提婆,德岸弥高。

回旋香象,吹却①金毛。

机迅岩电②,辩泻秋涛。

始终绝证,勿误王刀。

【校注】

①吹却:原本作"吹欸"。《诸祖师颂》则作"欠欸"。

②原本"机迅岩电",《诸祖师颂》作"机通岩雷"。

第十六祖罗睺罗尊者

毗罗国人。姓梵摩,父名净德。具如传中。

尔时,僧伽难提①问师曰:"法有证不?有取舍不?有有无不?有内外不?愿尊者慈造而为解说。"尔时罗睺罗多②以偈答曰:

于法实无证,不取亦不离;

法非有无相,内外云何起?

此师全身入定,时当此土前汉第六武帝十年戊辰岁矣。净修禅师赞曰:

罗睺道德,在口宁论。

因师说耳,寻得入门。

高提日月③,大照乾坤。

不取不舍,传乎子孙。④

【校注】

①原本"提"下有"而"字,今删去,不损文意。

②原本"罗睺罗多",即上文之"罗睺罗"。

③原本"月"字,《诸祖师颂》误作"了"。

④原本卷一末原有"乙乙岁分司大藏都监雕造"十一字,系海东新开版时所记,今删去。"乙乙岁",实为"乙巳岁",高丽高宗三十二年,为宋淳祐五年(1245)。

卷第二

第十七祖僧伽难提尊者

罗伐城人也。刹利姓。父名宝庄严,母名芬陀利。才生解语,分明晓了,为母说法。

既得罗睺罗法,行化至摩竭国,见一童子,年当十二,手执铜镜而来师所。师问曰:"子年几耶?"曰:"我当百岁。"师曰:"汝当无智,看汝幼少,答曰我年百岁,非其理也。"子曰:"我不会理,正当百岁。"师曰:"子善机也。"子曰:"佛偈云:若人生百岁,不会诸佛机;未若生一日,而得决了之。"

时尊者敬之,深知是圣,问曰:"汝执此镜,其意云何?"子曰:"诸佛大圆镜,内外无瑕翳;两人同得见,心眼皆相似。"其舍父母见子言异,则令出家,师为度脱。领诣古寺,而为受戒,名曰伽耶舍多。

于彼殿角有一铜铃,被风摇响,师曰:"彼风鸣耶?铜铃鸣耶?"子曰:"我心鸣耶,非风铜铃。"师曰:"非风铜铃,我心谁耶也?"子曰:"俱寂静故,岂非三昧?"师曰:"善哉真比丘,善会诸佛理,善说真法要,善识诸佛义。"乃命付法,以偈告曰:

　　心地本无生,因种从缘起;

　　缘种不相妨,花果亦复然①。

伽耶舍多闻师说偈,及受法藏,心生敬重,顶戴受持。

师付法已,即离本座,至树下立,而举左手,攀其树枝,寻则灭度。焚其舍利,则在树侧,不可移动,则就本处竖塔供养。诸天散花,而雨宝衣,用散②塔处。时当此土前汉第七主昭帝十年辛酉岁矣。净修禅师赞曰:

> 僧伽难提,庄严王子。
> 逾城③九重,入山千里。
> 定俞④并金,义班⑤终始。
> 理屈于师,忽穷自已。

【校注】

①《宝林传》卷三《僧伽难提章》为"花果亦复尔"。
②用散:此处"用"当作"以"解。与此类似的,前文还有"吾今将此正法眼藏用付于汝"。
③原本"城"字,《诸祖师颂》作"域"。
④原本"俞"字,《诸祖师颂》作"喻"。
⑤原本"班"字,《诸祖师颂》作"乖"。

第十八祖伽耶舍多尊者

摩竭国人。姓郁头蓝。父名天盖,母名方圣。年至十二,得僧伽难提法。

行化至月氏国,大作佛事。有一婆①罗门名曰鸠摩罗多,心信外道,不爱佛法。师至婆罗门家,为说大因缘,又为说父病因

缘。于时婆①罗门闻师所说,而生欢喜,欲求出家。师与出家,授具足戒,令证道果,乃命付法,而说偈曰:

有种有心地,因缘能发萌;
于缘不相碍,当生生不生。

时鸠摩罗多闻师说偈,心生欢喜,当自安乐。师付法已,即从座起,踊身虚空,作十八变,化火三昧,自焚其身。众拾舍利,起塔供养。时当此土前汉第十五主成帝十四年戊申岁矣。净修禅师赞曰:

伽耶舍多,幼会佛机。
手执宝镜,面难提师。
内外绝翳,眉目无亏。
风飘铎韵,非我是谁?

【校注】

①婆:原本作"波"字。

第十九祖鸠摩罗多尊者

月氏国人也。初遇伽耶舍多得法。

行化时至北天,有一大士名阇夜多,而用油涂足巡游诸国,遥见鸠摩罗多,作礼问:"我家父母心常供养,亦求佛道,未省是何因缘长萦疾苦?又观邻舍常行凶杀,不乐修行而无所患。此二事实未晓之,唯愿慈悲,为我解说!"尊者云:"业通三世,如影随形,积善余庆,积恶余殃。"闻说欢喜,志愿出家,乞师纳受。

既摄受已,便获道果。师乃命付法,而说偈曰:

性上本无生,为对求人说;
于法既无得,何怀决不决?

师付法已,于座上以爪剥①面,各分两向。当此处分,有大光明,照大众已,寂然灭度。时当此土王莽则位十八年壬午岁矣。净修禅师赞曰:

鸠摩罗多,大常止檐。
蒙师为决②,委父无厌。
本非锻炼,肯藉锤钳。
一榻孤坐,人天礼瞻。

【校注】

①剥:原作"劙"字,音"离","割"义。
②决:原本作"诀",《诸祖师颂》为"泽",今校为"决"。

第二十祖阇夜多尊者

北天竺国人也。

得鸠摩罗多法已,行化至罗阅城,遇一头陀,名婆修盘头。六时礼佛,少欲知足;长坐不卧,一食而已。

尔时,尊者问大众曰:"此头陀者,汝见如何?"众曰:"不可思议,常修梵行,长坐不卧,一食而已。"师曰:"此是道耶?"

众曰："诚如尊说。"师曰："今此头陀，不久当堕，与道悬远。心有所求，不名为道。"众曰："师如何？"师曰："我不求道，亦不颠倒。我不六礼，亦不轻慢。我不长坐，亦不懈怠。我不一食，亦不杂食。我不知足，亦不贪欲。"

尔时头陀闻师所说，心生欢喜，说偈赞曰：

稽首三昧尊，不求于佛道。

不礼亦不慢，心不生颠倒。

不坐不懈怠，但食无所好。

虽慢而不迟，虽急而不躁①。

我今遇宝尊，和南依师教。

【校注】

①躁：原本作"燥"字。

师见说偈已。师告曰："如来以正法眼付嘱迦叶，如是展转乃至于我，我今嘱汝，汝善护持，勿令断绝。听吾偈曰：

言下合无生，同于法界性。

若能如是解，通达事理竟。"

师入灭时，当此土后汉第二主明帝十六年甲申岁矣。净修禅师赞曰：

阇夜多祖，格高貌古。

锡有六环，田无半亩①。

言下不生，何处不普？

垂手入廛，他方此土。

【校注】

①亩：原作"卧"。

第二十一祖婆修盘头尊者

罗阅城人。姓毗舍佉。父名光盖，母名严一。

师得阇夜多法，行化至那提国，而共常自在王言论次，有一使者乃奏王曰："百万象兵至于南面。"王曰："此事非小，如何抵敌①？"师曰："大王莫愁，令第二太子摩拏罗轻喝一声。"大王则命太子喝。太子奉王教诏，即至城南，便举左手拍其腹上，而喝一声，象兵倒地，不复更起。王见此事，深自叹讶。愿师摄受，度脱出家，命圣授②戒。尔时太子偈赞曰：

　　为摧百万象，鼓腹作神通。
　　一切诸宫殿，无不震动者。
　　遇师方便力，而得度脱我。
　　稽首父母辞，而出于爱火。

【校注】

①此事非小，如何抵敌：小，原本作"少"。古代二字相通。抵，原字异体难识，今校之。
②授：原本作"受"。

尔时，尊者则领太子游行化导，建胜法幢。乃命付法，而说偈曰：

　　泡幻同无碍，如何不了悟。

　　达法在其中，非今亦非古。

师入定时，当此土后汉第五主殇帝①九年丁巳岁矣。净修禅师赞曰：

　　婆修盘头，修行不卧。

　　虽历辛勤，翻成懒惰。

　　因指见月，逢歌拍和。②

　　泡幻无真，虑③情无过。

【校注】

①原本"炀帝"，今校为殇帝，按殇帝在位仅一年，丙午岁。

②原本此句，《诸祖师颂》作"因指见见，逢歌拍和"。两相对照，似校作"因指见月，逢歌拍和"，更宜。

③原本"虑"字，《诸祖师颂》作"听"。

第二十二祖摩拏罗尊者

那提国人。姓刹利帝，名大力尊。父名多满，亦名常自在。具如《宝林传》也。

尔时，摩拏罗告鹤勒曰："我今将此正法眼藏用付于汝；汝当守护，无令断绝。汝受吾教。"而说偈言：

　　心随万境转，转处实能幽。

随流认得性,无喜复无忧。

此师入灭时,当此土后汉第九主桓帝十八年乙巳岁矣。净修禅师赞曰:

辨塔降象①,自在王子。
雷震蛰门②,邪师失齿。
神运六通,道风千里。
声色恒真,何须聩耳?

【校注】

①原本"辩塔降象",《诸祖师颂》作"辨塔降勇"。
②原本"门"字,《诸祖师颂》作"行"。

第二十三祖鹤勒尊者

月氏国人。姓婆罗门。父名千胜,母号金光。具如《宝林传》也。

尔时,鹤勒告师子曰:"我今将此正法眼藏用付于汝,汝善护持,外方行化。当国有难,刑在汝身。汝受吾教,而听偈曰:

认得心性时,可说不思议。
了了无可得,得时不说知。"

此师灭度时,当后汉第十一主献帝十九年己丑岁矣。净修禅师赞曰:

尊者鹤勒,上德不德①。
任性纵横,发言奇特。

功高二仪，名喧万国。②

稽首皈依，祖林蒼蔔③。

【校注】

①原本"上德不德"，《诸祖师颂》作"上德不得"。

②原本此句，《诸祖师颂》作"功高二义，名宣万国"。

③原本"蒼蔔"，佛书亦作"瞻匐"、"瞻波"等，植物名，出自西域，香气甚烈，逐风弥远。《诸祖师颂》误作"胆蔔"。

第二十四祖师子尊者

中印土人。姓婆罗门。具如《宝林传》也。

尔时，师子告婆舍斯多曰："如来正法眼付嘱迦叶，如是展转乃至于我。我持此法并僧伽梨衣，付嘱于汝。汝当护持，无令断绝。而听偈言：

正说知见时，知见俱是心。

当心即知见，知见即于今。"

此师还债①时，当此土前魏第三主少帝己卯岁矣。净修禅师赞曰：

师子尊者，人天仰誉。

雪里松青②，云间鹤翥。

论鼓才声，法轮高驭。

挫拉邪徒，悟真来去③。

【校注】

①还债：佛教认为人之生死寿命是由前生宿业积累的结果，这里把僧为人所杀死于非命，称为还（宿）债。

②原本"雪里松青"，《诸祖师颂》作"空里寨青"，不通。

③原本"悟真来去"，《诸祖师颂》作"梧真去处"。

第二十五祖婆舍斯多尊者

罽宾国人。姓婆罗门。父名寂行，母号常安乐。夜梦神人手执宝剑付常安乐，因此有孕。满月产下，其子左手常拳似执物。从此出家，证果得法。

行化至中天竺国，广化群迷。次第游行，至南印土，有一国王名曰得胜，常崇咒师，不信佛法。咒师奏王："婆舍斯多不会佛法，请王试之。此人云圣，问其异事，若答不得，则非师子继承弟子。"大王有一太①子，名不如密多，则向王曰："今此尊者，先王供养，有大威德，不用试之。"王切齿呵责②，则囚太子。

王乃命师，师则赴命。王不令坐，当殿试语，问曰："我国之中，无诸邪法；师所学者，当是何宗？"师曰："此国之内，无诸邪法；我所学者，当是佛宗。"王曰："佛灭度已千二百年，师今七十，当何得之？"师曰："自释迦传教，历于二十四人。我今所学，当继师子尊者法。亦有信衣，名僧伽梨衣，现在囊中，取呈大王。"王虽见传法袈裟，心不敬信。则命左右以火验之，其火炽燃,光明贯天,祥云覆地,而雨四花,异香气馥,火烬衣存。王睹斯瑞,方乃发心,求哀忏悔。此衣在于王宫,起塔供养。

【校注】

①太子:原本作"大子"。
②呵责:原本作"呵啧"。

时太子被囚深宫,并不得食,乃云:"我为法故,今此饥渴,如何存济?"其时天降白乳入口,味如甘露,食了轻健。乃作是言:"我若出宫,则便出家。"王诏出宫,投师出家。

师云:"汝欲出家,当为何事?"太子曰:"我所出家,不为其事。"师曰:"汝言不为,不为何事?"太子曰:"我所不为,不为俗事,当为佛事。"师自念言:"如来以大悲力,令此太子助作佛事。"在师左右,出家具戒,便证道果。乃命付法,而说偈曰:

圣人说知见,当境无非是。
我今悟真性,无道亦非理。

此师入灭时,当此土东晋第一主元帝八年乙酉岁矣。净修禅师赞曰:

婆舍斯多,久离攀缘①。
未逢作者,终不开拳。
传师衣钵,度物桥船②。
当心妙见,岂假言宣?

【校注】

①缘:《诸祖师颂》作"沿"。

②船：原本作"舡"，今通作"船"。

第二十六祖不如密多尊者

南印土国王太子，正名得胜。具如《宝林传》也。

尔时，不如密多告般若多罗曰："我持此法，用付于汝，汝善护持，勿令断绝。而听吾偈言：

真性心地藏，无头亦无尾。
应缘而化物，方便呼为智。"

此师入灭时，当此土东晋第九主孝武帝戊子岁矣。净修禅师赞曰：

不如密多，胜王诞庆。
高远宫嫔，回惇道行。①
佛法栋梁，王臣②瞻敬。
洞鉴媸妍③，祖堂金镜。

【校注】

①原本此句，《诸祖师颂》作"高远空嫔，迥就道行"。
②原本"臣"字，《诸祖师颂》作"以"。
③原本"媸妍"，《诸祖师颂》作"如研"。

第二十七祖般若多罗尊者

东印土人，姓婆罗门。父母俱丧。示化菩萨，而作佛事。得不如密多法。

行化至南天竺国。国王刹帝利,名香至。师因赴王斋次,诸圣尽转经,唯有师不转经。大王问师:"为什么不转经?"师曰:"贫道出息不随众缘,入息不居蕴界,常转如是经百千万亿卷,非但一卷。"尔时大王赐师一珠,光明耀然。具如《宝林传》也。

是化①般若多罗告达摩曰:"我今将此正法眼藏用付于汝,而听吾偈曰:

　　心地生诸种,因事复因理。
　　果满菩提圆,花开世界起。"

【校注】

①是化:此二字意义不明,可否作"这一次行化"来理解?"是化"置于句首,相当于"是时"、"尔时"。

般若多罗化火焚身,时当此土宋第五主,[孝]武帝孝建四年丁酉岁矣。净修禅师赞曰:
　　般若多罗,幼名璎珞。
　　父母沦亡,东西盘泊。
　　一晓龟毛,恒嗟水涸。
　　果满菩提,道源辽廓。

第二十八祖菩提达摩和尚

菩提达摩和尚者,南天竺国香至大王第三太子也。得般若多罗法。

般若多罗乃告曰："汝今得法，亦莫远化。待我灭后六十七年，当往震旦，大施法药。汝勿速去，当有难起，衰于日下。"达摩问曰："我去彼国行化，有菩萨不？"师云："彼国获道者，如稻麻竹苇，不可称计。吾灭度后六十七年，各别著人，此国留难，水中文布，自善降之。汝至彼国，南方勿住。彼国天人不见佛理，好作有缘而爱功德。汝至彼国，则出不住。听吾谶曰：

路行跨水复逢羊，路行者，来也。跨水者，过海也。复逢羊者，洛阳也。达摩大师从南天竺国过来①，初到广州，次普通八年丁未②岁入梁国。

独自恓恓暗渡江。独自者，无伴侣也。恓恓者，若③恓也。暗渡江者，梁武帝不悟大理，变容不言，师知机不契，则潜过江，向北魏国也。

日下可怜双象马，日下者，京都也。可怜者，好。双象马者，志公、傅大士也。

两株嫩桂久昌昌。"两株者，二木也。二木是林字也。嫩桂者，少也。则是少林寺也。久昌昌者，九年面壁而出，大行佛法也。

【校注】

①来：原本作"未"。

②未：原本作"来"。按：丁未岁，当梁武帝大通元年（527）。

③若：原字缺笔难认，今校为"若"。

达摩又问师："此后更有难不?"师云:"吾灭度后一百五年,而有小难。听吾谶曰:

心中虽吉外头凶,心中者,周字也。外头凶者,周王无道,灭佛法也。

川下僧房名不中。川下僧房者,俗号僧房为邑,川下邑为邕字也。后周文帝,姓宇文名泰。邕不中者①,后周沙汰灭佛法。

为遇毒龙生武子,毒龙者,武帝父王也。生武子者,生武帝也。

忽遇小鼠寂无穷。"小鼠者,庚子也,周武帝庚子崩寂。无穷者,尽灭无也。

【校注】

①后周文帝,姓宇文名泰。邕不中者:此后周,指北周。宇文泰之子觉篡魏为周即北周,而追尊泰为太祖文皇帝。邕,是泰第四子,是为北周武帝,灭佛法者也。佛教史上有"三武法难",周武是其一。

又问:"此后更有难不?"师云:"吾灭度后一百六年有小难,父子相连,亦当不久,作一二三五岁。当此事过,以有人见其意,吾不能明。略与谶曰:

路上忽逢深处水,路上者,李字也。深水者,渊字也。唐高祖神尧皇帝,姓李名渊也。

等闲见虎又逢猪。等闲见虎者,寅也。唐高祖戊寅年登位也。又逢猪者,亥也。高祖丁亥年崩。

小小牛儿虽有角，小小牛儿者，高祖武德四年九月日①，有前道士太史令傅奕②，先是黄巾党，其所习，遂上表废佛诸事十有一条，大略而云："释经是损国破家，未闻益世。诸胡佛邪教，退还天竺；凡是沙门，放归桑梓。则国家昌泰，李孔教行矣。"高祖纳奕奏书，乃下诏，问诸沙门曰："弃父母须发，去君臣花服，利在何间？益在何情？损益二宜，请动妙释。"时有琳法师上表，得延五年。高祖崩，太宗登位，再兴佛法矣。具如别传。言半角者，正当觝触而无害即是。

清溪龙出总须输。"清溪者，山名也。龙者，琳法师护法之龙，能令傅奕等邪见之徒总须伏也。

【校注】

①武德四年九月日：九月后当缺日期。

②太史令傅奕：令，原作"今"。傅，原作"博"。关于傅奕上书废佛事见于《广弘明集》卷十一。《旧唐书·傅奕传》又说："（武德）七年，奕上疏请除去释教。"据载，傅奕作"十一条"后，法琳则作《破邪论》反驳。

又问师："于此后有圣人出不？"师云："林下见有一人，当得于道，亦契菩提。听吾谶曰：

震旦虽阔无别路，震旦者，唐国也。无别路者，唯有一心之法，让大师化导如此也。

要假侄孙脚下行。侄孙者，今时传法弟子也。

金鸡解衔一颗米，金鸡者，金州也，让师是金州人也。一颗米者,意取道一,江西马祖名道一。

供养十方罗汉僧。"让和尚付法于道一,故言供养。十方者,马和尚是汉州十方县罗汉寺出家也。

达摩大师同学兄名佛大先,此佛大先是佛驮跋陀罗三藏之弟子。佛驮跋陀罗复有弟子,名那连耶舍,于南天大化,后来此土东魏高欢邺都,与五戒优婆塞万天懿译出梵本《尊胜经》一部。万天懿问:"彼天有菩萨传教不?"那连耶舍答曰:"西天诸祖二十七师悉说此法,名般若多罗;亦有弟子,名菩提达摩,至此土后魏第八帝讳翊大(太)和十年,至于洛阳少林寺化导,至九年示灭,经于一十五年矣。"又问此师:"后有人能继不?"三藏谶曰:

尊胜今藏古,尊胜者,妙智也。古者,可大师。本有妙高之性,性被烦恼覆之,未现了,故言藏也。

无肱亦有肱。肱者,手也。可大师求法断臂。

龙来方受宝,龙来者,初祖西来也。方受宝者,二祖传法。

捧物复嫌名。捧者,惠也。本名神光,复遇达摩嫌之,改名言为惠可。

又问:"此后谁当继此耶?"三藏谶曰:

初首不称名,后周第三主己卯之岁,有一居士不说年岁,不称姓名,故言不称名。

风狂又有声。风狂者,三祖有风病。有声者,远近皆知有病,故言有声也。

人来不喜见,人来不喜见,患风之形状。

白宝初平平。白宝者,玉也。玉边作祭,粲也。三祖名粲大师。

又问："此师后更有人继不？"谶曰：

起自求无碍①，有一沙弥，年十四，名道信，来礼拜问："唯愿和尚教某甲解脱法门。"故言求无碍。

师传我没绳。师者，三祖也。我没绳者，既无人缚汝，即是解脱。

路上逢僧礼，路上者，道也。礼者，信也。四祖大师名道信。

脚下六枝分。脚下者，门下也。四祖下横出一宗。六枝者，牛头融禅师等六祖。

又问："此师后更有人继不？"三藏又谶曰：

三四全无我，三四者，七也。五祖七岁遇道信大师。无我，出家也。

隔水受心灯。隔水者，五祖于新州蕲水郡②得传四祖心印，故言受心灯。

尊号过诸量，过量者，弘字也。

逢嗔不起憎。不起者，忍字也。

又问："此师后谁能继之？"三藏又谶曰：

捧物何曾捧，捧者，惠字。

言勤又不勤，勤者，能也。六祖名能。

唯书四句偈，唯书四句偈者，神秀和尚呈四句偈，能和尚亦呈四句偈，故言四句偈。

将对瑞田人。瑞田人者，神秀和尚南阳嘉禾县瑞田人③。

【校注】

①碍：原字缺笔作"㝵"。

②新州蕲水郡：疑"新州"为蕲州之误。新州在广东，蕲州在湖北。蕲州本三国魏蕲春郡，北周改置蕲州，隋复为郡，唐又为州，宋曰蕲州蕲春郡，治蕲春县。而蕲春即为蕲水，以水为郡名也。

③神秀和尚南阳嘉禾县瑞田人：神秀和尚，《祖堂集》没有为其单独立传，只在有关章节中淡淡提到。《宋高僧传》说是"今东京尉氏人"，《景德传灯录》与此相同，云"开封尉氏人"。

又问："此师后明其法者，能继之不？"三藏又谶曰：

心里能藏事，能藏者，怀，则怀让也。

说向汉江滨。说向者，说法也。汉江滨者，马大师汉州人也。马大师求佛心印，让和尚说向道一也。

湖波探水月，湖波者，曹溪也。探水月者，得也。让大师于六祖身边得传心印。

将照二三人。二三者，六。让大师传法弟子六人。言六人者，一道一得心，二智达得眼，三常浩得眉，四神照得鼻，五坦然得耳，六严峻得舌。是为六人也。

三藏又谶曰：

领得珍勤语，领得者，马大师于让大师处领语也。

离乡日日敷。离乡者，南方也。日日者，昌字也。敷者，演也。马大师归至洪州南昌寺敷演大教是也。

移梁来近路,移梁者,梁都也。近路者,洪州观察使姓路,遂请大师向虔州①南康县,移入洪州开元寺,故言来近路。

余算脚天徒。余者,我字也。从马大师二十年外,有契道者千万,遍行天下,故言脚天徒。

三藏又谶曰：

艮②地生玄旨,艮地者,东北也。神秀和尚从五祖下传一枝法在北,自为立宗旨也。

通尊媚亦尊。通尊者,谥号大通禅师也。媚者,秀也。亦尊者,三帝所尊敬,故亦尊也。

比肩三九族,比肩者,同学也。三九族者,十二人也,秀大师同学十二人。

足下一有分。从秀和尚足下各分宗旨,南北有异。

【校注】

①虔州：原作"虎州"。南康在江西虔州。

②艮：原本文后小注作"良",错。参《易·说卦》："艮,东北之卦也。"

三藏又谶曰：

灵集愧天恩,灵者神,集者会也。愧者荷也,天恩者泽也。神会大师住洛京荷泽寺。

生互二六人。生互者,师资也。二六者,会大师弟子十二人也。

法中无气味，法中者，佛法也。会大师传佛知见甚深法也。无气味者，缘北宗秀大师弟子普寂于京盛行，通其经教；当此之时，曹溪宗旨于彼未盛行，故言无气味也。

石上有功勋。石上者，秀大师弟子磨却南宗碑，神秀欲为六代，何其天之不从，乃得会大师再立实录，故有功勋。

三藏又谶曰：

本是大虫男，印宗法师本是小乘，喻如大虫，不是师子。

回成师子谈。回者传也，回小作大，印宗法师礼六祖便悟上乘，是师子吼。

官家封马岭，封者印也，马岭者宗也。印宗曾为讲经法师也。

同详三十三。同详者同学也。六祖弟子祥岑等三十三人，祥禅师住于峡山。

三藏又谶曰：

八女出人伦，八女者，安字也。出人伦者，为国师也。

八个绝婚姻。八个者，安字。绝婚姻者，安徒难为绍继之。

朽床添六脚，朽床者，老字也。六脚者，则天、中宗、腾腾、坦然、圆寂，百五十五年住世，破灶堕和尚六住嵩山，是为六脚也。①

心祖众中尊。心祖者，姓也。安和尚颖悟佛理，为国师，故众中尊也。

【校注】

①此段小注颇令人费解，疑词序颠倒。嵩岳老安，则天、

中宗尊为国师，待以师礼，钦敬有加，自不必疑。而腾腾、坦然、圆寂、破灶堕和尚均为老安弟子。所谓六脚，即指此六人。老安之"老"，在于其"百五十五年住世"。老安对其终所嵩山情有独钟，一生遍历名迹，来来去去，视嵩山为"是吾终焉之地也"，"六住嵩山"极有可能是老安之事而非破灶堕和尚六住嵩山。另外，关于老安这段谶记，《景德传灯录》卷四也有耶舍三藏志，与此稍异，云："九女出人伦，八女绝婚姻……"

三藏又谶曰：

走戌与朝邻，走戌者，越字，忠国师是越州人也。与朝邻者，为国师。

鹅鸟子出身。鹅者①，鹅州也，今越州是。鸟者，鸣鹤县也，今诸暨县是。国师生此县也。

二天虽有感，二天者，肃宗、代宗二帝也。有感者，帝礼为师也。

三化寂无尘。三化寂无尘者，二帝与国师俱寂也。

【校注】

①者：原本作"暑"。

三藏又谶曰：

说小何曾小，希字是也。

言流又不流。迁字是也。

草若除其首，石头无草。

三四继门修。传法弟子人数。准其传法人数，应云"十七继门修"也。

尔时，那连耶舍说此谶已，告万天懿云："今此国吾灭后二百八十年中，有大国王善敬三宝。此前诸贤悉出于世，化导群品约有千百亿。后所得法，只因一师，兴大饶益，开甘露门，能为首者，当菩提达摩焉。"

尔时，达摩和尚泛海东来，经于三载。梁普通八年丁未之岁九月二十一日，至于广州上舶，刺史萧昂出迎，奏闻梁帝。十月一日，而至上元，武帝亲驾车辇，迎请大师升殿供养。

是时志公和尚监修高座寺，彼谓寺主僧灵观曰："汝名灵观，实灵观不？"灵观曰："唯愿和尚指示。"志公曰："从西天有大乘菩萨而入此国，汝若不信，听我谶曰：

仰观两扇。仰观者，霄也。两扇者，梁也。萧梁帝是。

低腰捻钩。低腰捻者，十字也。钩者，月字也。十月到也。

九乌射尽[①]，九乌者，日也。射尽者，二十九，卜月尽。

唯有一头。一头者，十月初一日。总言初祖十月一日到也。

至则不久，在梁国十九日便过江北，故言不久。

要假须刀。断仁义也。

逢龙不住，初祖见武帝，故言逢龙。祖师所答不称帝意，便过江，故言不住。

过水则逃。过江入魏。

尔时灵观则以纸笔录于记之。

【校注】

①九乌：指九日。语出《淮南子》，言尧时十日并出，草木焦枯，尧命羿仰射十日，中其九日，日中九乌皆死，堕其羽翼，故留其一日也。按《淮南子·精神训》"日中有九乌"，故以乌代日。又见唐李白《古朗月行》诗："羿昔落九乌，天人清且安。"

尔时，武帝问："如何是圣谛第一义？"师曰："廓然无圣。"帝曰："对朕者谁？"师曰："不识。"又问："朕自登九五以来，度人造寺，写经造像，有何功德？"师曰："无功德。"帝曰："何以无功德？"师曰："此是人天小果，有漏之因，如影随形，虽有善因，非是实相。"武帝问："如何是实功德？"师曰："净智妙圆，体自空寂，如是功德，不以世求。"武帝不了达摩所言，变容不言。

达摩其年十月十九日，自知机不契，则潜过江北，入于魏邦。志公特至帝所，问曰："我闻西天僧至，今在何所？"梁武帝曰："昨日送过江，向魏。"志公云："陛下见之不见，逢之不逢。"梁武帝问曰："此是何人？"志公对曰："此是传佛心印观音大士。"武帝乃恨之曰："见之不见，逢之不逢。"即发中使赵光文往彼取之。志公云："非但赵光文一人，阖国取亦不回。"大师自到东京。

有一僧名神光，昔在洛中，久传庄老。年逾四十，得遇大师，礼事为师。从至少①林寺，每问于师，师并不言说，又自叹曰:"古人求法,敲骨取髓,刺血图像,布发掩泥,投崖饲虎。古尚如此,我何惜焉?"

时太和十年十二月九日,为求法故,立经于②夜,雪乃齐腰。天明,师见问曰:"汝在雪中立,有如何所求耶?"神光悲啼泣泪而言:"唯愿和尚开甘露门,广度群品。"师云:"诸佛无上菩提,远劫修行,汝以小意而求大法,终不能得。"神光闻是语已,则取利刃自断左臂,置于师前。师语神光云:"诸佛菩萨求法,不以身为身,不以命为命。汝虽断臂求法,亦可在。"遂改神光名为惠可。

【校注】

①少:原作"小"。

②于:原作"干",参《景德传灯录》卷三本传校为"于"。

又问:"请和尚安心。"师曰:"将心来,与汝安心。"进曰:"觅心了不可得。"师曰:"觅得岂是汝心?与汝安心竟。"达摩语惠可曰:"为汝安心竟,汝今见不?"惠可言下大悟。惠可白和尚:"今日乃知一切诸法本来空寂,今日乃知菩提不远。是故菩萨不动念而至萨般若海,不动念而登涅槃岸。"师曰:"如是,如是。"惠可进曰:"和尚此法有文字记录不?"达摩曰:"我法以心传心,不立文字。"

大师语诸人言:"有三人得我法:一人得我髓,一人得我骨,一人得我肉。得我髓者惠可,得我骨者道育,得我肉者尼总持。

我法至六代，陵迟①传法之人。"惠可进曰："何故第六代陵迟传法之人？"达摩云："为邪法竞兴，乱于正法。我有一领袈裟，传授与汝。"惠可白和尚曰："法既以心传心，复无文字，用此袈裟何为？"大师云："内授法印以契证心，外传袈裟以定宗旨。虽则袈裟不在法上，法亦不在袈裟，于中三世诸佛递②相授记，我今以袈裟亦表其信，令后代传法者有禀承，学道者得知宗旨，断众生疑故。"惠可便顶礼。亲事九年，昼夜不离左右。

【校注】

①迟：原本字异体难识，今校之。

②递：原本字迹难以辨认，参《景德传灯录》卷三本传而校。

达摩大师乃而告曰："如来以净法眼并袈裟付嘱大迦叶，如是展转乃至于我，我今付嘱汝。汝听吾偈曰：

　　吾本来此土，传法救迷情。
　　一花开五叶，结果自然成。"

师付法已，又告惠可曰："吾自到此土，六度被人下药，我皆拈出。今此一度，更不拈出，吾已得人付法。"

尔时，达摩领众云往禹门千圣寺，止得三日。时有期城太守杨衒之①问师曰："西国五天，师承为祖，未晓此意，其义云何？"师曰："明佛心宗，寸无差误②，行解相应，名之曰祖。"又问曰："唯此一等，更有别耶？"师答曰："须明他心，知其古今；不厌有无，亦非取故；不贤不愚，无迷无悟。若能是解，亦名为祖。"

杨衒之又问曰："弟子久在恶业，不近知识，勤生恭敬，被小智慧而成缠缚，却成愚惑，不得悟道而致于此。伏愿师指示大道，通达佛心，修行用心，何名法祖？"师以偈答曰：

亦不睹恶而生嫌，亦不观善而勤措；

亦不舍愚而近贤，亦不抛迷而就悟。

达大道兮过量，通佛心兮出度；

不与凡圣同躔，超然名之曰祖。

杨衒之作礼："唯愿和尚久住世间，化导群品。"师曰："吾则去矣，不宜久停。人多致患，常疾于我。"杨衒之而问："是何人也？愿师指示，当为知之。"师曰："吾宁往矣，终不明焉，恐损此人。汝若要委，听吾谶曰：

江槎分玉浪，江者，流也。槎者，支也。玉浪者，三藏。总言流支三藏也。

管炬开金锁③。管炬者，光也。开者，统也。金锁者，毒药。

五口相共行，五口者，吾字也。相共行者，与我争行佛法，生嫉法心。

九十无彼我。九十者，卒字也。无彼我者，无彼此之我也。

杨衒之而作礼曰："且辞尊长，愿善保庆！"

【校注】

①期城太守杨衒之：太，原作"大"。杨衒之，原作"杨衍"，《洛阳伽蓝记》作"元魏杨衒之"，《景德传灯录》亦作"杨衒之"，故而校改"杨衍"为"杨衒之"，下同。

②差误：原本字异体难辨，今校之。

③锁：原作"镔"。

时后魏第八主孝明帝太和十九年入涅槃，寿龄一百五十，葬在熊耳吴坂也。武帝敕昭明太子，而述祭文。

灭度后三年，时有魏使宋云①西岭为使却回，逢见达摩携只履，语宋云曰："汝国天子已崩。"宋云到魏，果王已崩。遂闻奏后魏第九主孝庄帝，乃开塔，唯见一只履，却取归少林寺供养。因武帝自制师碑文。代宗皇帝谥号圆觉大师，敕空观之塔。

自魏丙辰之岁迁化，迄今壬子岁，得四百一十三年矣。净修禅师赞曰：

菩提达摩，化道②无为。
九年少室，六叶宗师。
示灭熊耳③，只履西归。
梁天不荐，惠可传衣。

【校注】

①时有魏使宋云：原本作"魏使时有宋云"。
②原本"化道"，《诸祖师颂》作"道化"。
③原本"熊耳"，《诸祖师颂》误作"能耳"。

第二十九祖惠可禅师

惠可禅师者，是武牢人也，[姓]姬氏。父寂，初无其子，共室念言："我今至善家，而无慧子，深自叹羡，何圣加卫！"时后魏第六主孝文帝永宜十五年正月一日，夜现光明，遍于一宅，因兹有孕。产子名曰光。光年十五，九经通诵。至年三十，往龙门香山寺，事宝静禅师，常修定慧。既出家已，至东京永和寺具戒。年三十二，却步香山，侍省尊长。

又经八载，忽于夜静见一神人，而谓光曰："当欲受果，何于此住？不南往乎而近于道？"本名曰光，光因见神现，故号为神光。至于第二夜，忽然头痛如裂。其师欲与灸①之，空中有声报云："且莫！且莫！此是换骨，非常痛焉。"师即便止。遂说前事见神之由，以白宝静。宝静曰："必是吉祥也。汝顶变矣，非昔首焉。五峰垂坠玉轸②，其相异矣！"遂辞师南行。

【校注】

① 灸：针灸之灸，原作"炙"。
② 轸：原作"轪"。

得遇达摩，豁悟上乘。师乃云："一真之法，尽可有矣。汝善守护，勿令断绝。汝传信衣，各有所表。"惠可曰："有何所表？"达摩曰："内传心印以契证心，外受袈裟而定宗旨，不错谬故。吾灭度后二百年中，此袈裟不传。法周沙界，明道者多，行道者少；说理者多，通理者少。于后得道，还近千万。汝所行道，勿轻末学，此人回志，便获菩提。初心菩萨与佛功等。"

尔时，可大师得付法已，广宣流布，度诸有情。于天平年中，后周第二主孝闵己卯之岁，有一居士，不说年几，候有十四①。及至礼师，不称姓名，云："弟子身患风疾，请和尚为弟子忏悔。"师云:"汝将罪来,为汝忏悔。"居士曰:"觅罪不可见。"师云:"我今为汝忏悔竟。汝今宜依佛法僧宝。"居士问:"但见和尚则知是僧,未审世间何者是佛?云何为法?"师云:"是心是佛,是心是法。法佛无二,汝知之乎?"居士曰:"今日始知罪性不在内外中间,如其心然,法佛无二也。"师知是法器而与剃发。云:"汝是僧宝,宜名僧璨。"亦受具戒。师告曰:"如来以大法眼付嘱迦叶,如是展转乃至于我,我今将此法眼付嘱于汝,并赐袈裟以为法信。汝听吾偈曰:

　　本来缘有地,因地种花生;
　　本来无有种,花亦不能生。"

【校注】

①候有十四:"候有"二字原本模糊,据《宝林传》作"候有四十"。

说此偈已,告璨曰:"吾往邺都还债。"便去彼所,化导群生,得三十四年。或在城市,随处任缘;或为人所使,事毕却还彼所。有智者每劝之曰:"和尚是高人,莫与他所使。"师云:"我自调心,非关他事。"

时有辩和法师于邺都管城安县①匡救寺讲《涅槃经》,是时大师至彼寺门说法,集众颇多,法师讲下人少。辩和怪于师②,遂往县令瞿仲侃③说之:"彼邪见道人,打破讲席。"瞿令不委事由,非理损害而终。葬在磁州涂阳④东北七十余里。寿龄一百七岁。示于时灭,当隋第一主文帝开皇十三年癸丑之岁。唐内供奉沙门法琳撰碑文，德宗皇帝谥号大弘禅师，大和之塔。

【校注】

①管城安县：《景德传灯录》卷三作"筦城县"。按，筦与管同。

②辩和怪于师：怪，原作"恠"。据《续高僧传》十六释僧可传记载，彼时在邺都怨怪谤恼慧可的是道恒禅师而非辩和，"时有道恒禅师，先有定学，王宗邺下，徒侣千计。承可说法，情事无寄，谓是魔语。乃遣众中通明者来珍可门，既至闻法，泰然心服，悲感盈怀，无心返告。恒又重唤，亦不闻命。相从多使皆无返者。他日遇恒，恒曰：'我用尔许功夫开汝眼目，何因致此？'诸使答曰：'眼本自正，因师故邪耳。'恒遂深恨谤恼于可。货财俗府，非理屠害"。

③瞿仲侃：《景德传灯录》卷三作"翟仲侃"。

④磁州涂阳：《景德传灯录》本传作"磁州滏阳"。河北有滏水，源出滏山南，东流绕磁县城，北经邯郸、平乡，复东北经新河等县流入滹沱河。

自隋癸丑岁迁化，迄今唐保大十年壬子岁，得三百五十九年矣。净修禅师赞曰：

二祖硕学，操为坚确①。

心贯三乘，顶奇五岳。

天上②麒麟，人间鸑鷟③。

断臂立雪，混而不独④。

【校注】

①确：原作"礭"字。
②天上：原本不清，据文意校。
③鹙鹭：一种水鸟，形状似鸭，长颈红眼，古以为神鸟。
④原本"独"，《诸祖师颂》作"浊"。

第三十祖僧璨

僧璨者，即是大隋三祖。不知何许人，不得姓字。遇可大师，得付心法。大集群品，普雨正法。

会中有一沙弥，年始十四，名道信，来礼师。而问师曰："如何是佛心？"师答曰："汝今是什么心？"对曰："我今无心。"师曰："汝既无心，佛岂有心耶？"

又问："唯愿和尚教某甲解脱法门。"师云："谁人缚汝？"对曰："无人缚。"师云："既无人缚，汝即是解脱，何须更求解脱？"道信言下大悟。

在师左右八九年间。后于吉州具戒，却归省觐于师。师命付法，而说偈曰：

　　花种虽因地，从地种花生。
　　若无人下种，花种尽无生。

师自隋第二主炀帝大业二年丙寅岁迁化，迄今唐保大十年壬子岁，得三百四十年矣。大明孝皇帝谥号智镜禅师①、觉寂之塔矣。净修禅师赞曰：

  三祖大师，法王②真子。
  语出幽微，心无彼此。
  或处山林，或居郭市③。
  因地花生，栴檀旖旎。

【校注】

①大明孝皇帝谥号智镜禅师：参唐独孤及所撰三祖碑铭作"镜智"，见《文苑英华》卷八六四。《景德传灯录》则说"唐玄宗谥鉴智禅师"。

②原本"法王"，《诸祖师颂》作"诸王"。

③原本"廓市"，《诸祖师颂》作"廛示"，宜校作"廛市"。

第三十一祖道信和尚

道信和尚者，即唐土四祖。姓司马氏。本居河内，迈止蕲州，广济之所育也①。得璨大师心印。

【校注】

①据《传法正宗记》卷六曰："其先本居河内，后迁于蕲阳之广济县，信生遂为蕲人也。"此与原本同。

之后，忽于黄梅路上见一小儿，年七岁，所出言异。师乃问子:"何姓?"子答曰:"姓非常姓。"师曰:"是何姓?"子答曰:"是佛性。"师曰:"汝勿姓也?"子答曰:"其姓空故。"师谓左右曰:"此子非凡,吾灭度[后]二十年中大作佛事。"子问曰:"诸圣从何而证?"师云:"廓然,廓然。"子曰:"与么则无圣去也。"师曰:"犹有这个纹彩在。"师乃付法偈①曰:

　　花种有生性,因地花性生;
　　大缘与性合,当生不生生。

【校注】

①四祖道信付法弘忍乃众所周知之事实,然《祖堂集》在此处并未点明此子即为弘忍,《景德传灯录》延祐本也未注明,所以明藏本说:"旧本无名弘忍,今此添入……"据《五灯会元》卷一说弘忍本是"破头山中栽松道者",这给我们提供一条线索,弘忍遇道信并非童稚之时在黄梅路上邂逅而被选中为道信传人的,倒有可能是道信到双峰山(也即破头山)后,他作为一个栽松树干杂活的沙弥而投入道信的门下。有关资料表明,他也并非从小天资聪颖,如《传法宝记》记他"性木讷沉厚,同学颇轻戏之,然无所对;常勤作,以体下人,信特器之"。

师付法已,时当高宗永徽二年辛亥之岁①闰九月四日,奄然②而灭,寿年七十二。葬后二年四月八日,塔门无故自开,容貌端然,无异常日。自兹已后,门人更不取闭③。至大历中,代宗谥号大医禅师、慈云之塔。中书令太子宾客襄阳公杜正伦撰碑文。

净修禅师赞曰：

  四祖十四，因师解脱。

  处世道流④，兴慈量阔。

  永绝凋荣，迥祛始末。⑤

  果少花多，忍传衣钵。

【校注】

①辛亥之岁：原本为庚戌之岁，此乃永徽元年。永徽二年为辛亥岁，故校。

②奄：原作"掩"。

③更不取闭：取，疑为"敢"字。闭，原本作"闲"。

④原本"流"字，《诸祖师颂》作"孤"。

⑤原本"荣"字、"祛"字，《诸祖师颂》分别作"茨"、"法"。

第三十二祖弘忍和尚

弘忍和尚即唐土五祖也。姓周氏①。本居汝南，迁止蕲州黄梅②。诞生七岁，出家事信大师。幼而聪敏，事不再问。母怀之时，发光通宵，每闻异香，身体安泰。后乃生育，形自端严。哲者观之云："此子缺七种大人之相，不及佛也。"

【校注】

①姓周氏：《宋高僧传》和《景德传灯录》说及弘忍姓

氏，皆同原本一致，"姓周氏"。而《联灯会要》说"无父，从母姓周氏"。《五灯会元》说"里人呼为无姓儿"。

②弘忍籍贯，据《楞伽师资记》说，其先浔阳人，生于黄梅。《宋高僧传》则说"家寓淮左浔阳，一云黄梅人也"。《景德传灯录》直说"蕲州黄梅人也"。后世各种禅宗灯录都不提原籍，而直称其为蕲州黄梅人。

时有卢行者，年三十二[①]，从岭南来礼觐大师。大师问："汝从何方而来？有何所求？"行者对曰："从新州来，来求作佛。"师云："汝岭南人无佛性也。"行者云："人则有南北，佛性无南北。"师云："汝作何功德？"行者对云："愿竭力抱石舂米，供养师僧。"师便许之。[行者]于一日一夜舂得一十二石米。首末亲事，经八个余月。

行者又问曰："如何是大道之源？"师曰："汝是俗人，问我此事作什么？"对曰："世谛即有僧俗，道岂寻人耶？"师曰："汝若如此，莫从人觅。"进曰："与么即不从外得。"师曰："内亦非。"

【校注】

①年三十二：惠能何时去参礼弘忍大师，历来由于传说和推算的不同，文献记载颇多歧异，有说二十二岁，有说二十四岁，也有说三十四岁、三十七岁。据敦煌本《坛经》，并无惠能诞年记录，但从其殁年逆推，"大师先天二年（713）八月三日灭度，春秋七十有六"，"大师在韶、广二州行化四十余

年",求法南归后,"隐遁大致三五年",由此说来,《祖堂集》说"年三十二",也可能是作者粗略估算的年龄。《景德传灯录》卷五慧能传说"能直造黄梅之东禅,即唐咸亨二年(671)也"。所得年龄与此相符。

大师临迁化时,告众云:"正法难闻,盛会希逢,是你诸人如许多时在我身边,若有见处,各呈所见,莫记吾语,我与你证明。"时众中有神秀,闻师频训告,遂挥毫于壁,书偈曰:

  身是菩提树,心如明镜台;
  时时勤拂拭,莫使有尘埃。

师见此偈,乃告众曰:"是你诸人,若依此偈修行,而得解脱。"众僧总念此偈。

有一童子,碓房里念此偈。行者曰:"念什么?"童子曰:"行者未知,第一座①造偈呈师,大师曰,若依此偈修行,而得解脱。"行者曰:"某甲不识文字,请兄与吾念看,我闻愿生佛会。"有一江州别驾张日用,为行者高声诵偈。行者却请张日用"与我书偈","某甲有一个拙见"。其张日用与他书偈曰:

  身非菩提树,心镜亦非台;
  本来无一物,何处有尘埃?

时大师复往观之,挥却了,举颜微笑,亦不赞赏,心自诠胜。

【校注】

①第一座:指神秀。第一座,也称首座,即上座。

师又去碓坊,便问:"行者不易,行者米还熟①也未?"对曰:"米熟久矣,只是未有人簸。"师云:"三更则至。"行者便唱喏。

至三更,行者来大师处。大师与他改名号为慧能。当时便传袈裟以为法信,如释迦牟尼授弥勒记矣。大师便说偈②曰:

有情来下种,因地果还生;

无情既无种,无性亦无生。

【校注】

①原本"熟"作"焚"字,今校改为"熟",下同。参契嵩本及宗宝本《坛经》说"米熟也未","米熟久矣,犹欠筛在"。而《五灯会元》则说,"逮夜,祖潜诣碓坊,问曰'米白也未'。卢曰'白也,未有筛'"。考惠能当时碓房碾米的情景,师问"米白"较为合适,但师家用语多有深意,问"米熟"自然意在言外。

②原本"偈"前无"说"字,参《景德传灯录》校。

行者闻偈欢喜,受教奉行。师又告云:"吾三年方入灭度,汝且莫行化,当损于汝。"行者云:"当往何处,而堪避难?"师云:"逢怀则止,遇会则藏。"怀则州,四则县。①又问:"此衣传不?"师云:"后代之人,得道者恒河沙,今此信衣至汝则住。何以故?达摩大师付嘱:此衣恐人不信而表闻法,岂在衣乎?若传此衣,恐损于物,受此衣者命若悬②丝。况达摩云:'一花开五叶,结果自然成。'是印此土与汝五人。般若多罗云:'果满菩提树，花开世界起。'此两句亦印今时法衣至汝不合付与人。"

【校注】

①"怀"、"四"，分别指慧能得法南归后两个避难之地，即下文所说"后隐四会、怀集之间"。

②悬：原本为"县"字，古代二字相通。今参《坛经》、《景德传灯录》校改为"悬"。

行者奉教便辞大师。大师遂到江边升小船①子，师自把橹，行者曰："某甲②把橹。"师云："你莫闹，我若称断，是你嘱我；你若称断，我则嘱你。"过江了，向行者云："你好去！"其行者迤逦③取向南方矣。

【校注】

①船：原本作"舡"字。

②某甲：原本误作"云甲"，今校改"云"为"某"。

③迤逦：迤，原本作"地"。

师经于三日都不说法，至第四日，众人问曰："师法嗣何人？"师云："吾法已往岭南。"神秀便问："何人得之？"师云："能者则得。"众人良久思惟，不见行者数日，恐是①将法去也。

当时七百余人，一齐趁②卢行者。众中有一僧号为慧明，趁得大庾岭上，见衣钵不见行者。其上座③便进前以手提之，衣钵不动，便委得自力薄，则入山觅行者，高处望见行者在石上坐。

行者遥见明上座，便知来夺我衣钵，则云："和尚分付衣钵，某甲苦辞不受，再三请传持，不可不受。虽则将来，现在岭头，上座若要，便请将去。"明上座云："不为衣钵，特为佛法来。不知行者辞五祖时，有何密语密意，愿为我说？"行者见上座心意告④切，便向他说："静思静虑，不思善不思恶，正与么思不生时，还我本来明上座面目来！"上座又问："上来密语密意，只有这个，为当更有意旨？"行者云："我今明明与汝说，则是不密；汝若自得自己面目，密却在汝。"

上座问行者："在黄梅和尚处意旨如何？"行者曰："和尚看我对秀上座偈，则知我入门，意则印惠能，秀在门外。师云⑤：汝得入门，得坐被衣，向后自看。此衣钵从上来分付，切须得人，我今分付汝，汝须努力将去，十有余年勿弘吾教⑥。当有难起，过此已后，善诱迷人。又问当往何处而堪避难，师云：逢怀则止，遇会且藏。"

慧明云："某甲虽在黄梅剃发，实不得宗乘面目。今蒙行者指授，也有入处，如人饮水，冷暖自知。从今向后，行者即是慧明师，今便改名号为道明。"行者便云："汝若如是，我亦如是，与汝同在黄梅不异，自当护持。"⑦道明云："行者好与⑧，速向岭南。在后大有僧来趁行者。"道明又问："宜往何处？"行者云："遇蒙则住，逢袁即止。"

道明敬仰之心辞行者，便回向北去。至于虔州，果然见五十余僧来寻卢行者。道明向众云："大庾岭头怀化镇，五六日寻候，兼问诸门津，并向北寻觅行者，皆不见此色。"⑨诸人却回。道明独往庐山布水台，经三年后归蒙山修行，凡徒弟尽教过岭南六祖处。只今蒙山灵塔现在。

【校注】

① "是"字，原文不清，依稀辨为"是"。
② "趁"字，原文为"赶"，参敦煌本《坛经》校。
③ "座"原文为"坐"。
④ "告"字，原文不清，当为"告"字。意为请求意切。
⑤ 原文无"师云"二字，参敦煌本《坛经》校。
⑥ 前文云，弘忍告嘱惠能"吾三年方入灭度，汝且莫行化"，此处则见"十有余年勿弘吾教"，本书仰山章则说"二十年勿弘吾教"。据敦煌本《坛经》，弘忍告惠能"将法向南，三年勿弘此法"。
⑦ 宗宝本《坛经》作："能曰：汝若如是，吾与汝同师黄梅，善自护持。"
⑧ "好与"：留神，注意。唐时叮嘱劝诫之辞，又见原本卷六洞山章："问云居：'你爱色不？'对曰：'不爱。'师曰：'你未在，好与！'"
⑨ 参证本书卷十八仰山章说，"道明在岭头分首，便发向北去。于虎（虔）州果见五十余僧来寻卢行者，道明问僧曰：我在大庾岭头怀化镇，左右五六日等候，借访诸关津，并不见此色目人过。"诸人却向北寻觅……原文"言不见此色"，今校为"皆不见此色"。

大师付法后，高宗在位二十四年壬申之岁二月十六日灭度，春秋七十岁。①代宗谥号大满禅师、法雨之塔。自上元壬申岁迁化，迄今唐保大十年壬子岁，得二百八十年矣。净修禅师赞曰：

　　五祖七岁，洞达言前。

　　石牛吐雾，木马含烟。

　　身心恒寂，理事俱玄。

　　无情无种，千年万年。

【校注】

①《景德传灯录》说弘忍"上元二年……安坐而逝，寿七十有四"。按壬申岁乃唐咸亨三年，据此说"春秋七十岁"，年龄并未算错，错的只是下文说"上元壬申岁迁化"，唐咸亨五年，武则天称天后，始改元上元。

第三十三祖惠能和尚

　　惠能和尚即唐土六祖。俗姓卢，新州人也。父名行瑫，本贯范阳①，移居新州。父早亡，母亲在孤。艰辛贫乏，能市卖②柴供给。

　　偶一日卖柴次，有客姓安名道诚，欲买③能柴，其价相当。送将至店，道诚与他柴价钱。惠能得钱，却出门前，忽闻道诚念《金刚经》。惠能一④闻，心开便悟。惠能遂问："郎⑤官，此是何经？"道诚云："此是《金刚经》。"惠能云："从何而来，读⑥此经典？"道诚云："我于蕲州黄梅县东冯母山⑦，礼拜第五祖弘忍大师，今现在彼山说法⑧，门人一千余众，我于此处听受。大师劝道俗,受持此经,即得见性,直了成佛。"

惠能闻说,宿业有缘。其时道诚劝惠能往黄梅山礼拜五祖,惠能报云:"缘有老母,家乏⑨欠缺;如何抛⑩母,无人供给?"其道诚遂与惠能银一百两,以充老母衣粮,便令惠能往去礼拜五祖大师。惠能领得其银,分付安排老母讫,便辞母亲。

【校注】

①范:原作"氾"。范阳即今北京宛平一带。

②卖:原作"买",今校之,下同。

③买:原作"卖"。

④一:原文作"亦",参《坛经》改。古代"一"、"亦"相通。

⑤郎:唐时对人之敬称曰"郎",卑贱者对尊贵者也称作"郎"。

⑥原文作"读",而敦煌本《坛经》作"持"。

⑦冯母山:敦煌本《坛经》作"冯墓山",也有作"冯茂山"(《宋高僧传》)。

⑧法:原文作"去",疑脱偏旁。参《坛经》校。

⑨乏:原文作"之",参《坛经》校。

⑩抛:原文作"拖"字,今校为"抛",下同。

不经一月余日,则到黄梅县东冯母山礼拜五祖。五祖问:"汝从何方而来?有何所求?"惠能云:"从新州来,来求作佛。"师云:"汝岭南人,无佛性也。"对云:"人即有南北,佛性即无南北。"师曰:"新州人乃獦獠①,宁有佛性耶?"对曰:"如来藏性遍于蝼蚁,岂独于獦獠而无哉?!"师云:"汝既有佛性,何求我意旨?"深奇其言,不复更问。自此,得之心印。

【校注】

①原本"新州"下无"人"字,据文意加。"獦"字,原文作"猎",今校。

既承衣法,遂辞慈容。后隐四会、怀集之间,首尾四年。至仪凤元年正月八日,南海县制旨寺①遇印宗。印宗出寺迎接,归寺里安下。

印宗,是讲经论僧也。有一日,正讲经,风雨猛动,见其幡动,法师问众:"风动也?幡动也?"一个云风动,一个云幡动,各自相争,就讲主证明。讲主断不得,却请行者断。行者云:"不是风动,不是幡动。"讲主云:"是什么物动?"行者云:"仁者自心动。"

从此,印宗回席坐位。正月十五日,为行者剃头②。二月八日,于法性寺请智光律师授③戒。戒坛是宋朝求那跋摩三藏④之所置也。尝云:"后有肉身菩萨于此受戒。"梁末有真谛三藏⑤于坛边种菩提树,云:"一百二十年[后],有肉身菩萨于此树下说法。"师果然于此树下演无上乘。

【校注】

①制旨寺:原址为西汉南越王赵陀第三代孙赵建德家宅,

三国吴时余姚学者虞翻（164—233）被贬至此，辟之为园林，聚徒数百讲授《易经》，世称"虞苑"。虞死后，后人施为寺庙，名"制旨寺"。唐贞观十九年（645）始改为"法性寺"。惠能遇印宗于该寺，已是仪凤元年（676），已然有法性寺之名称。原本既用旧称亦无不可，但下文遽改用法性寺。二寺实一。

②原文"剃头"前无"为行者"三字，据《六祖大师缘起外纪》曰"是月十五日，普会四众，为师剃发"。

③授：原文作"受"。

④求那跋摩三藏：一作求那跋陀罗三藏。

⑤据法海《六祖大师缘起外纪》说，"梁天监元年，智药三藏自西竺国航海而来，将彼土菩提树一株，植此坛畔"。

至明年二月三日，[师]便辞去曹溪宝林寺。说法化道，度无量众。师以一味法雨普润学徒，信衣不传，心珠洞付。得道之者，若恒河沙，遍满诸方，落落星布。

时神龙元年正月十五日，则天、孝和皇帝诏大师云："朕虔诚慕道，渴仰禅门。诏诸山禅师，集内道场。安、秀二德，最为僧首。朕每咨求法，再三推辞云：'南方有能和尚，受忍大师记，传达摩衣为信，顿悟上乘，明见佛性。今居韶州曹溪山，示悟众生，即心是佛。'朕闻：'如来以心之法付嘱摩诃迦叶，如是相传至于达摩。教被东土，代代相承，至今不绝。'师既禀受，并有信衣，可赴京师设化，缁俗归依，天人瞻仰。故发遣中使薛简迎师，愿早降至。"

大师表曰:"沙门惠能,生自边方,长而慕道。叩承忍大师付如来心印,传西国衣钵,受东山佛心。伏奉天恩,发中使薛简,诏惠能入内。惠能久处山林,年迈风疾。陛下德包物外,道贯万邦,育养苍生,仁慈黎庶,恩旨弥天,钦仰释门。恕惠能居山养疾,修持道业,上答皇恩,及诸王太子。谨奉表陈谢以闻。释沙门惠能顿首,顿首,谨言。"

时中使薛简启师云:"京城禅师大德教人要假坐禅,然方得道。"师云:"由心悟道,岂在坐也?故经云:若有人言如来,若来若去,若坐若卧,是人行邪道,不解我所说义。如来者,无所从来,亦无所去,故名如来。诸法空故,即是如来。毕竟无得无证,岂况坐耶?"薛简曰:"弟子至天庭,圣上①必问,伏愿和尚指授②心要,传奏圣上及京城学道者。譬如一灯照百千灯,冥者皆明,明明无尽。"师云:"道无明暗,明暗是代谢之义。明明无尽,亦是有尽,相待立名故。经云:法无有比,无相待故。"薛简曰:"明譬智慧,暗喻烦恼。学道之人,若不用智慧照生死烦恼,何得出离?"师云:"烦恼即是菩提,无二无别故。以智慧照烦恼者,是二乘人见解。有智之人终不如此。"薛简曰:"何者是大乘人见解?"师云:"《涅槃经》云:'明与无明,凡夫见二。智者了达,其性无别。'无别之性,即是实性。处凡不减,在圣不增;住烦恼而不乱,居禅定而不寂;不断不常,不来不去,不在中间及其内外;不生不灭,性相常住,恒而不变,名之曰道。"简曰:"师也说不生不灭,何异外道说不生不灭?"师云:"外道说不生不灭,将生止灭,灭犹不灭。我说不生不灭,本自无生,今亦无灭,所以不同外道。中使欲得心要,一切善恶都莫思量,自然得入心体，湛③然常寂，妙用恒沙。"

时薛简闻师所说，豁然便悟，礼师数拜曰："弟子今日始知佛性本自有之；昔日将谓太远，今日始知至道不遥，行之即是；今日始知涅槃不远，触④目菩提；今日始知佛性不念善恶，无思无虑，无造无作，无住无为；今日始知佛性常而不变易，不被诸境所迁。"中使礼辞大师，遂持表至京。时当神龙元年五月八日。

后至九月三日，回诏曰："师辞老病，为朕修道，国之福田。师若净名托疾，金粟阐弘大教，传诸佛心，谈不二之法，杜口毗耶，声闻被呵，菩萨辞退。师若如此，薛简传师指教，受如来知见：一切善恶都莫思惟，自然得入心体，湛然常寂，妙用恒沙。朕积善余庆，宿种福田，值师之出世，顿悟上乘，佛心第一。朕感荷师恩，顶戴修行，永永不朽。奉摩纳袈裟一领，金钵一口，供养大师。"其后，敕下赐寺额重兴寺，及新州故宅造国恩寺。

【校注】

①圣上：原文作"圣人"。

②授：原作"受"字。

③湛：原字异体难辨，今校为"湛"。

④触：原作"觕"字。

师每告诸善知识曰："汝等诸人自心是佛，更莫狐①疑。外无一物而能建立，皆是本心生万种法。故经云：'心生即种种法生，心灭即种种法灭。'汝等须达一相三昧、一行三昧。一相三昧者，于一切处而不住相，于彼相中不生憎爱，不取不舍，不念利益，不念散坏,自然安乐故,因此名为一相三昧②。一行三昧者,于一切处行住坐卧,皆一直心,即是道场,即是净土,此之名为一行三昧。如地有种,能含藏故,心相三昧,亦复如是。我说法时,犹如普雨;汝有佛性,如地中种;若遇法雨,各得滋长。取吾语者,决证菩提;依吾行者,定证圣果。吾今不传此衣者,以为众信心不疑惑,普付心要,各随所化。昔吾师有言,从吾后,若受此衣,命如悬丝。吾以道化,不可损汝。汝受吾法,听吾偈曰:

　　　心地含诸种,普雨悉皆生;
　　　顿悟花情已,菩提果自成。"

师说此偈已,乃告众曰:"其性无二,其心亦然。其道清净,亦无诸相。汝莫观净及空其心,此心本净,亦无可取。汝各努力,随缘好去!"

【校注】

①狐:原作"孤"字。
②三昧:三,原文作"二",疑版字脱落。

有人问曰:"黄梅意旨何人得?"师云:"会佛法者得。"僧曰:"和尚还得也无?"师云:"我不得。"僧曰:"和尚为什么不得?"师云:"我不会佛法。"

云大师拈问龙华①:"佛法有何过,祖师不肯会?"华云:"向上人分上,合作么生?"进曰:"向上人事如何?"华云:"天反地覆。"龙华却问云大师,大师云:"一翳不除,出身无路。"进曰:"除得一翳底人,还称得向上人也无?"云大师曰:"横②

眠直卧有何妨？"

【校注】
①华：原文作"花"，二字通。以下皆改为"华"字。
②横：原文作"璜"字。

六祖见僧，竖起拂子，云："还见么？"对云："见"。祖师抛向背后，云："见么？"对云："见"。师云："身前见？身后见？"对云："见时不说前后。"师云："如是如是，此是妙空三昧。"
有人拈问招庆："曹溪竖起拂子，意旨如何？"庆云："忽有人回勺柄①到，汝作么生？"学人掩耳云："和尚。"庆便打之。

【校注】
①勺柄：勺，原作"杓"字。僧厨舀东西的用具，半球形，有柄。

尔时大师住世说法四十年。先天元年七月一日，别诸门人："吾当进途，归新州矣。"大众缁俗啼泣，留连大师。大师①不纳，曰："诸佛出世，现般涅槃，尚不能违其宿命。况吾未能变易，分段之报必然之至，当有所在耳。"门人问师："师归新州，早晚却回？"师云："叶落归根，来时无口②。"问："其法付谁？"师云："有道者得，无心者得。"③又曰："吾灭度后七十年末，有二菩萨从东而来，一在家菩萨④，同出兴化，重修我伽蓝，再建我宗旨。"师言讫，便往新州国恩寺。

饭食讫,敷坐被衣,俄然异香满室,白虹属地,奄而迁化。八月三日矣。春秋七十六。当先天二年。达摩大师传袈裟一领,是七条屈眴布,青黑色,碧绢为里,并钵一口。中宗敕谥大鉴禅师、元和灵照之塔。

癸丑岁迁化,迄今唐保大十年壬子岁,得二百三十九年矣。净修禅师赞曰:

  师造黄梅,得旨南来。
  奚因幡义,大震法雷。
  道明遭遇,神秀迟回。⑤
  衣虽不付,天下花开。

【校注】

①大师:原文作"人师"。

②来时无口:契嵩本《坛经》亦作"叶落归根,来时无口",而《景德传灯录》卷五则作"来时无日"。根据前文所问"早晚却回","来时无口"校作"来时无日"较宜。

③原本此句,契嵩本《坛经》作"有道者得,无心者通"。

④原本"一在家菩萨"前,疑脱"一出家菩萨"。参契嵩本《坛经》:"吾去七十年,有二菩萨从东方来,一出家,一在家,同时兴化,建立吾宗,缔缉伽蓝,昌隆法嗣。"资料表明,契嵩是见过《祖堂集》的,此段文字,是否契嵩抄来,粘贴于《坛经》?抑或《祖堂集》果真从古本《坛经》得来?再者,是宋初之世或海东新开版时,后人添入《祖堂集》?

⑤原本此句,《诸祖师颂》作"道明遭过,神秀逢回"。

卷第三

牛头和尚

牛头和尚嗣四祖。师讳法融,润州延陵人也。姓文。①

【校注】

①《续高僧传》说牛头法融"俗姓韦",《景德传灯录》亦从之曰"姓韦氏"。法融,又称"慧融"。

四祖在双峰山告众曰:"吾来至此山时,于武德七年秋,于庐山顶上东北,而望见此蕲州双峰山顶上有紫云如盖,下有白气横分六道。"四祖问五祖曰:"汝识此瑞不?"五祖曰:"莫是师脚下横出一枝佛法不?"四祖曰:"汝会我意,汝善住矣!我过江东。"

便去至牛头山幽栖寺。见数百僧并无道气,乃顾问僧曰:"寺中有多少住持?其中有道人不?"僧曰:"禅和①大相轻。夫出家者,阿那个不是道人?"四祖曰:"何者是道人?"僧无对。乃云:"山上有懒②融,身著一布裘,见僧不解合掌。此是异人也,禅师自往看。"

四祖乃往庵前,过来过去,谓曰:"善男子莫入甚深三昧。"

融乃开眼。四祖曰:"汝学为有求,为无求?"融曰:"我依《法华经》开示悟入,某甲为修道。"③四祖曰:"开者开何人?悟者悟何物?"融无对。四祖曰:"西天二十八祖传佛心印,达摩大师至此土,相承有四祖,汝还知不?"融瞥闻此语,乃曰:"融每常望双峰山顶礼,恨未得亲往面谒。"四祖曰:"欲识四祖,即吾身是。"融便起,接足礼曰:"师因何降此?"祖曰:"特来相访。"又曰:"别更有住处不?"融以手指于庵后,曰:"更有庵在。"遂引四祖到庵所。师遂见虎狼绕庵,麋④鹿纵横四畔。师乃两手作怕势,云:"螆。"⑤融曰:"师犹有这个在!"师曰:"适来见什么?"融于言下虽承玄旨而无有对。

【校注】

①禅和:即参禅之人也。和者,亲人之语。《碧岩录》六十三则曰:"杜撰禅和,如麻似粟。"

②懒:原文作"嬾",二字相通。参见《景德传灯录》卷四法融章即作"懒融"。

③同一句中既用"我",又用"某甲"作第一人称,读来甚是别扭,不如校改为"某甲依《法华经》开示悟入,而为修道"。

④麋:原文作"麈"。

⑤螆:疑是"入山见虫"的合体字。

师于是为说法要,曰:"夫百千妙门,同归方寸;恒沙妙德,尽在心源。一切定门,一切慧门,悉自具足。神通妙用,并在汝心。烦恼业障,本来空寂。一切果报,本来自有。无三界可出,无菩提可求。人与非人,性相平等。大道虚旷,绝思绝虑。如是之法,汝今已得,更无缺少,与佛无殊;更无别法,可得成佛。汝但任心自在,莫作观行,亦莫停心;莫起贪嗔痴,莫怀愁虑,荡荡无碍,任意纵横。不作诸善,不作诸恶。行住坐卧,触目遇缘,总是佛之妙用。快乐无忧,故名为佛。"

融问:"心既具足,何者是心?何者是佛?"师曰:"非心不问心,问心非不心。"又问:"既不许观行,于境起时如何对治?"师曰:"境缘无好丑,好丑起于心。心若不强名,妄情从何起?妄心既不起,真心任遍知。随心自在,复无始终,则名常住法身,无有变易。吾从先师璨和尚处传得顿①悟法门,今付于汝。汝今谛受,以酬吾道。但住此山,从汝向外更有五人相继不绝也。善自保持,吾当去矣。"师于言下顿荡微瑕,永亡朕兆②。自是灵怪鬼神供须无地。以此详鉴,足见如来密旨,岂修证以能齐?祖胤玄门,安寂静之可趣?言亡理契,顾玄要以云泥;静虑还源,望禅枢而楚越矣。

【校注】

①顿:原文作"頯"。

②原文"眹",通作"朕",意为迹兆。《庄子·齐物论》:"必有真宰,而特不得其眹。"法融禅学的特点,宗密归为"泯绝无寄宗",与此"永无朕兆"符。

问师:"夫言圣人者,当断何法,当得何法,而言圣人?"答曰：" 一法不断，一法不得，此谓圣人。"进曰："不断不得，与凡夫有何异？"师曰："有异。何以故？一切凡夫皆有所断，妄计所得；真心圣人则本无所断，亦无所得，故曰有异。"进曰："云何凡夫有所得，圣人无所得？得与不得，复有何异？"师曰："有异。何以故？凡夫有所得，则有虚妄；圣人无所得，则无虚妄。有虚妄者则有异，无虚妄者则无异。"进曰："若无异，圣人名因何立？"师曰："凡之与圣，二俱是假名。假名之中，无二则无有异，如说龟毛兔角也。"进曰："圣人若同龟毛兔角，则应是无，令人学何物？"师曰："我说龟毛，不说无龟。汝何意作此难？"进曰："龟喻何物？毛喻何物？"师曰："龟喻于道，毛喻于我。故圣人无我而有道，凡夫无道而有我。执我者，犹如龟毛兔角也。"

次乃法付智严已。自显①庆元年，司空萧无善②请出建初寺。师辞不免，乃谓众曰："从今一去再不践也。"既出山寺门，禽兽哀号，逾月不止；山间泉池，激石涌砂，一时填满；房前大桐四株，五月繁茂③，一朝凋尽。

【校注】

①显：原文作"现"。

②唐道宣《续高僧传》卷二十一作"司功萧元善"。司功乃唐时官名，在府称功曹参军，在州曰司功参军，县亦置之，仅称司功，主要掌管官园、祭祀、礼乐、学校、选举、表疏、医巫、考课、丧葬之事。以此说来，原文"司空"可能为"司功"之误。而萧元善，原文作"萧无善"。另参证《景德

传灯录》卷四作"邑宰萧元善"。

③茂：原文作"茷"。

师至显庆二年丁巳岁闰①正月二十三日，于建初寺殁②。春秋六十四，僧夏四十一。至二十七日葬，塔在金陵后湖鸡笼山③，即在耆阇也。

【校注】

①闰：原文作"润"。

②殁：原文作"殓"。殓，没也，终也。

③鸡笼山：又叫鸡鸣山，原文误作"溪笼山"。其状如鸡笼，因而得名，其山顶有北极阁可观浩浩长江，其山旁则是美丽如画、风光旖旎的玄武湖畔，原文称"后湖"是也。又，耆阇，意译为"灵鹫"，故而又称"耆阇山"。参《景德传灯录》卷四亦作"鸡笼山"。

因此，牛头宗六枝，第一是融禅师，第二智岩①，第三慧方，第四法持，第五智威，第六惠忠也。

【校注】

①即前文所说"法付智严"之"智严"是也。《续高僧传》、《景德传灯录》皆作"智岩"。

鹤林和尚

鹤①林和尚，嗣牛头威禅师。师讳马素②。未睹行状，不决化缘始终。敕谥大律禅师③，大和宝航之塔。

【校注】

①鹤：原本作"鹳"，今校，下同。

②马素：据《宋高僧传》和《景德传灯录》两书，均记鹤林和尚，俗姓马氏，法号玄素，在唐如意年中受业于江宁长寿寺，晚参牛头智威而悟真宗，后居京口鹤林寺，故称"鹤林和尚"。而对"马素"之名，《宋高僧传》卷九特别加以说明，"后人多以俗氏召之曰马祖，或以姓名兼称曰马素是也"。"素师以俗姓呼之，必有由矣。噫！繁盛法嗣犹不能遏此讹称，则知素师名翼一飞，四海仰止，故登俗域。今警将来，宜正名也"。赞宁此说虽不对后世灯录发生影响，但终于得到近世印顺之共鸣，后者著《中国禅宗史》即以为道一之被称马祖原是马素俗称马祖之误。

③大律禅师：《景德传灯录》卷四作"大津禅师"。

问："如何是西来意？"师曰："会即不会，疑即不疑。"无对①。师却云："不会不疑底，不疑不会底。"

【校注】

①"无对"二字原本无，据文理补。按原本中经常出现

无对二字为小字且横排，如后洞山章中就这样出现七次，疑为后世所加。另参《景德传灯录》卷四本章，不补"无对"而将后文"却"字改为"又"，似亦可。

有僧敲门，师问："是什么人？"对曰："僧。"师曰："非但僧，佛来亦不著。"进曰："佛来为什么不著？"师曰："此间无公止泊处。"

先径山和尚

先径山和尚嗣鹤林，师讳道钦。大历年①，代宗请赴京师，号国一禅师。

【校注】

①大历年：参《宋高僧传》说"大历三年戊申岁二月下诏"，《景德传灯录》说"唐大历三年，代宗诏至阙下，亲加瞻礼"。

肃宗皇帝来礼师。师见帝来，遂起立，帝曰："大师见朕来，因何起？"师曰："檀越因什么向四威仪中见贫道？"

问："如何是祖师西来意？"师曰："汝问不当。"曰："如何得当？"师曰："待我死即向汝道。"

江西马大师令西堂问师："十二时中以何为境？"师曰："待汝回去，有信上大师。"西堂曰："如今便回去。"师曰："传语大师:却须问取曹溪始得。"

鸟窠和尚

鸟窠和尚①,嗣径山国一禅师。在杭州。未睹行录,不决化缘始终。

【校注】

①鸟窠和尚:据《景德传灯录》卷四记,"杭州鸟窠道林禅师,本郡富阳人也。姓潘氏。……九岁出家,二十一于荆州果愿寺受戒。后诣长安西明寺……属唐代宗诏径山国一禅师至阙,师乃谒之,遂得正法。……后见秦望山,有长松,枝叶繁茂,盘屈如盖,遂栖止其上,故时人谓之鸟窠禅师。复有鹊巢于其侧,自然驯狎,人亦目为鹊巢和尚。"

因侍者辞,师问:"汝去何处?"对曰:"向诸方学佛法去。"师曰:"若是佛法,我这里也有少许。"侍者便问:"如何是这里佛法?"师抽一茎布毛示,侍者便悟。

白舍人①亲受心戒,又时对坐,并无言说。舍人第三弟见此,造诗曰:

白头居士对禅师,正是楞严三昧时;
一物也无百味足,恒沙能有几人知?

白舍人问:"一日十二时中,如何修行便得与道相应?"师云:"诸恶莫作,诸善奉行。"舍人曰:"三岁孩②儿也解道得。"

师曰:"三岁孩儿也解道得,百岁老人略行不得。"舍人因此礼拜为师,赞曰:

形羸骨瘦久修行,一纳麻衣称道情;

曾结草庵倚碧树,天涯知有鸟窠名。

师问白舍人:"汝是白家儿不?"舍人称名"白家易"。师曰:"汝阿爷姓什么?"舍人无对。

舍人归京,入寺游戏,见僧念经,便问:"甲子多少③?"对曰:"八十五。"进曰:"念经得几年?"对曰:"六十年。"舍人云:"大奇!大奇!虽然如此,出家自有本分事,作么生是和尚本分事?"僧无对。舍人因此诗曰:

空门有路不知处,头白齿黄犹念经;

何年饮著声闻酒,迄至如今醉未醒。

【校注】

①白舍人:指白居易。据《景德传灯录》卷四说,元和中白居易出守杭州郡,曾入山礼谒鸟窠禅师,并对师说:"禅师住处甚危险。"师曰:"太守危险尤甚。"白曰:"弟子位镇江山,何险之有?"师曰:"薪火相接,识性不停,得非险乎?"

②孩:原文作"姟"字。

③甲子多少:甲子表年岁。少,原文作"小",古代二字相通。

懒瓒和尚

五祖忍大师下傍出一枝:神秀和尚、老安国师、道明和尚。神秀下普寂,普寂下懒瓒和尚,在南岳。

师有《乐道歌》曰:

兀然无事无改换,无事何须论一段?
真①心无散乱,他事不须断。
过去已过去,未来更②莫算。
兀然无事坐,何曾有人唤?
向外觅功夫,总是痴顽汉。

粮不蓄③一粒,逢饭但知餐④。
世间多事人,相趁浑不及。
我不乐生天,亦不爱福田。
饥来即吃饭,睡来即卧瞑。
愚人笑我,智乃知贤。
不是痴钝,本体如然。

要去即去,要住即住。
身被一破纳,脚着娘生袴。
多言复多语,由来反相误。
若欲度众生,无过且自度。
莫谩求真佛,真佛不可见。

妙性及灵台，何曾受薰炼⑤？

心是无事心，面是娘生面。
劫石可移动，个中难改变。
无事本无事，何须读文字？
削除人我本，冥合个中意。
种种劳筋骨，不如林间睡。
兀兀举头见日高，乞饭从头喂⑥。

将功用功，展转冥曚⑦。
取则不得，不取自通。
吾有一言，绝虑忘⑧缘。
巧说不得，只用心传。
更有一语，无过直与。
细如毫末，本无方所。
本自圆成，不劳机杼。
世事悠悠，不如山丘。

青松蔽日⑨，碧涧长流。
卧藤⑩萝下，块石枕头。
山云当幕，夜月为钩。
不朝天子，岂羡王侯？
生死无虑，更须何忧？

水月无形，我常只宁。

万法皆尔，本自无生。

兀然无事坐，春来草自青。

【校注】

①真：《景德传灯录》卷三十有"南岳懒瓒和尚歌"作"直"字。

②更：《景德传灯录》作"犹"。

③蓄：原文作"畜"字。

④餐：原文作"飱"字。

⑤薰炼：原文作"勋练"。

⑥喂：原文作"餧"字。餧，同"喂"。

⑦矇：原文作"朦"字。

⑧忘：原文作"忘"字。

⑨蔽：原文作"弊"字。松，原文作"枀"。

⑩藤：原文作"蕂"字。

老安国师

老安国师①，嗣五祖忍大师。在嵩山。

坦然禅师问："如何是祖师西来意旨？"师曰："何不问自家意旨，问他意旨作什么？"进曰："如何是坦然意旨？"师曰："汝须密作用。"进曰："如何是密作用？"师闭目又开目，坦然禅师便悟。

【校注】

①原本在叙江左牛头禅系之后,接叙北地北宗禅。北宗禅主要记神秀一系和老安一系,安、秀二师相继为帝室征召,在 7 世纪末至 8 世纪前期红极一时,《全唐文》卷九一七存清昼《二宗禅师赞》曰:"安赞天后,寂佐玄宗。"《祖堂集》所记盖本此,而将本属神会安在神秀普寂一系头上的"北宗",也挂到老安系下,从而使北宗禅与南宗禅对垒而具有地域文化的意义。

腾腾和尚

腾腾和尚①,嗣安国师。师有《乐道歌》,曰:
问道道无可修,问法法无可问。
迷人不了性空,智者本无违顺。
八万四千法门,至理不离方寸。
不要广学多闻,不在辩才聪隽。

识取自家城郭,莫漫游他州郡。
言语不离性空,和光不同尘坌。
烦恼即是菩提,净花生于泥粪。
若有人求问答,谁能共他讲论?

亦不知月之大小，亦不知岁之余闰。
晨时以粥充饥，仲时更餐一顿。
今日任运腾腾，明日腾腾任运。
心中了了总知，只没佯痴缚钝。

【校注】

①《景德传灯录》卷四有"洛京福先寺仁俭禅师"，即腾腾和尚。据说，唐天册、万岁年间，则天诏入殿前，他仰视天后，良久曰："会么？"后曰："不会。"他说："老僧持不语戒。"言讫而出。翌日进短歌一十九首，"其辞并敷演真理，以警时俗。唯《了道歌》一首，盛行于世"。此《了道歌》想必就是本文《乐道歌》，腾腾和尚之得名即在于歌中唱道的"今日任运腾腾，明日腾腾任运"。其歌烘托了一种随缘放旷、任运过时的禅修生活。

破灶堕和尚

破灶堕和尚，嗣安国师。师在北地①。

有一禅师，唯善塞灶，频频感得灶神现身。彼地敬重，剧于佛像。是时和尚至彼，为灶神说法，灶神闻法，便获生天。故现本身，礼辞和尚："蒙师说法，重得生天，故来谢师，便还天府。"言犹未讫，瞥然②不见。其灶瓦解，悉自落破。此师本不称名，因此缘故，破灶堕和尚也③。

【校注】

① 《景德传灯录》卷四记其"不称名氏。言行叵测,隐居嵩岳……其后莫知所终"。

② 瞥:原文作"瞥"字。

③ 此破灶堕之名号,《景德传灯录》明藏本注为"安国师所赐",自后民间广称。

靖居和尚

靖居和尚嗣六祖,在吉州。师讳行思①,俗姓刘。庐陵人也②。自传曹溪密旨,便复庐陵,化度群生。

【校注】

① 原本"行思",《诸祖师颂》作"行司"。

② 据《景德传灯录》卷五所记,吉州青原山行思禅师乃本州安城人,得法后住青原山静居寺。因此,本书称为"靖(静)居和尚"。而庐陵,在唐时乃吉州治所,宋废庐陵郡,吉州又称吉安,故而《祖堂集》说和尚"庐陵人也",《景德传灯录》则说"安城人也"。

僧问:"如何是佛法大意?"师曰:"庐陵米作么价?"

师问神会:"汝从何方而来?"对曰:"从曹溪来。"师曰:"将得何物来?"会遂震身而示①。师曰:"犹持②瓦砾在。"会曰:

"和尚此间莫有真金③与人不?"师曰:"设使有,与汝向什么处著?"

【校注】

①原本"震身而示",《景德传灯录》卷五本章作"振身而已"。"震"通"振"。

②原本"持"字,《景德传灯录》卷五作"滞"。

③真金:原文为"金真",参契嵩本、宗宝本《坛经》均有"某甲讲经,犹如瓦砾;仁者论义,犹如真金"。又《景德传灯录》本章也作"真金",故校。

师以开元二十八年十二月十三日迁化。敕谥弘济大师,归真之塔。净修禅师赞曰:

曹溪门人①,出世庐陵。
唯提一脉,迥②出三乘。
泽中孤烛,火里片冰。③
许君妙会,说底④相应。

【校注】

①原本"曹溪门人",敦煌出《泉州千佛新著诸祖师颂》则作"吉水真人"。据柳田圣山先生考证,原本诸祖师章后所附之"净修禅师赞",可能抄自净修在千佛或莲花寺十年弘化期间所作的《诸祖师颂》。笔者以为,实际的情形是,本集编者在征得净修同意后对颂又作了一些修改,以符合本书体系;

或者净修自己修改，本集编者按此而作各章。如此间《诸祖师颂》之"吉水真人"，原本改作"曹溪门人"，其目的大概就是为突出青原石头一系在南宗的正统地位。

②原本"逈"字，今校为"迥"。

③原本"泽中孤烛，火里片冰"，《诸祖师颂》则作"瀛中月烛，火里行水"。

④原本"底"字，《诸祖师颂》作"衣"。

荷泽和尚

荷泽和尚嗣六祖，在西京荷泽寺①。师讳神会，姓高②，襄阳人也。

【校注】

①西京荷泽寺：荷泽寺在洛阳，洛阳史称东都，惟五代后晋天福三年（938），建东京于汴州，升开封府，而以东都为西京。《祖堂集》成书于五代南唐之世，故有此说。

②高：神会姓氏，据宗密《圆觉经大疏抄》说"俗姓万"。

师初到六祖处，六祖问："是你远来大艰辛，还将本来不？若有本即合识主，是你试说看。"师对曰："神会以无住为本，见即是主。"祖曰："者沙弥争取次①语！"便以杖乱打。师杖下思惟："大善知识历劫难逢，今既得遇，岂惜身命！"六祖察其语深情至，故试之也。

【校注】

①取次：草率、随便义。《太平广记》卷一五五《定命录》："害风阿师取次语。"

因此，自传心印，演化东都，定其宗旨。南能北秀，自神会显扬①，曹溪一枝，始芳宇宙。

天宝中，御史卢液②是北宗普寂门徒，奏会聚徒洛阳。玄宗征赴，驾幸诏应，得对天颜，言理允符。圣情郑重，有司量移均州③。至德二年，肃宗敕徙荆州，住开元寺。

【校注】

①原本"现杨"，今校为"显扬"。

②原本"卢液"，《宋高僧传》卷八作"卢弈"，《旧唐书》卷一八七及《新唐书》卷一九一也都作"卢弈"，据后二书称卢弈有"清节"、性"刚毅"。

③均州：原文作"褪州"，今校。本楚之均陵，隋置均州，唐仍之。《宋高僧传》则作"均部"。

师乡信到，报父母俱丧。师乃入堂白槌①曰："父母俱丧，请大众念摩诃般若！"大众才坐，师曰："劳烦大众，珍重！"

【校注】

①白槌："槌"字原文作"捶"，白槌，又称作"白椎"。

顾名思义，凡鸣槌而白事，即是白槌。然禅林独于开堂，称为白槌。在开堂时先鸣槌一下，息静群喧，然后开示于众，说"法筵龙象众，当观第一义"。而在开示终了时，白槌之人又鸣槌一下，说"谛观法王法，法王法如是"，这称为结槌。此处白槌当是前义，指开堂。

师上元元年五月十三日终。敕谥真宗大师，般若之塔。

慧忠国师

慧忠国师嗣六祖，姓冉①，越州诸暨县人也。

其儿时在家②，并不曾语，又不曾过门前桥。直到十六，有一个禅师来，才望见走出，过门前桥，迎接礼拜，通寒喧。父、阿娘、眷属，远近邻舍，总来惊讶。曰："不可思议。这个儿子养来到十六，并不曾见他语话，又不曾见他过门前桥。今日才见和尚，有如是次第，恐是此儿子异于常人也。"

儿子便问禅师："乞师慈悲摄受，度得一个众生。某甲切要投禅［师］③出家。"禅师曰："是我宗门中银轮王嫡子、金轮王孙子，方始得继续，不坠此门风。是你三家村里男女，牛背上将养底儿子，作么生投这个宗门？不是你分上事。"儿子曰："启禅师：是法平等，无有高下。哪④得有这个言词，障于某甲善心？再乞禅师垂慈容纳。"禅师见儿子有如是次第，便向儿子说："你若如此，投某出家则不得。"子曰："投什么人出家？禅师与某甲指示宗师。"禅师曰："汝还闻曹溪么？"子曰："不知曹⑤溪是什么州界？"禅师曰："广南曹溪山有一善知识，唤作六祖，广六百众，你去那里出家。某甲未曾游天台，你自但去。"

其儿子便入草隐遁，回避爷娘便行。三日程⑥二日行，两日程一日行，到曹溪。恰遇祖师，正当说法时，便礼拜祖师。祖师问："从什么处来？"对曰："只近。"祖曰："生缘在阿那里？"子曰："自得五阴后忘却也。"祖师招手云："近前来。"子便近前，祖师曰："实说你是什么处人？"子曰："浙中人。"祖曰："远来到这里，为什么事？"子曰："一则明师难遇，正法难闻，特来礼觐祖师；二则投师出家，乞师垂慈摄受。"祖曰："我向你道，莫出家。"子曰："因什么有此言？"祖曰："你是圣明不动干戈六十年天子，是你但造天子佛法为主。"子曰："启师：非但六十年，百年天子也不要。乞师慈悲，容许某甲出家。"师便摩顶授记曰："你若出家，天下独立佛。"便摄受。

【校注】

①冉：原作"丹"字。《宋高僧传》卷九有"均州武当山慧忠传"，《景德传灯录》卷五有"西京光宅寺慧忠禅师"，皆说"俗姓冉，越州诸暨县人也"。

②原文作"其儿子在家时"，语义不明朗，今校为"其儿时在家"。按原本"儿子"，在唐五代语言中泛指孩童或青少年男子，如张祜《猎》诗："归来逞余勇，儿子乱弯弓。"又如本书卷五长髭章"师得十岁儿子，养得八年"。

③原文"禅"字下无"师"字。

④哪：原文作"郍"字。

⑤曹：原文作"漕"字。
⑥程：原文作"裎"字。

师曾在南阳白崖山，修行四十余年。上元二年正月十六日，肃宗皇帝征诏赴上都，千福寺西禅园安置，后归光宅寺。肃宗、代宗前后两朝，并亲受菩萨戒，礼号国师焉。

僧问："如何是佛法大意？"师曰："文殊堂里一万菩萨。"僧曰："学人不会。"师曰："大悲千手千眼。"

师定坐次，肃宗问："师得何法？"师曰："陛下见空中一片云不？"皇帝曰："见。"师曰："钉钉著，悬挂①著。"帝又问："如何是十身调御[师]②？"师乃起立云："还会么？"帝曰："不会。"师曰："与老僧过净瓶水来。"

【校注】

①挂：原作"椔"字。

②十身调御师：原文无"师"字。"十身"，即是证得无上正觉之佛陀身体。"调御师"即是佛之异名。因此，这里肃宗问"如何是十身调御师"，就相当于问"如何是佛"。对此，忠国师以"起立"作答，直下承当，而帝不解。由之，此间应补一"师"字。

耽①源问："师百年后，忽②有人问极则事，如何向他道？"师曰："幸自可怜生③，要须得个护身符子作什么？"

【校注】

①耽：原文作"躭"。

②忽：原文作"忩"。

③可：原文作"何"。可怜生，"生"为语助词。如本集卷八龙牙章："问：达摩未来时如何？师答曰：可怜生。"又卷十七大慈章："只是长看一头水牯牛，落路入草便牵出，侵犯人苗稼则鞭打，调来伏去，可怜生！"

肃宗因从侍肩舁①师上殿。师乃仰面视曰："还会么？"帝曰："不会。"师曰："老僧今日困。"

帝问："如何是无净三昧？"师曰："檀越踏毗卢②头上行。"帝曰："如何是踏毗卢头上行？"师曰："莫认自己清净法身。"

【校注】

①肩舁：原文不清。参《宋高僧传》卷九说忠入官后，"奏理人治国之要，畅唐尧虞舜之风。帝闻竦然，膝之前席。九龙洒莲花之水，万乘饮醍醐之味。从是肩舁上殿，坐而论道，不拘彝典"。按忠年老，须侍肩抬上殿。

②毗卢：即毗卢舍那之略，法身佛之通称。这里"檀越"指施主。

师于一日见耽源入法堂，师便垂①一足。耽源便出去，良久又回来。师曰："适来意作么生？"对曰："向阿谁说即得？"师曰:"我问你。"对曰:"什么处见某甲?"

【校注】
①垂:原文作"乘"。

肃宗帝问讯次,师不视帝。帝曰:"朕身一国天子,师何得殊无些子视朕?"师云:"皇帝见目前虚空么?"帝曰:"见。"师曰:"还曾眨眼向陛下么?"

鱼军容①问:"师住白崖山时,如何修行?"师唤家童子。童子来,师乃以手摩童子头曰:"惺惺直言惺惺,历历直言历历,以后莫受人谩!"

【校注】
①原本"鱼军容",《五灯会元》卷九则作"李军容"。

南阳张濆问:"某甲闻有'无情说法',未谛其事,乞师指示。"师曰:"无情说法,汝若闻时方闻无情说法,缘他无情始得闻我说法,汝但问取无情说法去。"张濆曰:"只如今约有情方便之中,如何是无情因缘?"师曰:"但如今于一切动用之中施为。但凡圣两流都无小分起灭,便是出识,不属有情。炽然见觉,只是无其系执。所以,六根对色,分别非识。"

师在党子谷时,麻谷来,绕师三匝,振锡一下。师曰:"既然任么①,何用更见贫道?"又振锡一下,师呵曰:"这野狐精②!"长庆代③曰:"大人是什么心行?"又代曰:"若不与么,争识得和尚?"

【校注】

①原本"任么",同"恁么",作"这么"、"如此"解,唐五代口语词。又如本集卷九云盖章:"师曰:任么,则鸡足持衣,更待何人?"

②野狐精:原文作"野狐情"。民间以为野狐之精灵,乃变幻诳人之精怪。禅家则以外道为野狐禅。

③代:即代语。有两层意思:一代现前之众下语,谓师家垂语,禅众下语不契,则自下语代之;二代古人下语,举古则公案,而他古人无语之处,我便代他下语。本文长庆代语系指后者。由此可见,所谓代别之语,在唐末五代就已出现,不见得就是宋的专利。据说,《云门录》多代语,盖宗门之代语别语,以云门为始。

师与紫璘法师共论义次,各登座了。法师曰:"便请立义,某甲则破。"师曰:"岂有与么事?"法师曰:"便请立义。"师曰:"立义了也。"法师曰:"立是什么义?"师曰:"果然不见,非公境界。"长庆代曰:"师义堕也。"

有座主来参次,师问:"作什么事业?"对曰:"讲《金刚①经》业。"师曰:"最初两字是什么字?"对曰:"如是。"师曰:"是什么?"

【校注】

①刚:原文为异体字。

师问璘供奉①:"佛是什么义?"对曰:"佛是觉义。"师曰:"佛还曾迷也无?"对曰:"不曾迷。"师曰:"既不曾迷,用觉作什么?"无对。供奉又问:"如何是实相义?"师曰:"将虚底来。"对曰:"虚底不可得。"师曰:"虚底尚不可得,问实相作什么?"

【校注】

①璘供奉:即上文紫璘法师。供奉乃内供奉之略称,供奉大内道场之僧官名。

师又时见僧来,以手作圆相,圆相中书"日"字①。僧无对。

【校注】

①日:原文作"曰"。岳麓书社1997年出版《祖堂集》点校本作"圆相中书'曰'字"。其实这里当校为"日"。众所周知,禅林中前有慧忠,后有仰山,都善以圆相示人,并往往在圆相中书一字,诸如"牛"、"佛"、"日"等。

有时王咏问:"如何得解脱?"师曰:"诸法不相到,当处得解脱。"咏曰:"若然者即是断,岂是解脱?"师便喝曰:"这汉!我向你道'不相到',谁向汝道'断'?"王咏更无言。和尚亦识此人是三教供奉。

王咏门徒志心问:"如何得成佛去?"师曰:"佛与众生,一时放却,当处解脱。"进曰:"如何得相应去?"师曰:"善恶都莫思量,自然得见佛性。"又问:"若为得证法身耶?"〔师〕云"超毗卢遮那境界。"进曰:"清净法身如何超得?"师曰:"不著佛求。"又问:"阿那个是佛?"师曰:"即心是佛。"进曰:"心有烦恼,如何是佛?"师曰:"烦恼性自离。"进曰:"岂不断烦恼耶?"师曰:"断烦恼是声闻、缘觉,若见烦恼不生,名大涅槃。"

代宗又引一太白山人来见和尚,曰:"此山人甚有见知。"师问:"解何艺业?"代宗曰:"识山,识地,识字,解算。"和尚借问山人:"所住是雌山,是雄山?"山人久而不答。又问:"识地不?"山人曰:"识。"师则指殿上地曰:"此是何地?"山人曰:"容弟子算,方得乃知。"又问:"识字不?"对曰:"识。"师向地上划作"一"字,问:"此是何字?"对曰:"此是'一'字。"师曰:"土上著'一'字是'王'字,是什么一字?"又问:"解算不?"对曰:"解。"师曰:"三七是多少?"对曰:"和尚弄弟子,三七二十一。"师曰:"却是山人弄贫道。三七是十,唤作二十一,岂非弄贫道?"又问山人:"更会何业?"山人曰:"更有,实不敢对。"师曰:"纵汝总解,亦不足贵。"师却谓代宗曰:"问山不识山,问地不识地,问字不识字,问算不解算,何处引得这个矇①汉来?"代宗问山人曰:"朕虽有国位未为宝,和尚是真宝。"山人曰:"陛下真识宝人也!"

【校注】

①矇:原文作"朦"。矇者,盲也。

时十月中旬，有诸座主来礼拜和尚。师问："城外草作何色？"对曰："作黄色。"师遂唤少童子问："城外草作何色？"对曰："作黄色。"师曰："座主解经解论，与此厮儿见解何殊？"座主却问和尚："城外草作何色？"师曰："见天上鸟不？"座主曰："和尚转更勿交涉也。愿和尚教某等，作么生即是？"师却唤座主："向前来。"座主一时向前来。师见座主不会，遂笑曰："诸座主且归寺。"别曰："却来。"诸大德默然而往。明日又来："愿和尚为某等说看。"师曰："见即见，若不见，纵说得出，亦不得见。"诸供奉曰："从上国师，未有得似和尚如是机辩！"师曰："他家即师国，贫道即国师。"诸供奉曰："我等诸人谩作供奉，自道解经解论；据他禅宗，都勿交涉。"

有南方禅客问："如何是古佛心？"师曰："墙①壁、瓦砾、无情之物，并是古佛心。"禅客曰："与经太相违故，《涅槃经》曰：'离墙壁瓦砾无情之物，故名佛性。'今云'一切无情皆是佛心'，未审心与性为别不别？"师曰："迷人即别，悟人即不别。"禅客曰："又与经相违故，经曰：'善男子，心非佛性，佛性是常，心是无常。'今曰'不别'，未审此义如何？"师曰："汝依语而不依义。譬如寒月，结水为冰，及至暖时，释冰为水。众生迷时，结性成心；众生悟时，释心成性。汝若定执无情无佛性者，经不应言'三界唯心，万法唯识'。故《华严经》曰：'三界所有法，一切唯心造。'今且问汝，无情之物为在三界内，为在三界外？为复是心，为复不是心？若非心者，经不应言'三界唯心'；若是心者，不应言'无情无佛性'。汝自违经，吾不违也。"禅客曰："无情既有心，还解说法也无？"师曰："他炽然说,恒说常说,无有间歇。"禅客曰:"某甲为什么不闻?"师曰:"汝自不闻,不可妨他有闻者。"进曰:"谁人得闻?"师曰:"诸圣得闻。"禅客曰:"与么即众生应无分也。"师曰:"我为众生说,不可为他诸圣说。"禅客曰:"某甲愚昧聋瞽,不闻无情说法。和尚是为人天师,说般若波罗蜜多,得闻无情说法不?"师曰:"我亦不闻。"进曰:"和尚为什么不闻?"师曰:"赖②我不闻无情说法,我若闻无情说法,我则同于诸圣。汝若为得见我,及闻我说法乎?"禅客曰:"一切众生,毕竟还得闻无情说法不?"师曰:"众生若闻,即非众生。"禅客曰:"无情说法还有典据也无?"师曰:"言不关③典,非君子之所谈。汝岂不见《弥陀经》云'水鸟树林,皆是念佛念法念僧'?鸟是有情,水及树岂是有情乎?又《华严经》云:'刹说,众生说,三世一切说。'众生是有情,刹岂是有情乎?"[禅]客曰:"既是无情有佛性,未审有情又如何?"师曰:"无情尚尔,岂况有情乎?"禅客曰:"若有情无情俱有佛性,杀有情而食啖④其身分,即结于罪怨相报;损害无情,食啖五谷、菜蔬⑤、果粟等物,不闻有罪互相仇报也。"师曰:"有情是正报。从无始劫来,虚妄颠倒,计我我所,而怀结恨,即有怨报。无情是依报,无颠倒结恨心,所以不言有报。"客曰:"经教中,但见有情授三菩提记,于未来世而得作佛,号曰某等;不见无情授菩提记作佛之处。只如贤劫千佛中,阿那个是无情成佛?请为示之。"师曰:"我今问汝,譬如皇太子受王位时,为太子一身受于王位,为复国界一一受也?"对曰:"但令太子受得王位,国土一切自属于王,宁当别受乎?"师曰:"今此亦尔,但令有情授记作佛之时,三千大千世界,一切国土,尽属毗卢遮那佛身；佛身之外，哪得更有无情而得授记耶？"客曰："一切大地既是佛身，一切众生居佛身上，便利秽污佛身，穿凿践踏佛身，岂无罪乎？"师曰："一切众生全是佛身，谁为罪乎？"客曰："佛身无为，无所挂碍⑥。今以有为质碍之物而作佛身，岂不乖⑦于圣旨乎？"师曰："汝今不见《大品经》曰：不可离有为而说无为，又不可离无为而说有为。汝信色是空不？"对曰："佛之诚言，哪敢不信？"师曰："色既是空，宁有挂碍？"

【校注】

①墙：原文作"牆"。
②赖：原文作"頼"字。
③关：原文作"閞"字。
④啖：原文作"噉"字，二字相通。
⑤菜蔬：原文作"采蔬"。
⑥挂碍：原文作"罣导"。
⑦乖：原文作"乘"，当校为"乖"。

又问："众生与佛既同者，只用一佛修行，一切众生应一时解脱。今见不尔，同义何在？"师曰："汝不见《华严经》中六相义：同中有异，异中有同；成中有坏，坏中有成；总中有别，别中有总。众生与佛虽同一性，不妨各各自修自得。看他人食，终自不饱。"

又问："古德曰：青青翠竹尽是真如，郁郁黄花无非般若。有人不许，是邪说；亦有人信，言不可思议。不知若为？"师曰：

"此盖是普贤、文殊大人之境界,非诸凡小而能信受。皆与大乘了义经意合,故《华严经》云:'佛身充满于法界,普现一切群生前;随缘赴感靡不周,而恒处此菩提座。'翠竹既不出于法界,岂非法身乎?又《摩诃般若经》曰:'色无边故,般若无边。'黄花既不越于色,岂非般若乎?此深远之言,不省者难为措意。"

又问:"有善知识言,学道人但识本心了,无常来时,抛却壳陋子①一边著,灵台觉性迥然而去,名为解脱。此复若为?"师曰:"此犹未离二乘、外道之量。二乘之人皆厌离有为生死,忻乐无余涅槃。老子亦曰:'吾有大患②,为吾有身。'忻乐冥谛③,而为至道。乃趣冥谛,须陀洹人八万劫,斯陀含人六万劫,阿那含人四万劫,阿罗汉人二万劫,辟支佛十千劫,住于定中。外道亦八万大劫,住非想非非想天。二乘劫满,犹回心向大;外道劫满,不免轮回生死。"

【校注】

①壳陋子:又作"壳漏子"。"壳"字原文异体难认,今校之。此乃唐方言词,实指人身体躯壳,与"灵性"相对。《景德传灯录》卷五作"壳漏子",本书后药山和尚章也作"壳漏子"。

②吾有大患:今本《老子》作"吾所以有大患者"。

③冥谛:此指二乘外道通过修禅定,摆脱有形之身,断灭见思二惑,而入至极之道。据《百论疏》等疏释,要达到这样的境界,二乘外道必须经历几万大劫,方得入至极顶。而据性宗看来,二乘劫满后,还必须回小向大,才能作佛。

又问:"一切人佛性,为复一种?为复有别?"师曰:"不得一种。"进曰:"云何有别?"师曰:"有人佛性全不生灭,有人佛性半生灭半不生灭。"进曰:"谁人佛性全不生灭?谁人佛性半生灭半不生灭耶?"师曰:"我此间佛性全不生灭,彼南方佛性半生灭半不生灭。"进曰:"和尚佛性若为全不生灭?南方佛性若为半生灭半不生灭?"师曰:"我之佛性,身心一如,身外无余,所以全不生灭。南方佛性,身是无常,心性是常,所以半生灭半不生灭。"进曰:"和尚身是色身,岂得便同法身不生灭耶?"师曰:"汝今哪得入邪道乎?"禅客曰:"某甲早晚入于邪道也?"师曰:"《金刚经》曰:'若以色见我,以音声求我,是人行邪道,不能见如来。'汝既作色见我,岂非入邪道乎?"

于是,禅客作礼而叹曰:"和尚此说,事无不尽,理无不周。某甲若不遇和尚,空过一生矣!"

肃宗皇帝问:"一切众生,茫茫业性①,无本可据,日用而不知,此意如何?"师拈起金花叠子,向帝曰:"唤作什么?"帝曰:"金花叠子。"师曰:"灼然②是一切众生日用而不知。"

【校注】

①茫茫业性:茫茫,原文作"忙忙"。《华严经》卷二说:"业性广大无穷尽",因此校为"茫茫"业性,下同。

②灼然:确实;显然。又作"酌然"。《太平广记》卷一五八:"十年不见,灼然不错。"《敦煌变文集》卷四:"东邻美女,实是不如;南国娉人,酌然不及。"

伏牛和尚与马大师送书到师处。师问："马师说何法示人？"对曰："即心即佛。"师曰："是什么语话？"又问："更有什么言说？"对曰："非心非佛。亦曰不是心，不是佛，不是物。"师笑曰："犹较些子。"伏牛却问："未审此间如何？"师曰："三点如流水，曲似刈禾镰。"后有人举似①仰山，仰山云："水中半月现。"又曰："三点长流水，身似鱼龙衣。"

【校注】

①举似：举，原文作"乩"字，古代二字同，而今通用"举"字。下同。意为"说给……（听）"。

肃宗皇帝问："一切众生茫茫业性，无本可据，日用而不知，无由得出离三界。乞师方便弟子与众生，离于生死。"师便索三个铩罗①盛水，著讨蚁子，便抛放水里，蚁子在水中绕转两三匝，困了浮在中心，死活不定。帝礼拜曰："乞师慈悲。"师又索一草抛放水里，其蚁子惊讶，依草便上铩罗外。皇帝豁然便悟。

【校注】

①铩罗：唐五代时家用器物，指盆状洗具，又作"厮罗"。《酉阳杂俎》续集卷三"……言宅而有井，每夜沸涌有声。昼窥之，或见铜厮罗，或见银熨斗者，水腐不可饮"。

代宗皇帝问："师百年后要个什么？"师曰："与老僧造个无

缝塔①。"帝乃胡跪②曰："请师塔样。"师良久，帝罔措。师曰："吾有付法弟子在，耽源却谙此事，问取他去。"国师顺世后，帝乃诏耽源，举此因缘，问："此意如何？"耽源乃作偈曰：

　　湘之南，潭之北，中有黄金充一国。
　　无影树下合同船，琉璃殿上无知识。

【校注】

①无缝塔：凡造塔用木或石叠累而成，故皆有缝；而无缝塔即无缝之塔。世所谓无缝塔，形如鸟卵，故又云卵塔。这里忠国师告诉代宗百年后要个"无缝塔"，当别有深义。缝，原文作"绛"字。参《景德传灯录》卷五校。

②胡跪：即胡人跪坐之法。一般是右膝著地，左膝危坐，表敬相。胡，原文作"蝴"。

师大历十年十二月九日终。代宗谥号大证禅师。净修禅师赞曰：

　　唐朝国师，大播洪猷。
　　曹溪探日①，渭水乘舟。
　　二天请偈，四众抛筹②。
　　法才极赡③，大耳惭著④。

【校注】

①原本"日"字，《诸祖师颂》作"月"。

②原本"筹"字，《诸祖师颂》作"等"。

③原本"赡"字,《诸祖师颂》作"瞻"。
④惭著:《诸祖师颂》作"惭羞"。

崛多三藏

崛多三藏,嗣六祖。师天竺人也。

行至太原①定襄县历村,见秀大师弟子结草为庵,独坐观心。师问:"作什么?"对曰:"看静。"师曰:"看者何人?静者何物?"僧遂起礼拜,问:"此理如何?乞师指示。"师曰:"何不自看?何不自静?"僧无对。师见根性迟回,乃曰:"汝师是谁?"对曰:"秀和尚。"师曰:"汝师只教此法,为当别有意旨?"对曰:"只教某甲看静。"师曰:"西天下劣外道所习之法,此土以为禅宗也!大误人。"

其僧问三藏师是谁,师曰:"六祖。"又曰:"正法难闻,汝何不往彼中?"其僧闻师提训,便去曹溪礼见六祖,具陈上事,六祖曰:"诚如崛多所言,汝何不自②看?何不自静?教谁静汝?"其僧言下大悟也。

【校注】

①太原:原文作"大原",今校正。
②自:原本作"白"。

智策和尚

智策①和尚嗣六祖,在婺州②。师自契曹溪密旨,逍遥物外,不拘小节。未决化缘始终。

【校注】

①智策：《景德传灯录》卷五作"玄策"。策，原文作"筞"。

②婺州：原文作"务州"，今校为"婺州"。婺州乃隋于东阳郡置，以地当天文婺女之星为名。唐宋仍之。即今浙江省金华县。

师游北地，遇见五祖下智皇禅师，一十年修定。①师遂问："在此间作什么？"对曰："入定。"师曰："入定者，为有心入定耶？为无心入定耶？若有心入定者，即一切有情悉皆有心，亦合得定；若无心入定者，一切无情亦合得定。"智皇曰："吾正入定之时，不见有无之心。"师曰："若不见有无之心，即是常定，不应更有出入也。"智皇无对。却问："汝师是谁？"师曰："六祖。"〔又问：〕"汝师以何法为禅定？"师曰："妙湛圆寂，体用如如；五阴本空，六尘非有；不出不入，不定不乱。禅性无住，离住禅寂②；禅性无生，离生禅相。心如虚空，亦无虚空之量。"

皇闻此说，未息疑情。遂振锡南行，直往曹溪，礼见六祖。六祖乃亦如上说，智皇禅师言下大悟。龙神其夜报旧住庵处檀越曰："智皇禅师今夜得道。"

【校注】

①《景德传灯录》卷五有"智隍禅师者，曾谒黄梅五祖，

庵居二十年,自谓正受"。

②寂:原文异体字难识,今参《景德传灯录》卷五曰"禅性无住,离住禅寂;禅性无生,离生禅想",校为"寂"。

本净和尚

司空山本净和尚,嗣六祖。师姓张,绛州人也。

僧问:"奇特事如何?"师曰:"无一念也喜。"僧曰:"岂得无喜耶?"师曰:"喜是阿谁分上事?"

天宝三年,敕令中使杨光庭往司空山采恒春藤①。到于寺中,去禅师院语话次,问禅师曰:"弟子生死事大,一心慕道,愿和尚慈悲救度。"师曰:"大夫自京城来,帝王之地禅伯甚多,彼处问之。某甲老病,一无知解。"中使设礼再请,师曰:"为当求佛,为复问道?若求作佛,即心是佛;若欲问道,无心是道。"中使不会,再请说之。师又曰:"若欲求佛,即心是佛,佛因心得;若悟无心,佛亦无佛。若欲会道,无心是道。"中使曰:"京城大德皆令布施、持戒、忍辱、苦行等求佛,今和尚曰,无漏智性,本自具足,本来清净,不假修行。故知前虚用功耳。"

中使到京城进恒春藤讫,遂口奏禅师,具陈上事。帝乃闻之,敕令中使却往传诏取禅师。天宝三年十二月十七日,到京参讫,帝敕于白莲花亭子②安置。正月十五日,敕令京城内大师大德,与禅师论道。禅师奏曰:"山僧久病,无暇谈论,不假繁辞,以要言之,安敢问对③?"

【校注】

①恒春藤：即常春藤。藤，原文作"藤"。

②白莲花亭子：《景德传灯录》明藏本注曰："白莲亭＝白莲寺"。

③安敢问对：原文作"安问敢对"。

有泰平寺远禅师问曰："对圣人不敢繁词，何者为道？"师曰："道本无名，因心名道。心名若有，道不穷虚。然名心若无，道凭何有？二俱虚妄，总是假名。"问："见有身心，是道已不？"师曰："小僧身心，本来是道。"问："适来曰'无心是道'，今言'身心本来是道'，岂非相违？"师曰："无心是道，心泯道无。心道一如，故曰无心是道。身心本来是道者，道亦本是身心。身心本既是空，道亦穷源不有。"

远公曰："渺①小山僧，还会道理？"师曰："大德只见山僧相，不见无相。见相者是大德所见，故云'凡所有相皆是虚妄'。若见诸相非相，即悟其道；若以相为实者，穷劫不可得也。"问："今见山僧相，不见山僧无相，请为于相中说无相理看。"师曰："净名曰'四大无主，身亦无我'，今即无我，所见与道相应。大德若以四大有主，主即是我，若有我见，恒沙劫中不可会得。"是日②，圣人大悦，朝士忻然。师乃《四大无主》偈曰：

  四大无心复如水，遇曲逢直无彼此。

  净秽两处不生心，壅决何曾有二意？

  境触③但似水无心，在世纵横有何事？

【校注】

①渺：原文作"眇"。《景德传灯录》于此说"观禅师形质甚小，却会此理"。

②是日：原文作"是曰"；曰，当作"日"字。

③境触：疑为"触境"。参《景德传灯录》卷五校。

又，香山僧慧明①问："无心是道，瓦砾无心，亦应是道。"又曰："身心是道，四生六类皆有身心，悉②是道不？若有见闻，请对圣说。"师曰："大德若作见闻觉知之者，非是求道之人，与道殊不相应。经曰：'无眼耳鼻舌身意。'眼耳尚无，见闻觉知凭何说有？穷本不有，何处存心？若会无心，不同草木。"慧③明无对。师遂《见闻觉知》偈曰：

　　见闻觉知无障碍，声香味触觉三昧。
　　如鸟空中只没飞，无取无舍无憎爱。
　　若会应处本无心，方得名为观自在。

【校注】

①慧明：《景德传灯录》卷五作"志明"。

②悉：原文字异体难辨，今校为"悉"。

③慧：原作"惠"字。慧、惠相通。

又，白马寺惠真问："禅师说'无心是道'？"师曰："然。"问曰："道既无心，佛有心耶？佛之与道是一是二？"师曰："不一不二。"问:"佛度众生为有心故,道不度人为无心故。一度一不度,是二是不二?"师曰:"此是大德妄生二见,山僧不然。何者?佛是虚名,道亦妄立;二俱不实,都是假名。一假之中立何二?"又问:"佛之与道,纵是假名,当立名时,是谁为立?若有立者,何得言无?"师曰:"佛之与道,因心而立;推穷心本,心亦是无。二俱虚妄,犹如花翳。即悟本空,强立佛道。"于是,惠真赞曰:"事无不尽,理无不备。此是顿见真门,即心是佛,可与后世众生轨则。"师《无修》偈曰:

> 见道方修道,不见复何修?
>
> 道性如虚空,虚空何处修?
>
> 遍观修道者,拨火觅浮沤。
>
> 但看弄傀儡,线断一时休。

法空禅师问曰:"佛之与道尽是假名妄立,十二部经也应不实。从前尊宿代代相承,皆言修道,总是妄不?"师曰:"然十二部教皆合于道,禅师错会,背道逐教。道本无修,禅师强修;道本无作,禅师强作;道本无事,强生多事;道本无为,于中强为;道本无知,于中强知。如此见解,自是不会,须自思之。"师《背道逐教》偈曰:

> 道体本无修,不修自合道。
>
> 若起修道心,此人未会道。
>
> 弃却一真性,却入闹浩浩。
>
> 忽逢修道人,第一莫问道[①]。

又,福先寺安禅师问:"道是假名,佛亦妄立。十二部教,接人方便。一切总妄,以何为真?"师曰:"为有妄故,将真对妄。推穷妄性,本来空寂。真亦何曾更有实体?故知真妄总是假名。"座下众人悉皆顿悟。又问:"一切是妄,妄亦同真。真妄无殊,复是何物?"师曰:"若言何物,此亦是妄。道无相似,道无比并②,道无譬喻,道无对治。言道者,以言诠理,得理忘言,知语性空,此人悟道。经曰:言语道断,心行处灭。"师《真妄》偈曰:

穷真真无相,穷妄妄无形。
返观推穷心,知心亦假名。
会道既如此,到头也只宁。

【校注】

①原本"问道",《景德传灯录》卷五作"向道"。
②并:原文作"竝",今校为通用的"并"。

有照成寺达性禅师赞叹问:"其理甚妙,真妄双泯,佛道两亡,修行性空,名相不实。如是解时,不可断他众生善恶二根,可是菩提耶?"师曰:"善恶二根,因心而有。穷心若有,根亦不无。推心既空,根因何立?经曰:善不善从心化生。善恶业缘,本无有实;虽则不实,不共心俱。"师《善恶二根不实》偈曰:

善既从心生,恶岂离心有?
善恶是外缘,于心实不有。
舍恶送何处?取善令谁守?
伤嗟二见人,攀缘两头走。
忽悟无生本,始会从前咎。

又，士孙体虚①问："此身从何而来？百年后复归何处？"师曰："如人睡时，忽然作梦，梦从何来？睡觉之时，梦从何去？"进曰："梦时不可言无，忽觉不可言有。虽有往来，往来无所。"师曰："贫道之身，亦如其梦。"体虚顿悟此身实同于梦。师《来往如梦》偈曰：

亦知如在梦，睡里实是闹。

忽觉万事休，还同睡时觉。

智者会悟梦，迷人信梦闹。

会梦无两般，一悟无别悟。

富贵与贫贱，更亦无别道。

【校注】

①士孙体虚：士者，古代对读书人或作官者的称呼。孙体虚者，疑非其实名，乃"身体虚"之谐写也。士孙体虚，《景德传灯录》卷五作"近臣"。体，原文异体字难辨，今校作"体"。

师上元三年五月五日迁化，春秋九十五。①敕谥大晓禅师。

【校注】

①关于本净和尚之殁年，原本与《景德传灯录》稍异，后者仅说"上元二年五月五日迁化"，未言及寿龄。

一宿觉和尚

一宿觉和尚嗣六祖,在温州。师讳玄觉,字道明,俗姓戴氏。温州永嘉人也。内外博①通,食不耕锄,衣不蚕口,平生功业,非人所测。②

【校注】

①博:原文异体字难辨,今校之。

②关于一宿觉和尚之生平及所学,《宋高僧传》卷第八有一段记述:"本住龙兴寺,一门归信,连影精勤,定根确乎不移,疑树忽焉自坏,都捐我相,不污客尘。睹其寺旁别有胜境,遂于岩下自构禅庵,沧海荡其胸,青山拱其背,蓬莱仙客,岁月往还……觉居其间也,丝不以衣,耕不以食。岂伊庄子大布为裳,自有阿难甘露作饭。"这是一幅清净无染、逍遥物外的图景。如果说这里有庄子道家的风采,那么,原本下文所记则讲其"孝",完全是佛门儒者的形象。

曾在温州开元寺,孝顺亲母兼有姊①,侍奉二人。合寺合郭,人谤其僧。其僧不能观得。有一日,郭下见一禅师,号曰神策②,年近六十有余。弟姊两人隔帘见其老宿,姊却向弟曰:"屈老宿归房里吃茶,还得也无?"弟便出来,屈其老宿。老宿不欲得入,见其僧苦切,老宿许之。老宿去房里,女出来相看曰:"小弟容易,乞老宿莫怪。"便对老宿坐,又教弟坐。三人说话次,老宿见其僧气色异于常人,又女人亦有丈夫之气。老宿劝其僧曰:"孝顺之事,自是一路,虽明佛理,未得师印。过去诸佛,圣圣相传,佛佛印可。释迦如来,燃灯授记。若不然者,即堕自然矣。南方有大圣,号曰慧能禅师,可往礼足为师。"僧对曰:"昨老母亲下世,只有姊独自无人看侍,争抛得?"姊却向弟说:"弟莫疑我。某甲独自身,取次③寄住得,但自去!"弟僧从此装裹,却去寺主处具说前事。寺主曰:"师兄若这个善心,某甲身自不能去得,某相共造善因。师兄但去,莫愁其姊,某甲孝顺,但唤来他房里。"其僧一一依他寺主处分,唤姊去寺主房里,安排了便发去。

【校注】

①姊:原文作"姊",今校之,下同。

②神策:《宋高僧传》卷八说:"觉以独学孤陋,三人有师,与东阳策禅师肩随游方询道,谒韶阳能禅师而得旨焉。"《景德传灯录》卷五也说:"……与东阳策禅师同诣曹溪。"此间所提"东阳策禅师"大概即本文"神策"。而"东阳策"即前文所说"婺州策",参前注"婺州"条。

③取次:马马虎虎,唐五代口语词。参同卷前荷泽章校注"取次"条。

其弟僧年当三十一,迤逦往到始兴县曹溪山,恰遇大师上堂。持锡而上,绕禅床三匝①而立。六祖问:"夫沙门者,具三千威仪,八万细行,行行无亏,名曰沙门。大德从何方而来,生大我慢？"对曰："生死事大，无常迅速！"六祖曰："何不体取无生，达本无速乎？"对曰："体本无生，达即无速。"祖曰："子甚得无生之意。"对曰："无生岂有意耶？"祖曰："无意谁能分别？"对曰："分别亦非意。"祖曰："如是，如是。"于是大众千有余人，皆大愕然。

师却去东廊下挂锡。具威仪，便上礼谢，默然击目而出。便去僧堂参众，却上来辞。祖曰："大德从何方来，返太速乎？"对曰："本自非动，岂有速也？"祖曰："谁知非动？"对曰："仁者自生分别。"祖师一跳下来，抚背曰："善哉！善哉！有手执干戈，小留一宿。"②

来朝辞祖师，禅师领众送其僧。其僧行十步，来振锡三下，曰："自从一见曹溪后，了知生死不相干。"

【校注】

①匠：原文作"币"。

②"一宿觉和尚"之名号即源出于此。参《宋高僧传》有"能留一宿"之语，故而把"小留一宿"放进引号内；而此间"有手执干戈"，颇为难解，或者，删去也无妨，如《景德传灯录》写到此时，只说"善哉善哉"，并无此句。类似的话，惠能也说过慧忠，祖曰："你是圣明不动干戈六十年天子。"参前慧忠章。

其僧归来，名号先播于众人耳，直道不可思议人也。收过者无数，供养者不一。从此有歌行偈颂，皆是其姊集也。

师先天二年十月十七日迁化，春秋三十九。①敕谥无相大师，净光之塔。

【校注】

①三十九：《宋高僧传》作"四十九"。

怀让和尚

怀让和尚嗣六祖，在南岳。姓杜氏，金州人也①。初生之时，有六道白气应于上像。仪凤二年四月八日生，感此瑞气，刺史瞻②见，奏闻高宗。帝曰："此气何瑞？"太史曰："国之法宝，非染俗贵，在于安康、金州分野。"时金州太守韩偕具录奏上。帝曰："僧瑞宜加善庆。"敕韩偕亲往存毓，厚赐安慰。是时杜氏名曰光奇，家内有三子。于三子中，其应瑞而生者，年近五岁，炳然殊异，心怀恩让，不与竞③，父母号之名为让。

子至于十载，唯爱佛经。有三藏玄静过舍说法，告光奇曰："此子出家之后，当获上乘，至幽至微，会于佛理。"垂拱四年，年始十五，拜辞父母，往荆州玉泉寺，事弘景律师。经于八年，至通天元年四月十二日，怀让便于当寺受戒。④至久视元年七月十八日，自叹曰："我受戒，今经五夏，广学威仪而严有表，欲思真理而难契焉！"又曰："夫出家者为无为法，天上人间无有胜者。"

【校注】

①唐张正甫撰《衡州般若寺观音大师碑铭并序》曰其"原籍

京兆,其先人迁至安康",由于宴居于南岳观音台,即以观音为号。此碑现存《全唐文》卷六一九。

②瞻:原文作"赡"。

③竟:原文作"竟"。

④原文此句作"经于八年便怀让至通天元年四月十二日于当寺受戒",因垂拱四年(688)至武后万岁通天元年(696),正好是八年,故而校为"经于八年……怀让便于当寺受戒"。

时有坦然禅师睹让嗟叹,乃命云游,博问先知。至嵩山安和尚处,坦然问"西来意"话,坦然便悟,事安和尚。师乃往曹溪,而依六祖。六祖问:"子近离何方?"对曰:"离嵩山,特来礼拜和尚。"祖曰:"什么物与么来?"对曰:"说似一物即不中。"在于左右一十二载。

至景云二年,礼辞祖师。祖师曰:"说似一物即不中,还假修证不?"对曰:"修证即不无,不敢污染。"祖曰:"即这个不污染底,是诸佛之所护念。汝亦如是,吾亦如是,西天二十七祖般若多罗记汝:佛法从汝边去,向后马驹踏杀天下人。汝勿速说此法,病在汝身也。"

马和尚在一处坐,让和尚将砖去面前石上磨。马师问:"作什么?"师曰:"磨砖作镜。"马师曰:"磨砖岂得成镜?"师曰:"磨砖尚不成镜,坐禅岂得成佛也?"马师曰:"如何即是?"师曰:"如人驾车,车若不行,打车即是,打牛即是?"师又曰:"汝为学坐禅,为学坐佛?若学坐禅,禅非坐卧;若学坐佛,佛非定相。于法无住，不可取舍。何为之乎？汝若坐佛，却是杀佛；若执坐相，非解脱理也。"

马师闻师所说，从座而起，礼拜问曰："如何用心，即合禅定无相三昧？"师曰："汝学心地法门，犹如下种；我说法要，譬彼天泽。汝缘合故，当见于道。"又问："和尚见道，当见何道？道非色故，云何能观？"师曰："心地法眼能见于道，无相三昧亦复然乎？"马师曰："可有成坏不？"师曰："若契于道，无始无终，不成不坏，不聚不散，不长不短，不静不乱，不急不缓。若如是解，当名为道。汝受吾教，听吾偈曰：

心地含诸种，遇泽悉皆萌；

三昧花无相，何坏复何成？"

有大德问："如镜铸像，像成后，镜明向什么处去？"师曰："如大德未出家时，相状向什么处去？"进曰："成像后为什么不鉴照？"师曰："虽然不鉴照，谩他一点不得。"

师天宝三年八月十二日殁①。敕谥大慧禅师，最胜轮之塔。

【校注】

①殁：原本作"殓"。岳麓书社1996年出版《祖堂集》点校本作"终"。

卷第四

石头和尚

石头和尚，嗣吉州思和尚，在南岳。师讳希迁，姓陈，端州高要人也。

在孕之时，母绝膻秽。及诞之夕，满室光明。父母怪异，询乎巫祝。巫祝曰："斯吉祥之征也。"风骨端秀，方颐大耳。专静不杂，异乎凡童。

及年甫①龆龀，将诣佛寺。见尊像，母氏令礼，礼已，曰："斯佛也。"师礼讫，瞻望久之，曰："此盖人也。形仪手足与人奚异？苟此是佛，余当作焉。"时道俗咸异斯言。

亲党之内多尚淫祀，率皆宰牺以祈福佑。童子辄往林社，毁其祀具，夺牛而还。岁盈数十，悉巡之于寺。自是亲族益修净业。

时六祖正扬真教，师世业邻接新州，遂往礼觐。六祖一见忻然，再三抚顶，而谓之曰："子当绍吾真法矣！"与之置馔，劝令出家。于是，落发离俗。开元十六年，具戒于罗浮山。略探律部，见得失纷然，乃曰："自性清净，谓之戒体；诸佛无作，何有生也？"自尔不拘小节，不尚文字。

因读肇公《涅槃无名论》云："览万像以成己者②，其唯圣人乎！"乃叹曰："圣人无己，靡所不己；法身无量，谁云自他？圆镜虚鉴于其间，万像体玄而自现。境智真一，孰为去来？至哉！斯语也。"

尝③于山舍假寐如梦，见吾身与六祖同乘一龟，游泳深池之内。觉而详曰："龟，是灵智也；池，性海也。吾与师同乘灵智游于性海久矣。"

【校注】

①甫：原文作"哺"。
②原文应为："会万物以成己者。"
③尝：原文作"尚"。尝，曾经。

六祖迁化时，师问："百年后，某甲依什么人？"六祖曰："寻思去。"六祖迁化后，便去清凉山靖居①行思和尚处。

礼拜侍立，和尚便问："从什么处来？"对曰："从曹溪来。"和尚拈起和痒子②曰："彼中还有这个也无？"对曰："非但彼中，西天亦无。"和尚曰："你应到西天也无？"对曰："若到即有也。"和尚曰："未在，更道。"对曰："和尚也须道取一半，为什么独考专甲③？"和尚曰："不辞向你道，恐已后无人承当。"和尚又问："你到曹溪得个什么物来？"对曰："未到曹溪亦不曾失。"师却问："和尚在曹溪时，还识和尚不？"思曰："你只今识吾不？"对曰："识又争能识得？"又问："和尚自从岭南出后，在此间多少时？"思曰："我亦不知汝早晚离曹溪？"对曰："某甲不从曹溪来。"思曰："我也知你来处。"对曰："和尚幸是大人，莫造次。"

【校注】

①清凉山靖居：《景德传灯录》作"青原山静居寺"。

②和痒子：一种道具，用于搔痒等。

③专甲：与"某甲"同为隐名代词，代指某人，下同。按本书不仅用某甲、专甲代指各种人称名，而且有时还用"某专甲"，如卷十六沩山章说"沩山僧某专甲"；又或者将"某甲"简写为"厶甲"。

思和尚见师异于常人，便安排于西侠。日夕只在和尚身边。其师形貌端正，足人是非，直得到和尚耳里。和尚得消息，向师曰："汝正是。"师便应喏。

第二日，粥鼓鸣了，在西侠里坐，伸手取粥。厨下僧见其钵盂寻来，元来其师取和尚粥。众人知是其人安排。凡夫不识圣人，谤和尚又毁师。合院一齐上来，于和尚前收过。思和尚向师曰："从今已后，第一不得行此事。你若行此事，是你正眼埋却也。"不难师。

受戒后，思和尚问："你已是受戒了也，还听律也无？"对曰："不用听律。"思曰："还念戒也无？"对曰："亦不用念戒。"思曰："你去让和尚处达书得否？"对曰："得。"思曰："速去速来。你若迟晚些①子，不见吾。你若不见吾，不得床下大斧。"

师便去到南岳和尚处，书犹未达，先礼拜问："不慕诸圣，不重己灵时如何？"让和尚曰："子问太高生，向后人成阐提去。"

师对曰："宁可永劫沉沦，终不求诸圣出离。"师机既不投，书亦不达，便归师处。思和尚问："彼中有信不？"师对曰："彼中无信。"思曰："有回报也无？"对曰："信既不通，书亦不达。"师却问："专甲去时和尚有言，教速来床下收取大斧。今已来也，便请大斧。"思和尚良久，师作礼而退。

斯之要旨，岂劣器之能持？乃佛佛径烛心灯，祖祖玄传法印。大师既投针而久亲于丈室，临歧而迥承方外之机，则能事将备，递可行矣。思和尚曰："吾之法门，先圣展转，递相嘱授，莫令断绝。祖师预记于汝，汝当保持，善自好去！"非久之间，思和尚迁化。师著麻，一切了。于天宝初，方届衡岳。遍探岑蛰，遂栖②息于南台。

【校注】

①些：原文作"玅"字。些子，唐五代口语词，少许，一点儿。子，词缀。又如本集卷四药山章，"师曰：此沙弥有些子气息"。

②栖：原文作"顿"字。

寺东有石如台，乃庵其上，时人号石头和尚焉。此台则梁海禅师得道之台也。

师初至南台，师僧去看，转来向让和尚说："昨来到和尚处问佛法，轻忽底后生，来［寺］东石头上坐。"让曰："实也无？"对曰："实也。"让便唤侍者曰："你去东边仔①细看石头上坐底僧，若是昨来底后生，便唤他；若有应，你便道：石上恺憹,堪移此处栽②。"侍者持此偈举似师,师答曰:"任你哭声哀,终不过山来。"侍者却来举似让和尚,和尚云:"这阿师,他后子孙嗫却天下人口去!"又教侍者[去]问法,侍者去彼问:"如何是解脱?"师曰:"阿谁缚汝?""如何是净土?"师曰:"阿谁垢汝?""如何是涅槃?"师曰:"谁将生死与汝?"侍者却来举似和尚,和尚便合掌顶戴。此时有坚固禅师、兰、让三人,为世宗匠。③佥曰:"彼石头上有真师子吼。"师唤主事具陈前事,主事曰:"乞师有事处分。"和尚领众去东边见石头,石头又强为不得,起来迎接,相看一切了。让和尚与石头起院成持也。

【校注】

①仔:原文作"子"。

②栽:原文误作"裁"。憹憹子,即饱满的种子。

③《宋高僧传》卷九说"初岳中有固、瓒、让三禅师,皆曹溪门下,佥谓其徒曰:彼石头真师子吼,必能使汝眼清凉。由是门人归慕焉"。

僧问:"如何是祖师西来意?"师曰:"问取露柱去。"僧曰:"不会。"师曰:"我更不会。"

大颠问:"古人道:'道有道无,二谤。'请师除。"师曰:"正无一物,除个什么?"师索大颠曰:"并却咽喉唇吻,速道将来。"对曰:"无这个。"师曰:"若与么,则你得入门也。"

僧问:"如何是本来事?"师曰:"汝因何从我觅?"进曰:"不从师觅,如何即得?"师曰:"何曾失却那作么?"

药山在一处坐,师问:"你在这里作什么?"对曰:"一物也不为。"师曰:"与么则闲坐也。"对曰:"若闲坐,则为也。"师曰:"你道不为,不为个什么?"对曰:"千圣亦不识。"师以偈赞曰:

从来共住不知名,任运相将作么行?

自古上贤犹不识,造次常流岂可明。

僧拈问漳南:"既是千圣,为什么不识?"答曰:"千圣是什么碗①鸣声?"

【校注】

①碗:原文作"垸"。

师问僧:"从什么处来?"对曰:"从江西来。"师曰:"江西还见马祖不?"对曰:"见。"师乃指一柴橛曰:"马师何似这个?"僧无对。却回举似〔马〕师,请师为决。马师曰:"汝见柴橛大小?"对曰:"勿量大。"马师曰:"汝甚有壮大之力。"僧曰:"何故此说?"马师曰:"汝从南岳负一柴橛来,岂不是有壮大之力?"

师述《参同契》曰:

竺土大仙心,东西密相付。

人根有利钝,道无南北祖。

灵源明皎洁,枝派暗流注。

执事元是迷,契理亦非悟。

门门一切境,回互不回互。

回而更相涉,不尔依位住。
色本殊质像,声源异乐苦。
暗合上中言,明暗清浊句。
四大性自复,如子得其母。
火热风动摇,水湿地坚固。
眼色耳声音,鼻香舌咸①醋。
然于一一法,依根叶分布。
本末须归宗,尊卑用其语。
当明中有暗,勿以明相遇。
当暗中有明,勿以暗相睹。
明暗各相对,譬如前后步。
万物自有功,当言用及处。
事存函盖合,理应箭锋住。
承言须会宗,勿自立规②矩。
触目不见道,运足焉知路。
进步非远近,迷隔山河耳。
谨白参玄人,光阴勿虚度。

【校注】

①咸:原作"醎"字。

②规:原作"规"字。

师与邓隐峰刈草次,见蛇。师过锹子与隐峰,隐峰接锹子了，怕，不敢下手。师却拈锹子截作两段，谓隐峰曰："生死尚未过得，学什么佛法？"师将锹子刈草次，隐峰问："只刈得这个，还刈得那个么？"师便过锹子与隐峰，隐峰接得锹子，向师刈一下。师曰："你只刈得这个？"洞山代曰："还有堆阜么？"

师唐贞元六年庚午岁十二月六日殁。春秋九十一，僧夏六十三。僖宗皇帝谥号无际大师，见相之塔。

耽源和尚

耽源和尚嗣忠国师。先是马大师门人也。师入京为国师侍者，后再见马大师。

于大师前旋行一匝，作圆相，然后于中心礼拜。大师曰："你欲作佛也？"对曰："某甲不解捏目①。"大师曰："吾不如汝。"

【校注】

①捏目：即"捏目生花"之省语，喻为假象所惑，而舍真追妄。

百丈在沩潭①推车次，师问："车在这里，牛在什么处？"百丈以手斫额，师以手拭目。

【校注】

①沩潭：地名，在湖南。

天皇和尚

天皇和尚嗣石头，在荆南。师讳道悟。未睹行状，不决始终之要。

师初问石头："离却智慧①，何法示人？"石头曰："老僧无奴婢，离什么？"进曰："如何得玄旨？"石头曰："你解撮风不？"②师曰："若与么，则不从今日去也。"石头曰："未审汝早晚从那边来？"师曰："专甲不是那边人。"石头曰："我早个知汝来处。"师曰："和尚亦不得脏贿于人。"石头曰："汝身现在。"师曰："虽然如此，毕竟③如何示于后人？"石头云："你道阿谁是后人？"师礼谢，深领玄要。

【校注】

①《景德传灯录》卷十四云："离却定慧。"
②《景德传灯录》此句作："汝还撮得空么？"
③竟：原文作"竞"。

尸梨和尚

尸梨和尚嗣石头。

顺宗皇帝问师："大地普众生，见性成佛道？"师曰："佛性犹如水中月，可见不可取。"大义禅师曰："佛性非见必见，水中月何不攫取？"帝默然之。又问大义："何者是佛性？"大义云：

"不离陛下所问。"皇帝默契玄关①,一言遂合。

【校注】

①默契玄关:原文作"嘿契玄闲"。

丹霞和尚

丹霞和尚嗣石头,师讳天然。少亲儒墨,业洞九经。

初与庞居士同侣入京求选,因在汉南道寄宿次,忽夜梦日光满室。有鉴者云:"此是解空之祥也。"又逢行脚僧,与吃茶次,僧云:"秀才去何处?"对曰:"求选官去。"僧云:"可惜许功夫,何不选佛去?"秀才曰:"佛当何处选?"其僧提起茶碗曰:"会么?"秀才曰:"未测高旨。"僧曰:"若然者,江西马祖今现住世说法,悟道者不可胜记。彼是真选佛之处。"二人宿根猛利,遂返秦游,而造大寂。

礼拜已,马大师曰:"这汉来作什么?"秀才汰上幞头①,马祖便察机,笑而曰:"汝师石头么?"秀才曰:"若与么,则与某甲指示石头。"马祖曰:"从这里去南岳七百里,迁长老在石头,你去那里出家。"秀才当日便发,去到石头参和尚。

【校注】

①汰上幞头:参《景德传灯录》作"以手托幞头额"。

和尚问:"从什么处来?"对曰:"某处来。"石头曰:"来作什么?"秀才如前对①,石头便点头曰:"著槽厂去!"乃执炊②役,经一二载余。

石头大师明晨欲与落发,今夜童行参时,大师曰:"佛殿前一搭草,明晨粥后刈却来。"晨,诸童行,竞持锹锄③,唯有师独持刀水,于大师前跪拜揩洗。大师笑而剃发。师有顶峰突然而起,大师按之曰:"天然矣。"落发既毕,师礼谢度,兼谢名。大师曰:"吾赐汝何名?"师曰:"和尚岂不曰'天然'耶?"石头甚奇之。乃为略说法要,师便掩耳云:"太多也。"和尚云:"汝试作用看。"师遂骑圣僧头。大师云:"这阿师!他后打破泥龛塑像去。"

【校注】

①指如前在马祖处所对,"汰上幞头"。

②炊:原文作"爨"字。爨者,炊也。《孟子·滕文公》曰:"许子以釜甑爨。"

③锄:原文作"镬"字。

师受戒已。而大寂耀摩尼于江西,师乃下岳,再诣彼礼谒大寂。大寂问:"从什么处来?"对曰:"从石头来。"大寂曰:"石头路滑,还踏①倒也无?"对曰:"若踏倒,即不来此也。"大寂甚奇之。

【校注】

①踏:原文作"汰"字,今校为"踏",下同。

师放旷情怀,涛违顺境,乐乎云水,去住逍遥。至洛京,参忠国师。初见侍者,便问:"和尚还在也无?"对曰:"在,只是不看客。"师曰:"太深远生。"侍者曰:"佛眼觑不见。"师曰:"龙生龙子,凤生凤子。"侍者举似国师,国师便打侍者。

师寻上邓州丹霞山,格调孤峻,少有攀者。爰有禅德远来问津,山下遇见师,遂辄申问:"丹霞山在什么处?"师指山曰:"青青黮黮底是。"禅德曰:"莫只这个便是不?"师曰:"真师子儿!一拨便转。"

次于天台,居华①顶峰三载。又礼国一禅师。以元和初,上龙门香山,与伏牛禅师为莫逆侣。后于惠林寺,遇天寒,焚木佛以御次,主人或讥,师曰:"吾茶毗,觅舍利。"主人曰:"木头有何也?"师曰:"若然者,何责我乎?"主人亦向前,眉毛一时堕落。有人问真觉大师:"丹霞烧木佛,上座有何过?"大师云:"上座只见佛。"进曰:"丹霞又如何?"大师云:"丹霞烧木头。"

【校注】

①华:原文作"花"。下同。

师有时到山院寄宿,见老宿共行者同床坐。师放下衣钵便问讯二人,二人都不顾视。直至来朝,遂见行者将一铛饭向堂中心著,共老宿吃,又不唤师。师亦自向前共吃。行者见师向前,便顾视老宿云:"莫言侵早①起。"师向老宿曰:"这个行者,何不教伊?太无礼生!"老宿云:"好个人家男女,有什么罪过?玷②

污他作什么？"师云："适来泊③错放过。"

【校注】

①侵早：疑为"清早"。

②玷：原文作"点"字。

③泊：差不多，几乎。唐五代口语词。又作"泊合"，如本集卷十四马祖章"汾州当时便省……今日若不遇和尚，泊合空过一生"。

师作《孤寂吟》曰：

  时人见余守孤寂，为言一生无所益。
  余则闲吟孤寂章，始知光阴不虚掷。
  不弃光阴须努力，此言虽说人不识。
  识者同为一路行，岂可颠坠缘榛棘？
  榛棘茫茫①何是边？只为终朝尽众喧。
  众喧不觉无涯际，哀哉真实不虚传。
  传之响之只不闻，犹如灯烛合盂盆。
  共知总有光明在，看时未免暗昏昏。
  昏昏不觉一生了，斯类尘沙比不少。
  直似潭中吞钩鱼，何异空中荡罗鸟？
  此患由来实是长，四维上下远茫茫。
  倏忽之间迷病死，尘劳难脱哭怆怆。
  怆怆哀怨②终无益，只为将身居痛室。

到此之时悔不及,云泥未可访孤寂。
孤寂宇宙穷为良,长吟高卧一闲堂。
不虑寒风吹落叶,岂愁桑草遍遭霜?
但看松竹岁寒心,四时不变流清音。
春夏皆为群木映③,秋冬方见郁高林。
故知世相有刚柔,何必将心清浊流?
二时粗糖随缘过,一身遮莫布毛裘。
随风逐浪住东西,岂愁地迮与天低?
时人未解将为错,余则了然自不迷。
不迷须有不迷心,看是浅浅用时深。
此个真珠若采得,岂同樵夫负黄金?
黄金烹炼④转为真,明珠含光未示人。
了即毛端滴巨海,始知大地一微尘。
尘滴存乎未免怨⑤,莫弃这边留⑥那边。
直似长空搜鸟迹,始得玄中又更玄。
举一例诸足可知,何用喃喃⑦说引词?
只见饿夫来取饱,未闻浆逐渴死人⑧。
多人说道道不行,他家未悟诈头明。
三寸利刀开旷路,万株榛棘拥身生。
尘滓茫茫都不知,空将辩口泻玄微。
此物那堪为大用,千生万劫作贫儿。
聊书孤寂事还深,钟期能听伯牙琴⑨。
道者知音指其掌,方贵名为《孤寂吟》。

【校注】

①茫茫:原文作"怔怔"。今校之,下同。

②怨:原文作"恣",下同。

③映:原作"暎"字。

④烹炼:原文作"亨练"。

⑤怨:原作"偲"字。

⑥留:原字异体,校之。

⑦喃喃:原文作"谞谞"。

⑧渴死人:原文作"渴人死"。据文意当为"渴死人"。

⑨伯牙:原文作"白牙",今校为"伯牙"。伯牙乃春秋时善鼓琴者,与钟子期友善。伯牙鼓琴,子期听之。志在泰山,则曰巍巍;志在流水,则曰汤汤。世因此传有"高山流水遇知音"之佳话。子期死,伯牙绝弦,痛世无知音者。正所谓"千古知音难觅"。

师又有《玩珠吟》:

> 识得衣中宝,无明醉自惺。
> 百骸俱溃散,一物镇长灵。
> 知境浑非体,寻珠不见形①。
> 悟即三身佛,迷②疑万卷经。
> 在心心岂测?居③耳耳难听。
> 罔像④先天地,渊玄⑤出杳冥。

本刚非锻炼,元净莫澄停。

盘泊逾⑥朝日,玲珑映⑦晓星。

瑞光流不灭,真澄浊还清⑧。

鉴照崆峒寂,劳笼⑨法界明。

锉⑩凡功不灭,超圣果非盈。

龙女心亲献,蛇王⑪口自倾。

护鹅人却活,黄雀意犹轻。

解语非关舌,能言不是身。

绝边弥瀚漫,三际⑫等空平。

演教非为教,闻名不认名。

两边俱不立,中道不须行。

见月休看指,归家罢问程。

识心岂测佛⑬,何佛更堪成?

【校注】

①原文此句,《景德传灯录》卷三十作"神珠不定形"。

②迷:《景德传灯录》卷三十作"逃",误。"迷"较适切。

③居:《景德传灯录》卷三十作"历"。

④罔:原文作"冈",参《景德传灯录》校。

⑤渊玄:《景德传灯录》作"玄泉"。渊,原文作"渕"。

⑥逾:《景德传灯录》作"轮"。

⑦映:原文作"暎"字,参《景德传灯录》校。

⑧《景德传灯录》此句作"真气触还生"。

⑨劳笼：疑为"牢笼",《景德传灯录》卷三十作"罗笼"。

⑩锉：原文作"剉"字，参《景德传灯录》校。

⑪蛇王：原文作"虵王"。《景德传灯录》作"阇王"。

⑫三际：《景德传灯录》作"无际"。

⑬《景德传灯录》此句作"识心心则佛"。

又颂曰：

> 丹霞有一宝，藏之岁月久。
> 从来人不识，余自独防守。
> 山河无隔碍，光明处处透。
> 体寂常湛然，莹彻无尘垢。
> 世间采取人，颠狂逐路走。
> 余则为渠说，抚掌笑破口。
> 忽遇解空人，放旷在林薮。
> 相逢不擎出，举意便知有。

师又有《骊龙珠吟》：

> 骊龙珠，骊龙珠，光明灿烂与人殊；
> 十方世界无求处，纵然求得亦非珠。
> 珠本有，不升沉，时人不识外追寻；
> 行尽天涯自疲极，不如体取自家心。
> 莫求觅，损功夫，转求转觅转元无；

恰如渴鹿趁阳焰，又似狂人在道途。
须自体，了分明，了得不用更磨莹；
深知不是人间得，非论六类及生灵。
虚用意，损精神，不如闲处绝纤尘；
停心息意珠常在，莫向途中别问人。
自迷失，珠元在，此个骊龙终不改；
虽然埋在五阴山，自是时人生懈怠。
不识珠，每抛掷，却向骊龙前作客；
不知身是主人公，弃却骊龙别处觅。
认取宝，自家珍，此珠元是本来人；
拈得玩弄无穷尽，始觉骊龙本不贫。
若能晓了骊珠后，只这骊珠在我身。

师有《弄珠吟》①：

般若神珠妙难测，法性海中亲认得。
隐现时游五蕴山，内外光明大神力。
此珠无状非大小，昼夜圆明悉能照。
用时无处复无踪，行住相随常了了。
先圣相传相指授，信此珠人世希有。
智者号明不离珠，迷人将珠不识走。
吾师权指喻摩尼，采人无数入春池。
争拈瓦砾将为宝，智者安然而得之。
言下非近亦非远，体用如如转无转。
万机珠对寸心中，一切时中巧方便。

黄帝②曾游于赤水,视听争求都不遂。

罔象无心却得珠,能见能闻是虚伪。

非自心,非因缘,妙中之妙玄中玄。

森罗万像光中现,寻之不见有根源。

烧六贼,烁四魔,能摧我山竭爱河。

龙女灵山亲献佛,贫儿衣里枉蹉跎③。

亦非性,亦非心④,非性非心超古今。

体绝名言名不得⑤,权时题作《弄珠吟》。

【校注】

①《景德传灯录》卷三十有"丹霞和尚《玩珠吟》二首,此篇《弄珠吟》置于"其一",对勘二本《弄珠吟》发现,不仅个别字有差别,而且句序也不尽一致。

②黄帝:原文作"皇帝",此参《景德传灯录》校为"黄帝"。"黄帝游于赤水",典故出自《庄子·天地》,"黄帝游乎赤水之北,登乎昆仑之丘,而南望还归,遗其玄珠"。

③蹉跎:原文作"蹉跎"。

④原本此句,《景德传灯录》作"亦名性,亦名心"。

⑤原文此句,《景德传灯录》作"全体明时明不得"。

师与麻谷①游山,到涧边语话次,麻谷问:"如何是大涅槃?"师回头云:"急。"谷曰:"急个什么?"师云:"涧水。"

【校注】

①麻谷：原文作"麻浴"。麻谷和尚，本书卷十五有其传。《景德传灯录》卷七也作"麻谷"。

师初开堂时，有人问："作么生语话，即得不堕门风？"师曰："一任语话，即不堕门风。"僧云："便请和尚语话。"师曰："青山绿水不相似。"

师勘僧曰："什么处来？"对曰："山下来。"师曰："吃饭也未？"对曰："吃饭了也。"师曰："将饭与阇梨吃底人，还有眼也无？"僧无对。有人举似沩山，沩山云："有"。进曰："眼在什么处？"沩山曰："眼在顶上。"有人持此语举似洞山，洞山云："若不是沩山，争解与么道？"僧问："作么生是在顶上底眼？"洞山云："不昧向上。"招庆拈问保福："将饭与人吃，感恩则有分，为什么却成不具眼去？"保福云："施者受者，二俱瞎汉。"庆云："忽有人尽其机来，还成瞎汉不？"保福云："和尚还为人么？"庆云："教某甲共阿谁商量？"保福寻后曰："道某甲瞎汉得么？"

师又有《如意颂》曰：

真如如意宝，如意宝真如。

森罗及万像，一法更无余。

海澄孤月照，天地洞然虚。

寂寂空形影，明明一道如。

师以长庆三年癸卯岁六月二十三日，告门人，令备汤，沐讫，云："吾将行矣。"乃戴笠子，策杖，入履，垂一足，未至地而逝。春秋八十六。敕谥智通大师,妙觉之塔。刘轲撰碑文。

招提和尚

招提和尚嗣石头。师讳惠朗,姓欧阳。韶州曲江人也①。年十三,于邓林寺模禅师处出家。十七游衡岳,二十受戒。

乃往虔州龚公山,谒大寂。大寂云:"你来何求?"对曰:"求佛知见。"大寂曰:"佛无知见,知见乃魔界耳。你从南岳来,似未见石头曹溪心要耳。汝应却归石头。"

师遂依言而返造石头,果应大寂之言,契缘悟达。不出招提三十余年,因号"招提朗"矣。

至元和十五年庚子岁正月二十二日迁化,春秋八十三,僧夏六十四矣。

【校注】

①《景德传灯录》卷十四有"潭州招提寺慧朗禅师","始兴曲江人也"。始兴郡乃三国吴置,南朝宋改为广兴,齐复旧,唐则以州为名曰韶州,治所即曲江。

药山和尚

药山和尚嗣石头,在朗州。师讳惟俨,姓韩。①绛州人也。后徙南康。年十七,事潮州西山慧照禅师。②大历八年,受戒于衡岳寺希澡律师③。师一朝言曰:"大丈夫当离法自净,焉能屑屑事细行于布巾耶?"即谒石头大师,密领玄旨。④

【校注】

①《宋高僧传》卷十七作"朗州药山","俗姓寒"。《景德传灯录》卷十四作"澧州药山","姓韩氏"。按,澧州乃隋置,治澧阳县,药山则在澧阳之东。

②据《宋高僧传》说,"年十七,从南康事湖阳西山惠照禅师"。这种说法与原本所记出入颇大,原本是说,药山和尚原籍绛州,后迁入南康,十七岁时事潮州西山慧照禅师。疑"从南康"为"徙南康"之误,"湖阳"则为"潮阳(即潮州)"之误。

③原本模糊。参《宋高僧传》校为"希澡律师",《景德传灯录》则作"希操律师"。

④据《全唐文》卷五三六载唐伸撰《澧州药山故惟俨大师》所记,药山"居寂之室垂二十年",不提石头。

师于贞元初,居澧阳芍①药山,因号"药山和尚"焉。师初住时,就村公乞牛栏为僧堂。住未得多时,近有二十来人。忽然有一僧来请他为院主,渐渐近有四五十人。所在迫狭②,就后山上起小屋,请和尚去上头安下。和尚上头又转转师僧王。其院主僧再三请和尚为人说法。和尚一二度不许,第三度方始得许。院主便欢喜,先报大众,大众喜不自胜,打钟上来。

僧众才集,和尚关却门,便归丈室。院主在外责曰:"和尚适来许某甲为人[说法],如今因什么却不为人?赚③某甲?"师曰:"经师自有经师在,论师自有论师在,律师自有律师在。院主怪贫道什么处?"从此后,从容得数日。

后升座,便有人问:"未审和尚承嗣什么人?"师曰:"古佛殿里拾得一行字。"进曰:"一行字道什么?"师曰:"渠不似我,我不似渠,所以肯这个字。"

【校注】

①芍:原文作"芗"。

②狭:原文作"侠"。

③赚:欺骗。《全唐诗》卷八七二"从此见山须合眼,被山相赚已多时"。

李翱相公来见和尚。和尚看经次,殊不睬①顾。相公不肯礼拜,乃发轻言:"见面不如千里闻名。"师召相公,相公应喏。师曰:"何得贵耳而贱目乎?"相公便礼拜。起来,申问:"如何是道?"师指天又指地曰:"云在青天水在瓶。"相公礼拜。后以偈答曰:

练得身形似鹤形,千株松下两函经。

我来问道无余说,云在青天水在瓶。②

【校注】

①睬:原文作"采"。

②此偈原文第一、三句版字极为模糊,参《景德传灯录》补校。

师因一夜登上山顶,忽见明月,而大笑一声。澧阳东来去药山九十里许居民,其夜同闻笑声,尽曰是东家声来。明晨展转寻问,迭相东推,直至药山,徒众曰:"夜闻和尚山顶笑声。"①李相公赞曰:

　　选得幽居惬野情,终年无送亦无迎。
　　有时直上孤峰顶,月下披云笑一声。

【校注】

①"药山山顶大笑",原文此段多数字无法辨认,现参《宋高僧传》和《景德传灯录》两书综而校之,个别字稍有改动。

相公则问:"如何是戒定慧?"师曰:"贫道这里无这个闲家具。"问:"己事未明,乞和尚指示。"师沉吟良久,曰:"吾今为汝道一句亦不难,只宜汝于言下便见去①。"

【校注】

①此句原文不清,依稀辨得。并参《景德传灯录》卷十四相应章节。

师因问沙弥,道吾曰:"用沙弥童行作什么?"师曰:"为有这个。"吾曰:"何不弃却?"师曰:"有来多少时?"

师因石头垂语曰:"言语动用勿交涉。"师曰:"无言语动用亦勿交涉。"石头曰："这里针扎不入。"师曰："这里如石上栽花。"有人拈问漳南："古人'石上栽花'意作么生?"漳南曰："伏汝大胆①。"却问："还会么?"对曰："不会。"云："癫②人吃猪肉。"

【校注】
①胆：原文作"赡"。
②癫：原文作"瘌"。

师问僧："近离什么处?"对曰："近离百丈。"师曰："海师兄①一日十二时中为师僧说什么法?"对曰："或曰三句外省去；或曰六句外会取；或曰未得玄鉴者，且依了义教，犹有相亲分。"师曰："三千里外且喜得'勿交涉'。"

【校注】
①本书虽未提药山与马祖之法缘，但药山曾在南康，而南康为马祖化地之一，故而他们必有些交往。这里药山称百丈怀海为"海师兄"，说明药山曾在马祖门下求学，而与百丈为昆仲。

师带刀行次，道吾问："背后底是什么?"师拔刀便蓦口斫。
师夜不点火，僧立次，师乃曰："我有一句子，待特牛生儿，即为汝说。"僧曰："特①牛生儿了也。只是和尚不说。"师便索火。火来，僧便抽身入众。后云岩②举似洞山，洞山曰："此僧却见道理，只是不肯礼拜。"僧拈问长庆："既是见，为什么不肯礼拜?"庆曰："只为无礼。"白莲拈问僧："既见道理，为什么不肯礼?"无对。白莲代曰："更不欲得出头。"

【校注】

①特：原文作"持"。
②岩：原文作"嵒"。

师又时唤沙弥，云岩曰："唤他作什么?"师曰："我有折脚铛子，要伊提上提下。"岩曰："若与么，则某甲与和尚一人出一手。"

师又时问僧："汝诸方行脚来，觅取难得底物来不?"僧对："不中。"师曰："堪作什么用?"师代曰："不缘闺阁①所滞，觅来久矣。"

【校注】

①阁：原文作"阁"。

师问云岩："作什么?"对曰："担水。"①师曰："那个呢②?"对曰："在。"师曰："你来去为阿谁?"对曰："替渠东西。"师曰："何不教伊并头行?"对曰："和尚莫谩他。"师曰："不合与么道。"师代曰："还曾担担么?"

【校注】

①担水：《景德传灯录》作"担屎"。

②呢：原文作"尼"。"尼"在唐五代语言中用作疑问语气词。另有"聻"、"你"也相当于"呢"，出现在本集其他卷章中。

师有时曰："我有一句子未曾向人说。"道吾曰："相随来也。"

师问僧："汝从什么处来？"对曰："南泉来。"师曰："在彼中多少时？"对曰："经冬过夏。"师曰："与么则作一头水牯牛去。"对曰："虽在彼中，不曾上他食堂。"师曰："不可口吃东西风也。"对曰："莫错，和尚，自有人把匙箸在。"

云岩问："一句子如何言说？"师问："非言说。"道吾曰："早说了也。"

云岩因乞百丈斋，师问："阴界不吃，乞与阿谁？"对曰："有一人要。"

因于迪相公问紫玉："佛法至理如何？"玉召相公名，相公应诺。玉曰："更莫别求。"师闻举曰："搏杀这个汉。"僧便问："师如何？"师代曰："是什么？"

院主报和尚："打钟也，请和尚上堂。"师曰："汝与我擎钵盂来。"院主不会。

云岩曰："和尚无手脚来多少时？"师曰："汝只是柱被①袈裟。"岩曰："某甲只与么，和尚如何？"师曰："我无这个眷属。"

【校注】

①柱被：柱，原文作"狂"。被，通"披"。

师问园头:"作什么来?"对曰:"栽菜来。"师曰:"栽则不障你,莫教根生。"园头曰:"既不教根生,大众吃什么?"师曰:"你还有口么?"

师书一佛字,问道吾:"是什么字?"吾曰:"是佛字。"师曰:"咄!这多口阿师。"千佛代:叉手,退后立。又代药山第二机曰:"错。"

有僧在药山三年作饭头,师问:"汝在此间多少时?"对曰:"三年。"师曰:"我总①不识汝。"其僧不会,恨而发去。

【校注】
①总:原文作"愡"字。

问:"学人有疑,请师决。"师曰:"且待上堂时来。"师晚际上堂,曰:"今日有僧决疑,在什么处?出来!"其僧才出来,师便托出,却入方①丈。

【校注】
①方:原文作"房"。方丈,取自《维摩诘所说经》维摩诘之丈室。

师行次,云岩避边侧立,待师到,云:"后底,后底。"师便蓦口掴。

问:"如何得不被诸境惑?"师曰:"听他,何碍你?"僧曰:

"学人不会，此意如何？"师曰："何境惑你？"

问："如何是道中指宝？"师曰："莫谄①曲。"进曰："不谄曲时如何？"师曰："倾国不换。"

【校注】

①谄：原文作"谘"。

道吾和尚四十六方始出家，俗姓王，钟陵建昌县人也。云岩和尚是道吾亲弟也。云岩先出家，在百丈造侍者。道吾在屋里报探官。一日行得五百里，恰到百丈庄头，讨吃饭。当时侍者亦下庄头，庄主唤侍者对客，侍者来相看一切后，便问："将军是什么处人？"曰："钟陵建昌人也。""贵姓什么？"对曰："姓王。"侍者便认得家兄，便把手啼哭云："娘在无？"对曰："忆师兄①，哭太煞，失却一只眼，下世去。"侍者得消息，当日便上百丈。

侍者领兄参和尚一切后，侍者便咨白和尚："这个是某甲兄，欲投师出家，还得也无？"百丈曰："投某出家则不得。"侍者曰："作么生即是？"百丈曰："投师伯②处出家。"侍者领去师伯处，具陈前事，师伯便许，兄便投出家。后侍者领师弟入京，受戒了，却转来，近百丈。

【校注】

①侍者既是道吾亲弟，乱世之中久别重逢，道吾不唤"吾弟"，却唤"师兄"，尊称乎？乃按禅林辈分伦理，先者为兄。在俗，道吾为兄，侍者为弟；在僧，侍者先出家，为师

兄，道吾为师弟。

②师伯：指药山。百丈乃马祖著名弟子，药山则嗣承石头，然药山称百丈为"海师兄"，百丈教其侍者称药山为"师伯"，想必二师较为亲近。值得注意，同卷丹霞章、招提章记马祖教参石头，此章又记百丈教道吾参药山，后文说云岩在百丈作侍者20年，终也来参药山，隐约透露出诸师由洪州系改宗石头系的消息。

两人坐地歇息次，道吾起来礼拜曰："某甲有一段事欲问，多时未得其便，今日有幸启问师兄，还得也无？"岩曰："有什么事？"吾便问："离却这个壳漏子后，与师兄什么处得相见？"岩曰："不生不灭处相见。"吾曰："莫道草里无人，自有鉴人。"岩曰："是你幞头痕子尚犹在，作么有这个身心？"①吾曰："启师兄：莫下这个言词，佛法不在僧俗。"岩便问："与么理长则就，师弟作么生？"吾曰："非不生不灭处，亦不求相见。"云岩后曰："灼然是你眼目得与么细，若也到山中，递相度脱。"便归百丈。

【校注】

①原文此句作"作么是你幞头痕子尚犹在有这个身心"，言其刚脱去幞头而出家，就有这等见地。

过得一年后，道吾辞百丈，便到药山。药山问："一句子如何言说？"吾曰："有一人总不曾言说。"师曰："大藏小藏从何来？"吾曰："傍出。"师甚奇之。因此学禅得滋味，后只观望师兄来。

有一日造书，书上说："石头是真金铺，江西是杂货铺。师兄在彼中堕根作什么？千万千万，速来速来。"云岩得这个信后，只管忧愁。有一日在和尚身边侍立，直到三更，和尚曰："且歇。"岩不去，和尚曰："你有什么事，颜容瘦恶？恰似肚里有事，有事但说。"云岩云："无事。"和尚曰："莫是得智阇梨①信不？"岩云："不敢。"百丈索道吾信，岩便取呈似和尚，和尚见了，云："灼然是生我者父母，成我者朋友。你不用在我这里，便速去。"岩曰："不敢去。"百丈曰："我有书，兼有信物，欲得送药山尊者。你持书速去。"

云岩奉师处分，持书到药山。道吾相接，引去和尚处。达书一切了后，药山问："海师兄寻常说什么法？"对曰："三句外省去，亦曰六句外会取。"师曰："三千里外且喜得勿交涉。"又问："更有什么言句？"对曰："有时说法了，大众下堂次，师召大众，大众回首，师曰：'是什么？'"药山曰："何不早道？海兄犹在，因你识得矣。"师问云岩："目前生死如何？"对曰："目前无生死。"师曰："二十年在百丈，俗气也未除。"岩却问："某甲则如此，和尚如何？"师曰："瘬瘬②拳拳，羸羸垂垂，百丑千拙，且与么过时。"从此共师弟递相成持。

【校注】

①智阇梨：指道吾。道吾，其实是山名；道吾之法名乃圆智。《宋高僧传》和《景德传灯录》都有潭州道吾山圆智禅师传。

②瘬瘬：《五灯会元》作"痿痿"。

云岩后有一日辞药山，药山问："去什么处？"对曰："欲去沩山师兄处。"师曰："为什么事？"对曰："某甲与沩山在百丈时有一愿。"师曰："愿道什么？"对曰："某等两人曾在百丈时，沩山和尚造典座，某甲造侍者，不离左右，佐副和尚。在后违于本愿，欲得说破这个事。"师便许，岩便下山。

道吾提衣钵，送到桥亭，后却转来，不审和尚。和尚云："送师兄去来？"对曰："送了也。"道吾却问："师兄离师左右，还得也无？"师曰："智阇梨何必有此问？多少年压膝道伴，何事不造作？何事不商量？不用更问。"道吾云："无和尚一言，堪为后来是标榜①。乞和尚一言。"师曰："若也如此，我则与汝道：眼则有也，只欠淘②汝。"道吾闻此语，当夜便发。明朝到山下村院，得见师兄，说药山语了，相共转来药山。直到终，不离左右。

真觉大师举问玄晤大师："眼门放光，照破山河，山河大地不碍眼光。此人过在什么处，只欠淘汰？"玄晤大师曰："除却两人，降此已下，任你大悟去，也须淘汰。"进曰："此是什么人？"对曰："西天是一人，唐土是一人。"进曰："西天一人是什么人？"对曰："维摩居士。""唐土是什么人？"云："双林傅大士。"进曰："此两人被什么时节因缘，即不淘汰？"对曰："刬剗则过于老兄。"若依《祖堂》举者，此是龙华举也。③

【校注】

①榜：原文作"牓"字。

②淘：原文作"涛"字，今校，下同。

③其中"华"字,原作"花"。此是说,如果依《祖堂》撰者的话,此间举问的人应是龙华灵照真觉。因号为真觉大师的还有玄觉、雪峰、省僜等好几位禅师,容易混淆,故而特此说明。

云岩不安,时道吾问:"离却这个壳漏子,向什么处再得相见?"岩曰:"不生不灭处相见。"吾曰:"何不道'非不生不灭处,亦不求相见'?"

师问云岩:"马有角,你还见也无?"对曰:"有。要见作什么?"师曰:"与么则好马也。"对曰:"若是好马则将出去。"

师有一日看经次,白颜①问:"和尚休得看经,不用摊人得也?"师卷却经,问白颜曰:"热②何似?"对曰:"正当午时。"师曰:"犹有纹彩在。"对曰:"无亦无。"师曰:"你大煞③聪明。"却问师:"某甲如此,和尚如何?"师曰:"挛瘕拳拳,羸羸垂垂,百丑千拙,且与么过时。"

【校注】

①白颜:《景德传灯录》卷十四作"百颜",《五灯会元》卷五作"百岩"。

②热:原文模糊不清,依稀辨得。一作"势"。参《五灯会元》卷五"百岩明哲禅师"章:"药山看经次,师曰:和尚休猱人好!山置经曰:日头早晚也?师曰:正当午。山曰:犹有彩在。师曰:某甲无亦无。……"

③大煞:唐时口语词,表极、非常、太等等。煞,又作"杀"。如前文有"哭太煞",后文有"可杀湿",杀、煞都是

甚辞,作程度副词。

茗溪和尚对师说话去后,师问云岩曰:"茗溪向上曾为节察来。"岩却问:"和尚向上曾为什么?"师曰:"挛瘛拳拳,羸羸垂垂,百丑千拙,且与么过时。"

岩礼拜出去,向道吾拈起因缘,吾曰:"好话只欠一问。"岩云:"作么生问?"道吾云:"何故如此?"岩才得个问头,便去和尚处,续前问:"何故如此?"师曰:"书卷不曾展。"后有人举似石霜,石霜曰:"不曾展他书卷。"

又时侍者请和尚吃药食,师曰:"不吃。"进曰:"为什么不吃?"师曰:"消他不得。"进曰:"什么人消得?"师曰:"不犯优婆夷①者。"进曰:"和尚为什么消他不得?"师拈起绵卷子曰:"争奈②这个何?"

【校注】

①优婆夷:指在家女居士。

②奈:原文作"祭"。争奈,本集下文又作"争那"。争,相当于现代汉语之"怎",疑问词,唐人只用"争"字。

云岩请师浴,师曰:"我不浴。"进曰:"为什么不浴?"师曰:"无垢。"进曰:"无垢却须浴。"师曰:"这苍生,无垢浴什么?"岩曰:"争那如许多孔窍何?"

师勘东国僧,问:"汝年多少?"对曰:"七十八。"师曰:"可年七十八么?"对曰:"是也。"师便打之。后有人拈问曹山:

"作么生只对,免得药山打之?"曹山曰:"正衔天子敕,诸侯避路傍。"进曰:"只如上座过在什么处,即被打之?"曹山曰:"前锵托犹浅,后箭射人深。"

问:"学人拟欲归乡去时如何?"师曰:"有人遍身烘烂,卧荆棘之中,阇梨作么生归?"对曰:"与么则某甲不归去也。"师曰:"无。却须归乡去。你若归乡去,我与你休粮方。"进曰:"请和尚休粮方。"师曰:"二时把钵盂上堂,莫咬破一粒米。"曜日颂:

遍身烘烂更何人?卧棘森森一智真。

为报你来须体妙,时中不拟宛①然新。

【校注】

①宛:原文作"宛"。

石室高沙弥往京城受戒,恰到朗州经过次,近药山下,路上忽见一个老人。沙弥问老人万福,老人曰:"法公万福。"沙弥问:"前程如何?"老人曰:"法公何用忙?这里有肉身菩萨出世,兼是罗汉僧造院主,何妨上山礼拜?"

沙弥才得个消息,便到药山,换衣服,直上法堂,礼拜和尚。师曰:"从什么处来?"对曰:"从南泉来。"师曰:"什么处去?"对曰:"江陵受戒去。"师曰:"受戒图什么?"对曰:"图免生死。"大师曰:"有一人不受戒而远生死,阿你①还知也无?"对曰:"既若如此,佛在世制二百五十条戒,又奚为?"师曰:"咄!这饶舌沙弥,犹挂着唇齿在。"师便教伊参众去。

【校注】

①阿你：即"你"，唐时口语方言词，"阿"为前缀。又如本集卷一六南泉章："阿你诸人，莫错用心。"

其沙弥去库头相看主事次，道吾来，不审和尚。和尚向道吾曰："你见适来跛脚沙弥么？"对曰："见。"师曰："此沙弥有些子气息。"吾曰："村里男女有什么气息？未得草草，更须勘①过始得。"

【校注】

①勘：凡于一机一境，师家试学者之深浅，或者学者探师家之邪正，都可称之为"勘"。这里药山勘沙弥，当系前者。

师教侍者唤其沙弥，沙弥便上来，师曰："闻说长安甚大闹，汝还知也无？"对曰："不知，我国甚安清。"师曰："汝从看经得？从人请益得？"对曰："不从看经得，亦不从人请益得。"师曰："大有人不看经，亦不从人请益，为什么不得？"对曰："不道他无，自是不肯承当。"师向道吾曰："不信道，老僧不虚发言。"便下床，抚背云："真师子儿！"

沙弥又辞，师问："汝向什么处去？"对曰："住庵去。"师曰："生死事大，汝何不受戒？"对曰："彼此知是一般事，唤什么作受戒？"师曰："若与么，在我身边，时复要见。"因此，在药山去半里地，卓庵过一生，呼为石室高沙弥也。

僧问："身命切急处如何？"师曰："莫种杂粮。"进曰："将何供养?"师曰:"无口者。"

师垂语曰:"是你诸人,欲知保任,向高高山顶立,向深深海底行。此处行不异,方有小许些子相应之分。"有人拈问顺德:"古人有言:向高高山顶立,向深深海底行。如何是高高山顶立?"德云:"只处峭峭。""如何是深深海底行?"德云:"深湛履践。"

师看经次,僧问:"和尚寻常不许人①看经,为什么却自看经?"师曰:"我要遮眼。"进曰:"学人学和尚看经,得不?"师曰:"汝若学我看经,牛皮也须穿过。"长庆拈问僧:"古人遮眼,眼有何过?"对者非一,不称师旨。自代曰:"一瞥又作么生?"

【校注】

①原本空格,无"人"字,据《景德传灯录》加。

师大和八年甲寅岁十一月六日,告众曰:"法堂倒也!法堂倒也!"众人不测,遂把物撑之。师拍手大笑曰:"汝不会我意。"师遂告寂。春秋八十四,僧夏六十五。敕弘道大师,化城之塔。

卷第五

大颠和尚

大颠和尚嗣石头，在潮州。

元和十三年戊戌岁迎真身①，元和皇帝于安远门躬自焚香，迎候顶礼。皇帝及百僚②俱见五色光现，皆云是佛光。百僚拜贺圣感，唯有侍郎韩愈③一人独言不是佛光，不肯拜贺圣德。帝问："既不是佛光，此当何光④？"侍郎当时失对，被贬潮州。

【校注】

①迎真身：事指元和十三年十二月，唐宪宗遣中使迎凤翔法门寺佛指骨。韩愈有《谏迎佛骨论》，触怒圣上，因此被贬潮州。

②僚：原文作"寮"。

③愈：原文作"庚"。

④此当何光：原文作"当此何光？"

侍郎便到潮州。问左右："此间有何道德高行禅流？"左右对曰："有大颠和尚。"侍郎令使往彼三请，皆不赴。后和尚方闻佛光故，乃自来，侍郎不许相见。令人问："三请不赴，如今为什么不屈自来？"师云："三请不赴，不为侍郎；不屈自来，只为佛光。"

侍郎闻已喜悦，则申前旨："弟子其时云不是佛光，当道理不？"师答曰："然。"侍郎云："既不是佛光，当是①何光？"师曰："当是天龙八部释梵助化之光。"侍郎云："其时京城若有一人似于师者，弟子今日终不来此。"

侍朗又问曰："未审佛还有光也无？"师曰："有。"进曰："如何是佛光？"师唤云："侍郎。"侍郎应喏。师曰："还看见么②？"侍郎曰："弟子到这里却不会。"师云："这里若会得，是真佛光。故佛道一道，非青黄赤白色，透过须弥卢围③，遍照山河大地；非眼见，非耳闻，故五目不睹其容，二听不闻其响。若识得这个佛光，一切圣凡虚幻，无能惑也。"师欲归山，留一偈曰：

辞君莫怪归山早，为忆松萝对月宫；
台殿不将金锁闭，来日自有白云封。

【校注】

①是：原文作"时"。

②原文此句作"看还见么？"

③须弥卢围：即须弥。传说须弥有九山八海，其外围是铁围山，其中心即须弥山。《大唐西域记》卷一曰："苏迷卢山，唐言妙高山，旧曰须弥，又曰须弥娄，皆讹略也。四宝合成，在大海中。"原文"围"字，不甚清晰，据此说校。

自后侍郎到山复礼，乃问："弟子军州事多，佛法中省要处，乞师指示。"师良久，侍郎罔措。登时三平造侍者，在背后敲禅床，师乃回视云："作么？"对曰："先以定动，然后智拔。"侍郎向三平云："和尚格①调高峻，弟子罔措。今②于侍者边却有入处。"礼谢三平，却归州。

后一日上山礼师，师睡次，见来不起，便问："游山来？为老僧礼拜来？"侍郎曰："游山来。"师曰："还将得游山杖来不？"对曰："不将得来。"师曰："若不将来，空来何益？"

【校注】

①格：原文作"挌"。
②今：原文作"令"。

又一日，师曰："老僧往年见石头，石头问：'阿那个是汝心？'对曰：'即只对和尚言语者是。'石头便喝之。经旬日，却问：'和尚前日岂不是，除此之外何者是心？'石头云：'除却扬眉动目，一切之事外，直将心来。'对曰：'无心可将来。'石头曰：'先来有心，何得言无心？有心无心，尽同谩我。'于此时言下大悟此境，却问：'既令某甲除却扬眉动目一切之事外，和尚亦须除之。'石头云：'我除竟。'对曰：'将示和尚了也。'石头云：'汝既将示，我心如何？'对曰：'不异和尚。'石头曰：'不关汝事。'对曰：'本无物。'石头曰：'汝亦无物。'对曰：'无物则真物。'石头云：'真物不可得。汝心见量意旨如此，也须护持。'"

僧问:"其中人相见时如何?"师曰:"早不其中。"进曰:"其中者如何?"师曰:"渠不作这个问。"

长髭和尚

长髭和尚嗣石头,在潭州攸①县。未睹行录,不决化缘终始。

【校注】

①攸:原文作"伙"。《景德传灯录》卷十四有"潭州攸县长髭旷禅师"。

师初礼石头,密领玄旨。次往曹溪礼塔,却回石头。石头问:"从何处来?"对曰:"从岭南来。"石头云:"大庾岭头一铺,功德还成就也无?"对曰:"诸事已备,只欠点眼在。"石头曰:"莫要点眼不?"对曰:"便请点眼。"石头跷①起脚示之,师便连礼十数拜不止。石头云:"这汉见什么道理,但知礼拜?"师又不止。石头进前把②住云:"你见何道理,但知礼拜?"师曰:"如炉③上一点雪。"石头云:"如是,如是。"

【校注】

①跷:原文作"跻"字。
②把:原文作"扼"字。
③原文"炉"下原有"炉",疑是衍字。今删去。

师得十岁儿子①，养得八年。有一日，儿子启和尚曰："某甲欲得受戒去，还得也无？"师云："受戒图什么？"儿子曰："某甲祖公在南岳，欲得去那里礼觐，只是未受戒，不敢去。"师曰："受戒须二十始得，且住。"师忽然觉察，唤来，许伊受戒。

小师明朝辞和尚，和尚云："子归来，须到石头处来。"小师应喏，便去南岳般若寺，后却去石头参。石头云："从什么处[来]？"对云："从长髭来。"石头曰："今夜在此宿还得么？"对云："一切取和尚处分。"小师第二日早朝来不审，师便领新戒入山②。路边有一个树子，石头云："汝与我斫却，这个树碍我路。"对曰："某甲不将刀子来。"石头曰："我这里有刀子。"曰："便请。"石头便抽刀，把柄过与刀子。曰："何不过那头来？"石头③曰："用那头作什么？"新戒便大悟。

【校注】

①儿子：参本集卷三慧忠章校注"儿子"条。
②此指石头领刚受戒的小师入山。
③石头：原文作"师"。

石头教新戒归受业处，新戒便辞石头，却归师处。师问："教你到石头，你还到也无？"对曰："到则到，不通号①。"师问曰："依什么人受戒？"对曰："不依他。"师曰："你在彼中即如此，我这里作么生？"对曰："要且不违背。"师曰："太与么多知生！"对曰："舌头不曾染著在。"师便咄："这多口新戒，出去！"此是石室和尚也。②

【校注】

①号：原文作"栲"。参《景德传灯录》卷十四校。

②这新戒便是后文之"石室善道和尚"。

龙潭和尚

龙潭和尚嗣天皇，在澧（朗）州。师讳崇信。未详姓氏。

在俗之时，世业作饼师，住在天皇巷阳。其天皇和尚住寺内，独居小院，多闭禅房，静坐而已。四海禅流无由凑泊，唯有饼师每至食时，躬持糊饼十枚①以饷斋餐②，如是不替数年。天皇每食已，常留一饼与之，云"吾惠③汝以荫子孙"。日日如斯，以为常准。

师因于一日，忽自讶之，乃问："此饼是某甲持来，何乃返惠某甲？"天皇云："是你持来，复汝何咎？"师闻此语，似少惊觉，乃问曰："弟子浮生扰扰，毕竟如何？"天皇云："在家牢狱逼迮，出家逍遥宽广。"师便投天皇出家。天皇云："汝昔崇福善，今信吾语，宜名崇信。"受具戒已，执炊④数年。

【校注】

①枚：原文作"牧"。

②餐：原文作"飡"。

③惠：原文作"慧"。

④炊：原文作"爨"。

忽于一日,问天皇曰:"某甲身厕僧伦,已果宿志。未蒙和尚指示个心要,伏乞指示。"天皇曰:"你自到吾身边来,未尝不指你心要。"师问:"何处是和尚指某甲心要处?"天皇曰:"汝擎茶,吾为汝吃;汝持食,吾为汝受;汝和南,吾为汝低首,何处不是示汝心要?"师低头沉吟顷刻,天皇云:"见即直下便见,拟思则便差。"师闻已,顿悟指要。便问:"毕竟如何保任,则得始终无患?"皇曰:"任性逍遥,随缘放旷。不要安禅习定,性本无拘。不要塞耳藏睛,灵光迥耀。如愚若讷,行不惊时,但尽凡心,别无圣解。汝能尔者,当何患乎?"

师既领宗要,触目朗然。犹如远客还家,顿息他游之意;亦如贫收宝藏,故无不足求。自荆渚至澧阳龙潭栖止,行不惊俗,世莫能疑。未尝辄炫①机锋,玄流无由扣击。所居兰若,临小溪潭,时属沅②阳郡,民多于是处祈求雨泽,故号龙潭和尚焉。

【校注】

①炫:原文作"衒"。

②沅:原文作"元"。沅阳郡,即唐置沅州。沅州乃因沅江而得名,流经常德县南,入洞庭湖。因此,校"元"为"沅"。

有僧问:"髻中珠,谁人得?"师曰:"不赏玩者得。"僧曰:"安著何处?"师曰:"待有所在,即说似汝。"

尼僧问:"如何得为僧去?"师曰:"汝作尼来多少时?"尼

曰:"还有为僧时也无?"师曰:"你即今是什么?"尼曰:"现是女身,何得不识?"师曰:"谁识汝?"

翠微和尚

翠微和尚嗣丹霞,在西京。师讳无学。

僖宗皇帝诏入内,大敷玄教,帝情大悦,赐紫①,法号广照大师。自余未睹行录,不决化缘终始。

【校注】
①赐紫:"紫"本为唐时三品官服之颜色,后俗以紫为贵。唐时僧人之赐紫并赐法号,据《事物纪原》说:"则天朝僧法朗译经言法,赐紫袈裟。僧赐紫始此。"

师因供养罗汉次,僧问:"今日设罗汉斋①,罗汉还来也无?"师云:"是你每日噇②什么?"

【校注】
①原本"罗汉"下无"斋"字,据《景德传灯录》校补。
②噇:方言,唐时骂人语。《碧岩录》十一则曰:"黄檗示众曰:汝等诸人尽是噇酒糟汉。"噇酒糟汉,即为食人糟粕之钝汉。

云岩和尚

云岩和尚嗣药山,在潭州澧陵县。师讳昙晟,姓王,钟陵建昌县人也。其生自然胎裳右袒,仿若缁服。出家于石门。

初参百丈,入室十数年间。次参药山,药山问:"汝师百丈于徒奚示?"师对曰:"师今示何物?"药山云:"因汝识得百丈矣。"师禀承药山,后止攸县,大弘法化。

师有时谓众曰:"有个人家儿子,问著无有道不得底。"洞山问:"他屋里有多少典籍?"师曰:"一字也无。"进曰:"争得与么多知生?"师曰:"日夜不曾睡。"洞山云:"问著则无有道不得底,问一段事还道得不?"师曰:"道得却不道得。"

师问僧:"从什么处来?"对曰:"石头上语话来。"师曰:"石头还点头也无?"对曰:"师未问时却点头。"

师因看经次,洞山云:"就师乞眼精①。"师曰:"汝底与阿谁去也?"洞山云:"某甲无。"师曰:"有,汝向什么处著?"洞山无对。师曰:"乞眼精底是眼不?"洞山云:"非眼。"师曰:"咄!出去。"

【校注】

①眼精:《景德传灯录》作"眼睛"。

道吾问:"初祖未到此土时,还有祖师意不?"师曰:"有。"吾云:"既有,更用来作什么?"师曰:"只为有,所以来。"

师因行粽子，洞山受了，又展手云："更有一人在。"师云："那个人还吃不？"洞山云："行即吃。"

洞山辞时，师问："何处去？"洞山云："虽辞和尚，未卜所止。"师曰："莫是湖南去不？"对曰："无。"师曰："莫是归乡去不？"对曰："也无。"师举高声云："早晚却来？"对曰："待和尚有住处即来。"师曰："自此一别后，应难得相见。"对曰："难得不相见。"

洞山到沩山，沩山即大圆，当时郢匠①，集徒千众，振化三湘。乃见洞山来，顾而异焉。他日，沩山密离宴室，独步林泉，洞山乃疾追，蹑迹其后，至于佛地之西，有作务之所，洞山遂进前礼拜，而言曰："某甲窃闻国师有无情说法之示，曾闻其语，常究其微，每欲励心，愿尽于此。"沩山忻然顾曰："子于何获此语耶？"洞山具述始终而举，举了，沩山乃曰："此间亦有小许，但缘罕遇其人，非我所吝②也。"洞山云："便请。"沩山云："父母缘生口，终不敢道。"洞山不礼拜，便问："还有与师同时慕道者不？"沩山云："此去澧陵县侧，石室相邻，有云岩道人。若能拨草瞻风③，必为子之所重也。"

洞山便［去］问［云岩］："无情说法，什么人得闻？"师曰："无情说法，无情得闻。"进曰："和尚还闻得不？"师云："我若闻，汝则不得见我。"进曰："与么则某甲不得闻和尚说法去也。"师云："吾说法尚自不闻，岂况于无情说法乎？"因此，洞山息疑情，乃作偈曰：

可笑奇，可笑奇，无情说法不思议；
若将耳听声不现，眼处闻声方得知。

【校注】

①郢匠：源于《庄子·徐无鬼》，"郢人垩漫其鼻端，若蝇翼，使匠石斫之；匠石运斤成风，听而斫之，尽垩而鼻不伤，郢人立而失容"。"郢匠"之成词汇，如皇甫冉诗："郢匠抡材日，辕轮必尽呈。"

②吝：原文异体字难识，今校为"吝"。

③拨草瞻风：又作拨草参玄，即拨无明之荒草，瞻望佛祖之玄风。

师问尼众曰："汝阿爷还在也无？"对曰："在。"师曰："年多少？"对曰："年八十。"师曰："有个爷，年非八十，汝还知也无？"对曰："莫是与么来底，是不？"师曰："这个犹是儿子。"洞山云："直饶不来也是儿子。"

问："一念瞥起便落魔界时如何？"师曰："汝因什么从佛界来？"却云："还会么？"对曰："不会。"师曰："莫道不会，设使会得，也只是左之右之。"

师与道吾、船子三人受山下人请斋，一人云："斋去日晚。"一人云："近那，动步便到。"师云："有一人不动步便到，作么生？"寻后洞山闻举云："此语最著力，如人①入镬汤炉②炭，不被烧煮始得。这里得永劫不失，余处得暂时间。切嘱第一莫向舌头上取办，记他了事言语有什么用处？这个功课从无人边得，不由聪明强记。莫向闲处置功，一步不回，冥然累劫。所以，云岩云：'向这个相貌中失却人身最苦，无苦于此苦。'"

【校注】

①人：原文作"入"。

②炉：原文作"垆"。

师问僧："何去来?"对云："添香去来。"师曰："还见佛不?"对曰："见。"师曰："什么处见?"对曰："下界见。"师曰："古佛，古佛。"

师煎茶次，道吾问："作什么?"师曰："煎茶。"吾曰："与阿谁吃?"师曰："有一人要。"道吾云："何不教伊自煎?"师云："幸有专甲在。"

药山问："承汝解弄师子，弄得几出?"师曰："弄得六出。"药山云："我亦弄得。"师问："和尚弄得几出?"药山云："我弄得一出。"师曰："一即六，六即一。"沩山问师："承闻长老在药山解弄师子，是不?"师曰："是也。"沩山云："为复常[①]弄，还有置时也无?"师曰："要弄即弄，要置即置。"沩山曰："置时师子在什么处?"师曰："置也，置也。"

【校注】

①常：原文作"长"，疑为别字。

师窥一老宿房，老宿云："只这个是，窥作什么?"师云："大有人不肯与么道。"

师问道吾："老兄家风作么生?"吾曰："教汝指点著，堪作什么?"师云:"无这个来多少时?"吾云:"牙根犹带生涩在。"

问:"如何是正修行路?"师云:"修是墙①堑,不修是里头人。"

【校注】

①墙:原文异体字,今校为"墙"。

师问众:"世间什么物最苦?"云:"地狱是最苦。"师云:"地狱未是苦。今时作这个相貌中失却人身最苦,无苦过于此苦。"

师与洞山锄姜次,师说先德事,洞山云:"这个人如今在什么处?"师良久,云:"作么?作么?"洞山云:"太迟也!"

有僧出来两三则语,举似师,师复审之云①:"我适来只闻汝声,不见汝身。出来,我要见汝。"其僧竖起五指,师云:"若杀人,洎错放过者个汉。"洞山问:"此僧竖起五指,意如何?"师曰:"现五分法身,如今在阿那个分?"

【校注】

①师复审之云:原文作"师复审云之"。

师临迁化①时,洞山问:"和尚百年后,有人还邈②得师真也无?向他作么生道?"师云:"但向他道,只这个汉是。"洞山沉吟③底,师云:"此一著子④,莽卤⑤吞不过,千生万劫休。阇梨瞥起,草深一丈,况乃有言?"师见洞山沉吟底,欲得说破衷⑥

情，洞山云："启师：不用说破，但不失人身。"为此事相著。⑦

师迁化后，过大相斋，共师伯欲往沩山。直到潭州，过大溪次，师伯先过，洞山离这岸，来到彼岸时，临水睹影，大省前事，颜色变异，呵呵底笑。师伯问："师侄⑧有什么事？"洞山曰："启师伯：得个先师从容之力。"师伯云："若与么，须得有语。"洞山便造偈曰：

切忌随他觅，迢迢与我疏⑨。
我今独自往，处处得逢渠。
渠今正是我，我今不是渠。
应须与么会，方得契如如。

后有人问洞山："云岩道'只这个汉是'，意旨如何？"洞山云："某甲当初洎错承当。"报慈拈问："累害在什么处？"又续前问："如今作么生？"又问洞山："云岩道'只这个汉是'，还知有事也无？"洞山云："先师若不知有，又争解与么道？"良久，又曰："若知有事，争肯与么道？"保福拈问长庆："既知有事，为什么不肯与么道？"庆曰："引问甚当。"保福曰："昔日云岩又奚为？"庆云："养子方知父慈。"

【校注】

①迁化：迁者，迁移；化者，化灭，通谓人之死。原为儒典语，如《前汉书·外戚传》有"忽迁化而不反兮，魄放逸以飞扬"。据《释氏要览》："释氏死谓涅槃、圆寂、归真、归寂、灭度、迁化、顺世，皆一义也。从便称之，盖异俗也。"此外，还有诸如"百年"、"还债"、"离却壳漏子"等多种说

法，都表示僧人之死。

②邈：原文作"逖"字。邈，即"描"，又同"貌"，皆指绘画意。而"真"，则指肖像。故此间说"邈得师真"未尝不可。而《景德传灯录》卷十五洞山章则作"貌得师真"，似亦可。

③沉吟：原文作"吃沉"，参《景德传灯录》校改。

④此一著子：原文作"此著一子"。"一著子"，唐方言俗语。如原本卷十三招庆章："师云：更有一著子，作么生？"

⑤卤：原文作"菡"。莽卤，作"轻易"、"马虎"。寒山诗："男儿大丈夫，作事莫莽卤；劲挺铁石头，直取菩提路。"

⑥衷：原文异体字，今校为"衷"。

⑦云岩之禅以为"失却人身最苦，无苦过于此苦"。而洞山感荷师恩最大者，也即此"不说破"、"不失人身"。在佛教看来，所谓"身"即"体"，"体"即"性"。这也就是说，失却人身就是失却人性，而失却人性之苦比地狱还苦。云岩这种禅观念虽给洞山很深印象，可当时洞山只是"沉吟"不解，"为此事相著"，直至后来"临水睹影"，才大省前事。所以本文句读，用引号把"不失人身"和"为此事相著"断开。

⑧侄：原文作"弟"。既是"师伯"问，当用"师侄"，而不用"师弟"。

⑨疏：原文作"踈"字。

师比色碗①里贮甘橘。洞山来不审，立地，师曰："那边还有这个么?"洞山曰:"有也,过于这个无用处。"师曰:"有也,未曾与阇梨,说什么有用无用?"洞山当时无对。隔三日,道:"恐怕和尚与专甲。"师肯之。

【校注】

①碗:原文作"垸"。

师问黄檗侍者:"汝和尚还说法不?"对曰:"也说。"师云:"汝还听也无?"对曰:"也听。"师云:"说时即听,不说时还听也无?"对曰:"听。"师曰:"说时即从汝听,不说时听什么?"对曰:"不可无这个人也!"师曰:"默底是?说底是?"对曰:"默底是。"师曰:"洎错放过这个汉。"

师示众云:"从门入者非宝,直饶说得石头点头,亦不干自己事。"又云:"拟心即差,况乃有言?恐有所示转远。"

僧问石头:"如何是祖师意?"石头曰:"老僧面前一踏①草,三十年来不曾锄。"有人举似师,师云:"牛不吃栏边草。"

【校注】

①踏:疑为"查",量词。

南泉云:"智不到处不得说著,说著则头角生也。"有人举问师:"古人与么道,意作么生?"师曰:"兄弟也莫说,说著这个事,损著说底人。"有人举问洞山:"云岩与么道作么生?"洞山云:"在途也。"有人举问云居:"洞山与么道,意作么生?"居云:"说似也。"有人举问疎①山:"云居与么道,意作么生?"疎山云:"一棒打杀龙蛇。"

【校注】

①疎:原文作"踈",参《景德传灯录》校,下同。

师扫地次,叫寺主,[寺主]问:"师何得自驱驱①?"师曰:"有一人不驱驱。"寺主曰:"何处有第二月?"师竖起扫帚,云:"这个是第几月?"寺主无对。玄沙代云:"此犹是第二月。"

【校注】

①驱:原文作"駈"。驱驱,辛苦忙碌貌。同"駈駈",如《敦煌变文集》卷四:"更见老人腰背曲,駈駈犹自为妻儿。"

洞山问:"无量劫来,余业未尽时如何?"师云:"汝只今还作不?"对曰:"更有胜妙亦不作。"师云:"汝还欢喜不?"对云:"欢喜即不敢,如粪扫堆上拾得一颗明珠。"

师问僧:"承汝解人是不?"对曰:"是。"师云:"试①卜老僧看。"无对。洞山代云:"请和尚生月。"

【校注】

①试:原文作"诚"。

师自会昌辛酉年忽示疾,至十月二十七日迁化。敕谥无住大师,净胜之塔。

华亭和尚

华亭和尚嗣药山,在苏州。讳德诚,未详姓。莫测始终。

师与云岩、道吾三人,并契药山秘旨。药山去世后,三人同议,持少①多种粮、家具,拟隐于澧源深邃②绝人烟处,避世养道过生。三人议毕,即候晨去。三人之中,华亭处长,道吾居末。至中夜,道吾具三衣,白二师兄曰:"向来所议,于我三人,甚适本志,然莫埋没石头宗枝也无?"华亭曰:"因什么得埋没?"道吾云:"两个师兄与某甲三人,隐于深邃绝人烟处,避世养道过生,岂不是埋没?"师云:"师弟元来有这个身心,若然者,不用入山,各自分去。然虽如此,有事嘱于师弟,专甲从分襟③之后去苏州华亭县,讨小船子,水面上游戏于中。若有灵利者,教他来专甲处。"道吾云:"依师兄尊旨。"从此,三人各自分去。

【校注】

①少:通"稍"字。

②邃:原文作"遂"字。

③分襟:即"分袂",离别、分别。杜牧《赠别》诗:"莫怪分襟衔泪语,十年耕钓忆沧州。"又本集卷七雪峰章:"某甲从此分襟之后,讨得一个小船子,共钓鱼汉子一处坐,过却一生。"

道吾出世数年,并不见灵利者。有一日,新到参,道吾问:"从什么处来?"对曰:"天门山来。"吾云:"什么人住持?"对曰:"某与么和尚①。"道吾云:"有什么佛法因缘?"其僧举两三则因缘,道吾便欢喜,处分安排。夜间,唤院主云:"某甲欲得去天门山,辄不得出这个消息。"

当夜便发,行便到天门山,绕三门前。和尚望见道吾,便走下来,引接道吾上法堂。一切了后,便问:"和尚有什么事到这里?"道吾曰:"特为长老来。见说来日开堂,还是么?"对云:"开什么堂?无与么事。"道吾曰:"莫与么道。不用待来日,今夜速开堂。"

主人推不得,便升座,破题两三则言语。有人问:"如何是真佛?"师②曰:"真佛无相。"问:"如何是法眼?"师曰:"法眼无瑕。"道吾闻此对答,掩耳。京口下堂,遂屈道吾。吾来房,京口问:"某甲对答过在什么处,掩耳出去?"道吾曰:"观师精彩,甚是其器,奈缘不遇其人。某甲师兄在苏州华亭县,乘小船子江里游戏。长老才去那里便有来由,这里若有灵利者,领二人著座主衣服去。"

【校注】

①某与么和尚:么,原文作"摩"。这里是介绍有"这么一个和尚"做天门山住持,并非说"某与摩和尚"两个人作住持。按"么"字,唐五代文献多作"摩",至宋时,则写作"么"。

②师：指下文"京口"和尚。京口和尚，得道后住夹山，人称"夹山善会"。

主人当夜便发，直到江边立。师才望见二个座主，便问："座主从哪个寺里住？"对曰："寺即不住，住即不寺。"师云："为什么故不住？"对曰："目前无寺。"①师曰："什么处学得来？"对曰："非耳目之所到。"师曰："一句合头意②，万劫系驴橛。"便打数下。师虽打他，见根性灵利，又云："适来只对底阿师莫怪，下船。"天门便下船，便问："每日直钩钓鱼，此意如何？"云："垂丝千丈，意在深潭。浮定有无，离句③三寸。子何不问？"天门拟欲问咨和尚，师以船篙④蓦便撞。天门却出，云："语带玄而无路，舌头谈而不谈。"师曰："每日直钩钓鱼，今日钓得一个。"师自有语云："竿头丝线从君弄，不犯清波意自殊。"师问天门："座主还去得也无？"对曰："去。"师曰："去即一任去，还见其事也无？"对曰："见。"师曰："作么生见？"对曰："见草。"师再嘱曰："子以后藏身处没迹，没迹处藏身。不住两处，实是吾教。"有人拈问华严⑤："如何是藏身处没迹？"华严曰："夹山亲受华亭嘱。""如何是没迹处藏身？"严云："今朝忽睹个呆郎。"因此，颂曰：

  藏身没迹师亲嘱，没迹藏身自可知。
  昔日时时逢剑客，今朝往往遇痴儿。

【校注】

①"目前无寺"一段，据《景德传灯录》卷十四："师问

曰：坐（座）主住甚寺？会曰：寺即不住，住即不似。师曰：不似，似个什么？会曰：目前无相似。"把"寺"改为"似"，似多了一层文字障；有时，一字之差，往往谬以千里。

②一句合头意：意，《景德传灯录》卷十四则作"语"。通常作"一句合头语"，即一句会得根本宗旨的话语。与"万劫系驴橛"连用，则表示，倘若为这话语或言句或意念所束缚，滞着于此，则万劫不得自由。

③句：《景德传灯录》作"勾（钩）"。按情景当用"钩"，但用"句"之意义较为明显，故存之。

④篙：原本作"槁"，参《景德传灯录》校。

⑤华严：原本作"花严"。花，通"华"。《宋高僧传》卷十一有《唐京兆华严寺智藏传》，姓黄氏，嗣马祖，建中元年入长安，敕住华严寺。

择禅师因道吾指夹山寻师，颂曰：
　　京口谈玄已有名，吾山特地涉途程。
　　虽云法眼无瑕翳，争奈其人掩耳听。
　　参学须参真心匠，合头虚诈不劳聆。
　　此来更欲寻师去，决至应当暂改形。
　　道友当年深契会，老僧今日苦叮咛。
　　特报水云知识道，半秋孤月落花亭。
又，夹山顿遇以华亭，颂曰：
　　一泛轻舟数十年，随风逐浪任因缘。

只道子期能辨律,谁知座主将参禅?
目前无寺成椿橛,句下相投事不然。
遥指碧潭垂钓叟,被师呵退顿忘筌。

椑树和尚

椑①树和尚嗣药山。未睹实录,不决化缘终始。

【校注】

①椑:原本不清,参《景德传灯录》卷十四校。据后者,椑树和尚在宣州,讳慧省。

因道吾卧次,师问:"作什么?"吾云:"盖覆。"师云:"卧底是,不卧底是?"吾云:"不在两处。"师云:"争那盖覆何?"道吾乃拂袖而出。福先拈问僧:"盖覆意作么生?"僧无对。自代:良久。

师问道吾①:"作什么来?"吾曰:"亲近来。"师曰:"你道亲近来,更用动两片皮②作什么?"吾云:"岂无借?"师曰:"不曾为人借什么。"石霜云:"此是他人口。"

【校注】

①据《景德传灯录》,这里的对话者是"洞山"而非"道吾"。

②两片皮:原本无"片"字,参《景德传灯录》卷十四

校补,此指人口之上下嘴皮。禅宗诸师讲顿悟,以言传说教为多余,故常蔑称嘴为两片皮。

师扫地次,赵州问:"般若以何为体?"师曰:"只与么去。"赵州第二日见师扫地,依前与么问,师曰:"借这个问阇梨,还得也无?"赵州曰:"便请。"师便问,赵州拍掌而去。

道吾和尚

道吾和尚嗣药山,在浏阳县①。师讳圆智,姓王,钟陵建昌人也。②

【校注】

①浏阳:原本误作"刘阳"。三国吴置,故城在潭州(长沙)东,属今湖南,因县南有浏阳河故名。浏阳有道吾山,道吾和尚住此,取山名。

②道吾之名讳、籍贯,诸本禅籍记载多所不同。关于名讳,《宋高僧传》和《景德传灯录》都称"潭州道吾山圆智",与原本同,然《五灯会元》作"宗智"。关于姓氏和籍贯,各本都说"俗姓张,豫章海昏(峰)人",惟独原本称"姓王,钟陵建昌人",与云岩和尚既为俗家亲兄弟,又为出家师兄弟。其二人是否真为亲兄弟,无从考证,姑且不论,观其禅法则关系密切,其徒众你缠我绕,尤其道吾下出石霜,云岩下出洞山,对后世影响颇大。

依涅槃和尚指示,而参药山①。药山示众云:"法身具四大,阿谁道得?若有人道得,与汝一腰裩②。"师曰:"性地非风,风非性地,是名风大。地水火大,亦复如是。"药山肯之,不违前言,赠一腰裩。③

【校注】
①此间说本师依百丈涅礴和尚指示而参药山,与卷四药山章说百丈海教参药山相矛盾。
②腰裩:腰,原文作"胥"。裩,古时称裤子。
③参《景德传灯录》卷十四记这段公案,则是南泉与道吾对答并赠腰裩。

石霜问:"百年后忽有人问极则事,作么生向他道?"师唤沙弥,沙弥应喏,师云:"添净瓶水著。"师却问石霜:"适来问什么?"石霜再举,师便起去。

师下山到五峰,五峰问:"识彼中老宿不?"师云:"不识。"峰云:"何故不识?"师曰:"不识'不识'。"

僧问:"如何是和尚家风?"师便下禅床,作拜相,云:"谢子远来。"都无只对。问:"万里无云犹是傍来日,如何是本来日?"师曰:"今日好晒麦①。"

【校注】
①麦:原文异体字,今校作"麦"。

因沩山问云岩:"菩提以何为座?"岩曰:"无座为座①。"云岩却问沩山,沩山云:"以诸法空为座。"沩山却问师,师曰:"坐也听伊坐,卧也听伊卧;有一人不坐不卧,速道将来。"

【校注】

①无座为座:《景德传灯录》作"以无为为坐"。

师将出笠子,云岩问:"用这个作什么?"师云:"有用处。"岩云:"黑风猛雨来时作么生?"师云:"盖覆著。"岩云:"他还受盖覆也无?"师云:"虽然如此,要且无漏。"

问:"如何是今时著力处?"师曰:"千人唤不回头,方有小分相应。"僧云:"忽然火起时作么生?"师曰:"能烧大地。"

因椑树向火次,师问:"作什么?"椑树曰:"和合①。"师曰:"与么则当头脱去也。"树云:"隔缺②来多少时也?"师便拂袖而出。

【校注】

①和合:《景德传灯录》卷十四作"和南"。和合,指诸法之和合,和合理与事,如鸟之飞空,忽至树枝住而不去,法亦如是。和南,《僧史略上》曰:"若西域相见则合掌,曰和南。"

②隔缺:离别,久别。缺,原文作"阙"。

师问云岩:"千手千眼如何?"岩云:"如无灯夜,把著枕子。"云:"汝还知不?"师云:"我会也,我会也。"岩却问:"作么生会?"师云:"通身是眼。"神山云:"浑身是眼。"

师有时示众云:"出世不出世,尽是出世边说。"僧曰:"有一人不肯。"师云:"真饶①不肯,亦是傍出。"

【校注】

①真饶:《景德传灯录》作"直饶"。相当于现代汉语之"纵然"、"即使"。又如《敦煌变文集》卷五《维摩诘经讲经文》:"如或信心不起,似无手足一般,直饶得到宝山,空手并无所获。"

师辞沩山,沩山唤云:"智头陀。"师云:"其中事作么生?"沩山云:"智头陀,智头陀。"师云:"也大丑拙。"

师见新到参,便打鼓,归方丈。其僧又打鼓,归僧堂。主事来和尚处,责①云:"和尚打鼓本分,新到因什么无端打鼓?"师曰:"如法批排茶饭②,明日我与你勘。"到明日,批排茶饭屈吃次,师指教童子指僧,童子便来其僧身边立。其僧便摩童子头,云:"和尚唤。"师便归丈室。主事又向和尚曰:"比来昨日无端打鼓,要伊勘啧③,为什么却打他童子头?"师曰:"我与你勘啧了也。"

【校注】

①原本"啧"字,有校本校作"责",今从之。然而下文

之"勘喷",并无责备义,只不过一试学人深浅。"喷",通"赜",有"深"义。如《易·系辞》有"探喷索隐",《说文·系传》云"《太玄经》探赜索隐之赜作喷"。

②饭,原文作"饣"。批排,安排、准备。又作"排批",如《敦煌变文集》卷一:"排批舟船,横军渡水。"

③勘喷:勘,原文作"堪"。

因高僧①冲雨上堂,药山笑曰:"汝来也。"高僧曰:"是哩。"②药山云:"可杀湿。"高僧云:"不打与么鼓笛。"云岩云:"皮也无,打什么鼓?"师云:"骨③也无,打什么皮?"药山曰:"大好曲调。"

【校注】

①高僧:即住庵药山之高沙弥。据《景德传灯录》卷十四记载说:"师住庵后,雨里来相看药山……"

②是哩:原文作"犀里",参《景德传灯录》校改。

③骨:《景德传灯录》作"鼓"字。

师大和九年乙卯①之岁九月十一日,有人问:"伏审和尚四体违和,可杀②疼痛,还减损有无?"师曰:"者与么地不疼痛作什么?所以古人道:愿得今身偿,不入恶道受。"师又曰:"还知道不偿不受者么?"对曰:"与么则波不离水,水不离波去也。"师便蓦而唾,良久之间,问大众:"如今是什么时?"对云:"未时。"师曰:"与么则打钟。"打钟三下,便告寂。春秋六十七。

临行时谓众云:"吾虽西逝,理无东移。"后焚得灵骨一节,特异清莹,其色如金,其声如铜,乃塔于石霜。敕谥修一大师,宝相之塔。净修禅师赞曰:

> 长沙道吾,多不聚徒。
> 出世不出,树倒藤枯。
> 寒岩古桧,碧汉金马。
> 垂机险峭,石霜是乎?

【校注】

①乙卯:原文作"乙亥",按大和九年(835)当为"乙卯岁"。

②可杀:极,甚。唐口语方言词。参本集卷四药山章校注"太煞"条同"太杀",又如《景德传灯录》卷十七钦山章:"师曰:是即是,打我太杀。"

三平和尚

三平和尚嗣大颠,在漳州。师讳义忠,福州福唐县人也,姓杨。自入大颠之室,而获深契。值武宗澄汰,隐避三平山。后虽值宣宗再扬佛日,而彼海隅①竟绝玄侣。后至西院大沩兴世,众中好事者十数人,往彼请而方转玄关②。

【校注】

①隅:原文作"嵎"。

②玄关："关"字原文异体，今校作"玄关"。玄关即出入玄旨之关键。如头陀寺碑曰："玄关幽键，感而遂通。"白居易诗曰："无劳别修道，即此是玄关。"《碧岩录》八十八则，垂示曰："当机敲点，击碎金锁玄关。"《普灯录》卷十七曰："玄关大启，正眼流通。"

因有一僧时称黄大口，师问曰："久响大口，是公不？"对曰："不敢。"师曰："口大小？"曰："通身是口。"师曰："向什么处屙？"当时失对。自是法道声扬寰海，玄徒不避瘴疠①之[地]，奔而远凑。

【校注】
①瘴疠："疠"字原文讹写。瘴疠，指南方潮湿地区流行的恶性疟疾等传染病。

师示众曰："今时出来尽学个驰求走作，将当自己眼目，有什么相应时？阿你欲学，不要诸余，各自有本分事在，何不体取？作什么心愤愤，口悱悱？有什么利益？分明说，若要修行路，及诸圣建立化门，自有大藏教在；若是宗门中事，宜你不得错用心。"有人问："还有学路也无？"师云："有一路滑如苔。"僧云："还许人蹋不？"师云："不拟心，你自看。"

问："三乘十二分教，学人不疑，乞和尚直指西来意。"师云："大德，龟毛拂子、兔角拄杖藏著何处？"僧对曰："龟毛、兔角岂是有耶？"师云："肉重千斤，智无铢两。"荷玉①颂曰：

龟毛拂,兔角杖;拈将来,随处放。
古人事,言下当;非但有,无亦丧。

【校注】

①荷玉:原本"玉"字脱去半边,当校为"荷玉"。据《景德传灯录》卷十七,本寂禅师初受请止于抚州曹山,后居荷玉山,二处法席,学者云集,时称曹山和尚,也称荷玉和尚。然原本之荷玉,似专指荷玉匡慧。

王侍郎问:"黑豆未生芽时作么生?"师曰:"诸佛亦不知。"师颂曰:

菩提慧日朝朝照,般若凉风夜夜吹。
此处不生聚杂树,满山明月是禅枝。

师云:"诸人若未曾见知识则不可,若见作者来,便合体取些子意度,向幽岩雅嵩,独宿孤峰,木食草衣。任么去,方有小分相应。若也驰求知解义句,则万里望乡①关。珍重!"

【校注】

①乡:原文作"响",当校为"乡"。

师有偈三首:

即此见闻非见闻,无余声色可呈君。
个中若了全无事,体用无妨分不分。

又曰：

　　见闻觉知本非尘，识海波生自味身。

　　状似碧潭冰冻覆，灵王翻作客中宾。

又曰：

　　见闻觉知本非因，当处虚玄绝妄真。

　　见性不生痴爱业，洞然明白①自家珍。

【校注】

①白：原文作"曰"。

师咸通十三年壬辰岁十一月六日迁化，春秋九十二。吏部侍郎王讽制塔铭矣。

石室和尚

石室和尚嗣长髭，在潭州攸县。师讳善道。因沙汰年中改形为行者，沙汰后师僧聚集，更不造僧，每日踏碓供养师僧。

木口和尚①到，见行者每日踏碓供养师僧，问："行者不易，甚难消！"师曰："开心碗子里盛将来，合盘里合取，说什么难消易消？"木口失对。有僧举似云居，云居云："得底人改形换服②。"

【校注】

①木口和尚：即涿州杏山鉴洪禅师，《景德传灯录》卷十五有其机缘语句。因"杏"字可拆开为"木口"，时人称杏山

禅师为"木口和尚"。

②服:原文异体字难辨,今校之。

又问曰:"行者还到五台山也无?"师曰:"到。"木口曰:"还见文殊也无?"师曰:"见。"进曰:"向行者道什么?"师曰:"道阇梨父母在村草里。"木口又失对。长庆代云:"行者还出得么?"后曹山拈问强上座:"是赏是罚?"对曰:"是罚。"曹山曰:"罚他什么处?"对曰:"罚他知有处。"曹山曰:"什么处是他知有处?"对曰:"为不如山中事,便认著文殊。"曹山曰:"作么生是山中事?"对曰:"不认文殊。"曹山曰:"如是,如是。"

在后木口出世,数年后迁化,主事差两人往洞山达哀书。僧持书到洞山,达一切了,洞山问两人:"和尚迁化后作么生?"对曰:"茶毗。"洞山曰:"茶毗了作么生?"对曰:"拾得二万八千粒舍利,一万粒则纳官家,一万八千粒则三处起塔。"洞山曰:"还得希异也无?"对曰:"世界罕有。"洞山曰:"作么生罕有?"对云:"有眼不曾见,有耳不曾闻,岂不是罕有?"洞山曰:"任么你和尚遍天下尽是舍利去,总不如当时识取石室行者两句语。"

沩山教仰山探石室,仰山去到石室。过一日后,便问:"如何是佛?"[石]室拳手。"如何是道?"又展手。"毕竟阿那个即是?"石室便摆手云:"勿任么事。"仰山却归,具陈前话。沩山便下床,向石室合掌。

师与仰山同玩月次,仰山问:"这个月尖时,圆相在什么处?"师曰:"尖时圆相隐,圆时尖相在。"云岩云:"尖时圆相在,圆时尖相无。"道吾云:"尖时亦不尖,圆时亦不圆。"

自余未睹实录焉。

德山和尚

德山和尚嗣龙潭，在朗州。师讳宣鉴，姓周，剑南西川人也。生不薰①食，幼而敏焉。卯岁从师，依年受具。毗尼胜藏，靡不精研。解脱相宗，独探其妙。每曰："一毛吞巨②海，海性无亏；纤芥投针锋，锋利不动。然学与非学，唯我知焉。"遂云游海内，访谒宗师。凡至击扬，皆非鄂哲。后闻龙潭则石头之二叶，乃摄衣而往焉。

【校注】
①薰：原文作"熏"字。
②巨：原文缺此字，参《景德传灯录》补校。

初见而独室小驻门徒①，师乃看侍数日。因一夜参次，龙潭云："何不归去？"师对曰："黑。"龙潭便点烛与师，师拟接，龙潭便息却。师便礼拜，潭云："见什么道理？"师云："从今向去，终不疑天下老师舌头。"师便问："久向龙潭，及至到来，潭又不见，龙又不见时如何？"潭云："子亲到龙潭也。"

师闻不糁之言，喜而叹曰："穷诸玄辩，如一毫置之太虚；竭世枢②机，似一滴投于巨壑。"遂乃摄金牙之勇敌，藏敬德之雄征，继立雪之玄徒，俟传衣之秘旨。给侍瓶屦，日扣精微，更不他游，盘泊澧源三十余载乎。澄汰后，咸通初年，武陵太守薛延望③迎请,始居德山。自是四海玄徒,冬夏常盈五百矣。

【校注】

①参《宋高僧传》卷十二本传,此句可释为"初见而独居一室,勉强暂为门徒"。

②枢:原文作"抠"。

③薛延望:原本难以识别,似作"萨廷望",查《旧唐书》无传。武陵太守延请德山之事,时间上,《宋高僧传》与原本一致,为"咸通初",《景德传灯录》则是"大中初";关于太守名字,前者作"薛延望",后者乃"薛廷望",此从前者。

师有时谓众曰:"汝等诸方,更谁敢铭邈?有么?出来!我要识汝。"闻此语者,惕栗钳结,无敢当对。师又曰:"汝但无事于心,无心于事,乃虚而妙矣。若毫厘系念,皆为自欺;瞥尔生情,万劫羁锁去。"

师问曰:"维那,今日几个新到?"对曰:"有八个。"师曰:"一时令来,生案过却。"僧问禾山:"'一时令来,生案过却',此意如何?"禾山云:"才出门便知委下客。"僧曰:"如何免得此过?"禾山曰:"万里无来却肯伊。"

钦山问:"天皇也与么,未审德山作么生道?"师曰:"试举天皇、龙潭看。"钦山礼拜,师乃打之。云大师代曰:"与么则自置,虚言已失。"

师又时云:"问则有过,不问则又乖。"僧便礼拜,师乃打之。僧云:"某甲始礼,为什么却打?"师云:"待①你开口,堪作什么?"

【校注】
①待:原文作"侍"。

师见僧来,便闭却门。僧便敲门,师问:"阿谁?"僧云:"师子儿。"师便开门,其僧便礼拜。师骑却头云:"者畜生什么处去来?"

师因病次,问:"和尚病,还有不病者无?"云:"有。"进曰:"如何是不病者?"师云:"阿耶!阿耶!"

龙牙问:"学人仗镆铘①之剑,拟取师头时如何?"云:"你作么生下手?"龙牙曰:"与么则师头落也。"师不答。龙牙后到洞山,具陈上事。洞山云:"把将德山落底头来。"龙牙无对。

【校注】
①镆铘:乃宝剑名。亦作"镆铘"、"莫邪",与"莫邪"字异义同。

问:"如何是菩提?"师便咄云:"出去!莫向这里屙①。"

【校注】
①屙:原文作"疴"。

岩头问："凡圣相去多少？"师喝一声。

因南泉第一座养猫儿，邻床损脚，因此相诤。有人报和尚，和尚便下来，拈起猫儿云："有人道得么？有人道得么？有人道得救这个猫儿命。"无对。南泉便以刀斩作两橛。雪峰问师："古人斩猫儿，意作么生？"师便趁打雪峰，雪峰便走。师却唤来云："会么？"对云："不会。"师云："我与么老婆①，你不会。"师问岩云："还会么？"对云："不会。"师云："成持取不会好。"进曰："不会，成持个什么？"师云："你似橛铁。"

【校注】

①老婆：唐五代禅林惯用语。禅宗贵顿悟，凡在字句上纠缠或多作解释，都称之为老婆或老婆禅、老婆心。如本集卷十九陈和尚章"三家村里老婆禅"；卷十长庆章"山中和尚近日老婆心，教人向未开口已前会取"。

雪峰在德山时，上法堂，见和尚便转。师曰："此子难偕。"长庆拈问："什么处是雪峰与德山相见处？"僧无对。庆代云："还得当么？"

更有枢要，备陈广海。

咸通六年乙酉岁十二月三日，忽告诸徒："扣空追响①，劳你神耶？梦觉觉非，觉有何事？"言讫，宴坐安然，奄然顺化。春秋八十四，僧夏六十五。敕谥见性大师。沙门元会撰碑文。净修禅师赞曰：

德山朗州，刚②骨无俦。

尚祛祖佛，岂立证修？

释天杲日，苦海慈舟。

谁攀真迹③？雪峰岩头。

【校注】

①响：原文作"向"，今校为"响"。扪空追响，指摸空追寻声响，喻虚妄、徒劳。

②刚：原文字异体难辨，今校作"刚"。

③迹：原文作"躅"，音浊，义迹也。如《汉书·叙传》："伏周、孔之轨躅。"

卷第六

投子和尚

　　投子和尚嗣翠微，在舒州相城县。师讳大同，舒州怀宁县人也，姓刘。受业于东都保唐满禅师下。初习小乘定，知非而舍。次广穷海藏，博悟幽深。便造翠微，而问师："未审二祖初见达摩，当何所得？"翠微答曰："汝今见吾，复何所得？"师乃伏膺玄堓，息心他往。

　　又因一日，翠微在法堂行道次，师而近前接礼，问曰："西来密旨，和尚如何指示于人？"翠微驻步，须臾，师又进曰："请和尚指示。"翠微答曰："不可，事须要第二杓恶水浆泼作么？"师于言下承旨，礼谢而退。翠微云："莫堕①却。"师曰："时至根苗自生。"师又问："曾闻丹霞烧木佛，和尚何以供养罗汉？"翠微云："烧亦烧不著，供养亦一任供养。"

　　师既承言领旨，任性逍遥，放旷人间，周游胜迹②。旋经故里，卜投子山而有终焉之志。乃创立庵茨，栖③心遁迹。

【校注】

①堕：原文作"揲"。参《景德传灯录》卷十五、《古尊宿语录》卷三十六则作"垛"。岳麓书社1996年出点校本校

作"躲"。垛，通堕，如敦煌本《双恩记》："五百象驮而以夜继明，四城门垛而自高及下。"

②迹：原文作"槩"。

③栖：原文讹写，今校作"栖"。

及乾符、中和之际，鼎沸鲸吞，荆越楚吴，戈矛①竞耀，狂戎交扇，桀跖②纵横。岂唯殄殄③国邦，抑亦摧残佛寺。时有暴党魁帅，执刃庵前，厉声曰："和尚在此间作什么？"师曰："吾在此间传心。"魁帅云："传个什么心？"师曰："佛心。"魁帅低首，良久，解颜曰："和尚家大不思议，非我辈之所图。"则内剑于匣膜，各脱服玩用施而去。自尔，有禅流相访。

【校注】

①矛：原文不清，依稀辨得。此泛指古代兵器。

②桀跖：原文作"榢蹠"。桀乃夏朝末代君主，相传是暴君。跖则为春秋大盗。

③殄：原字异体，今校作"殄"。

有人问曰："凡圣相去几何？"师下绳床立。问："一物不将来，为什么却言放下著？"师云："辛苦与么来。"问："最亲处乞师一言。"师以杖敲之。僧曰："为什么不道？"师云："汝争得与么不识好恶？"

问："古人道，百年后山下作一头水牯牛，意作么生？"师云："为挽常住①。"僧曰："不挽常住时作么生？"师云："又挽俗人。"

【校注】

①为挽常住：常住，原文模糊，据下文校。"挽"字，原文作"鞔"。鞔之本意是把皮革蒙在鼓上，引申有"瞒"义，不适合用在此处；且下文又出现"挽"字，挽作"救""度"解，在此能说得通。又，"百年后山下作水牯牛"之公案乃出自沩山，沩山临终时说此话语，意在警示常住僧只为自了而修心，不为大众而劳作。沩山继承其师怀海之"农禅"精神，倡导"劳动即禅"，这对平民大众也是有益的。基此，今校"鞔"为"挽"，下同。

问："大庾岭头趁得及，为什么提不起？"师提起纳衣，僧云："不问这个。"师云："看你提不起。"

问："佛佛授受①，祖祖相传，未审传个什么？"师曰："年老也，争受谩语？"

【校注】

①受：原文作"授"。据文意，当校为"受"。

问："屏却咽喉唇吻①，请师道。"师曰："汝只要我道不得。"

【校注】

①屏：原文作"併"。唇：原字异体，今校作"唇"。

问:"达摩未来时如何?"师曰:"遍天遍地。"僧曰:"来后如何?"师曰:"盖覆不得。"

问:"诸圣从何而证?"师曰:"有病不假服药。"僧曰:"与么则不假修证去也。"师曰:"不可长嗔长喜。"

问:"省要处还通信不?"师曰:"是你与么问我。"僧曰:"如何识得?"师曰:"不可识。"僧曰:"毕竟作么生?"师曰:"直是省要。"

问:"如何得不犯目前机?"师曰:"犯也。"僧曰:"什么处是犯?"师曰:"适来道什么?"

问:"古人道:要急相应,唯言不二。未审和尚作么生?"师曰:"汝问我,我更道。"僧曰:"作么生道?"师曰:"唯言不二。"

师有时云:"诸方一切句道尽一句,老僧则不然,一句道尽一切句。"僧进问:"如何是和尚'一句道尽一切句'底句?"师曰:"今日上堂吃些子饭。"

问:"古人有言:解语非关舌,能言不是声。如何是解语?"师曰:"一切总道得。""如何是非关舌?"师曰:"无耳听言声。"

问:"古人有言:目前无法,意在目前。作么生是在目前意?"师曰:"不狂妄。"僧曰:"作么生?"师曰:"他不是目前法,非耳目之所到。"

赵州到投子,山下有铺,向人问:"投子哪里?"俗人对曰:"问作什么?"赵州云:"久向和尚,欲得礼谒。"俗曰:"近则近,不用上山。明日早朝来乞钱,待他相见。"赵州云:"若与么,和尚来时,莫向他说纳僧在里。"俗人唱喏。师果然是下来乞钱,赵州便出来把住①云:"久向投子,莫只这个便是也无?"师才闻此语,便侧身退。师又拈起笊篱云:"乞取盐钱些子②。"赵州走入里头,师便归山。赵州落后,到投子,便问:"死中得活时如何?"师云:"不许夜行,投明须到。"赵州便下来,一直走。师教沙弥:"你去问他,我意作么生?"沙弥便去唤赵州,赵州回头,沙弥便问:"和尚与么道,意作么生?"赵州云:"遇着个太伯。"沙弥归举似师,[师]便大笑。有僧举似雪峰,便问:"只如古人与么道,意作么生?"雪峰曰:"将为我胡伯,更有胡伯在。"僧问黄龙:"古人道:不许夜行,投明须到。意作么生?"黄龙曰:"嚼饭喂③鲁伯。"

【校注】

①住:原文作"驻"。

②乞取盐钱些子:疑为"乞取些子盐钱"。

③喂:原文作"喽"。

又问:"未见四祖时如何?"师曰:"在。""见后如何?"师曰:"在。"

师问僧:"从什么处来?"对曰:"云居来。"师曰:"何似此间地僧?"无对。却归举似云居,云居云:"南有雪峰,北有赵州。"

师又才开门了,便东觑西觑。大众一时走上,师便关却门。有僧问石门:"投子关门,意作么生?"门云:"关门尚不会①,

不关门你向什么处会?"

【校注】

①原文"不"字下原脱一字,今据后文校为"会"字。

师有时云①:"你诸人大好莫闲处脱,不可得相应时。无量劫来,向一切处用心,著急自己事,却是闲事,所以难得相称。莫因循②,各自办事。莫待临脱衣时,方始慌忙不及也。老僧此间无巧言妙句,亦无闲言与人咬嚼,只是随汝问处只对。汝若不问,教老僧向什么处道则得?若更向汝道向上向下、有佛有法事,尽是走作③,你无了时。你但莫逐名言数句,驰求走作,则了事边亦收管你不著。却□□□□及诸过患。虽然如此,包罗天地,含□□□□诸量不同于量万□□不差殊。直□□□□□问取□□□□□示简要。□□□□□□□□□□□□曰:"锄地。"问:"十二时中如何行履?"师曰:"不依一法。"问:"便请和尚直指!"师嘎。僧曰:"即这个,别更有也无?"师曰:"莫闲言语!"

【校注】

①本师此段开示,原本版字极为模糊,脱漏甚多,今参《景德传灯录》卷十五、《古尊宿语录》卷三十六综而校之,个别字有增删。

②循:原本作"修",参《古尊宿语录》卷三十六校改。

③走作:犹"走样",不合本意。参见本集三平章"今时

出来，尽学个驰求走作，将当自己眼目，有什么相应时？"

师于甲戌岁四月六日跏趺端坐，俨然顺化。春秋九十六，僧夏七十六矣。

草堂和尚

磁①州如禅师嗣荷泽，益州惟忠和尚嗣磁州如，遂州圆禅师嗣惟忠。

草堂和尚嗣圆禅师，师讳宗密。未睹行录，不叙终始。

【校注】
①磁：原文作"礠"。

师内外谙瞻，朝野钦敬。制数本大乘经论《疏钞》、《禅源》百卷、《礼忏》等，见传域内。臣相裴休深加礼重，为制碑文，绚①奂射人，颇彰时誉。敕谥定慧禅师，青莲之塔。

【校注】
①绚：原文作"询"字。《论语·八佾》曰"素以为绚兮"，郑玄注此文云："文成章曰绚。"绚奂，即指美丽灿烂、文采斐然。"绚奂"之成词，见于颜延之《赭白马赋》"绚练奂绝"。

时有①史山人十问草堂和尚：

第一问曰："云何是道？何以修之？为复必须修成，为复不假用功？"禅师答曰："无碍是道，觉妄是修。道虽本圆，妄起为累。妄念都尽，即是修成。"

第二问曰："道若因修而成，即是造作，便同世间法，虚伪不实，成而复坏，何名出世？"师答曰："造作唯是结业，名虚伪世间；无作是修行，即真实出世。"

第三问曰："其所修者，为顿为渐？渐则忘前失后，何以集合而成？顿即万行多方，岂得一时圆满？"师答曰："真理即悟而顿圆，妄情息之而渐尽。顿圆如初生孩子，一日而肢体已全；渐修如长养成人，多年而志气方立。"

第四问曰："凡修心地之法，为当悟心即了，为当别有行门？别有行门，何名南宗顿旨？若悟即同诸佛，何不发神通光明？"师答曰："识冰池而全水，藉阳气而镕融。悟凡夫而即真，资法力而修习。冰消则水流润，方呈溉涤之功；妄尽即心灵通，始发通光之应。修心之外，无别行门。"

第五问曰："若但修心而得佛者，何故诸经复说，必须庄严佛土，教化众生，方名成道？"师答曰："镜明而影像千差，心净而神通万应。影像类庄严佛国，神通即教化众生。庄严而即非庄严，影像亦色而非色。"

第六问曰："诸经皆说，度脱众生，且众生即非众生，何故更劳度脱？"师答曰："众生若是实，度之即为劳。既自云即非众生，何不例度而无度？"

第七问曰："诸经说佛常住，或即说佛灭度。常即不灭，灭即非常,岂不相违?"师答曰:"离一切相,即名诸佛。何有出世入灭之实乎?见出没者在乎机缘,机缘应即菩提树下而出现,机缘尽即娑罗林间而涅槃。其犹净水无心,无像不现,像非我有,盖外质之去来相非佛身,岂如来之出没?"

第八问曰:"云何佛化所在,吾如彼生?佛既无生,生是何义?若言心生法生,心灭法灭,何以得无生法忍耶?"师答曰:"既云如化,化即是空,空即无生,何诰生义?生灭灭已,寂灭为真忍可;此法无生,名曰无生法忍。"②

第九问曰:"诸佛成道说法,只为度脱众生。众生既有六道,佛何但住在人中现化?又佛灭后,付法于迦叶,以心传心,乃至此方七祖③,每代只传一人。既云一切众生皆得一子之地,何以传授不普?"师答:"日月丽天,六合俱照,而盲者不见,盆下不知,非日月不普,是障隔之咎也。度与不度,义类如斯,非局④人天,拣于鬼畜。但人道能结集,传授不绝,故只知佛现人中也。灭度后委付迦叶,展转相承一人者,此亦盖论当代为宗教主,如上无二王,非得度者唯尔数也。"

第十问曰:"和尚因何发心?慕何法而出家?今如何修行?得何法味?所行得至何处地位?今住心耶,修心耶?若住心,妨修心;若修心,即动念不安,云何名为学道?若安心一定,即何异定性之徒?伏愿大德运大慈悲,如理如如,次第为说。"师答曰:"觉四大如坏幻,达六尘如空花,悟自心为佛心,见本性为法性,是发心也。知心无性即是修行,无住而知即为法味。住著于法,斯为动念,故如人入暗,即无所见。今无所住,不染不著,故如人有目及日光明,见种种法,岂为定性之徒?既无所住著,何论处所阶位?"

长庆四年五月日史制诚谨问⑤,同年同月二日沙门宗密谨对。(史山人自后,频⑥讨心地,乃至出家为道。)

【校注】

①时有:原文作"有时",今校之为"时有"较恰当。

②无生法忍:僧肇注《维摩诘所说经》曰:"法忍即慧性耳,见法无生,心智寂灭,堪受不退,故名无生法忍。"按此,无生法即远离生灭而达致真如实相之理体。也即,所谓无生,并非无生灭之生,连灭也无,"生灭灭已",方得为"真忍"。由之,本文断句作"生灭灭已,寂灭为真忍可……"而不作"生灭灭已,寂灭为真,忍可此法无生……"。

③七祖:据《圆觉经大疏钞》卷三说:"贞元十二年,敕皇太子集诸禅师,楷定禅门宗旨,遂立神会禅师为第七祖。"因宗密系神会法脉,故而史山人有"七祖"之说。武宗灭佛后,南方禅宗代兴,神会的七祖地位渐次暗淡,《祖堂集》虽推崇神会,但并未给神会在"祖堂"中设立"牌位",而令人奇怪的是,宗密这个既非石头系又非马祖系的弟子却有了"专章"。宗密章的出现,破坏了《祖堂集》严格按照系谱编排的程序。

④局:原字异体难辨,今校之。

⑤原文此句本放在史山人第十问所问之后,今移至此,是因为史山人某年某月日向宗密问了"十问",而非仅仅"第十问"。另外,原文"五月日"之间疑漏具体日期。

⑥频：原本不清，有校本校作"领"，不通，今则校为"频"。

神山和尚

神山和尚嗣云岩。师讳僧密。未睹行录，不决始终。

师与洞山锄茶次，洞山抛却锄头云："我今日困，一点气力也无。"师曰："若无气力，争解与么道得？"洞山云："将谓有气力底是。"

因裴大夫问僧："下①供养佛，还吃也无？"僧曰："如大夫祭祀家先。"有人举似云岩，云岩云："这个人未出家在。"师进曰："却请和尚道。"岩曰："汝几般饭食，但一时下来。"岩却问师："他忽然下来时作么生？"师曰："却须合取钵盂。"岩深肯之。

【校注】

①原文"下"字，《景德传灯录》卷十五、《五灯会元》卷五本章，皆无此"下"字。《五灯会元》在"还吃也无"之前，又加一"佛"字。

有行者问："生死事大，请师一言。"师曰："行者何时曾死来？"行者云："不会，请师说。"师云："若与么，须死一场去。"

师与洞山行脚时，到寺里，洞山坐禅，师一向睡。洞山心闷,唤师,师应喏。洞山云:"上座还会么?"师曰:"不会。"洞山云:"既不会,作么生睡?"师云:"会底人还睡也无?"洞山不语,师曰:"一条绳子自系。"

师把针次,洞山问:"作什么?"师曰:"把针。"洞山云:"作么生把针?"师云:"个个与他相似。"①洞山云:"若有个个,则不相似。"师却问洞山,洞山云:"大地一齐火发。"曹山问僧:"作么生大地一齐火发?"对曰:"近不得。"曹曰:"近不得是火也,与么时还存得寸丝也无?"对曰:"寸丝不留。"曹山云:"为什么寸丝不留②?"对曰:"若有寸丝,则不成大火。"曹山不肯。邈上座云:"与么时却存得寸丝。"曹山云:"邈阇梨是间生。"

【校注】

①原文此句,《五灯会元》作"针针相似"。

②为什么寸丝不留:此句原本在前"洞山云大地一齐火发"句下,今据文理移置此处,并在该句前添上一句"对曰:寸丝不留"。参《景德传灯录》曹山章。

师与洞山到村院向火次,洞山问师:"水从何出?"师云:"无处来。"洞山云:"三十年同行,作么生语话?"师云:"理长则就①,老兄作么生?"洞山云:"只见汩汩②,不知从何出?"

【校注】

①理长则就:丁福保《佛教大辞典》有"理长为宗"条,意为不问宗派如何,但取道理所胜而立论。"理长则就"与此

意近。

②原文"湦湦":同"汩汩",形容水微转而细涌。

洞山和尚

洞山和尚嗣云岩,在洪州高安县。师讳良价,姓俞。越州诸暨县人也。

初投村院院主处出家。其院主不任持,师并无欺嫌之心。过得两年,院主见他孝顺,教伊念《心经》。未过得一两日①,念得彻,和尚又教上别经。师启师曰:"念底《心经》尚乃未会,不用上别经。"院主云:"适来可怜②念得,因什么道未会?"师曰:"经中有一句语不会。"院主云:"不会哪里?"师曰:"不会'无眼耳鼻舌意',请和尚为某甲说。"院主杜口无言。从此〔知〕法公不是寻常人也。院主便领上五洩和尚处,具陈前事:"此法公不是某甲分上人,乞和尚摄收。"五洩容许。

师蒙摄受,过得三年后受戒③,一切了,咨白和尚:"启师:某甲欲得行脚,乞和尚处分。"五䤩云:"寻取排择下,问取南泉去。"师曰:"一去攀缘尽,孤鹤④不来巢。"师便辞五洩,到南泉。

南泉因归宗斋⑤,垂语云:"今日为归宗设斋,归宗还来也无?"众无对。师出来礼拜云:"请师征起。"南泉便问,师对曰:"待有伴则来。"南泉勃⑥跳下来,抚背云:"虽是后生,堪有雕琢之分⑦。"师曰:"莫压良为贱。"因此,名播天下,呼为作家⑧也。

【校注】

①一两日：原文"两"字作"雨"，"日"字本空无，据文意加。

②可怜：原文作"怀怜"。好之意。

③据《宋高僧传》和《景德传灯录》，洞山二十一岁时在嵩岳具戒，勿误为在五洩具戒。

④鹤：原文作"鸖"。

⑤《景德传灯录》卷十五记，洞山来参南泉时，正值南泉为马祖设斋，于是有一番机缘问答，洞山深得南泉赞赏。为何有"归宗"和"马祖"之别？大概，归宗与南泉是同门师兄弟，虽有长幼之分，但是平辈，而马祖是恩师，故而《景德传灯录》以为南泉为马祖设斋的可能性大，因此改"归宗斋"为"马祖斋"。

⑥原文"趜"字：即跳，音借字为"勃"，今校参《云门匡真禅师广录》卷中有"火炉勃跳上三十三天"，又《敦煌变文集》卷一"卢绾勃跳下阶，便奏霸王"。

⑦堪有雕琢之分：原文"敢"字，今校为"堪"；原文"彫啄"，今校为"雕琢"。参《景德传灯录》卷十五洞山章。

⑧作家：非现代汉语之创作家概念，乃禅宗有大机大用者之称。

后参云岩，尽领玄旨。止大中末间，住于新丰山，大弘禅要。时有人问："学人欲见和尚本来师时如何？"师曰："年涯相似则无阻碍。"学人再举所疑,师曰:"不蹑前踪,更请一问。"云居代云:"与么则某甲不得见和尚本来师也。"后教①上座拈问长庆:"如何是年涯相似?"长庆云:"古人与么道,教阇梨来这里觅什么?"

【校注】

①教:《景德传灯录》卷十五作"皎"。

问:"师见南泉,因什么为云岩设斋?"师曰:"我不重他云岩道德,亦不为佛法,只重他不为我说破。"

问:"如何是毗卢师法身主?"师曰:"禾茎粟柄。"

师到百颜,颜问:"近离什么处?"师曰:"近离湖南。"颜云:"观①察使姓什么?"师曰:"不得他姓。"颜云:"名什么?"师曰:"不得他名。"颜曰:"还曾出不?"师曰:"不曾出也。"颜曰:"合句当事不②?"师曰:"自有郎幕在。"颜曰:"虽不出,合处分事。"师乃拂袖而出。百颜经宿,自知不得,入堂问:"昨日二头陀何在?"师曰:"某甲是。"颜曰:"昨夜虽对阇梨,一夜不安,将知佛法大难,大难。头陀若在此间过夏,某甲则陪随二头陀。"便请代语,师代云:"也太尊贵。"

【校注】

①原文"官"同"观"谐音,今校作"观察使"。
②合句当事不:疑为"合处分事不",据下文。

因云岩问院主游石室，云："汝去入石室里许，莫只与么便回来。"院主无对。师云："彼中已有人占了也。"岩云："汝更去作什么？"师云："不可人情断绝去也。"

问："如何是西来意？"师云："太似解鸡犀。"

有人问洞山："'时时勤拂拭'，大杀好，因什么不得衣钵？"洞山答曰："直道'本来无一物'，也未得衣钵在。"进曰："什么人合得衣钵？"师曰："不入门者得。"进曰："此人还受也无？"师曰："虽然不受，不得不与他。"

问："蛇吞虾蟆，救则是不救则是？"师云："救则双目不睹，不救则形影不彰。"

因云岩斋，有人问："和尚于先师处得何指示？"师曰："我虽在彼中，不蒙他指示。"僧曰："既不蒙他指示，又用设斋作什么？"师曰："虽不蒙他指示，亦不敢辜负他。"

又，设斋次，问："和尚设先师斋，还肯先师也无？"师曰："半肯半不肯。"僧曰："为什么不全肯？"师曰："若全肯则辜负先师。"僧拈问安国："全肯，为什么却成辜负？"安国曰："金屑虽贵①。"白莲云："不可认儿作爷。"有人拈问凤池："如何是半肯？"凤池云："从今日去向人，且留亲见。""如何是半不肯？"凤池云："还是汝肯底事么？"僧曰："全肯，为什么辜负先师？"凤池云："守著合头，则出身无路②。"

【校注】

①金屑虽贵：疑其下脱"于眼无益"，一般此二句连用。

②守著合头，则出身无路：语同前华亭章"一句合头意

（语），万劫系驴橛"。合头，即会得绝对真理的话语。虽然如此，倘为这话语所束缚，滞著于此，则无出身之路，仍不得自由和解脱。

问："三身中阿那个身不堕众数？"师曰："吾常于此切。"僧问曹山："'吾常于此切'意作么生？"曹山云："要头则斫将去。"问雪峰，雪峰以杖拦口戳①，云："我亦曾到洞山来。"

【校注】
①原文"擉"字，今校为"戳"，《庄子·则阳》云："冬则擉鳖于江。"

因夜不点灯，有僧出来问话，师唤侍者点灯来。侍者点灯来，师曰："适来问话上座出来，出来。"其僧便出。师曰："将取二两粉与这个上座。"僧拂袖而出。后因此得入路，将衣钵一时设斋。得三五年后辞和尚，和尚云："善为，善为。"雪峰在身边侍立，问："者个上座适来辞去，几时再来？"师曰："只知一去，不知再来。"此僧归堂，衣钵下坐①而迁化。雪峰见上座迁化便报师，师曰："虽然如此，犹教老僧三生在。"

【校注】
①坐：原文作"座"。

又一家举则别：因两个僧造同行，一①人不安，在涅槃堂里将息,一人看他。有一日,不安底上座唤同行云:"某甲欲得去,一时相共去。"对曰:"某甲未有病,作么生相共去?"病僧云:"不得,比来同行,去也须同行去始得。"对曰:"好与么,则某甲去辞和尚。"其僧到和尚处,具说前事。师云:"一切事在你。善为!善为!"其僧去涅槃堂里,两人对坐,说话一切后,当胸合掌,悄②底便去。雪峰在法席造饭头,见其次第,便去和尚处说:"适来辞和尚僧去涅槃堂里,两人对坐迁化,极是异也。"师云:"此两人只解与么去,不解传来。若也与老僧隔三生在。"

【校注】

①"一"字,原本空无,今据下文校作"一"。

②悄:原文作"哨"。

师有时示众曰:"吾有闲名在世,谁能与吾除得?"有沙弥出来云:"请师法号。"师白槌曰:"吾闲名已谢。"石霜代云:"无人得他肯。"进曰:"争那闲名在世何?"霜曰:"张三李四他人事。"云居代云:"若有闲名,非吾先师。"曹山代曰:"从古至今,无人辨①得。"疎山代云:"龙有出水之机,人无辨得之能。"

【校注】

①原文"弁"字,今校为"辨",下同。

问:"如何是正问正答?"师曰:"不从口里道。"僧曰:"有如是人问,和尚还道不?"师曰:"汝问也未曾问。"

问:"如何是病?"师曰:"瞥①起是病。"进曰:"如何是药?"师曰:"不续是药。"

【校注】

①瞥:原文作"觉"字。

洞山问僧曰:"什么处来?"对曰:"三祖塔头来。"师曰:"既从祖师处来,要见老僧作什么?"对曰:"祖师则别,学人与和尚不别。"师曰:"老僧欲见阇梨本来师得不?"对曰:"亦须师自出头来始得。"师云:"老僧适来皆时不在。"

问:"承教中有言,'誓度一切众生,我则成佛',此意如何?"师曰:"譬如十人同选,一人不及第,九人总不得;一人若及第,九人总得。"僧曰:"和尚还及第不?"师曰:"不读书。"

师问僧:"名什么?"对曰:"专甲。"师曰:"阿那个是阇梨主人公?"对曰:"现只对和尚即是。"师曰:"苦哉,苦哉!今时学者例皆如此,只认得驴前马后,将当自己眼目。佛法平沉,即此便是。客中主尚不辨得,作么生辨得主中主?"僧问:"如何是主中主?"师曰:"阇梨自道取。"僧云:"某甲若道得,则是客中主。"师曰:"与么道则易,相续则大难,大难。"云居代云:"某甲若道得,不是客中主。"

师问雪峰:"汝去何处?"对曰:"入岭去。"师云:"汝从飞猿岭过不?"对曰:"过。"师曰:"来时作么生?"对曰:"亦彼处来。"师曰:"有一人不从飞猿岭,便到者里,作么生?"对曰:"此人无来去。"师曰:"汝还识此人不?"对曰:"不识。"师曰:

"既不识,争知无来去?"雪峰无对。师代云:"只为不识,所以无来去。"

师有时曰:"体得佛向上事。方有些子语话分。"僧便问:"如何是语话分?"师曰:"语话时阇梨不闻。"僧曰:"和尚还闻不?"师曰:"待我不语话时则闻。"

师有时云:"直须向万里无寸草处立。"有人举似石霜,石霜云:"出门便是草。"师闻举云:"大唐国内能有几人?"

师举盐官法会有一僧,知有佛法,身为知事,未得修行,大限将至,见鬼使来取僧,僧云:"某甲身为主事①,未得修行,且乞七日得不?"鬼使云:"待某甲去白王,王若许得,七日后方始来;若不许,须臾便到。"鬼使七日后方来,觅僧不得。有人问:"他若来时,如何只对他?"师曰:"被他觅得也。"

【校注】

①主事:上文云"知事"。知事乃僧院司事务之总名。禅院诸役拟朝官,分两班,都寺、监寺、副寺、维那、典座、直岁诸役为东班,称此等僧为"知事"。而"主事"则仅指监寺、维那、典座、直岁四职。可见,知事包含主事。因此,毋须校改"主事"为"知事"。

有僧从曹溪来,师问:"见说六祖在黄梅八个月踏碓,虚实?"对曰:"非但八个月踏碓,黄梅亦不曾到。"师曰:"不到且从,从上如许多佛法,什么处得来?"对曰:"和尚还曾佛法与人不?"师曰:"得则得,即是太抵①突人。"师代曰:"什么劫中曾失却来?"中招庆代云:"和尚禀受什么处?"

【校注】

①抵:原文作"抂"。

问:"如何是古人百答而无一问?"师曰:"清天朗月。""如何是今时百问而无一答?"师云:"黑云叆叇。"

问:"师见什么道理更住此山?"师曰:"见两个泥牛斗入海,直至如今无消息。"

问:"饭百千诸佛,不如饭一无修无证之者。未审百千诸佛有何过?"师曰:"无过,只是功勋边事。"僧曰:"非功勋者如何?"师曰:"不知有保任即是。"

问:"承和尚有言,教人行鸟道。未审如何是鸟道?"师曰:"不逢一人。"僧曰:"如何是行?"师曰:"足下无丝去。"僧曰:"莫是本来人也无?"师曰:"阇梨因什么颠倒?"僧云:"学人有何颠倒?"师曰:"若不颠倒,你因什么认奴作郎?"僧曰:"如何是本来人?"师曰:"不行鸟道"。

问:"六国不宁时如何?"师曰:"臣无功。"僧曰:"臣有功时如何?"师云:"国界安清。"僧曰:"安清后如何?"师曰:"君臣道合。"僧云:"臣传身后如何?"师曰:"不知有君。"

问:"知识出世,学人有依;迁化去后,如何得不被诸境惑?"师曰:"如空中轮。"僧曰:"争奈今时妄起何?"师曰:"正好烧却。"

问:"和尚出世,几人肯重佛法?"师曰:"实无一人肯重。"

僧曰:"为什么不肯重?"师曰:"他各各气宇如王相似。"

问云居:"你爱色不?"对曰:"不爱。"师曰:"你未在,好与!"云居却问:"和尚还爱色不?"师曰:"爱。"居曰:"正与么见色时,作么生?"师曰:"如似一团铁。"

师问僧:"名什么?"对曰:"请和尚安名。"师自称良价,僧无对。云居代云:"与么则学人无出头处也。"又云:"与么则总被和尚占却也。"

师问太长老:"有一物上拄①天下拄地,常在动用中,黑如漆②,过在什么?"对曰:"过在动用。"师便咄:"出去!"石门代云:"觅不得。"有人进曰:"为什么觅不得?"石门云:"黑如漆。"

【校注】

①原文"柱"字今校作"拄",参《景德传灯录》卷十五洞山章。

②原文"柒"字,今校作"漆"。下文即作"漆"。

因雪峰搬①柴次,师问:"重多少?"对曰:"尽大地人提不起。"师云:"争得到这里?"雪峰无对。云居代云:"到这里方知提不起。"疏山代云:"只到这里,岂是提得起么?"

【校注】

①原文"般"字,今校作"搬"。

有一僧到参,师见异,起来受礼了,问:"从何方而来?"对曰:"从西天来。"师曰:"什么时离西天?"曰:"斋后离。"师曰:"太迟生。"对曰:"迤逦游山玩水来。"师曰:"即今作么生?"其僧进前,叉手而立,师乃只揖云:"吃茶去。"

师问僧:"什么处来?"僧云:"游山来。"师曰:"还到顶不?"曰:"到。"师曰:"顶上还有人①不?"对曰:"无人。"师曰:"与么则阇梨不到顶上也。"对曰:"若不到,争知无人?"师曰:"阇梨何不且住?"对曰:"某甲不辞住,西天有人不肯。"

【校注】

①原文缺"人"字,据《景德传灯录》卷十五洞山章增。

师问云居:"什么处去来?"对曰:"踏山去来。"师曰:"阿那个山敢①住?"对曰:"阿那个山不敢住?"师曰:"与么则大②唐国内山,总被阇梨占却了也。"对曰:"不然。"师曰:"与么则子得入门也。"对曰:"无路。"师曰:"若无路,争得与老僧相见?"对曰:"若有路,则与和尚隔生。"师云:"此子已后,千万人把不住。"

【校注】

①原文"敢"字,疑作"堪"字。
②原文"太"字,今校为"大"字。

师到渤潭,见政上座①谓众说话曰:"也大奇也大奇,道界不可思议,佛界不可思议。"师便问:"道界佛界则不问,且说道界佛界是什么人?只请一言。"上座良久无言,师催云:"何不急道?"上座云:"争则不得。"师云:"道也未曾道,说什么争即不得?"上座无对。师曰:"佛之与道,只是名字。何不引教?"上座曰:"教道什么?"师曰:"得意忘言。"上座云:"犹将教意向心头作病在。"师曰:"说道界佛界者病多少?"上座因兹而殁。

【校注】

①原文"政上座",《五灯会元》卷十三作"初首座"。据后者说,初首座因师一问而迁化,时称师为"问杀首座"。

师问雪峰:"什么处去来?"对曰:"斫槽去来。"师曰:"几斧得成?"对曰:"一斧便成?"师云:"那边事作么生?"对曰:"无下手处。"师曰:"此犹是这边事,那边事作么生?"雪峰无对。疏山代云:"不堕无釿①斧。"

【校注】

①原文"釸"字,今校为"釿"。釿,同"斤",斫木的斧头。

问:"单刀直入拟取师头时如何?"师曰:"堂堂无边长。"僧曰:"争奈今时赢劣何?"师曰:"四邻五舍,谁人无之?暂寄侣店①,乏什么?可怪!"

【校注】
①侣店：同"旅店"。

大师又劝学徒曰："天地之内，宇宙之间，中有一宝，秘在形山。识物灵照，内外空然，寂寞难见，其位玄玄。但向己求，莫从他借，借亦不得，舍亦不堪。总是他心，不如自性，性如清净，即是法身。草木之生，见解如此。住止必须择伴，时时闻于未闻。远行要假良朋，数数清于耳目。故云：'生我者父母，成我者朋友。'亲于善者，如雾里行，虽不湿衣，时时有润。蓬生麻竹，不扶自直；白砂在泥，与之俱黑。一日为师，终世为天；一日为主，终身为父。①玉不琢不成器，人不学不知道。"

【校注】
①原文此句，似可校为："一日为师终身为父，一日为主终世为天。"

师问病僧："不易！阇梨。"对曰："生死事大，和尚。"师曰："何不向粟畲里去？"病僧曰："若与么，则珍重。"悄然便去。

问："一切皆放舍犹若未生时如何？"师曰："有一人不知阇梨手空。"

师示众云："诸方有惊人之句，我这里有刮骨之言。"时有人问："承和尚有言，'诸方有惊人之句，我这里有刮骨之言'，岂不是?"师曰:"是也,将来与你刮。"僧曰:"四方八面,请师刮。"师曰:"不刮。"僧曰:"幸是好手,为什么不刮?"师曰:"汝不见道,世医拱手?"云门到西峰,西峰问:"某甲只闻洞山刮骨之言,不得周旋,请上座与某举看。"云门具陈前话,西峰便合掌云:"得与么周旋。"云门拈问西峰:"洞山前语道'将来与你刮',宾家第二机来,为什么道不刮?"西峰沉吟,后云:"上座。"上座应喏,西峰曰:"堆阜也。"

师示众曰:"展手而学,鸟道而学,玄路而学。"宝寿不肯,出法堂外道:"这老和尚有什么事急?"云居便去和尚处问:"和尚与么道,有一人不肯。"师曰:"为肯者说,不为不肯底。只如不肯底人,教伊出头来,我要见。"居云:"无不肯底。"师曰:"阇梨适来道'有一人不肯',因什么道'无不肯'?更道。"居云:"出来则肯也。"师曰:"灼然肯则不肯,出则不出。"

问:"古人有言:青青翠竹尽是真如,郁郁黄花无非般若。此意如何?"师曰:"不遍色。"僧曰:"为什么不遍色?"师曰:"不是真如,亦无般若。"僧曰:"还彰也无?"师曰:"不露世。"僧曰:"为什么不露世?"师曰:"非世。"僧曰:"非世者如何?"师曰:"某甲则与么道,阇梨如何?"对曰:"不会。"师曰:[①]"将会与阇梨。"僧曰:"和尚为什么不与施设?"师曰:"看看不奈何。"僧曰:"为什么承当不得?"师曰:"汝为什么泥他有言?"僧曰:"与么则无言。"师曰:"非无言。"僧曰:"无言为什么却非?"师曰:"不是无言。"

【校注】

①原本无"师曰"二字,据文理加。

问:"相逢不擎出,举意便知有,此意如何?"师合掌顶戴。报慈拈问僧:"只如洞山口里与么道'合掌顶戴',只与么是合掌顶戴?"僧无对。自代云:"一脉两中。"

问:"清河彼岸是什么草?"师曰:"不萌之草。"僧曰:"渡河就者如何?"师曰:"一切都尽。"师又云:"不萌之草,为什么能藏香象?香象者,今时功成果;草者,本来不萌之草;藏者,本不认圆满行相,故云藏。"

有一尼到僧堂前,云:"如许多众僧,总是我儿子也。"众僧道不得。有人举似师,师代云:"我因所生。"

有僧持钵,家常俗人问:"上座要个什么?"僧云:"拣什么?"俗人将草满钵盂著,云:"上座若解道得,则供养;若道不道,则且去。"其僧无对。有人举似师,师代云:"这个是拣底,不拣底把将来。"

师问僧:"心法双亡,性则真,是第几座?"对曰:"是第二座。"师曰:"为什么不与他第一座?"僧曰:"非心非法。"师曰:"心法双亡是非心非法也,何更如是道?"师代曰:"非真不得座。"

问:"如何是父少?"师云:"阇梨春秋多少?""如何是子老?"师曰:"某甲寻常向人道玄去。"

问:"古人有言:但以神会,不可以事求。此意如何?"师曰:"从门入者非宝。"曰:"不从门入者如何?"师曰:"此中无人领览。"

问:"心法灭时如何?"师曰:"口里道得,有什么利益?莫信口头办，直得与么去始得；设使与么去，也是佛边事。"学人①进曰："请师指示个佛向上人。"师曰："非佛。"

【校注】
①原本无此"人"字。参《景德传灯录》校补。

问："四大违和①，还有不病者也无？"师曰："有。"僧曰："不病者还看和尚不？"师曰："某甲看他则有分，他谁彩②某甲？"僧曰："和尚病，争得看他？"师曰："某甲若看，则不见有病。"

【校注】
①原文"违和"，《景德传灯录》作"遗和"。
②原文"彩"疑作"睬"。《景德传灯录》，无"他谁彩某甲"句。

问："正与么时如何？"师曰："是阇梨窠窟。"僧曰："不与么时如何？"师曰："不顾占。"僧云："'不顾占'莫是和尚重处不？"师曰："不顾占重什么？"僧曰："如何是和尚重处？"师曰："不擎拳向阇梨。"僧曰："如何是学人重处？"师曰："莫合掌向某甲。"僧曰："任么则不相干也。"师曰："谁共你相识？"僧曰："毕竟如何？"师曰："谁肯作大？谁肯作小？"

问："牛头未见四祖时，百鸟衔花供养时，如何？"师曰："如珠在掌。"僧曰："见后为什么不衔花？"师云："通身去也。"

问:"如何是无心意识底人?"师曰:"非无心意识人。"僧曰:"还参请得也无?"师曰:"不曾闻人传语,不曾受人嘱托。"僧曰:"还亲近得也无?"师曰:"非但阇梨一人,老僧也不得。"僧曰:"和尚为什么不得?"师曰:"不是无心意识人。"

问:"蛤中有珠,蛤还知不?"师曰:"知则失。"僧曰:"如何则得?"师曰:"莫依前言。"

问:"古人有言:以虚空之心,合虚空①之理。如何是虚空之理?"师曰:"荡荡无边表。""如何是虚空之心?"师曰:"不挂物。""如何得合去?"师曰:"阇梨与么道则不合也。"

【校注】

①原文缺脱"空"字,据下文加。

问:"古人有言:佛病最难治。佛是病?佛有病?"师曰:"佛是病。"僧曰:"佛与什么人为病?"师曰:"与渠为病。"僧曰:"佛还识渠也无?"师曰:"不识渠。"僧曰:"既不识渠,争得与他为病?"师曰:"你还闻道'带累他门风'?"

问:"语中取的时如何?"师曰:"的中取什么?"僧曰:"与么则的中非。"师曰:"非中还有的也无?"

师问僧:"有一人在千万〔人〕中,不向一人,不背一人。此唤作什么人?"僧曰:"此人常在目前,不随于境。"师曰:"阇梨此语是父边道?子边道?"对曰:"据某甲所见,向父边道。"师不肯。师却问典座:"此是什么人?"对曰:"此人无面背。"师不肯。又别对曰:"此人无面目。"师曰:"不向一人不背一人,便是无面目。何必更与么道?"师代曰:"绝气息者。"

问:"一切处不乖时如何?"师曰:"此犹是功勋边事。有无功之功,子何不问?"僧曰:"无功之功,莫是那边人也无?"师曰:"已后有眼人笑阇梨与么道。"僧云:"与么则调然也。"师曰:"调然非调然,非不调然。"僧曰:"如何是调然?"师曰:"唤作那边人则不得。"僧曰:"如何是非调然?"师曰:"无辨处。"师蓦唤侍者,侍者来。师良久,云:"传语大众:寒者向火,不寒者上堂来。"

师有时谓众曰:"这里直须句句不断始得,如似长安路上诸道信号不绝;若有一道不通,便是不奉于君,此人命如悬丝。直饶学得胜妙之事,亦是不奉于君,岂况自余?有什么用处?莫为人间小名利,失于大事。假使起模尽样,觅得片衣口食,总须作奴婢偿他定也,专甲敢保。先德云:随其诸类,各有分齐。既得人身的,不皮衣土食,任运随缘,莫生住著。专甲家风只如此也。肯与不肯,终不抑勒阇梨,一任东西,珍重。"

师自咸通十年己丑岁三月一日,剃发被衣,令①击钟,俨然而往。大众号恸,师复觉曰:"夫出家儿,心不依物,是真修行。何有悲恋?"则呼主事僧,令办"愚痴斋"。主者②仰恋,渐办斋筵,至七日备,师亦少食。竟日,师云:"僧家何太粗率,临行之际,喧恸如斯!"至八日,使开浴,浴讫,端坐长往。春秋六十二,僧夏四十一。敕谥悟本禅师,慧觉之塔。勖励③偈颂等,并通流于参徒宝箧筒,此中不录矣。净修禅师赞曰:

师居洞山,聚五百众。

眼处闻声,境缘若梦。

涧畔贞筠,天边瑞凤。

不堕三身,吾于此痛。

【校注】

①原文"今"字,今校作"令"。

②原文"主者",疑为"主事"之误。

③原文"勖励",即勉励。

渐源和尚

渐源和尚嗣道吾。师讳仲兴。未睹实录,不决终始。

因随道吾往檀越家相看,乃以手敲棺木,问:"生也?死也?"吾云:"生亦不道,死亦不道。"师云:"为什么不道?"吾云:"不道,不道。"师不肯。

去阳溪一宿次,半夜便醒①悟,出声啼哭。归寺,和尚便欢喜,自来迎接。

【校注】

①原文"惺"字,今校为"醒"。

师到石霜,将锹子向法堂前过来过去,霜云:"作什么?"师云:"觅先师灵骨。"霜云:"洪水滔天,流浪去也。"师云:"与么则正好著力。"霜云:"我这里无扎针之地,你向什么处著力?"后太原孚上座代云:"先师灵骨犹在。"

石霜和尚

石霜和尚嗣道吾。师讳庆诸,吉州新淦人也。俗姓陈。

年十三,于洪州西山出家。年二十,于嵩山受戒。回参道吾,吾问:"有一人无出入息,速道将来。"师云:"不道。"云:"为什么不道?"师云:"不将口来。"

师年三十五,而止石霜,更不他游。为洞上指唱,避不获,乃旌①法寺。四海玄徒奔凑,日夜围达。师走避深山而不能免,众复寻出围拷②。近半载间,师无异说,然而无门可推。师不获已,乃有僧将杖子上,其僧云:"奉师一条杖,其形有九曲,曲则为今时,上下长多少?"师云:"我道不出头。"僧云:"为什么不出头?"师云:"汝道长多少?"大众一时云:"得也,得也。"师云:"汝若与么,我有一句子,盖却天下人舌头。"僧拈问师:"如何是盖却天下人舌头底句?"师云:"不可更教老僧答一转话。"

【校注】

①原文"旌"字讹写,今校之。

②原文不清晰,今校作"拷问"之"拷"。

问:"真身还出世也无?"师云:"真身不出世。"僧曰:"争奈真身何?"师云:"琉璃瓶子口。"

问:"佛性如虚空时如何?"师曰:"卧时则有,坐时则无。"

师有时云:"我向前在一老宿处,有个师僧同过夏。夏满,请益云:'乞和尚指示个正因。'他老宿云:'你莫栖束,正因中一字也无。'才与么道,便失声咬齿两三下,悔与么道。有一老宿隔窗闻,乃云:'好个一镬羹,不净物污著作什么?'"福先拈问僧:"如今须符他正因,不得污著,作么生道?"僧无对。福先自代云:"汝向后不得怪著我。"进曰:"忽逢道伴,作么生举?"先云:"但问别人去。"

病僧问:"劫火洞然时如何?"师云:"来时不知有,去亦任从伊。"僧曰:"争奈即今赢劣何?"师云:"须知有不病者。"僧云:"病与不病,相去几何?"师云:"悟即无分寸,迷则隔山歧。"僧云:"前程事如何?"云:"虽然黑似漆,成立在今时。"此僧悄然便去。①

【校注】

①原文此句乃小字注后。

师问张拙秀才:"汝名什么?"拙对曰:"张拙。"师云:"世间文字有什么限?名什么拙?"对曰:"觅个巧处不可得。"师云:"也只是个拙。"张秀才有偈曰:

　　光明寂照遍恒沙,凡圣含灵共一家。
　　一念不生全体现,六情才动被云遮。
　　遣除烦恼重增病,趣向真如亦是邪。
　　任逐境缘无挂碍,真如凡圣是空花。

问:"道吾忌日,和尚何不设斋?"师云:"我因他得无三寸,所以不将这个供养。"有人问禾山："古人云：我因他得无三寸，所以不将这个供养。未审将什么供养？"禾山云："将无三寸供养。"僧云："古人为什么道'不将这个供养'？"禾山云："汝唤什么作'这个'？"

圆茶头问："志圆为什么勿奈何？"师云："老僧不曾得他颜色，教我作么生？"

师问座主："教中道'不可以智知，不可以识识'，此是什么人次第？"对曰："此是赞法身之言。"师云："法身是赞，何必更赞乎？"座主无对。

问："忽有人问，百年后什么处去，作么生向他道？"师云："但向他道，二十年在世，一千五百人。"又云："会么？"对曰："不会。"师云："且归堂去。"

师问大光："除却今时，还更有异时也无？"对云："渠亦不道今日是。"师云："我也拟道非今日。"

雪峰问："少师什么处归？"对曰："江西。"峰曰："江西哪里？"对云："石霜。"雪峰举石霜病重时，有新到二百来人未参见和尚，惆怅出声啼哭。石霜问监院："是什么人哭声？"对云："二百来个新到，不得参见和尚，因此啼哭。"师云："唤他来隔窗相看。"侍者便唤他。新到一际上来，隔窗礼拜，问："咫尺之间，为什么不睹尊颜？"师云："遍界不曾藏，是什么界？"对云："是什么？问和尚。"峰云："问有横竖，是你因什么与么道？"学人不会。又问："衷情无可只对？"峰造一首偈：

可怜徒勤①子，时人笑你昏。

神清如镜像，迥然与物分。

【校注】

①勤：原文作"懃"。

师问僧："从什么处来？"对云："雪峰来。"师云："有什么佛法因缘？你举看。"其僧便举和尚示众云"三世诸佛不能唱，十二分教载不起；三乘教外别传，十方老僧口，到这里百杂碎①"。师便失声云："堪作什么？早被你蓦头拗②却也。"师又云："虽然如此，我也不一向③。"其僧便问："雪峰意旨如何？"师云："我道梦人思不近，你作么生？"

【校注】

①"碎"字，原文作"硃"。百杂，指万物与一切事理。
②"拗"字，原文作"抅"。
③一向：参日本圆仁《入唐求法巡礼行记》卷一："恐天下百姓一向作铜器，无铜铸铸，所以禁断矣。"

问："十方同一会，共谈①何事？"师云："在三寸上，何处有事在？"僧曰："岂无拨端者？"师云："时人眼不齐。"

问："如何是芥子纳须弥？"师云："双双听你双双。"

问："臣之有功，王赐何物？"师云："不转目。"

【校注】

①谈：原文作"谭"。下同。

师自僖宗皇帝特降紫衣,坚退不受。光启四年戊申岁二月十日迁化,报龄八十,僧夏五十九。平章事孙握撰碑文。敕谥普会大师,见相之塔。

卷第七

夹山和尚

夹山和尚嗣华亭①，在澧州。师讳善会，姓廖氏，汉广岘亭人也。②

受业龙牙山，依年受戒于荆门。后通经论，时称学海，聪辩天机。初曾京口已转法轮，后因道吾指参，承华亭密契玄关，便栖夹岫。

【校注】

①华亭：原文作"花亭"，今校为"华亭"，下同。

②廖：原文异体难识，今参《景德传灯录》卷十五说"广州岘亭人也，姓廖氏"，而校作"廖"。

师有时曰："夫有佛、有法、有祖已来，时人错会。谓言佛边祖边法边，递代相承，至于今日，须依佛祖法句意，与汝为师言方是。因此天下出无眼狂人，却成无智。不然，他只如无法，本来是道，无一法当情；没佛可成，没道可修，没法可舍。故目①前无法，意在目前。他不是目前法，非耳目之所到。三乘十二分教是老僧坐具；祖师玄旨是破草鞋，宁可赤脚不著最好。目睹瞿昙犹如黄叶,汝若向佛边举法,此人未有眼目在。何以故?此皆属所依之法,不得自在。本只为生死茫茫②,法法依著,识性无有自在分。他千里求善知识,须有眼目,永脱虚谬之见,不堕幻惑之法方达。后人直须目前生死定取一言来看,为复实有?实无?若人定得,老僧许伊出头。所以,老僧道:垂丝千丈,意在深潭;语覆机而不顾,舌头玄而不参。"

【校注】

①目:原文作"曰",今校为"目",参《景德传灯录》卷十五校。

②原文"忙忙",今校作"茫茫"。

有人问:"如何是道?"师曰:"太阳①溢目,万里不挂片云。"僧云:"学人如何得会去?"师曰:"清潭之水,游鱼自迷。"

【校注】

①太阳:原作"大阳"。

有大德发心行脚,到先白马,乃问:"承教中有言,'一尘含法界之无边'时如何?"师答曰:"如鸟二翼,如车二轮。"座主云:"将谓禅宗别有奇特之事,元来不齿教乘。"便却归本寺。后闻师出世,遣少师持前问问师,师云:"雕①砂无镂玉之谈,结草乖道人之思。"少师却归,举似师,师遥礼夹山②,赞曰:"将为禅宗与教不殊,天然有奇特之事。夹山不著。"

【校注】

①雕:原文作"彫",参《景德传灯录》校。

②夹山:原文作"丈山",今校正。

后生佛日到,维那不许参和尚,佛日云:"某甲①暂来礼见和尚,不宿。"维那白和尚云:"有个后生到来,暂礼拜和尚,不宿。"师乃许参见。佛日到法堂阶②下未上,师云:"三道宝阶,阇梨从何而上?"佛日云:"三道宝阶,曲为今时,向上一路,请师速道,速道。"便上阶,礼拜和尚了,师问:"从什么处来?"对曰:"天台国清寺来。"师曰:"承闻天台有青青之水、绿绿之波,谢子远来,子意如何?"对曰:"久居岩谷,不挂森萝。"师曰:"此犹是春意,秋意如何?"佛日无对。师曰:"看君只是撑船汉,终归不是弄潮人。"福先代云:"凉风吹落叶,高低任意游。"凤池拈问僧:"作么生只对免得'撑船汉'?"对曰:"待和尚自出来即商量。"凤池曰:"若出来时,作么生商量?"僧无对。自代:"不可预搔③而待痒。"

师又问曰:"与什么人为同行?"对曰:"木上座。"师曰:"在什么处?"对曰:"在堂中。"师曰:"唤来。"佛日便归堂,取拄杖抛下师前。师云:"莫从天台采得来不?"对曰:"非五岳之所生。"师曰:"莫从须弥顶上采得来不?"对曰:"月宫不曾逢。"师曰:"与么则从人得也。"对曰:"自己尚怨④家,从人得堪作什么?"师曰:"冷灰里豆子爆。"师唤维那:"安排向明灯下著。"又问:"你名什么?"对曰:"佛日。"师曰:"日在什么处?"对云:"日在夹山顶上。"师曰:"与么则超一句不得也。"

师令大众锄地次,佛日倾茶与师。师伸手接茶次,佛日问:"酽⑤茶三两碗,意在锄头边。速道,速道。"师云:"瓶有盂中意,篮⑥中几个盂?"对曰:"瓶有倾茶意,篮中无一盂。"师曰:"手把夜明符,终不知天晓。"

【校注】

①某甲:原文作"厶田","厶"字为"某"之别写,"田"字为"甲"之误。下同。

②阶:原文作"堦"字。下同。

③搔:原文字异体难辨,今校为"搔"。

④怨:原文作"惌"字。下同。

⑤酽:原文作"俨"字。形容茶浓,当用"酽"。苏辙诗:"食饱山茶酽。"

⑥篮:原文作"蓝"字。下同。

罗秀才问:"请和尚破题。"师曰:"龙无龙躯,不得犯于本形。"秀才云:"龙无龙躯者何?"师云:"不得道著老僧。"秀才曰:"不得犯于本形者何?"师云:"不得道著境地。"

又问:"如何是夹山境地?"师答曰:"猿抱子归青嶂后,鸟衔花落碧岩前。"座主出来便问:"洞明三教底人,还通此理也无?"师云:"夜月明珠,不如天晓。"又问:"等、妙二觉底人,还通此理也无?"师云:"金鸡玉兔①,不堕渔②父之手。"座主曰："此意如何？"师云："句中无法，意不度人。"座主曰："步步踏莲花，犹是今时升降。螺髻③向上事，乞师一言。"师云："铁牛无声，不用闻之。"

【校注】

①兔：原文作"兔"。

②渔：原文作"鱼"。

③螺髻：即结发为髻，形似螺壳。如张籍诗："金环欲落曾穿耳，螺髻长卷不裹头。"又白居易《绣佛赞》："金身螺髻，玉毫绀目。"

师问云盖："近离什么处？"对云："近离朗州。"师曰："此间无路，你争得到这里？"对云："既无路，因什么有人到这里？"师许之。

师问法志："近离什么处？"对云："近离朗州。"师曰："作什么来？"对曰："寻和尚迹。"师曰："老僧不动步，你向什么处寻？"对云："咄！堕根汉。"师曰："未屈阇梨在。"对云："不动步岂是不屈？"师便失声。

师问僧："从什么处来？"对云："新丰来。"师曰："彼中是什么人道首？"对曰："上字是良，下字是价。"师云："吾识竟。"又问："有什么佛法因缘？汝举看。"其僧便举云："和尚示众曰：欲行鸟道，须得足下无丝；欲得玄学，展手而学。"师低却头，其僧便礼拜，问："某甲初入丛①林，不会洞山意旨如何？"师云："贵持千里抄，林下道人悲。"其僧礼拜退立，师云："咄！

者阿师近前来。"僧便近前而立。师云:"某甲初见先师,先师问某甲,'阿那个寺里住?'某甲对云,'寺则不住,住即不寺'。先师曰,'为什么故如此?'某甲对云'目前无寺'。先师曰'什么处学得此语来?'某甲对云'非耳目之所到'。先师云:'一句合头意,万劫系驴橛。'如今改为四句偈曰:

目前无法,意在目前。

他不是目前法,非耳目之所到。

某甲无赠物与阇梨,这个②是老僧见先师因缘。囊中之宝,将去举似诸方。若有人弹得破,莫来;若也无人弹得破,却还老僧。"

其僧便辞,却归洞山。洞山问:"阿那里去来?"对云:"到夹山。"洞山曰:"有什么佛法因缘,汝举看。"对云:"彼中和尚问当头因缘,某甲情切,举似彼中和尚。"洞山曰:"举什么因缘?"僧曰:"某甲举和尚示众曰,欲行鸟道,须得足下无丝;欲得玄学,展手而学。"洞山便失声云:"夹山道什么?"对云:"贵持千里抄,林下道人悲。"洞山云:"灼然夹山是作家。"

夹山小师当时在洞山,洞山教小师:"你速去,是你和尚在夹山,匡二百众,有如是次第。"小师对云:"某甲和尚无佛法,兼不在夹山。"其僧向小师云:"旧时则合山,如今改为夹山也。"小师方始得信,便辞洞山,却归本山。才到门前,高声哭入,向和尚说:"某甲是师初住山时,与和尚何事不造作?何事不经历?有与么奇特之事,当时因什么不与某甲说?"和尚云:"当初时是你淘米③,老僧烧火;是你行饭,老僧展受,又怪我什么处?"小师便悟,是韶山和尚也。

【校注】

①丛：原文作"蘩"字，下同。

②个：原文作"人"字，当为"个"。

③淘米：原文作"涛米"。

问："迷子归家时如何？"师云："家破人亡，子归何处？"僧云："不欲得见旧时人如何？"师答云："庭前残雪日轮消，室内游尘教谁扫？"问："迅速不停时如何？"师云："有眼不窥天子乐，目前辨取老僧歌。"问："南北则不问，和尚足下事如何？"师云："雕砂无镂玉之机，结草亏道人之目。"

有一座主参师，师问："久习何业？"对云："《法华经》[①]留心。"师曰："《法华经》以何为极则？"对云："露地白牛为极则。"师云："爱著舍那之服、璎珞之衣，驾以白牛，届此道场，岂不是座主家风？"对云："是。"师曰："傍边有个桦[②]根，迦叶起来不肯，诸子幼稚，惟无所知。老僧者里百草头与一锄。座主向上一路富贵处，因何不问？"座主曰："与么则有第二月也。"师云："老僧要坐却日头，天下黯黑，茫然者遮地普天[③]。"座主问："如何是向上一路富贵处？"师云："滴雪峰外，白云不挂。座主作么生？"师又云："一句子十方共参，一句子天下人不奈何[④]；一句子活却天下人，一句子死却天下人，巧拙临时自看。所以道：贵持千里抄，林下道人悲。直得灵草不挂，犹非九五之位。明珠夜月，不是天晓。"

【校注】

①法华经：原文作"法花经",今校,下同。

②桙：《景德传灯录》作"垛"。垛者,积土为垛,或指墙的向上或向外突出的部分。这里"桙根"疑为"钝根"。又作"堕根",如本章前文有"堕根汉"。

③天下黯黑,茫然者遮地普天：此句中"黯"字原文异体,"茫"字原作"忙","遮"字原作"匜",今一一校之。

④不奈何：原文作"不那何"。

问："如何是沙门行?"师云："动则影现,觉则病生。"

钦山教侍者问师："学人拟欲斩身千断①,谁人下手?"师云："道无横径,立者皆危。"侍者又问："当风飘②谷时如何?"师云："者里无风,飘什么?"侍者又问："青山无霞,云从何生?"师云："骏马不露峰骨,朗然清虚。"侍者云："骏马何在?"师曰："蒲③马作针,扎布袋不入。白云千丈之线,寄在碧潭,浮定有无,离钩三寸,子何不问?"侍者却归,举似钦山。钦山云："夹山是作家。"漳南举此因缘,僧便问："道无横径,立者皆危。与么道,只是说道话道,未审如何是道?"漳南云："大家总觑汝。"

【校注】

①断：疑是"段"。
②飘：原文作"飏",下同。

③蒲：原文作"蒱"。

师教僧问石霜："如何是一老一不老？"霜云："白云听你白云，青山听你青山。"其僧却归，举似师，师云："门前把弄，不如老僧入理之谈，欠他三步。"

师自天门、夹山，首末十二年，通前凡三处转法轮。至中和初年辛丑岁十一月七日，自烧却门屋，谓众曰："苦哉，苦哉！石头一枝埋没去也。"乐蒲①出来云："听他②埋没去，自有青龙在。"师问："青龙意旨如何？"对曰："贵人不借衣。"师便救火。因此，造偈曰：

　　大江沉尽小江现，明月高峰法自流。
　　石牛水上卧，影落孤峰头。
　　荒田闻我语，如同不系舟。

师便示化矣。春秋七十七，僧夏五十七。塔于夹山，谥号传明大师，永济之塔。韶州刺史金夒③撰碑文。

【校注】
①乐蒲：即本书卷九之"落浦和尚"。
②他：原文作"也"。据文理，当校作"他"。
③金夒："夒"，原字异体难认，今校之。

岩头和尚

岩头和尚嗣德山，在鄂州唐宁住。师讳全豁，俗姓柯，泉州南安县人也。受业灵泉寺义公下,于长安西明寺具戒,成业讲《涅槃经》。后参德山。

初到参,始拟展坐具设礼,德山以杖挑之,远掷阶下。师因便下阶,收坐具,相看主事参堂。德山谛视久,而自曰:"者阿师欲似一个行脚人。"私记在怀。来晨,师上法堂参,德山问:"阇梨是昨晚新到,岂不是?"对云:"不敢。"德山云:"什么处学得虚头来?"师云:"专甲终不自诳。"德山呵云:"他向后老汉头上屙著!"师礼而退藏密机。既盘泊数载,尽领玄旨。初住卧龙,后居岩头。

有人问:"去却仆从,直请卧龙相见。"师云:"眨上眉毛看。"曜日颂:

当机直下现前真,认语之徒未可亲。

本色先陀如摩罗①,岩头柽桧镇长新。

【校注】

①原文"憯悷",今校作"摩罗"。

时有三人同礼拜,未审问,师云:"三人俱错。"三人默而无言,师便喝出。东山代云:"只怕和尚无语。"云门代云:"和尚也不得无过。"

问:"如何是毗卢师?"云:"汝道什么?"学人拟申问,师喝出,云:"钝汉!"

问:"不历古今事如何?"师曰:"卓朔底。"又问:"历古今事如何？"师云："任烂底。"

问："三界竞起时如何？"师云："坐却著。"僧曰："未审师意如何？"师云："移将庐山来，则向你道。"

罗山问："和尚岂不是三十年在洞山，又不肯洞山？"师云："是也。"罗山云："和尚岂不是法嗣德山，又不肯德山？"师云："是也。"罗山云："不肯德山则不问，只如洞山有何亏缺？"师良久，云："洞山好个汉，只是无光奴。"

雪峰问德山："从上宗乘，和尚此间如何禀授与人？"德山云："我宗无语句，实无一法与人。"师闻举云："德山老汉一条脊梁骨拗不折。虽然如此，于唱教中犹较些子。"保福拈问长庆："岩头平生出世有什么言教过于德山，便道'犹较些子'？"长庆举师示众云："若是得意底人，自解作活计，举措悉皆索索底，时常①恬恬底。触物则传，意在传处。住则刈住，去则刈去。须于欲去不去、欲住不住处体会。不执物，不据物。不同窒塞人，紧把著事，不解传得，恰似死人把玉擩玉相似。纵然传得，直到驴年，有什么用处？且愧伊向这里凑泊②，不别运为。讶将去，钻将去，研将去，直教透过，直教通彻。不见道：'如人学射，久久方中？'"有人问："中时如何？"师云："莫不识痛痒么？"保福云："今日非唯举话。"庆云："是什么心行？"

【校注】

①时常：原文作"时长"。

②泊：原文作"洎"。

问:"如何是祖师西来意?"师云:"移取庐山来,向你道。"师[又]云:"德山老汉只凭目前一个白棒,曰'佛来也打,祖来也打'。虽然如此,较①些子。"问:"如何是祖师西来意?"师云:"又与么去也。"问:"如何是岩中的的意?"师云:"道什么?""请和尚答话。"师云:"谢阇梨指示。"

【校注】

①较:原文作"交"。

师共雪峰到山下鹅山院,压雪数日,师每日只管睡,雪峰只管坐禅。得七日后,雪峰便唤:"师兄且起。"师云:"作么?"峰云:"今生不著便,共文遂个汉①行数处,被他带累。今日共师兄到此,又只管打睡。"师便喝云:"你也噇眠么?每日在长连床上,恰似漆村里土地相似。他时后日,魔魅人家男女去在。"峰以手点胸云:"某甲这里未稳在,不敢自谩。"师云:"我将谓汝他时后日,向孤峰顶上盘结草庵,播扬②大教,犹作这个语话。"峰云:"实未稳在。"师云:"汝若实如此,据汝见处道将来。"峰云:"某甲初到盐官,因说观色空义,得个入处。又因洞山曰:'切忌随他觅,迢迢与我疏;我今独自往,处处得逢渠;渠今正是我,我今不是渠;应须与么会,方得契如如。'……"师便喝云:"若与么则自救也未彻在。"峰云:"他时后日作么生?"师曰:"他时后日,若欲得播扬大教去,一一个个从自己胸襟③间流将出来,与他盖天盖地去么?"峰于此言下大悟,便礼拜起来,连声云:"便是鹅山成道④也。"

【校注】

①文遂个汉：指澧州钦山文遂，嗣承洞山。本书卷八，《景德传灯录》卷十七有其专章。《景德传灯录》卷十八岩头章说："师与雪峰义存、钦山文遂为友。"

②扬：原文作"杨"。

③襟：原文作"刟"。

④鹅山成道：《五灯会元》卷七雪峰章则作"鳌山成道"。所谓"鳌山"，即澧州鳌山镇；而鹅山即"山下鹅山院"。

二人分襟后，师在鄂州。遇沙汰，只在湖边作渡船人。湖两边各有一片板，忽有人过，打板一下，师便提起楫子，云："是阿谁？"对云："要过那边去。"师便划船过。

雪峰往福州卓庵。过沙汰后，忽有两个纳僧来礼拜和尚。和尚才见上来，以手托木庵门，放身出外，云："是什么？"其僧对云："是什么？"峰便低头入庵里。其僧三五日后便辞，峰云："什么处去？"对云："湖南去。"峰云："我有同行在彼，付汝信子得么？"僧云："得。"雪峰遂作信，信云："一自鹅山成道后，迄至于今。师兄一自鹅山成道后，迄主如今。同参某信，付上师兄。"其僧到岩头，师问："什么处来？"云："南方来。"师云："到雪峰么？"对云："到。来时有信上和尚。"便抽书过于师，师接得便问："他近日有什么言教？"僧云："某甲初到时，有一则因缘。"具举前话。师云："他道什么？"对云："他无语，便低头入庵。"师便拍掌云："噫！我当初悔不向伊道末后一句。我若向他道末后一句,天下人不奈何雪峰。"其僧到夏末,具陈前因缘,问师云:"师道'我悔不向伊道末后一句',如何是末后一句?"师云:"汝何不早问?"僧云:"某甲不敢容易。"师云:"虽则德山同根生,不与雪峰同枝死。汝欲识末后一句,只这个便是。"

师沙汰时,著襕衫①,戴席帽,去师姑院里。遇师姑吃饭次,便堂堂入厨下,便自讨饭吃。小师来见报师姑,师姑把柱杖来。才跨门,师便以手拔席帽戴②起。师姑云:"元来是豁上座。"被师喝出去。

【校注】

①襕衫:原文作"栏衫",今校为"襕衫"。唐代读书人的服装。也作"蓝衫",如韦应物《送秦系赴润州》诗:"近作新婚镊白毛,长怀旧卷映蓝衫。"

②戴:原文作"带"。

大彦上座初参见师,师在门前耘①草次。彦上座戴笠子堂堂来,直到师面前,以手拍笠子,提起手云:"还相记在么?"师拈得把草,拦面与一掷,云:"勿处,勿处。"他无语,便被师与三掴。后具威仪,始欲上法堂,师云:"已相见了,不要上来。"彦便转。到来朝,吃粥了,又上,始跨方丈门,师便透下床,拦胸一擒,云:"速道,速道。"无对。被师推出。大彦上座叹曰:"我将谓天下无人,元来有老大虫在。"

【校注】

①耘:原文作"芸"。

疎山参见师,师才见,却低①头佯佯而睡。疎山近前立久,师并不管。疎山以手拍禅床,引手一下,师回头云:"作什么?"山云:"和尚且瞌睡。"师呵呵大笑,云:"我三十年弄马骑,今日被驴子扑②。"

【校注】
①低:原文作"伍"。
②扑:原文作"撲"。

因沩山和尚于廊下泥壁次,李军容具公裳,直来诣沩山访道。到沩山背后,端笏而立。沩山回首,便侧泥盘作接泥势,侍郎便转笏作进泥沙。沩山当下抛泥盘与侍郎,把臂归方丈。师后闻此语云:"噫,佛法已后淡薄去也!多少天下,沩山泥壁也未了在。"

夹山有僧到石霜,才跨门便问,不审①。石霜云:"不必,阇梨。"僧云:"与么则珍重。"其僧后到岩头,直上便云,不审。师云:"嘘。"僧云:"与么则珍重。"始欲回身,师云:"虽是后生,亦能管带。"其僧却归,举似夹山。夹山上堂云:"前日到岩头、石霜底阿师出来,如法举著。"其僧才举了,夹山云:"大众还会么?"众无对。夹山云:"若无人道,老僧不惜两茎眉毛道去也。"却云:"石霜虽有杀人之刀,且无活人之剑。岩头亦有杀人之刀,亦有活人之剑。"

【校注】

①不审：学僧来参和尚，必先自报家门，或者和尚先问其姓名及来处等，和尚往往就在这"审问"当中夹机带用，施以教诲。不作这些，即称"不审"，不审则表明其知"言语动用勿交涉"。又，唐时用作问候语，如《敦煌变文集》卷二《庐山远公话》："直至庵前，高声：'不审和尚！'远公曰：'万福！'"

百丈垂语云："与么不与么？"有人举似师，师云："我不与么道。"便云："与么与么，不与么不与么。与么会，千人万人之中，难得一个半个。"长庆与罗山在临水宅举此因缘，便问罗山："'与么不与么'则不问，'与么与么，不与么不与么'意作么生？"罗山云："双明亦双暗。"庆云："作么生是双明亦双暗？"罗山云："同生不同死。"此后有人问长庆："如何是同生不同死？"庆云："彼此合取口。"其僧却举似罗山，罗山便不肯。其僧便问："如何是同生不同死？"罗山云："如大虫著角。""如何是同生同死？"罗山云："如牛无角。"

师辞德山，德山问："什么处去？"对云："暂辞和尚。"德山云："子后作么生？"对云："不忘。"德山云："既然如此，因什么不肯山僧？"师对云："岂不闻道'智慧过师，方传师教；智慧若与师齐，他后恐减师德'？"德山云："如是，如是。应当善护持。"

问："如何是切急处？"师云："道什么？"僧无对。师便

有颂:

　　适来和声送,低头不会事。

　　欲知此中意,云里有光彩。

问:"如何是佛法大意?"师云:"小鱼吞大鱼。"

自余枢要,莫尽玄猷。师平生预有一言:"者老汉去时,大吼一声了去。"以中和五年乙巳岁,天下瞿乱,凶徒炽盛。师于四月四日偿债而终①。临刃之时,大叫一声,四山回避之,悉闻其声。春秋六十,僧夏四十四。东吴僧玄泰制铭,云:"善恶二境,逆顺取舍;二祖大师,师子尊者。"敕谥清俨大师,出尘之塔。

【校注】

①偿债而终:为他人所杀,而非自然迁化,佛教谓偿其"宿债",前生造业,后世来报,故云"偿债而终"。二祖慧可、师子尊者皆"偿债而终"。故下文玄泰制铭曰"二祖大师,师子尊者"。

雪峰和尚

雪峰和尚嗣德山,在福州。师讳义存,泉州南安县人也,俗姓曾。

师生隔荤食,戏不群游。于识环之年,居然异俗。及为童之岁,辞亲,于莆田县玉涧寺①依庆玄律师,以受业焉。值武宗澄汰,变服而造芙蓉山,有若冥契,蒙圆照大师②询而摄受。至大中即位，佛宇重兴，即四年庚午年，诣幽州宝刹寺具戒。自是不寻讲肆，唯访宗师，遍历法筵。

【校注】

①玉涧寺：《全唐文》载黄滔撰《福州雪峰山故真觉大师碑铭》作"玉润寺"，《宋高僧传》"雪峰"传从之，亦作"玉润寺"。《景德传灯录》、《五灯会元》与原本一致，仍"玉涧寺"。

②圆照大师：《全唐文》作"宏照"，《宋高僧传》作"恒照"，《景德传灯录》与《五灯会元》皆作"常照"。

方造武陵，才见德山，如逢宿契。便问："从上宗乘事，学人还有分也无？"德山起来打之云："道什么？"师于言下顿承旨要。对云："学人罪过。"德山云："担负己身，询他轻重？"师礼谢而退。斯谓面临秦镜，目鉴亲躬，无猜非己之疑，复何言而属矣！既而摩尼现掌，罢探沧溟，身役心闲，盘泊数载。后返锡瓯闽，卜于雪峰，众上一千余人。

师神情恒荡而厉，容止怡怿而威。行则远近奔随，坐则森然拥绕。有时上堂云："汝诸人来者里觅什么？莫要相钝致么？"便起去。有时上堂，众立久，师云："便与么承当却，最好省要。莫教更到这老师口里来。三世诸佛不能唱，十二分教载不起。如今嚼涕唾汉争得会？我寻常向师僧道是什么，便近前来觅答话处，驴年识得事？不得已向汝与么道，已是平欺汝了也。向汝道，未跨①门以前早共汝商量了，还会么？亦是老婆心也。省力处不肯当荷,但知踏步向前觅言语。向汝道,尽乾坤是个解脱门,总不肯入,但知在里许乱走,逢著人便问'阿那个是我?'还著么?只是自受屈。所以道,临河渴水,死人无数②;饭箩里受饿人,如恒河沙。莫将等闲,和尚子,若实未得悟入,直须悟入始得。不虚度时光,莫只是傍家相徼,掠虚赚③说。悟入且是阿谁分上事?亦须著精神好。菩提达摩来道,'我以心传心,不立文字',且作么生是汝诸人心?不可只是乱统了便休去。自己事若不明,且从何处出得如许多妄想?向这里见凡见圣,见有男女僧俗,高低胜劣,大地面上炒炒底铺砂相似;未尝一念暂返神光,流浪生死,劫尽不息。惭愧!大须努力好。"

【校注】

①跨:原字异体,今校作"跨",原本此字下还有小字注:"口化反,跨步也。"

②原文"临河渴水死人无数",宜校作"临河水渴,死人无数",以与下句对称。

③赚:原文作"嫌"。

问:"寂然无依时如何?"师云:"犹是病。"进曰:"转后如何?"师云:"船子下扬州。"

僧问:"承古人有言……"师便倒卧,良久起来。师云:"问什么?问什么?"学人再申问,师云:"虚生浪死汉。"

问:"箭路投锋时如何?"师云:"好手不中的。""尽眼勿标①时如何?"师曰:"不放随分好手。"保福拈问长庆:"既尽眼勿标,为什么不许全好手?"庆云:"还与么也无?"福云:"好手者作么生?"庆云:"不当,即道。"保福云:"谢和尚领话。"自云:"礼拜著。"

【校注】
①标:原字讹写,今校作"标"。

问:"古人道:路逢达道人,莫将语墨①对。未审将什么对?"师云:"吃茶去。"

【校注】
①原文"墨"字,疑作"默"。参《五灯会元》卷七雪峰章则作"默"。

师问僧:"此水牯牛年多少?"僧无对。师云:"七十七也。"僧曰:"和尚为什么却作水牯牛?"师云:"有什么罪过?"

问:"古人有言:知有佛向上事,方有语话分。如何是语话?"师把住①云:"道什么?"僧无对,被师踏。

【校注】
①住:原文作"柱"。

问:"学人道不得处,请师道。"师云:"我为法惜人。"

师举古来老宿引俗官巡堂,云:"这里有二三百师僧,尽是学佛法僧。"官云:"古人道'金屑虽贵',又作么生?"无对。师拈问镜清,镜清代云:"比来抛砖引玉。"

师问长庆:"古人道'前三三,后三三',意作么生?"庆便出去。鹅湖云:"喏。"

师举拂子示僧,其僧便出去。长庆举似泉州太傅,却云:"此僧合唤转,与一顿棒。"太傅云:"和尚是什么心行?"庆云:"洎错放过。"

沩山问仰山:"过去诸圣什么处去?"仰云:"或在天上,或在人间。"师举问长庆:"仰山与么道,意作么生?"庆云:"若问诸圣出没,与么道即得。"师云:"汝浑来不肯。或有人问,汝作么生对?"云:"但向他道:错。"师云:"老僧即错,是汝作么生?"庆云:"何异于错?"

师为书状头,造偈:

苦屈世间错用心,低头曲躬寻文章。

妄情牵引何年了?辜负灵台一点光。

有俗士投师出家,师以偈住之:

万里无寸草,迥迥绝烟霞。

历劫常如是,何烦更出家?

师问僧:"什么处来?"对云:"江西来。"师云:"这里与江西相去多少?"对云:"不遥。"师拈起杖子云:"还隔这个么?"对云:"不遥。"师肯之。

又问僧:"什么处来?"对云:"江西来。"师云:"这里与江西相去多少?"对云:"不遥。"师拈起柱杖云:"还隔这个么?"对云:"若隔这个则遥。"师便打之。其僧却归,举似云居,云居云:"世谛则得,佛法则无过。"其僧却归雪峰,举似前话,峰云:"者老汉!老僧臂①长,则便打二十棒。虽然如此,老僧这里留取十人。"

【校注】
①臂:原字异体,今校作"臂"字。

双峰辞师时,造偈与师:
　　暂辞雪岭伴云行,谷口无关路坦平;
　　禅师莫愁怀别恨,犹如秋月月常明。
师和:
　　非但抛僧去,云岭不相关。
　　虚空无隔碍,放旷任纵横。
　　神光迥物外,岂非秋月明?
　　禅子出身处,雷罢不停声。
师云:"世界阔一丈,古镜阔一丈;世界阔一尺,古镜阔一尺。"学人指火炉问:"阔多少?"师云:"恰似古镜阔。"天龙拈问:"为复火炉量于古镜与么大,为复古镜量于火炉与么大?"庆代云:"与么必辨,人犹可在。"

师共双峰行脚,游天台,过石桥。双峰造偈:
　　学得修行力未充,莫将此身险①中行。
　　自从过得石桥后,即此浮生是再生。
师和:
　　学道修行力未充,须将此身险中行。

自从过得石桥后，即此浮生不再生。

【校注】
①险：原文作"崄"，下同。

问："学人乍入丛林，乞师指示。"师云："宁自碎身如微尘，终不敢瞎却一个师僧。"

僧问："四十九年后则不问，四十九年前事如何？"师以拂子蓦口打。

师上堂，良久，便起来云："为你得彻困也。"孚上座云："和尚败阙也。"僧问清座主："雪峰过在什么处，招得孚上座不肯？"座主云："若不与么道，争招得不肯？"又举似孚上座，上座云："莫道是骨，皮也不识。"

问："但有施为，尽是傍通鬼眼。如何是正眼？"师良久。问："古人有言：我眼本正，因师故邪。如何是我眼本正？"师云："未逢达摩。"僧云："我眼何在？"师云："不从师得。"

问："古人据个什么事，去却四十二本经论？"师云："汝须礼拜始得。"

师示僧云："是什么？"对云："不似一物。"师便打。

僧问苏州西禅："三乘十二分教则不问，祖师西来的的意，只请一言。"西禅竖起拂子，其僧不肯。后到雪峰，师问："什么处来？"对云："西禅来。"师云："有什么佛法因缘？"僧举前话，师云："你还肯也无？"对云："作么生肯？"师云："作么生说不肯底道理？"对云："作①么生问，师将境示人？"师云："是你从西禅与么来到这里,过却多少林木,总是境。你因什么不②肯,只得不肯拂子?"僧无对。

【校注】

①作:原作"什",疑误。
②原文"不"字下另有一"不"字,疑是衍字,今删去。

因此师云:"尽乾坤是一个眼,是你诸人向什么处放不净?"庆对云:"和尚何得重重相欺?"有人持此语举似赵州,赵州云:"上座若入闽,寄上座一个锹子去。"翠岩持师语举似疏山,疏山云:"雪峰打二十棒①,推向屎坑里著。"翠岩云:"和尚与么道,岂不是打他雪峰过?"疏山云:"是也。"岩云:"眼又作么生?"疏山云:"不见《心经》云:'无眼耳鼻舌身意'?"岩不肯云:"不是和尚。"疏山无言。

【校注】

①棒:原作"捧"字。今校,下同。

师问僧:"什么处人?"云:"磁州人。"师曰:"见说磁州出金还是也无?"对云:"不敢。"师曰:"还将得来也无?"对云:"将来。"师云:"若将来则呈似老僧看。"僧展手,师唾之。又问别僧:"什么处人?"对云:"磁州人。"师曰:"见说磁州出金还是也无?"对曰:"不敢。"师展手云:"把将金来。"僧便唾之。师便捆三五下。师问僧:"名什么?""惠全。"师云:"汝得入处作么生?"对曰:"共和尚商量了也。"师云:"什么处是商量处?"对云:"什么处去来?"师曰:"汝得入处更作么生?"僧无对,被棒。师举似长庆,长庆云:"前头两则也有道理,后头无主在。"

师问:"什么处来?"对曰:"蓝田来。"师曰:"何不入草?"长庆闻举云:"险。"

有僧辞,师问:"什么处去?"僧曰:"浙①中礼拜径山去。"[师曰:]"忽然径山问,汝向他道什么?"对云:"待问则道。"师打之。师问镜清:"者个师僧过在什么处?"清云:"径山问得彻困也。"师笑云:"径山在浙中,因何问得彻困?"清云:"不见道'远闻近对'?"师颂曰:

　　君觅路边花表柱,天下忙忙总一般。
　　琵琶拗折②随手转,广陵妙曲无人弹。
　　若有人能解弹得,一弹弹尽天下曲。

【校注】

①浙:原文作"淅"。
②拗折:原文"拗"字缺笔,今校作"拗折"。

常敬长老初参时云:"休经罢论僧常敬等参。"师当时不造声。明日早朝来不审,师云:"休经罢论僧常敬在么?"敬便出来,师云:"老僧唤休经罢论僧常敬,关公什么事?"敬云:"明君有诏,臣无不现。"师云:"适来诏不诏?"对云:"诏。"师便喝出。师有颂曰:

世中有一事，奉劝学者取。

虽无半钱活，流传历劫逼①。

登天不借梯，遍地无行路。

包尽乾坤处，禅子火急悟。

寅朝不肯起，贪座昏黄晡②。

鱼被网③裹却，涨④破獦师⑤肚。

【校注】

①逼：原字缺笔。

②昏黄晡：晡，指申时。《淮南子·天文》说："日至于悲谷，是谓晡时。""昏黄晡"，也即日落黄昏时。

③网：原字异体难认。

④涨：原文作"张"。

⑤师：原本不清，似作"师"。

朗上座问："满目是生死。"师云："满目是什么？"上座便大悟。

常敬长老问："元正一旦，万物唯新。未审真王还度春也无？"师云："四相年老转，真王不度春。"敬云："十二时中将何侍奉？"师云："触食不受。"云："忽然百味珍馔来时作么生？"师云："太与么新鲜生！"

师入佛殿，见经案子，问玄沙①："是什么经？"对云："《华严经》②。"师云："老僧在仰山时，仰山拈经中语问大众：'刹③说、众生说、三世一切说，为什么人说？'无人对云。养子代老，借此问阇梨,阇梨作么生道?"玄沙迟④疑,师却云:"你问我,我与你道。"玄沙便问,师便向面拶身云:"捆!捆!"报慈拈问卧龙:"话是仰山话,举是雪峰举,为什么雪峰招捆?"龙云:"养子代老。"慈云:"打草惊蛇。"

【校注】

①玄沙:原文作"玄砂",今参《景德传灯录》校为"玄沙",下同。

②华严经:原文作"花严经"。

③刹:原文作"剎"字。

④迟:原字异体难认,校作"迟"。

师见僧云:"会么?"对云:"老僧不出头,为什么不会?"师问僧:"你还有父母么?"对云:"有。"师云:"吐却著。"别僧云:"无。"师云:"吐却著。"

师示众云:"明镜相似,胡来胡现,汉来汉现。"有人举似玄沙,玄沙云:"明镜未时作么生?"其僧却归雪峰,举似玄沙语,师云:"胡汉俱隐也。"其僧却归玄沙举此语,玄沙云:"山中和尚脚根不踏实地。"又时,玄沙上雪峰,师收一脚,独脚而行。沙问:"和尚作什么?"师云:"脚根不踏实地婆。"

师示众曰:"我寻常道钝汉,还有人会么?若也有人会,出来呈似我,我与你证明。"时有长生出来云:"觌面峻,临机俊①。"师云:"老子方亲得山僧意。"顺德云:"打水鱼头痛。"师云:"是也。"

【校注】

①俊:原字讹写。

师上堂云:"某甲共岩头、钦山行脚时,在店里宿次,三人各自有愿。岩头云:'某甲从此分襟之后,讨得一个小船子,共钓鱼汉子一处坐①,过却一生。'钦山云:'某甲则不然,在大州内,节度使与某礼,为师处分,著锦袄②子,坐金银床,斋时金花碟③子、银花碟子,大盘④里如法排批吃饭,过却一生也。'某云:'某甲十字路头起院,如法供养师僧。若是师僧发去,老僧提钵囊、把柱杖送他。他若行数步,某甲唤上座;他若回头,某甲云,途中善为。'自后,岩头、钦山果然不违于本愿,只是老僧违于本志,住在这里,造得地狱渣⑤滓。"

【校注】

①坐:原文作"座"。
②袄:原文作"裈"。
③碟:原文作"揬"。
④盘:原文作"槃"。
⑤渣:原文作"柤"。

又云:"江西、湖南、东蜀、西蜀,总在这里。"当时无人出问,师教僧问。其僧出来礼拜问:"未审这里事如何?"师云:"入地狱去。"有人拈问报慈:"先师与么道,意作么生?"慈云:

"阎老断望。"问:"古人有言:欲得不招无间业,莫谤如来正法轮。如何得不谤去?"师云:"入地狱去。"问:"如何是涅槃?"师云:"入地狱去。"

师示众云:"譬如世间两个君子:一个君子从南方来,一个君子从北方来,旷①野之中相逢。南来君子问北来君子:'何姓?第几?'北来君子便捆。南来君子云:'某甲行五常之礼,过在于何?'北来君子云:'某甲早是不著便。'诸和尚若领这个况喻,住山也得,住城隍也得。"

【校注】
①旷:原作"广"。

师游西院了,归山次,问泯典座:"三世诸佛在什么处?"典座无对。又问藏主,藏主对云:"不离当处常湛①然。"师便唾之。师云:"你问我,我与你道。"藏主便问:"三世诸佛在什么处?"师忽然见有个猪母子从山上走下来,恰当师面前,师便指云:"在猪母背上。"

【校注】
①湛:原文作"堪"。

师又时问僧:"堂中有一千余人,争委得他是龙是蛇?又不通个消息。"长庆云:"有个沁水杖子。"师云:"汝道我这里作么生?"庆放身作倒势,师云:"这个师僧患风去也。"

沩山与仰山一夜语话次，沩山问仰山："子一夜商量，成得什么边事？"仰山便一划，沩山云："若不是吾，洎被汝惑。"有人问长庆："一划意作么生？"〔庆〕便竖起指。又问顺德，顺德又竖起指。其僧云："佛法不可思议，千圣同辙。"其僧又举似师，师云："两个总错会古人事。"其僧却问师，师云："只是个横事。"

师初出家时，儒假大德送三首诗：

　　光阴轮谢又逢春，池柳亭梅几度新。

　　汝别家乡须努力，莫将辜负丈夫身。

又云：

　　鹿群相受岂能成，鸾凤终须万里征。

　　何况故园贫与贱，苏秦花锦事分明。

又云：

　　宪原守贫志不移，颜回安命更谁知？

　　嘉禾未必春前熟，君子从来用有时。

师问僧："什么处来？"对云："不涉途中。"师云："咄！这虾蟆叫。"又问僧："什么处来？"对云："江西来。"师曰："什么处逢达摩？"对云："非但达摩，更有亦不逢。"师云："有达摩不逢，无达摩不逢？"对曰："不逢，说什么有无？"师云："既不说有无，你何道不逢？"僧无对。

师示众云："南山有鳖鼻蛇，是你诸人好看取。"众无对。庆代云："和尚与么道，堂中多有人丧身失命。"玄沙代云："要那南山作什么？"晖和尚颂曰：

　　雪峰养得一条蛇，寄著南山意若何？

　　不是寻常毒恶物，参玄须得会先陀。

报慈和：

劝君险处好看蛇，冲著临时争奈何？

欲得安身免负物，向南看北正先陀。

师指树桩子问长庆："古人道：见色便见心，心外无余。你还见树桩子不？"对云："见什么？"师云："孤奴。"庆云："不孤和尚。"师云："你道不孤我，我道孤。"庆退三步而立。师云："你问我，我与你道。"庆便问和尚："见树桩子不？"师云："更见什么？"问："目击相扣，不言勃素①者如何？"师云："弥②也要急相投。"又值盲人，师云："我盲，我盲。"

【校注】

①勃素：原文异体难辨，今校之，也即"勃窣"。盘桓不进、迟缓貌。又如卷十六沩山章："切忌勃素著。"

②弥：原文作"旎"。当校为"弥"，参本集卷十五盐官章有"沙旎"即沙弥。

师平生厚心接物，行坐垂机。自天祐①丙寅之间，众上一千七百，闽王四事供须，不替终始。开平二年戊辰岁五月二日夜三更初迁化，春秋八十七，僧夏五十九，出世三十九年。敕谥真觉大师，难提之塔。

【校注】

①天祐：原文作"天祐"，今校为"天祐"。天祐丙寅即天祐三年。

卷第八

云居和尚

云居和尚嗣洞山,在洪州。师讳道膺,姓王,幽州蓟门玉田人也。

师居龆龀①,岐嶷生知。匪狎竹马之朋,卓有乘羊之誉。年二十五,于幽州延寿寺受戒。初习毗尼,喟然叹曰:"大丈夫儿,焉局②小道而晦大方?"遂纳衣杖锡,径③访翠微。一沐④玄津,三移星律。因宴止石室,俄见二使赪⑤素异裳,曰:"师其南访,必遇奇人。"果有毳侣自洪湖而至,举洞山大师当世宗匠。师乃摄衣而造洞山。

【校注】

①龆龀:原文作"龆乱",今校为"龆龀"。本指儿童换牙,借指童年时代。

②局:原文作"扃"。参《宋高僧传》校。

③径:原文作"侄",误。今正。

④沐:原文作"沭",不通。今校为"沐",有润泽义。

⑤赪:原文作"颒"。

洞山大师格高调古,言简旨玄。师一至,毕其仪敬,洞山问:"阇梨名什么?"师称名:"专甲。"洞山云:"向上更道。"师云:"向上道则不名专甲。"洞山云:"如吾在云岩时只对无异。"遂朝询夕惕,励志怀冰,效赤水以求珠,踵温生之目击。

有因一日,问洞山:"如何是祖师意?"洞山云:"阇梨他后住一方时,忽有人问,作么生向他道?"师云:"专甲罪过。"洞山又问师:"我闻思大和尚向倭国作王,虚实?"师云:"若是思大,佛亦不作,岂况国王乎?"①洞山默然许之。自是密领玄旨,闻所未闻,更不他游,学心并息。初住三峰,后住云居。钟陵大王仰德高重,殷勤②异常,为奏紫衣、师号,师再三坚止。由是法轩大敞③,玄教高敷,十五余年,春秋不减千有余众。

【校注】

①原本此段,《五灯会元》卷十三说,洞山对师说:"吾闻思大和尚生倭国作王,是否?"师曰:"若是思大,佛亦不作。""思大和尚",不知是指"思迁",还是指"行思"?倭国,是汉以来中国人对日本国的称呼。

②殷勤:原文作"慇懃"。

③敞:原文作"敝"。

师每上堂云:"夫出家人但据自己分上抉择,切不得分外。到者里合作么生行李①?身上被什么衣服?吃什么饭食?合作什么声音?身被高上衣,须取高事道。尔千乡万里行脚来,为个什么事?更向这里容易过,则知不得。莫为小小因缘妨于大事。大事未办,日夜故合因修。所以道,如对尊严长,须得兢兢底。决择之次,如履轻冰;勤求至道,如救头燃②,更有什么余暇?如火逼身,便须去离。一切事来,总须向这里荡罗取,头头上须及,物物上须通。若有毫发事乃不尽,则被沉累,岂况于多?道你一步才失,便须却回一步;若不回,冥然累劫,便是隔生隔劫。千生万生事,只为一向。若向这里不得,万劫千生著钝。"

【校注】

①行李:相当于"行履"。如本集卷十镜清章"十二时中如何行李",又如《古尊宿语录》卷三十六"十二时中如何行履"。

②燃:原作"然"。

问:"如何是曩劫事?"师云:"只在如今。"僧曰:"如今作么生?"师云:"不见有曩劫事。"

师上堂,只在绳床边立,大众亦在一畔立。良久,便归去。俗士问僧:"某甲家中有一个铛子,寻常煮饭,三人吃不足,千人食有余,上座作么生?"僧无对。师代曰:"争则不足,让则有余。"

有尚书问:"古人有言:世尊有密语,迦叶不覆藏。如何是世尊有密语?"师唤尚书,尚书应喏。师云:"还会么?"尚书云:"不会。"师曰:"汝若不会,世尊有密语;汝若会,迦叶不覆藏。"

师问僧:"你名什么?"对云:"行密。"师云:"是什么行,得与么密?"僧无对。师代云:"虽则如此,有人未许专甲在。"

师示众曰:"如人将一百贯钱买得猎狗,只解寻得有踪迹底;忽遇灵羊挂角①,莫道踪迹,气也不识②。"僧便问:"灵羊挂角时如何?"师云:"六六三十六。"又云:"会么?"对云:"不会。"师云:"不见道'无踪迹'?"僧举似赵州,赵州云:"云居和尚犹在。"僧便问赵州:"灵羊挂角时如何?"州云:"六六三十六。"

【校注】

①灵羊挂角:《景德传灯录》卷十七作"羚羊挂角"。羚羊,体形似鹿,又似山羊,嗅觉锐敏,驰走迅速。此羚(灵)羊挂角,喻境界之超脱无寄,无迹可求。《沧浪诗话》:"盛唐诸人惟在兴趣,羚羊挂角,无迹可求。故其妙处,透彻玲珑,不可凑泊,如空中之音,相中之色,水中之月,镜中之象,言有尽而意无穷。"

②气也不识:《五灯会元》卷十三作"气息也无"。

问:"大肯底人与大舍底人,是一是二?"师云:"是二。"僧曰:"阿那个是轻?阿那个重?"师云:"大肯①是重,大舍是轻。"僧曰:"大肯底人,为什么却重?"师云:"此人见自己向上事似不净物,所以不落功勋边。大舍底人则不见有身则是也,所以属向去功勋边事,岂不是轻?"

【校注】

①大肯:原文作"太肯"。

问曰:"达摩未来时在什么处?"师答曰:"只在这里。"进曰:"为什么不见?"师曰:"过西天去。"

问曰:"于耳不闻,于眼闻声时如何?"师曰:"眼还闻也无?"对曰:"闻者不是眼。"师自代曰:"眼闻非眼。"

问:"被三衣即这边人,那边人事作么生?"师云:"那边人被什么衣服?"学人不会。师云:"不缺。"学人云:"不缺底事作么生?"师曰:"生生不拣。"

有僧问:"总无人时和尚还说话也无?"师曰:"未曾停此时。"进曰:"什么人得闻?"师曰:"不说者得闻。"进曰:"师还闻也无?"师云:"闻即不说。"

问:"游子归家时如何?"师云:"且喜得归来。"进曰:"将何奉献?"师云:"朝打三千,暮打八百。"

有人问:"如何是清净伽①蓝?"师曰:"合著什么人?"僧无对。自代:"不是不著,渠不坐圆位。"

【校注】

①伽:原文作"茄"。

有人问:"大业底人,为什么阎罗天子觅不得?"师云:"是伊解藏身。"进曰:"忽然投著时作么生?"[师云:]"吃拳吃踢①。"

【校注】

①踢:原文作"趯"。

师示众云:"孤迥且巍巍①。"僧云:"便请。"师云:"孤迥且巍巍。"师云:"是你面前桉山岂不会?"②

【校注】

①孤迥且巍巍:《景德传灯录》卷十七作"孤迥峭巍巍",《五灯会元》卷十三作"孤迥迥,峭巍巍"。其中,"迥"字原本作"晌"。

②原本此句,《景德传灯录》卷十七作"面前案山子也不会"。

师问僧:"什么处去来?"对曰:"山下去来。"师云:"草还青也无?"对曰:"青也。"师云:"牛还吃也无?"僧无对。自代云:"有余,有余。"体①云:"不希望。"又云:"自足即是。"

【校注】

①体:疑为体禅师。参本集卷十长庆章有"体师叔"。

有人问:"二祖截臂,当为何事?"师云:"不为少少苦。"进曰:"求还得也无?"师云:"此身当射①。"

【校注】

①射:疑作"谢"。

师临顺世时,师问侍者:"今日是几?"侍者云:"三日。"师云:"三十年也,只这个是。"

有人问:"不出户者如何?"师云:"不著事。"进云:"为什么不著事?"师云:"不出户不著事。"又云:"此是理用也。"

问:"不逢不遇时如何?"师云:"也大屈在。"进曰:"得遇得逢时如何?"师云:"也大屈在。"进曰:"既得遇得逢,为什么却成屈?"师云:"千劫不过来。"僧曰:"与么则不逢不遇即是也。"师云:"路上行人绝。"保福拈问困山:"古人道:得逢得遇亦是屈,不逢不遇亦是屈。不逢不遇时屈则且从,得逢得遇为什么却是屈?"困山云:"上座行脚底事作么生?"保福不肯。自云:"从来合作么生?"又代前云:"且行脚去。"

问:"文殊仗剑①拟杀何人?"师云:"动者先死。"僧曰:"万里无寸草处作么生?"师云:"谁人受杀?"僧曰:"不辨生死底人作么生?"师云:"不由人。"

【校注】

①仗剑:原文作"丈剑"。

问:"古人道:佛不会道,我自修行。如何是佛不会道?"师云:"佛与众生总不会。"进曰:"是什么人会?"师云:"是阇梨会。"僧云:"和尚道阇梨是什么人?"师云:"非佛不众生者。"

问:"纯石之山,草从何生?"师云:"不理则不乱。"僧云:"忽然片云来时如何?"师云:"莫视。"僧云:"与么则空然也。"师云:"何必?"

同安问:"重玄不到处如何?"师云:"向上事作么生?"安云:"则非重玄。"师云:"不得。"同安不肯。在后收过,改前语云:"谁言到不到?"

抚州刺史便问圆长老:"只如国王大臣,未曾见有小福,未审曾供养什么人来?"长老云:"曾供养佛。"刺史云:"有佛则供养,未有佛时供养什么人?"长老无对。师代云:"贤者不隐。"报慈代云:"未有佛时,何不问吾?"

问:"举目便知意时如何?"师云:"什么生事?"

问:"欲采宝珠时如何?"师云:"漂入罗刹鬼国。"僧曰:"大悭惜生。"师云:"自是你无分。"

因兵马入云居山,众僧总①走,唯有师端然不动。统军使不礼拜而对坐,便问:"世界什么时得安?"师云:"待将军心足。"统军便礼拜为师。

【校注】

①总:原文作"捻"。

问:"松生三寸时如何?"师云:"不从他得。"僧云:"直拔云霄时如何?"师云:"不是本来生。"进云:"还假四时也无?"师云:"不涉诸有。"

问:"不假言句,还达本源也无?"师云:"问取与么人。"僧对云:"只今现问。"师云:"更讨一问。"有僧问:"三千里外久向云居,三千里内事如何?"师云:"三千里内尽是真如。"进曰:"如何是真如?"师云:"三千三千。"

问："雪山六年苦行,当为何事?"师云："自立其志,万法不依。"僧曰："明星出时,当何所见?"师云："都无所见。"僧曰："作何功课,则得外道归心?"师云："一切俱息。"进曰："著弊垢衣,彼中消息如何?"师云："转高去也。"僧曰："与么则现化劝机也。"师云："不将为有。"

问："古人道:我这里有刮骨禅。身也无,如何刮?"师云："直须刮。"僧曰："髓也无,如何刮?"师云："始得刮。"僧曰："刮后如何?"师云："则非骨髓。"

佛日问："二龙争珠,谁是得者?"师云："舍却业身来。"佛日云："业身已舍。"云居便云："珠在什么处?"佛日无对。佛日别时依前举:"某甲比来问和尚,'业身已舍,珠在什么处?'与么排比,和尚便夺,某甲道不得。忽有人问:'业身已舍,珠在什么处。'和尚作么生道?"师云："转头则不得。"又云："更有嗦路作么生?"佛日无对。师云："谁求珠者?"

师示众云："十度拟发言,九度却休去,为什么却如此?只恐你诸人无利益。"长庆闻举,别云："十度拟发言,十度却休去,莫道诸人无利益。"僧问长庆："古人道:十度拟发言,九度却休去。古人为什么却如此?"庆便掴之。又云："这个是布袋和尚真。"又云："更有一路汝自看。"

问："牛头未见四祖时如何?"师云："在。"僧云："见后如何?"师云："忘却也。"

问："相逢欲相识,脉脉不能言时如何?"师曰："适来洎道得。"

自余玄要,此不尽彰。天复元年辛酉岁秋,忽有微疾,至十二月上旬累有教令。至二十八日夜，主事及三堂上座参省，师顾视云："汝等在此粗知远近，生死寻常，勿以忧虑；斩钉截铁，莫违佛法；出生入死，莫负如来。事宜无多，人各自取。"至二年壬戌岁正月二日，问侍者："今日是几？"云："新岁已二。"师曰："吾出世来，恰三十年，亦可行矣。"三日寅时殁焉。

钦山和尚

钦山和尚嗣洞山，师讳文遂。未睹行状，莫穷姓族。武陵雷相公礼以接足，不替终始。

僧问："如何是祖师西来意？"师曰："梁公曲尺，志公剪刀。"

问："一切诸佛及诸法，皆从此经出。如何是此经？"师曰："常转。"僧问："未审经中说什么？"师曰："有疑请问。"

师与卧龙①、雪峰煎茶次，见明月彻碗水。师曰："水清则月现。"卧龙曰："无水清则月不现。"雪峰便放却碗水了，云："水月在什么处？"

【校注】

①卧龙：指岩头禅师。《景德传灯录》卷十八说：岩头辞德山后，居洞庭之卧龙山，故名。

因将江僧乞钱，有人问："乞钱作什么？"云："掘井钱。""既是将江，掘井作什么？"无对。师代云："不饮众流。"

师问："道士为法来？为礼拜来？"对云："为法来。"师云："若为法来，不得坐。"道士问："粗言及细语，皆归第一义。如何是第一义？"师云："汝是佛家奴是不？"对云："和尚太粗生。"师云："第一义何在？"进云："和尚莫通三教也无？"师云："三教且致①，老君什么时生？"对云："混沌未分时生。"师曰："混沌未分前事作么生？"道士无对，师便打之。

【校注】

①原文"致"字，亦作"置"。参本卷疏山章："万机休摆则且置，千圣不携是何言？"又同"从"，如本卷龙牙章："取即且从，阇梨且唤什么作龙僧头？"

中山和尚

中山和尚嗣洞山，在高安县。师讳道全。未睹行状，不决终始。

师问洞山："如何是出离之要？"洞山云："阇梨足下烟生。"师便悟。后云居进云："与么则不敢辜负和尚也。"大光进云："与么则不敢造次。"所以，文家赞第二和尚①云："师闻击耳之言，便息修证之路。"

【校注】

①原文"第二和尚"，当指本师中山和尚。"中山和尚"，其实即中洞山和尚。《景德传灯录》卷十七有"洞山第二世道

全禅师",这"洞山第二世"亦云"中洞山"。由之,疑"中山"即为"中洞山"之误。

问:"清净行者不入涅槃,破戒比丘不堕地狱。古人意旨如何?"师云:"度尽无遗影,还他越涅槃。"

问:"二龙争珠,谁是得者?"师云:"众类皆尽,但似目前。"僧曰:"与么则二龙俱不得也。"师云:"非但二龙,千佛不得。"僧曰:"非佛还得也无?"师云:"得者不是明珠。"

曹山和尚

曹山和尚嗣洞山,在抚州①住。师讳本寂,泉州莆田县人也,俗姓黄。少习九经②,志求出家。年十九,父母方听,受业于福唐县灵右山③。年二十五,师方许受戒,而举措威仪,皆如旧习。便云游方外,初造洞山法筵。

【校注】

①抚州:原本作"杭州"。有校本校作"杭州",错。今据《全唐文》南岳玄泰所撰塔铭及《宋高僧传》、《景德传灯录》二本校为"抚州"。抚州乃隋置,时总管杨武通安抚其地,因名;唐仍之,属江西,治临川。

②九经:传统谓儒典有九经即《诗》、《易》、《书》、《礼》、《春秋》等。据《宋高僧传》卷十七本传说:"其邑唐季多衣冠士子侨寓,儒风振起,号小稷下矣。寂少染鲁风,率

多强学,自尔淳粹独凝,道性天发。"又卷四丹霞章说:"少亲儒墨,业洞九经。"

③本师于何处出家,《宋高僧传》据玄泰塔铭曰"年十九,入福州云名山出家",《景德传灯录》说"年十九出家,入福唐县灵石山",此与原本"灵右山"仅一字之别,疑传抄生误。

洞山问:"阇梨名什么?"对曰"专甲。"洞山云:"向上更道。"师云:"不道。"洞山曰:"为什么不道?"师云:"不名专甲。"洞山深器之。盘泊数年,密室承旨。

因一日辞去,洞山问:"什么处去?"师云:"不变异处去。"洞山曰:"不变异处岂有去也?"师云:"去亦不变异。"自尔之后,兀兀延时,依依放旷。非其道友,无得交言。稳①不自由,化缘将至。初住曹山,后居荷玉。②

【校注】

①原文"稳"字,疑为"隐"。

②据《抚州曹山元证禅师语录》及《五灯会元》卷十三记,本师离洞山后,先礼曹溪,后回吉水(临川),因志慕六祖,遂名所住山为"曹山"。后遇贼乱,乃之宜黄,住何王观,因改何王为"荷玉"。荷玉,原本作"荷王",今依此校之。然而据《大明一统志·抚州府》"曹山"与"荷玉"原本是一山,其曰:"曹山在宜兴县北三十里,旧名荷玉山,山巅曰罗汉峰。昔本寂禅师因礼曹溪六祖回此,遂易名曹山。"

钟陵大王向仰德高,再三降使迎请,师乃托疾而不从命。第三遣使去时,王曰:"此度若不得曹山大师来,更不要相见。"使奉旨到山,泣而告曰:"和尚大慈大悲,救度一切。和尚此度若也不赴王旨,弟子一门便见灰粉。"[师]云:"专使保无忧虑,去时贫道附一首古人偈上大王,必保无事。"偈曰:
　　　　摧残枯木倚青林,几度逢春不变心。
　　　　樵①客见之犹不顾,郢人那更苦追寻!
使回通偈,王遥望山顶,礼曰:"弟子今生决定不得见曹山大师也。"如是二处法席,咸二十年,参徒冬夏盈于二百三百。

【校注】

①樵:原文异体,今校作"樵"。

　　师每上堂示诲云:"诸人莫怪曹山不说,诸方多有说成底禅师在,你诸人耳里总满也。一切法不接不借,但与么体会,他家差别见解,无奈阇梨何。天地洞然,一切事如麻如苇,如粉如葛,佛出世亦不奈何,祖出世亦不奈何。唯有体尽,即无过患。你见他千经万论说成底事,不得自在,不起始终,盖为不明自己事。若明自己事,即转他一切事,为阇梨自己受用具。若不明自己事,乃至阇梨亦与他诸圣为缘,诸圣与阇梨为境;境缘相涉,无有了时,如何得自由?若体会不尽,则转他一切事不去;若体会得妙,则转他一切事,向背后为僮仆著。是故,先师云:体在妙处,莫将作等闲。到这里不分贵贱,不别亲疏。如大家人守钱奴相似，及至用时，是渠总不得知东西。这里便是不辨①缁素，不识清浊。若是下人出来著衣，更胜阿郎，奈何缘被人识得伊！专甲向诸人道，向去语则净洁，事上语却不净洁，且唤作么作事上语？这里没量大人辨不得。"

【校注】
①辨：原文作"辩"。

僧问："学人自到和尚此间，觅个出身处不得。乞和尚指示个出身路。"师云："阇梨曾行什么路来？"云："到这里辨不得。"师云："第一不得出身处。"

问："古人道：从苗辨地，从语识人。只今语也，请师辨。"师云："不辨。"僧曰："为什么不辨？"师云："不见道曹山好手？"

问："鲁祖①面壁，用表何事？"师以手掩耳。

问："无言如何现？"云："莫向这里现。"僧云："向什么处现？"师云："昨夜三更失却三个钱。"

【校注】
①鲁祖：原本作"曾祖"，参《景德传灯录》卷十七校。有校本作"曾祖"，难以说通。又参本集卷十四鲁祖和尚章说，师机格玄峻，学人来参，总是面壁而坐，由此禅林便有"鲁祖面壁"之公案。

问:"日未出时如何?"师云:"昔日曹山亦曾与么来。"进云:"日出后如何?"师云:"犹欠曹山三月粮。"

问:"古人面壁,当为何事?"师云:"两株嫩桂久①昌昌。"

【校注】

①久:原文作"欠"。参前文达摩章有四句偈,此为最后一句,其意是说达摩在少林九年面壁,出后大行佛(禅)法,经久不衰。

问:"承教中有言:未①出轮回而辨圆觉,彼圆觉性则同轮回。如何是未出轮回而辨圆觉?"师云:"如人在途说家事。""如何是彼圆觉性则同轮回?"师云:"宛然在途不识途程。""还有辨处也无?"师曰:"若有辨处则不圆。""只如无辨处,还流转也无?"师曰:"亦自流转。""如何流转?"曰:"要且不团团。"

【校注】

①未:原文作"末"。

问:"眉与目还相识也无?"师云:"不相识。"进云:"为什么不相识?"师云:"为同在一处。"僧云:"与么则不分也。"师云:"眉且不是目。""如何是目?"师云:"端的去。""如何是眉?"师云:"曹山却疑。"僧曰:"和尚为什么却疑?"师云:"我若不疑,则端的去。"

问:"常在生死海中沉没者,是什么人?"师云:"第二月。"

僧曰："还求出离也无？"师云："也求出离，只是无路。"僧云："出时什么人接得伊？"师云："担铁枷者。"

问："朗月当空时如何？"师云："犹是阶下汉。"僧曰："请师接阶上。"师曰："月落后相见。"

问："罕如何假？"师云："不希夷。"僧曰："作何你？"①师曰："不申哂。"僧曰："与么则零去也。"师云："不申哂，零什么？"

【校注】

①原文"作何你"，犹言"你作何"或"你作么生"。又"你"，在唐五代语言中可用作疑问语气词，相当于"呢"。又见本集卷十六南泉章："师问黄蘗：笠子太小生。黄蘗云：虽然小，三千大千世界总在里许。师云：王老师你？"

问："一牛饮水，五马不嘶时如何？"师云："曹山孝满。"

问："于相何真？"师云："即相即真。"僧曰："当示何者？"师便提起碗子。

问："国内按剑者谁？"师云："曹山。"僧曰："拟杀何人？"师曰："但有一切总杀。"云："忽逢本生父母时作么生？"师云："拣什么？"僧云："争奈自己何？"师云："谁奈我何？"僧云："为什么不杀？"师云："勿下手处。"

俗士问："古人道，人人尽有。弟在尘濛，还有也无？"①师过手来，遂点头，指云："一、二、三、四、五足。"

【校注】

①原文此句,《五灯会元》卷十三作:"人人尽有弟子在尘中,师还有否?"后者之意,已与原本风马牛不相及。

问:"古人有言,未有一人倒地,不因地而起。如何是地?"师云:"一尺二尺。""如何是倒?"云:"肯即是。""如何是起?"师云:"起也。"

问:"具何知解,善能对众问难?"师云:"不呈言句。"僧曰:"既不呈言句,问难个什么?"师云:"刀斧斫不入。"僧云:"解与么问难,还更有不肯者也无?"师云:"有。"僧云:"是什么人?"师云:"曹山。"

问:"幻本何真?"云:"幻本元真。"僧曰:"当幻何现?"师云:"即幻即现。"僧曰:"与么则始终不离幻也。"师云:"觅幻相不可得。"

僧问:"亲近什么道伴,即得常闻于未闻?"云:"共同一被盖。"僧云:"此犹是和尚得闻,如何是常闻于未闻?"师云:"不可同于木石。"僧曰:"何者在先,何者在后?"师云:"不见道,常闻于未闻?"

问:"古人道,诸佛诸祖不知有,狸奴白牯却知有。诸佛诸祖为什么不知有?"师云:"佛为相似,祖为执印。"僧云:"狸奴白牯知有个什么?"师云:"知有狸奴、白牯。"云:"佛祖为什么相似、执印?"师云:"人无阻碍,此中妙会。"

问:"教中有言,杀一阐提,获福无量。如何是阐提?"师云:"起佛见法见者。"云:"如何是杀?"云:"不起佛见法见是杀。"师却问僧:"是明阐提?是暗阐提?"僧无对。师代云:"白裹肚著皂袄。"此意者,起见是明,故云白;不起见是暗,故云墨。

师举教中事问大众:"无问而自说,称赞所行道。作么生是无问而自说?"云:"尽大地未有一人得闻。"师云:"虽然与么,摘一个字,添一个字,佛法大行。"众无对。师云:"尽大地未有一人不闻。"

师垂语云:"此座高广,吾不能升。未审唤作什么座?"强上座对云:"唤作此座,早是触污也。"师云:"还有升得者也无?"对云:"有。"师云:"是什么人?"对云:"不举足者。"师曰:"升得者,莫便是座上人也无?"对云:"也是左右。"师云:"如何是座上人?"对云:"不升此座。"师云:"既不升,用座何为?"对云:"无则不得。"师云:"只如座,为当别有人,为复转座为上身?"对云:"即转座为上身。"师云:"如是,如是。"

师问僧:"从什么处来?"对云:"从大光来。"师云:"来时光还现也无?"对云:"不现常现。"师云:"还照不?"对云:"不照。"师云:"大光何在?"僧无对。师云:"将谓是王玺,元来只是天南角。"师代云:"直得不照,始得大光。"

问:"古人道,得座被衣。如何是得座?"师云:"不顾东西。""如何是被衣?"师云:"去离不得。"僧云:"是个什么衣,去离不得?"师云:"人人尽有底衣即是。"僧云:"既是人人尽有底,用被作什么?"师云:"岂不见道,'起倒相随,处处得活'?"僧云:"向后自看事如何?"①师云:"不认被衣。"又云:

"脱却衣来相见。"

【校注】

①"向后自看"与前"得座被衣"本两句连用,描述了六祖惠能得弘忍衣法而后又衣不再传,多头弘化的禅宗史实,故而其僧在问过"得座"、"被衣"事之后,又问"向后自看事如何"。原语出前弘忍、惠能诸章。

问:"如何是'十年归不得,忘却来时路'?"师云:"得乐忘忧。"僧云:"忘却什么路?"师云:"十处①即是。"僧曰:"还忘却本来路也无?"师云:"亦忘却。"僧云:"为什么不言九年,要须十年?"师云:"若有一方不归,我不现身。"

【校注】

①十处:犹言"十方"。十方即东西南北、四维上下,佛教以此指无量无边之有情世界。佛教菩萨有"四弘誓愿",誓愿度尽一切芸芸众生。

问:"教中有言:童子舍全身,夜叉说半偈。如何是童子舍全身?"师云:"失却端正。""如何是夜叉说半偈?""白云缦荆棘。""如何是失却端正?"师云:"只是失却少父便是。"

问:"玉殿苔生时如何?"答曰:"不居正位。"进曰:"八方来朝时如何?"云:"不受礼。"云:"与么则何用来朝耶?"云:"违则皆违,顺是臣之分事。"云:"君意如何?"云:"枢密不得旨。"云："与么则治国之功全归臣相去也。"云："还知君性不?"对云："外方不敢论。"

师问僧："名什么?"对云："智轮。"师云："智轮与法轮相去多少?"轮无对。邈公代云："亦同亦不同。"绍公代云："纤毫不隔。"强上座代云："要近则近，要远则远。"师云："作么生是要近则近?"对云："同辙载。"师云："作么生是要远则远?"云："不同众辐则是。"师云："阿那个是先?"云："不同众辐者先。"师云："如是，如是。"

问："如何是法身主?"师良久。问："承先师有言，学处不玄，流俗阿师。如何是玄?"师云："未向前。"僧云："与么莫便是玄也无?"师云："玄则不是流俗阿师。"僧云："如何是玄?"师云："换口①问来。"

【校注】

①口：原本脱，据《景德传灯录》校补。

问："三乘十二分教，还有祖师意也无?"师曰："有。"僧曰："既有祖师意，又用西来作什么?"师云："只为三乘十二分教有祖师意，所以西来。"

问："如何是和尚家风?"师云："问与么醉汉作什么?"又云："不因①阇梨问，曹山也不知。"

【校注】

①因：原本作"囙"字，据文意校作"因"，"因"之

异体。

问:"如何是异类?"师云:"异中不答类。"又云:"我若向你道,驴年得异么?"又云:"曹山只有一双眉。"

问:"文殊为什么仗剑于瞿昙?"师云:"为阇梨今时。"进曰:"如来为什么却称善害?"师云:"大悲覆护群生。"云:"未审杀尽后如何?"师云:"方识不死者。"僧云:"只如不死者为瞿昙①,是什么眷属?"师云:"与阇梨安名即得,只恐不成眷属。"僧云:"时中如何给侍?"师云:"子当善害。"

【校注】

①瞿昙:"乔达摩"之旧称。原本此句,有校本作"只如不死者,为瞿昙是什么眷属"错解文意。

问:"《华严经》云,大海不宿死尸。如何是大海?"云:"包含万有。""如何是死尸?"师云:"绝气者不著。"僧云:"既包含万有,绝气者为什么不著?"师云:"大海非其功,绝气者有其德。"僧云:"未审大海还更有向上事也无?"师云:"道有道无即得,争奈龙王按剑何?"

师问僧:"手里是什么物?"对云:"佛头上宝镜。"师云:"既是佛头上宝镜,争得到阇梨手里?"僧无对。师代云:"诸佛却是某甲儿孙。"

问:"古人道,佛不会道,我自修行。如何是佛不会道?"师云:"佛界里无会。"石门云:"更会作什么?""如何是我自修行?"师云:"向上无事。"僧云:"只这个,别更有也无?"师云:"只这个,阿谁奈何?"

问:"大保任底人失一念如何?"师云:"始得保任。"僧曰:"作大魔王时如何?"师云:"不见有佛。"云:"末后事如何?"师云:"佛亦不作。"

问:"作大利益底人还得相似不?"师云:"不得相似。"僧云:"为什么不得相似?"师云:"不见道'作大利益'?"僧云:"此人还知有尊贵也无?"师云:"不知有尊贵。"僧云:"为什么不知有尊贵?"师云:"是伊未识曹山。"僧云:"如何是曹山?"师云:"不作大利益。"

问:"承甘泉有言,牵耕人之牛,夺饥人之食。如何是牵耕人之牛?"师云:"不与露地。""如何是夺饥人之食?"师云:"去却醍醐。"

问:"承古人有言,看时浅浅用时深。浅则不问,如何是深?"师便叉手,闭目。学人拟问,师云:"剑去远兮,何必刻舟?"①

【校注】

①刻:原文作"尅"。"刻舟求剑"的故事出自《吕氏春秋·察今》:"楚人有涉江者,其剑自舟中坠于水,遽契其舟曰:是吾剑之所从坠。舟止,从其所契者入水求之。舟已行矣,而剑不行,求剑若此,不亦惑乎?"世谓根机愚钝、固执不通,曰"刻舟求剑"即本此。

问："如何是玄？"师云："何不早问？"云："如何是玄中又玄？"师云："故有一人在。"

问："承师举新丰①有言，一色处有分不分之理。如何是分？"师云："不同于一色。"僧曰："与么则不从今日去也。"师云："是也。""如何是不分？"师云："无辨处。"僧曰："只如无辨处，这里岂不是父子通为一身？"师云："是汝还会么？"僧云："正当一色时，无向上。"师曰："向上本来无一色。"云："只如一色，还是宗门中意旨不？"师云："不是。"僧云："既不是，为什么人说？"云："我只为宗门中无人承当，所以为这个人说。"僧云："与么则有顿有弱②去也。"师云："我若说顿说弱，则落那边去也。"僧云："宗门中事如何承当？"师云："须是其中人。""如何是其中人？"师云："我自住此山来，未曾遇见其中人。"僧云："今时无其中人，和尚遇古人时如何承当？"师云："不展手。"僧云："古人意旨如何？"师云："阇梨但莫展手也。"僧云："与么时，和尚还分付也无？"师云："古人骂汝。"

【校注】

①新丰：地名，《宋高僧传》洞山章作"斯丰"。此用以指洞山和尚。《景德传灯录》卷十五说："唐大中末，师于新丰山接诱学徒，厥后盛化豫章高安之洞山。"

②"弱"字当作"渐"解，所谓"有顿有渐"是也。

问："如何是无刃之剑？"师云："非烹炼①之所成也。"僧云："用者如何？"师云："来者皆②尽。"僧云："不来者如何？"

师云:"亦须尽也。"僧云:"不来者为什么却须尽也?"师云:"不见道'尽一切'?"僧云:"尽后如何?"师云:"方知有此剑。"

【校注】

①烹炼:原文讹写。
②皆:原文作"背"。

僧问:"如何是沙门相?"云:"尽眼看不见。""还被搭也无?"云:"若被搭,则不是沙门相。""如何是沙门行李处?"云:"头上戴角,身著毛衣。""此人得什么人力,则得如此?"云:"终日得他力,只是行不住。""此人以何为贵?"云:"头上不戴角,身上不被毛。"

师自天复元年辛酉岁夏中,忽有一言:"云岩师翁年六十二,洞山先师亦六十二,曹山今年亦是六十二也。好趁惯作一解子。"至闰六月十五日夜,问主事曰:"今日是何日月?"对云:"闰六月十五日。"师云:"曹山一生行脚,到处只管九十日为一夏。"至来日辰时,师当化矣。春秋六十二,僧夏三十七。敕谥元证大师矣。

华严和尚

华严和尚嗣洞山,在洛京。师讳休静。大化东都,禅林独秀,住华严寺①。

【校注】

①华严寺：原文作"花严寺"。据《景德传灯录》卷十七及《五灯会元》卷十三记，有两个华严寺，一是福州东山之华严（寺），二是京兆华严寺。依此，本师先住东山之华严，未几，唐庄宗征入辇下（即京师）。唐庄宗李存勖是时取梁称帝，国号为唐，定都洛阳，并以永平军大安府为西京京兆府。原本虽未提及"京兆华严寺"，但说"在洛京"、"大化东都"，这与"庄宗征入辇下，大阐玄风"的事实相符。

时有人问："日未出时如何？"师云："国乱思明主，道泰则寻常。"

师在京中赴内斋①，他诸名公悉皆转经，唯有师与弟子不转经。帝问师："师也且从不转经②，弟子为什么不转经？"师云："道泰不传天子令，时人尽唱太③平歌。"

【校注】

①内斋：即内道场。
②原文此句疑校为"师不转经也且从……"这种句式，本书多见。如睐山章："'万机休摆'则且置，'千圣不携'是何言？"
③太：原文作"泰"。

问："王子未登九五时如何？"师云："贪游六宅戏，不觉国内亏。""王子正登九五时如何?"师云:"朱帘①齐卷上,四相整朝仪。""登九五后如何?"云:"金箱排玉玺,御辇②四方归。"

【校注】

①帘:原文作"廉"。

②御辇:王者所乘之车。辇:原文作"举",当校作"辇"。《通典·礼典》:"夏后氏末代制辇,秦为人君之乘,汉因之。"《一切经音义》:"古者卿大夫亦乘辇,自汉以来,天子乘之。"

问:"大悟底人,为什么却迷?"师云:"破镜不重照,落花难上枝。"

问:"师幸是后生,为什么却作善知识?"师云:"三岁宅家①龙凤子,百年阶下老朝臣。"

【校注】

①宅家:《五灯会元》卷十三作"国家"。

问:"祖意与教意同别?"师云:"不入龙宫藏,众义岂能诠?"

师初见洞山时,问:"见则见,争奈情识云伪何?"洞山云:"汝还见也无?"对云:"见。"洞山云:"既见,为什么情识云伪?"对云:"争奈情识云伪何?"洞山云:"若与么,则万里无寸草处立。"

溪林和尚把木剑云："魔来挠我，魔来挠我。"有人问和尚："寻常为什么却被魔挠？"云："贼不打贫儿家。"有人举似师，师云："我不与么道。"僧问："和尚如何？"云："无魔来挠我。"云："和尚为什么无魔来挠？"云："贼不打贫儿家。"禾山拈问僧："作么生道，通得两个和尚意？亦须自作主。"无对。自代云："不因有，亦非无。"

后游河北，返锡平阳。迁化后茶毗，舍利四处起塔。[①]敕谥宝智大师，无为之塔。

【校注】

①《景德传灯录》卷十七说："茶毗后获舍利，建四浮图：一晋州，二房州，三终南山逍遥园，四终南山华严寺。"其中"终南山华严寺"，与前"京兆华严寺"，想必是华严和尚同一个住处。按终南山在长安之南，近靠京师，易为时君所征召，因古来就有"终南捷径"之说；然时君唐庄宗以洛阳为京都，和尚被"征入辇下"，是征入洛京，而非长安。这一事实，可与原本所说"在洛京"、"大化东都"相互印证。由此看，《景德传灯录》于华严寺之属地，名称不一，合理地揣测，其有可能串混了不同来源的资料。

本仁和尚

本仁和尚嗣洞山，在高安县。师初住浙西，已张法席。后避众游方，到处虽匿玄谈，而参徒行往[①]奔凑。天复之间，因住高安县白水禅院,数年徒众或至二百三百矣。

【校注】
①往:原文作"住"。

镜清行脚时到,师问:"时寒道者?①"对曰:"不敢。"师云:"还有卧单盖得也无?"对云:"设有,亦无展底功夫。"师云:"直饶道者滴水滴冻,亦不干他事。"对曰:"滴水冰生,事不相涉?"师云:"是。"云:"此人意作么生?"云:"此人不落意。"云:"不落意此人聻②?"师云:"高山顶上,无可与道者啐啄③。"

【校注】
①原本此句,《五灯会元》卷十三作"时寒道者清"。
②原文"聻",用作疑问语气词;同类用词,在唐五代语言中还有"你"、"尼",参看本集卷四和卷十六。
③啐啄:原文异体字难辨,今参《碧岩录》校为"啐啄"。其十六则曰:"僧问镜清:'学人啐,请师啄。'"同七则评唱曰:"法眼禅师有啐啄同时底机,具啐啄同时底用。"所谓啐啄,鸡子将孵化时,小鸡在卵中之吮声,谓啐;母鸡欲令出而啮壳,谓啄。

洪州西山诸行者来问:"今日不为别事,乞师指示。"师曰:"汝诸人求指示耶?"对曰:"是也。"师云:"教我分付阿谁得?"

师临迁化时,先遍处辞人,人皆泣恋,谓言他去。来晨令修斋,食毕,声钟集众,焚香,缁素拥绕。师跏趺坐,香烟尽,师端然迁化矣。

青林和尚

青林和尚嗣洞山,在江西。师讳师虔。初住青林,后住洞山①。平生住持高节,宇内声扬。

【校注】

①青林和尚,据《景德传灯录》称,乃洞山第三世住,谓之"后洞山";洞山良价第一世住,谓之"先洞山";洞山道全第二世住,谓之"中洞山"。

在先师法席时,栽松树。后造一首颂:①

短短一尺余,纤纤覆绿草;

不知何世人,得见此松老。

【校注】

①《景德传灯录》卷十七本章也有一偈颂,前两句文字与此稍异,曰:"长长三尺余,郁郁覆荒草。"

先师见此偈后,云:"此人三十年后来住此山,香饭供养师僧。"果然是三十年后住洞山,每日细饭食供养师僧也。

问:"卷尽森萝,不逢师时如何?"师云:"孤峰独秀。"僧云:"彼彼事①如何?"师云:"两人捆大沩。"

【校注】
①原文"彼彼事",疑应为"彼中事"。

师举先师上堂示众云:"今时人不得相似,只为拟将心学。若欲得似他去,死人一息不来,阿那个人直似这个?"当时轨誓①上座出来问:"正当一色时,还有向上事也无?"先师云:"无。"其僧珍重,便归僧堂,白槌云:"五百来人在这里,莫是不为向上事?"堂头和尚道:"无不可成持,合杀处折合了休去。若是某甲,不得在这里虚过一生。"因此,大众总装裹。主事向和尚说:"僧众不肯和尚佛法,总发去。"和尚云:"从伊,我事方得行。"先师教主事锁却②僧堂门。处分后,来烧茶阁里,向某说:"这个一队子,去也自然转来。"果然是转,总啼哭。先师不开僧堂门,大众向主事说:"某等实是凡夫,谬会和尚意旨,错不肯。一切在和尚,某等欲得就和尚面前收过。"主事便去方丈③,和尚闭却门,面壁卧,不开方丈门。主事逼请和尚,方始得开门。主事具陈前事,和尚许入僧堂。后大众一齐高声啼哭,上来请师上堂。先师升座,僧轨誓上来礼拜,起云:"乞和尚杖责④某甲等。广大劫来,出佛身血,破和合僧,直至今日谬会和尚尊旨。若不改这个身心,难得再复于今日。伏乞和尚慈悲!"先师又悲声云:"自少来不曾把手指柱别人,岂况造次杖责?夫一色有分不分之理,所以阇梨问某甲'正当一色时还有向上事也无',某甲道'无',

有什么罪过?"问:"省语易会,乞师一言。"师云:"释迦掩室,净名杜口。"

【校注】

①轨誓:原文作"軏瞽"。
②锁却:原文作"镍和"。
③方丈:原文作"房丈",下同。
④责:原文作"啧"。

师迁化时,遗嘱焚而飏于风。师不许安立坟塔,端然化矣。

疎山和尚

疎山和尚嗣洞山,在抚州。师讳匡仁①。未睹行录,不叙终始。

【校注】

①疎山和尚名讳,《宋高僧传》与《景德传灯录》皆作"光仁"。前者说和尚"不知何许人也"。后者则略有数语描述其特征,"禅师身相短陋,精辩冠众。洞山门下时有啮镞之机,激扬玄奥,咸以仁为能铨量者"。《五灯会元》曰"吉州新淦人"。

师行脚时,到大安和尚处,便问:"夫法身者,理绝玄微,不堕是非之境，此是法身极则。如何是法身向上事？"安云："只这个是。"师云："和尚与么道，还出得法身也无？"安云："不是，也是。"

又到香严，问："不从自己，不重他圣时如何？"答："万机休摆①，千圣不携。"师不肯，便下来吐出云："肚里吃不净洁物。"有人报和尚处，和尚便唤来。师便上来，香严云："进问著。"师便问："'万机休摆'则且置，'千圣不携'是何言？"香严云："是也。你作么生道？"师云："肯重不得全。"香严云："你不无道理也。虽然如此，向后若是住山，则无柴得烧；若是住江边，则无水得吃；欲临说法时，须得口里吐出不净。"后住疏山，如香严谶。

【校注】

①摆：《五灯会元》卷十三作"罢"。

到夹山①，问："阃阈不点，请师不傍。"夹山云："不似之句，目前无法。"师云："'不似之句'则且置，'目前无法'是何言？"夹山云："更添三尺，天下人勿奈何！"师云："只今还奈何也无？"

【校注】

①原文"夹山到"，今校为"到夹山"，参《五灯会元》校。

问:"如何是直指?"师曰:"珠中有水君不信,拟向天边问太阳。"①师偈曰:

> 我有一宝琴,寄在旷野中。
> 不是不解弹,未有知音者。

【校注】

①原文此句,"珠中有水"疑为"水中有珠";"大阳"今校为"太阳"。

问:"和尚百年后,什么人续绍和尚位?"云:"四脚指天,背底茫丛①。"有人问第三百丈②:"作么生是背底茫丛?"百丈云:"不续无贵位。"

【校注】

①茫丛:原文作"茫蒙"。

②第三百丈:指洪州百丈山第三世住,究竟是谁,本集未明言,难以断定。而卷十四百丈海和尚章中有第二百丈,原为善劝寺主,号"涅槃和尚"者。据现存灯录有关资料,禅史上关于百丈山几位禅师的师承、机语较为混乱。本书卷十四同时有"百丈政和尚"和"百丈(海)和尚",两位同嗣马祖。据笔者推测,或许因海和尚下开出沩仰、临济二宗,海和尚遂名扬四海,时人直呼"百丈和尚",而政和尚则隐而不彰。后世于此多有不知,遂错讹百出,将"政和尚"视同"涅槃和尚"(《景德传灯录》明藏本),机语串混。此种谬误,容后

详辨。

镜清到,师举问:"'肯重不得全'话,道者作么生会?"镜清云:"全归肯重。"师云:"不得全者作么生?"清云:"个中无肯路。"师云:"始称病僧意。"

鼓山到,便问:"久向疎山,元来是若子大。"师云:"肉重千斤,智无铢两。"鼓山云:"与么则学人不礼拜去也。"师云:"谁要你肉山倒地?"

因鼓山说著威音王佛次,师问鼓山:"作么生是威音王佛师?"鼓山云:"莫无惭愧好!"师云:"是阇梨与么道则得,若约病僧则不然。"鼓山问:"作么生是威音王佛师?"师云:"不坐无贵位。"

问:"去时尽转去,何用却来三?"师云:"大唐难有木,却来第三柱。"

问:"远见则圆,近见则方。此唤作什么字?"师云:"东海有鲸鱼,斩头亦断脚,背上抽一骨,便是这个字。"

问:"佛在世时度众生,佛灭后什么人度众生?"疎山答曰:"疎山。"僧进曰:"还有度不尽者也无?"师曰:"无有不尽度者。"

师因骑马行次,措大问:"既是骑马,为什么不踏镫?"师云:"比来骑马歇足,踏镫何异步行?"

师临迁化时,偈曰:

我路碧空外,白云无处闲。

世有无根树,黄叶送风还。

龙牙和尚

龙牙和尚嗣洞山，在潭州妙济。师讳居遁①，俗姓郭，抚州南城人也。年十四，于吉州蒲田寺出家②。依年具戒于嵩岳。初参翠微、香严、德山、白马，虽请益已劳，而机缘未契。后闻洞山言玄格外，语峻时机，遂乃策筇③而造其席。

【校注】

①居遁：《景德传灯录》卷十七曰，本师受湖南（潭州）马氏请，住龙牙山妙济禅苑，号证空大师，有徒五百余众，法无虚席。

②吉州蒲田寺：《景德传灯录》作"吉州满田寺"。

③策筇：原文作"策笻"，有校本校作"策节（节）"，误，今校为"策筇"。按"筇"，乃竹名，筇竹可为杖，故杖也称筇。

师问曰："有人持镆铘之剑拟取师头时如何？"洞山云："取即且从，阇梨且唤什么作老僧头？"师持此问，在处不契其机，忽闻洞山斯言，当时失对。遂有抠衣之意，不慕他游。

既罢禅征，宁有请益。洞山问："阇梨名什么？"对云："玄机。""作么生是玄底机？"又无对。洞山放三日，无对。师因此造偈①：

学道蒙师指却闲，无中有路隐人间。

时人尽讲千经论,一句临时下口难。

洞山改末后语云:"一句教伊下口难。"从此改名也。

师问洞山:"如何是祖师意?"洞山云:"待洞水逆流,则与汝说。"师于言下顿承玄旨,隐众栖息。七八年间,日斫精妙。楚王殿下请赴妙济禅林,玄徒五百余人,爱奏章服,师号证空大师。

【校注】

①原本此偈,《景德传灯录》卷二十九也载,其中"指"作"诣","时"作"机"。

师示众曰:"夫参学者须透过祖佛始得。所以,新丰和尚道,佛教祖教如生[死]怨家,始有学分。汝若透①过祖佛不得,则被祖佛谩。"有人问:"祖佛还有谩人之心也无?"云:"汝道江湖还有碍人之心也无?"师又云:"江湖虽无碍人之心,为时人透过不得,所以成碍人去,不得道江湖不碍人。祖佛虽无谩人之心,为时人透过祖佛不得,所以成谩人去,不得道祖佛不谩人。若与么透过得祖佛,此人却体得祖佛意,方与向上人同;如未透得,但学佛祖,则万劫无有得期。"

【校注】

①透:原文作"秀",疑版字脱落偏旁。

问:"达摩未来时如何?"师答曰:"可怜生!"进曰:"恁么

去时如何？"师曰："二祖得什么？"

云居问洞山："如何是祖师意旨？"洞山答曰："忽有人问阇梨，阇梨作么生道？"云居曰："某甲罪过。"有僧持此语问师："洞山还道得也无？"师曰："洞山未道，云居也未得。"进曰："既是未得，因什么唤作云居？"云："体得洞山意。"云："洞山道什么？"师云："云居闻底。"又师云："此是肉身成佛语。"

问："一心不生时如何？"师答曰："什么时不生心？"进曰："与么时，鸟道何分？"师云："正与①么时行鸟道。"曰："如何辨？"师曰："却须行鸟道。"

【校注】

①与：原文作"伊"。

问："如何是道中用？"师答曰："无心是道中用。"进曰："无心还有用也无？"师云："无心用即遍天下。"

师问德山："远闻德山一句佛法，及至到来，未曾见和尚说一句佛法。"德山云："嫌什么？"师不肯。当时便发去，后到洞山，只问前话，洞山云："争怪得专甲！"师当时便住。

问："如何是祖师西来意？"师云："待石乌龟解语，即向汝道。"僧曰："石乌龟解语也。"师曰："向道者道什么？"又颂：

　　万般施设不如常，又不惊人又久长。
　　如常恰似秋风至，无意凉人人自凉。

问："师见古人得个什么？"师云："如贼入空室。"又颂曰：

进道先须立自身，直交行处不生尘。

真僧不假俱严室，到处无心即在人。

参寻玄道莫因修，学处须教皂白分。

千圣从来无异路，忘缘机智有多闻。

未了之时亲遍礼，不应端坐守清贫。

直似罗睺行密行，岂如迦叶不闻闻？

人若无心称道情，识得无明道已明。

人能弘道道能现，道在人中人自宁。

师出世近四十年，凡歌行偈颂，并广行于世，此不尽彰。①至龙德三年癸未岁九月十三日归寂矣。

【校注】

①《景德传灯录》卷二十九有本师偈颂十八首。其旨主唱"无心道"，诸如："夫人学道莫贪求，万事无心道合头；无心始体无心道，体得无心道亦休。"

幽栖和尚

幽栖和尚嗣洞山，在台州。未睹实录，不决化缘终始。

镜清问师："如何是少父？"师云："无标①的。"进曰："以何为少父？"云："有什么罪过？"进曰："只如少父又作么生？"云："是什么心行道者？"②

【校注】

①标：原文作"摽"，参《景德传灯录》校。

②原文此句，《景德传灯录》卷十七、《五灯会元》卷十三均作"道者是什么心行"。

师临顺世时，有僧问："师百年后什么处去?"师曰："调然①，调然。"

【校注】

①调然：《五灯会元》卷十三作"迢然"。其卷并说本师言完"迢然迢然"后即坐亡。

上蓝和尚

上蓝和尚嗣夹山，在洪州。师讳令超。

初住上蓝山①。钟陵大王统霸豫章②，迎师出府，构护国院，礼重为师。凡百亿所须，始终不替。奏紫衣，师号妙觉大师。

【校注】

①本师与"上蓝"之关系，《景德传灯录》卷十六有较为详细的说明："初住筠州上蓝山，说夹山之禅，学侣俱会。后于洪井创禅苑居之，还以上蓝为名，化导益盛。"

②豫章：原本为"预章"，今校之。豫，古通"预"。

问："二龙争珠，谁是得者？"师云："明珠不向彼中玩，龙与非龙争得珠？"

大顺元年正月十五日，声钟集众，遗诲讫，端然化矣。敕谥元真大师，本空之塔。

卷第九

落浦和尚

落浦和尚①嗣夹山,在澧州。师讳元安,凤翔麟游人也,姓淡②。

自少[于]歧阳③怀恩寺,从兄祐律师受业。至于论经,无不该通。先礼翠微,次谒临济,各有所进。后闻夹山,直造澧阳。

【校注】

①落浦和尚:《宋高僧传》卷十二"澧州苏溪元安传",说本师闻夹山法后,"开乐普山,寻居苏溪。答酬请益,多偶句华美,为四海传焉"。《景德传灯录》卷十六依此作"乐普",《五灯会元》卷六则作"洛浦"。

②本师姓氏,诸本灯录和传记皆作"淡氏",而《祖庭事苑》说"姓谈"。

③歧阳:即岐州,也即凤翔旧称。故《景德传灯录》说师早年在本郡出家。

才展坐①具时,夹山问:"这里无残饭,不用展炊巾。"对曰:"非但无,有亦无著②处。"夹山曰:"只今聻?"对云:"非今。"夹山云:"什么处得这个来?"对云:"无这个。"夹山云:"这个犹被老僧坐却底。"云:"学人亦不见有和尚。"夹山云:"与么则室内无老僧。"对云:"画影亦不得。"夹山赞曰:"道者知音指其掌,钟期能听伯牙琴。"③

【校注】

①坐:原作"座"。

②著:原作"者"。

③原文"拍",今校为"指",也有校作"拍"。原文"白牙",今校为"伯牙"。《太平御览》卷十引《傅子》:"昔者伯牙子游于泰山之阴,逢暴雨,止于岩下。援琴而鼓之,为淋雨之音,更造崩山之曲。每奏,钟期辄穷其趣。曰:善哉!子之听也。"

师问:"久向宗风,请师一言。"夹山云:"目前无法。"师云:"莫错。"夹山云:"缦缦阇梨,山溪各异①。任你截断天下②人之舌头,争奈无舌人解语何?阇梨只知有杀人之刀,且无活人之剑③。老僧这里亦有杀人之刀,亦有活人之剑。"师进问:"如何是和尚活人之剑?"夹山曰:"青山不挂剑,挂剑无人知。"师又问:"佛魔不到处,犹未是学人本分事。如何是学人本分事?"夹山云:"烛明千里像,暗室老僧迷。"师又问:"朝阳已升,夜月未现时如何?"夹山曰:"龙含海珠,游鱼不顾。"师闻此语,莫知所从，便止夹山。抠衣数载，不惮劳苦，日究精微。至夹山化缘毕，初开落浦，后住苏溪矣。

【校注】

①缦缦阇梨，山溪各异：《景德传灯录》卷十六于此说："住，住！阇梨，且莫草草匆匆，云月是同，鸡山各异。"这里，《景德传灯录》把"缦"解读为"慢"，所以有"住，住……莫草草匆匆"之说。其不知"缦"也可通"漫"，作"缦衣"解。缦衣是一种通漫而无条相之袈裟，原为沙弥、沙弥尼之衣，后由于不懂割截法，凡出家者都著此衣。夹山用这种僧衣而泛指天下之僧人，各有本色，用以讥刺本师不识庐山。

②下：原文作"丁"。

③杀人刀、活人剑，禅林常用来对参禅学人作严厉而直截的启悟。所谓"杀人刀"，其实是令学人涤清心源，扫荡心魔，把持心情，使情欲俗念不得侵扰"向上之事"。而"活人剑"则是令学人积极参究，朗然顿悟，从而随缘放旷，从心所欲。在一"杀"一"活"之间，师家机用齐施，雷电交加，学人则大死大生，脱胎换骨。在此，本师只知其一，不知有二，难免被讥刺为"此人只具一只眼"。

师有时上堂云："夫学道先须辨得自己宗旨，方可临机免失。只如锋芒未兆已前，都无是个非个，瞥尔暂起见闻，便有张三李四，胡来汉去，四姓杂居，各亲其亲。相参是非互起，致使玄关固闭,识锁难开,疑网笼牢,智刀方剪。若不当扬①晓示,迷子何以知归?欲得大用现前,但可顿亡诸见。见量若尽,昏雾不生,智照洞然,更无物与非物。今时学人触目有滞,盖为依他数量作解,被他数量该括得定,分寸不能移易。所以见不逾色,听不越声、鼻香、舌味、身触、意法亦然。假饶并当得门头净洁,自己未得通明,还同不了。若也单明自己,未明目前,此人只具一只眼。所以,是非忻厌,贯系不得,脱折自由,谓之深可伤憨②矣!"

【校注】

①原本"当扬",作明白、显露解。

②憨:原文作"憗"。

问:"如何救离生死?"师云:"执水救延生①,不闻天乐妙。"

问:"四大从何而有?"师曰:"湛水无波,沤因风击。"进曰:"沤则不问,如何是水?"师云:"不浑不澄,鱼龙任跃。"

问:"如何是一藏收不得者?"云:"雨滋三草秀,片玉本来晖。"

问:"一毫吞尽巨海,于中更复何言?"云:"家有白泽之图②,必无如是妖怪③。"后保福云:"家无白泽之图,亦无如是妖怪。"

问:"凝然时如何?"师曰:"时雷应时节,震岳惊蛰户。"僧云:"千般运动,不异个凝然时如何?"师云:"灵鹤翥空外,钝鸟不离巢?"云:"如何?"师曰:"白首拜少颜,举世人难言。"

【校注】

①救延生:《景德传灯录》与《五灯会元》皆作"苟延生"。

②白泽之图:泽,原文作"择",参《五灯会元》卷六校。"白泽"乃神兽名,《轩辕本纪》曰:"帝巡狩,东至海,登桓山,于海滨得白泽神兽,能言,达于万物之情。因问天下鬼神之事,自古精气为物、游魂为变者,凡万一千五百二十种,白泽言之,帝令以图写之,以示天下。"又《抱朴子·极言》云:"黄帝……穷神奸,则记白泽之辞。"《开元占经》卷一一六引《瑞应图》云:"黄帝巡于东海,白泽出,达知万物之精,以戒于民,为除灾害。"即其所本。

③妖怪:原字异体难认,今校作"妖怪"。

师有《神剑歌》:
　　异哉神剑实标奇,自古求人得者稀。
　　在匣①谓言无照耀,用来方觉转光辉。
　　破犹豫②,除狐疑,壮心胆兮定神姿。
　　六贼既因斯剪拂,八万尘劳尽乃挥。
　　斩邪徒,荡妖孽③,生死荣枯齐了决。
　　三尺灵蛇覆碧潭,一片晴光莹寒月。
　　愚人志剑刻④舟求,奔驰浊浪徒悠悠。

抛弃澄源逐浑派,岂知神剑不随流?
他人剑兮带血腥,我之剑兮含灵鸣。
他人有剑伤物命,我之有剑救生灵。
君子得时离彼此,小人得处自轻生。
他家不用我家剑,世上高低早晚平。
须知神剑功难记,慑魔威兮定生死。
未得之者易成难,得剑之人难却易。
展则周遍法界中,收乃还归一尘里。
若将此剑镇乾坤,四塞终无阵云起。

【校注】

①匣:原文作"迊"。

②犹豫:原文作"犹预"。

③妖孽:原文为异体字。

④刻:原文作"尅"。

福先拈问:"一语中须道得在匣出匣底剑,你作么生道?"僧无对。自代云:"且出匣与老兄商量,还会么?"

问:"诸圣与么来,将何供养?"师云:"土宿虽持锡,不是婆罗门。"

问:"西天一人传一人,彼此不垂委曲。谁是知音者?"师曰:"野老门前不话朝堂之事。"进曰:"不话朝堂①之事,合谈何事?"师曰:"未逢别者②,终不开拳。"进曰:"有一人不从朝堂门下来,合谈何事?"师曰:"量外之机,徒劳击目③。"

【校注】

①堂：原文作"当"。

②别者：疑应为"作者"，即有机有用者。然"别者"似亦可，解读为"别下语者"。

③徒劳击目：《景德传灯录》作"徒劳目击"。

问："如何是无惭无愧底人？"师曰："不出家，不持戒。"进曰："不出家不持戒来多少时也？"师曰："劈破虚空看辨取。"进曰："即今如何？"师曰："不向你杜排行。"进曰："与么即该括不得也。"师曰："未积你与么道在。"

问："如何是大人相？"师曰："坐端①十方不点头。"

【校注】

①坐端：疑应为"坐断"。

问："廓落世界，为什么不辨目前法？"师曰："曙色未分人思觉，及乎天晓不当明。"云："还留及也无？"师曰："莫言及不及，但与我道。"云："辨师宗不得。"师曰："不辨即亲。"

问："凡圣不到处即不问，不尽凡圣处如何？"师曰："师子窟中无异兽，象王行处勿狐踪。"

问："瞥然便见时如何？"师曰："晓星分曙①色，争似太阳辉？""如何是本来者？"师云："一粒在荒田，不耘苗自秀。"僧云："若一向不耘，莫草埋却去也无？"师云："肥②骨异笃莶，稊稗终难映。"

【校注】

①曙：原文作"暑"。

②肥：原文作"肥"，《景德传灯录》则作"肌"。

问："如何是西来意？"师云："飒飒①当轩竹，经霜不自寒。"学人更拟申问，师云："只闻风击响，不知几千竿。"

【校注】

①飒飒：原本为"飑飑"，参《景德传灯录》校为"飒飒"。

问："行到不思议处时如何？"师云："青山常迟步，白月不移轮。"

问："大众云集，师意如何？"师云："开拳明旧宝，握手谢今时。"

问："如何是沙门行？"师云："逢佛蓦头坐。"僧曰："忽遇和尚时如何？"师曰："阇梨来时，老僧不在。"

问："日未出时如何？"师云："直木无乱枝，灵羊难挂角。"

问："如何是云水意？"师云："一轮孤月，万象齐耀。"僧曰："移轮事如何？"师云："潭中无影，户外非珍。"

问："祖意与教意，还同别？"师云："出群不戴角，三韵况难同。"进曰："投机凭意句，焉得不同轮？"师云："迥枝测海底,三湘深可酌。"

问:"古人有言:动是法王苗,寂是法王根。苗则不问,如何是法王根?"师曰:"龙不出洞,谁人奈何?"

问:"量廓①无涯,为什么不容自己?"师云:"末后一句,始到牢关,锁断要津,不通凡圣。任你天下忻忻,老僧独然不顾。"却云:"庄周蝴蝶②,二俱是梦。汝道梦从何来?"

【校注】

①廓:原文作"郭"。

②蝴蝶:原文作"胡蝶"。

问:"孤灯不自照,室内事如何?"师云:"飞针走线时人会,两边透过却还希。"

问:"满满龙宫该不得,一尘尘外事如何?"师云:"射虎不中,徒劳没羽。"

问:"万法归一,一归何所?"师云:"击水动波澜,其中难见影。"

问:"牛头未见四祖,百鸟衔花供养。见后为什么不来?"师云:"玄河泛起雪花浪,无焰孤灯明暗霄。"

师有《浮沤歌》:

秋天雨滴庭中水,水上漂漂见沤起。
前者已灭后者生,前后相续何穷已。
本因雨滴水成沤,还缘风激沤归水。
不知沤水性无殊,随他转变将为异。

外明莹，内含虚，内外玲珑①若宝珠。

正在澄波看似有，及乎动著又如无。

有无动静事难明，无相之中有相形。

只知沤向水中出，岂知水不从沤生？

权将沤体况余身，五蕴虚攒假立人。

解达蕴空沤不实，方能明见本来真。

【校注】

①玲珑：原文作"胗胧"。

师临迁化时，云："老僧有事问诸人，若道这个是，头上更安头；若道这个不是，斫头更觅活。"第一座云："青山不举足，日下不挑灯。"师便喝出："我这里无人对，众中还有新来达士，出来与老僧掇送。"从上座①对云："于此二途，请师不问。"师云："更道。"对云："某甲道不尽。"师云："我不管你尽不尽，更道。"对云："某甲无侍者，不能只对。"师便喝出："诸阿师，且归堂。"

当日初夜后，师教侍者唤从上座，上座便上来侍立，师问："从上座年多少？"对云："二十八。"师云："太嫩在！甚须保持。生缘在什么处？"对云："信州人。"师云："今日事被阇梨道破，称得老僧意。我这里数年出世，并无一个，今日阇梨掇送老僧。某甲先师初见船子时，船子问先师只对因缘，改为颂曰：

目前无法，意在目前。

他不是目前法，非耳目之所到。

只如四句中阿那个是主句?"从上座迟疑②,师云:"速与!速与!下头橛子冷,不欲得辜负,你莫形迹。"从上座云:"实不会。"师便搥胸,哭苍天。从上座一走下,不去僧堂,直至如今,更无消息。师前云:"慈舟不棹清波上③,剑峡徒劳放木鹅④。"

【校注】

①从上座:《五灯会元》卷六作"彦从上座"。

②疑:原文作"拟"。

③慈:原文作"礠"。棹:原文作"掉"。下同。

④木鹅:《五灯会元》作"水鹅"。

师光化二年戊午岁十二月二日迁化,春秋六十五,僧夏四十六矣。

盘龙和尚

盘龙和尚嗣夹山,在洪州。师讳可文。初住盘龙山,后住上蓝。

有僧问落浦①:"一沤未发已前,如何辨其水霖②?"浦云:"移舟谙水势,举棹别波澜。"因此问,师云:"移舟不辨水,举棹则迷源。"

【校注】

①浦:原作"蒲"。

②原文"霂",疑同"霂",水势之义。

逍遥和尚

逍遥和尚嗣夹山,在高安。未睹行录,不决始终。

问:"烘炉猛焰烹锻何物?"师曰:"烹佛烹祖。"云:"佛祖作么生烹?"师曰:"业在其中。"进曰:"唤作什么业?"师曰:"佛力不如。"

问:"一切众生皆有佛性,为什么有佛有众生?"师曰:"肯即同众异,不肯即异众同。"

问:"古人有言:知有底人直须不知有。不知有底人如何?"师曰:"识性共同,俱无兼戴①。"进曰:"不知有底人如何得知有?"师曰:"语取乃不入②。"

【校注】

①兼戴:戴,疑应为"带"。曹洞"五位"中有"君臣道合""兼带语"。所谓兼带,即言"兼中到"之一位。《五灯会元》曹山章有僧问"五位君臣"旨诀,师曰:"正位即空界本来无物,偏位即色界有万象形。正中偏者,背理就事;偏中正者,舍事入理。兼带者,冥应众缘,不堕诸有,非染非净,非正非偏,故曰虚玄大道,无着真宗。从上先德推此一位最妙最玄。"

②入:原文作"人"。

问:"如何是祖中祖?"师曰:"息不肯破,为有明人决。"

师垂语曰:"大家去哪里向火?"又云:"火即从你向,不得烧著身。"对曰:"法身具四大,谁是向火者?"更垂语曰:"古时传祖法,如今不传祖法。"

先洞安和尚

先洞安和尚嗣夹山。未睹行录,不决化缘终始。

有僧问:"如何是和尚家风?"师云:"金鸡抱子归①霄汉,玉兔怀胎入紫微。"僧曰:"忽遇客来时,将何只对?"师云:"金果早朝猿摘去,玉花晚后凤衔来。"

【校注】

①归:原作"皈"。今参《景德传灯录》校为"归"。

黄山和尚

黄山和尚嗣夹山,在抚州。师讳月轮。闽中人也。①

【校注】

①黄山和尚,《景德传灯录》卷十六有语曰:"福州福唐人也,姓许氏。志学之岁诣本郡黄檗山寺投观禅师。……入夹山室受印,依附七年,方辞往抚州,卜龙济山隐居。云侣云集,演夹山奥旨,名闻诸方。后归临川,乐栖黄山,谓诸徒

曰：吾居此山，颇谐素志矣。"时人因此称为"黄山和尚"。

师初参夹山，夹山而问："汝是什么处人？"对曰："闽中人。"夹山云："还识老僧不？"对曰："还识学人不？"夹山云："不然，子且还老僧草鞋价。然后，老僧还子江陵米价。"师云："与么却不识和尚，未委江陵米作么价？"夹山赞曰："子善能哮吼。"

师初开堂，示众曰："祖师西来，特唱此事。自是诸人不荐，向外驰求。投赤水以寻珠，就荆山①而觅玉。所以道，从门入者非宝，认影为头，岂非大错？"问："如何是祖师西来意？"师云："梁殿不施功，魏邦没心迹。"问："如何得见本来面目？"师云："不劳悬古镜，天晓鸡自鸣。"②

【校注】

①荆山：原本作"菥"，参《景德传灯录》卷十六校为"荆山"。相传，荆山三面险绝，惟东南一隅通人径；蕴藏美玉，而卞和得之。《左传》说："荆山，九州之险也。"据《寰宇记》等书，卞和得玉于楚荆山。上有石室，是卞和宅；下有抱玉岩，即卞和得玉处。

②原本此句，《景德传灯录》卷十六本师章作："不劳悬石镜，天晓自鸡鸣。"

问："宗乘一句，请师商量。"师云："黄峰独脱物外秀，年来月往冷湫湫①。"

【校注】

①冷湫湫：原文作"冷秋秋"。《景德传灯录》卷十六、《五灯会元》卷六皆作"冷飕飕"。今校"秋秋"为"湫湫"。参《春秋繁露》注："湫湫者，悲愁之状也。"

问："如何是纳衣下事？"师云："石牛水上卧，东西得自由。"

韶山和尚

韶山和尚嗣夹山，在北地。师讳寰普。未睹实录，不决始终。

有一僧礼拜，起来立地，师云："大才藏拙户。"其僧又向一边立，[师]云："丧①却栋梁哉②。"

【校注】

①丧：原文异体，今参《景德传灯录》校为"丧"。

②哉：《景德传灯录》卷十六与《五灯会元》卷六皆作"材"。

问："实际理地，如何运步？"师曰："幽谷白云藏白雀，拟心栖处隔山迷。"

问："祖意与教意如何？"师曰："日晓昏韶山，不借其中事。"进曰:"师还借也无?"师曰:"灯后口无舌。"进曰:"与么即句后不传也。"师曰:"影隔贷明月,不挂指南踪。"

充天布纳①到韶山,韶山勘曰:"闻你有充天之气,是不是?"对曰:"不敢。"师曰:"你有充天之气,我这里有卓地之锥②。汝若把旗上来,我则钉柯③相对。汝若横吞巨海,我则背挟须弥。向上一路,速道!速道!"如是三度嗦,后云:"明镜当台,请师一照。"师便喝云:"死水无鱼,徒劳下钩。"

【校注】

①充天布纳:即《景德传灯录》之"遵布衲"。

②卓地之锥:《五灯会元》卷六作"入地之谋"。"卓"字,原本作"啄"。

③原文"舸"字,今校作"柯"。

栖贤和尚

栖贤和尚嗣石霜。师讳怀祐,仙游人。

受业于九座山,依年具戒。便历遐方,而造普会之门①,密契投针之旨。

【校注】

①普会之门:即石霜庆诸会下。石霜和尚,敕谥普会大师。

问:"如何是五老峰前句?"云:"万古千秋。"进曰:"与么莫成嗣绝也无?"师云:"踌躇欲与谁?"

大光和尚

大光和尚嗣石霜。师讳居让①,俗姓王,长安人也。

【校注】

①居让:《景德传灯录》卷十六作"居诲"。浏阳信士胡公请居大光山,提唱宗致,因号"大光和尚"。

自摄衣访道,南来,而造石霜普会门下。一二年间,乃私于北塔栽植果,麻衣草履,灰心尘面,志存于道。

因一日,普会垂问:"国家每年放五百人及第,朝堂门下还得好①也无?"师对云:"有一人不求进。"会云:"凭何?"师云:"且不为名。"

普会又因疾垂语云:"除却今日,别更有时也无?"师对云:"渠亦不道今日是。"霜云:"我也拟道非今日。"普会然之。

如此往复凡②数则,函盖无异。盘泊二十余载。

【校注】

①原文"好"字,《景德传灯录》卷十六作"拜"。
②凡:原文作"几"字。

时有檀越胡公，尽室归依，请住大光山。有学人问："混沌未分时如何？"师云："特教阿谁叙？"问："古人有言：不出门而知天下事。如何是不出门而知天下事？"师云："犹是第二家主。""如何是天下事？"师云："清。""如何是向上事？"师云："不出户。""如何是不出户？"师云："别。""为什么却别？"师云："不齐众。"

又每示徒云："一代时教，只是收拾一代时人。直饶剥得彻底，也只是成得个了①，你不可便将当纳衣下事。所以向你道，四十九年明不尽，四十九年标不起。"

【校注】

①原本此句，《景德传灯录》作"也只是成得个边事"。按此"个边事"与原本"个了"涵意相当，意谓"一代时教"，并不普救广被天下世代芸芸众生，只是"收拾一代时人"也。

僧问："只如达摩是祖师不？"师云："不是祖。"僧曰："既不是祖，又来东土作什么？"师云："为汝不法①祖。"僧曰："法后如何？"师云："方知不是祖。"

【校注】

①原文"廌"字，《说文·廌部》："廌，解廌，兽也。似山牛，一角。古者决讼，令触不直。"王念孙据此，训之为"法"，故校。

问:"保任底人失一念时如何?"师云:"始得常在。"僧曰:"作大魔王时如何?"师云:"暂时间。"僧曰:"末后事如何?"师云:"不在者里。"问:"绝迹玄去时如何?"师云:"鸟道不曾闻。"问:"如何是沙门行?"师云:"过海不打船。"

座主问径山:"万法归一,一亦不存时如何?"径山云:"一亦不留。"座主不肯。便去江西问云居,居云:"则非万法。"亦不肯。便去大光问,师云:"除不尽。"座主肯之。

问:"啐啄同时则不问,卵子里鸡鸣时如何?"师云:"还得音信不?"问:"如何是密室?"师云:"四不睹。""如何是密室中人?"师云:"远无路。"

自是,玄言闻于遐迩。师天复三年癸亥岁九月三日,怡然告寂。年龄六十七,僧夏三十六矣。

肥田伏禅师

肥田伏禅师嗣石霜。师讳慧光。未睹行录,不决终始。
师有颂:

修多妙用勿功夫,返本还源是大愚。
古佛不从修证得,直饶玄妙也崎岖。

有人拈问长庆:"如何是修多妙用勿功夫?"庆云:"用与么作什么?""如何是返本还源是大愚?"庆云:"何必?""如何是古佛不从修证得?"庆云:"从来是你,更修作什么?""如何是直饶玄妙也崎岖?"庆云:"只为你妄外。"

师又颂曰：

　　心静愁难入，无忧祸不侵；

　　道高龙虎伏，德重鬼神钦。

涌泉和尚

涌泉和尚嗣石霜，在台州。师讳景忻①，仙游县人也。受业于白云山。才具尸罗，便寻祖道。而参见石霜，便问："学人初入丛林，乞师指示个入路。"霜云："我道三只筷子抛不落。"师便契玄关，更无他往。

【校注】

①景忻：《景德传灯录》卷十六作"景欣"，得石霜开示而止丹丘涌泉之兰若，因号"涌泉和尚"。

有康、德二僧①来到院，在路上遇师看牛次，其僧不识，云："蹄角甚分明，争奈骑牛者不识何？"其僧进前煎茶次，师下牛背，近前不审。与二上座一处坐，吃茶次，便问："今日离什么处？"僧云："离那边。"师曰："那边事作么生？"僧提起茶盏子。师云："此犹是'蹄角甚分明'，那边事作么生？"②其僧无对。师云："莫道不识。"便去。福先代云："若不与么，争识得道者？"又代云："且坐③吃茶。"

【校注】

①原文"康德二僧"，《景德传灯录》作"疆德二禅客"。

②原文此句,《景德传灯录》作:"此犹是这边,那边事作么生?"

③坐:原文作"座"。

招庆问:"从上宗乘中事,和尚此间如何言论?"师云:"待虚空落地,则向道者道。"招庆不肯。进曰:"和尚如何?"庆曰:"专甲则不当,请兄弟检点。"报慈代曰:"寒天雪满阶。"

问:"如何是冰中水?"师云:"凌霜结不成。""如何是水中冰?"师云:"六月不曾融。"僧曰:"与么则千日销不得也。"师云:"二鼠往来不关他。"

南际和尚

南际和尚嗣石霜,在江西。师讳僧一。初住南际山,次钟陵大王请居末山。后闽王请住西院,奏紫衣,谥号本净大师,无尘之塔。

处世时,僧问:"千圣位中还有不陪位者也无?"师云:"有。"进曰:"如何是不陪位者?"师云:"明明是龙不带鳞,明明是牛不戴角,还会么?"对云:"不会。"师云:"步行入水不知深,海底龙宫空摸索①。"

【校注】

①索:原文作"搽"。

问:"学人幸获侍觐,乞师指示。"师云:"我若指旨,则厄屈著你。"僧曰:"教学人作么生则是?"师云:"切忌是非。"

问:"如何是纳僧气息?"师云:"还曾薰①著你也无?"

问:"如何是法身主?"师云:"不过来。""如何是毗卢师?"师云:"不超越。"

【校注】

①薰:原文作"勋"。

云盖和尚

云盖和尚嗣石霜,在潭州。师讳源禅①。未睹实录,不决化缘终始。

【校注】

①本师名讳,《景德传灯录》卷十六作"潭州云盖山志元,号圆净大师"。原本"源禅",疑为"源禅师"之误。

师在石霜时,因一日作礼,而问:"万户俱开则不问,万户俱闭时如何?"霜云:"当中事作么生?"师曰:"无位。"霜曰:"凭何?"师当时无对。直得半年,方始云:"无人接得渠。"霜云:"道也大杀道,只得八九成。"师却请和尚代语,霜云:"无人识得渠。"

九峰和尚

九峰和尚嗣石霜，在江西。师讳道虔，俗姓刘，福州侯官县人也。自契石霜密旨，便住九峰。后化缘泐潭宝峰禅院矣。

僧问："无间中人行什么行？"师云："畜生行。"僧曰："畜生复行什么行？"师曰："无间行。"僧曰："此犹是长生路上人。"师云："你须知有不共命者。"僧云："不共什么命？"师云："长生气不恒。"师云："诸兄弟还识得命么？欲知命，流泉是命，湛寂是身，千波竞涌①是文殊境界，一亘晴空是普贤床榻②。其次，借一句子是指月，于中事是话月。从上宗门中事，如节度使信旗。且如诸方及先德未建立如许多名目指陈已前，诸兄弟约什么体格③商量？到这里不假三寸，试话会看；不假耳根，试听声看；不假眼根，试辨白看。所以道，声前抛不出，句后不藏形，尽乾坤都来，是你当人个体，向什么处安眼耳鼻舌？莫但向意根下图度，作想作解，尽未来际，亦未有休歇分。所以古人道，'拟将心意学玄宗，状似西行却向东'。沦④劫违背，兄弟。"

【校注】

①竞涌：原文作"竟湧"。

②榻：原文作"榆"。

③格：原文作"挌"。

④沦：原文作"论"。

问:"九重无信,恩赦何来?"师云:"流光虽遍,阃①内不周。""流光与阃内相去多少?"师云:"绿水腾波,青山秀色。"

问:"人人尽言请益,未审师将何拯济?"师云:"汝道巨岳还曾乏寸土也无?"僧云:"与么则四海参寻,当为何事?"师云:"演若迷头心自狂。"僧云:"还有不狂者也无?"师云:"有。"进曰:"如何是不狂者?"师云:"突②晓途中眼不开。"

【校注】

①阃:指内室。如阃闱,通常指妇女所居之内室。又如阃奥,谓室之深邃处。《三国志·魏志·管宁传》:"升堂入室,究其阃奥。"韩愈《与崔群书》:"窥之阃奥,而不见畛域。"

②突:原文字体难以辨认,今参《五灯会元》卷六校为"突"。

问:"如何是学人自己?"师云:"更是阿谁?"僧曰:"便与么承当时如何?"师云:"须弥还更戴须弥也无?"

问:"祖祖相传,复传何法?"师云:"释迦悭,迦叶富。"僧曰:"毕竟传持事如何?"师云:"同岁老人分夜灯。"

问:"古人有言:诸佛非我道。如何是我道?"师云:"我道非诸佛。"僧云:"既非诸佛,为什么却立我道?"师云:"适来皆唤来,如今却遣出。"僧云:"为什么却遣出?"师云:"若不遣出,眼里尘生。"

问:"一切处觅不得,岂不是圣?"师云:"是圣也。""牛头未见四祖,岂不是圣?"师云:"是也,圣境未亡。"僧曰:"一圣相去多少?"师云:"尘中虽有隐形术,争似全身入帝乡?"

问:"承古人有言:尽乾坤都来是个眼。如何是乾坤眼?"师云:"乾坤在里许。"僧曰:"乾坤眼何在?"师云:"正是乾坤眼。"僧曰:"还照烛也无?"师云:"不借三光势。"进曰:"既不借三光势,凭何唤作乾坤眼?"师云:"若不如是,骷髅前见鬼人无数。"

问:"一笔丹青,为什么邈①志公真不得?"师云:"僧繇②却许志公。"僧曰:"未审志公还肯僧繇也无?"师云:"志公若肯,僧繇不许。"僧曰:"僧繇得什么人证旨,却许志公?"师云:"乌龟稽首须弥柱。"

【校注】

①邈:原文作"邈",参《景德传灯录》、《五灯会元》则作为"貌"。邈、貌皆有"画"意。"真"指肖像。

②僧繇:原文作"僧瑶"。

问:"古人有言,真心妄心。此意如何?"师云:"是立真显妄。""如何是真心?"师云:"不杂食。""如何是妄心?"师云:"攀缘起①倒是。"僧曰:"离此二途,如何是学人本体?"师云:"本体不离。"僧曰:"为什么不离?"师云:"不敬功德天,谁嫌黑暗女?"

【校注】

①原文"起"字,疑应为"颠"。习惯用"攀缘颠倒"。

问："对境不动时如何？"师云："不是大力人。"进曰："如何是大力人？"师云："对境不动。"僧曰："前来为什么道'不是大力人'？"师云："在舍只言为客易，临筌方觉取鱼难。"

问："古人道，道超名外，只如名外之道，谁当建立？"师云："假名唱道，道不自名。"僧曰："既不自名，卢行者为什么却会？"师云："会处不是卢家境界。""如何是卢家境界？"师曰："明星背后倒骑牛。"

问："弥勒元是释迦师，释迦有何据验，即玄超九劫？"师云："宝所无远近，迟速有殊伦。"僧曰："迟速外还分也无？"师云："作么不分？"僧曰："如何分？"师云："释迦先不达，弥勒后不至。"僧曰："任么则鸡足持衣，更待何人？"师云："远信只合通补处。"僧曰："通后如何？"师云："龙华会上无慈氏。"僧曰："补处又是何人？"师云："却问取慈氏看。"

师上堂，众集，师云："空中有一人说法，声振梵天，诸人还闻么？若也不闻，谛听谛听，久立珍重。"众才下，师召大众，众僧乃回顾。师云："莫错举。"

问："日轮正当午时如何？"云："似半夜。"僧曰："与么时，日轮何在？"师云："正当午。"僧曰："既当午，为什么却似半夜？"师云："半夜亦当午。"僧对曰："还照烛也无？"师云："白云散光彩，轮中影不舒。"师乃再颂曰：

  当午日轮圆不照，却指三更暂示人。

  莫将明暗消前事，不是灯边具足身。

问："圣迷与凡迷如何辨？"师云："圣迷黑似漆，凡迷明如日。"僧云:"圣迷为什么黑似漆?"师云:"不见道'立僧面前'。"僧曰:"凡迷为什么明如日?"云:"为你结识处多。"僧云:"不落凡圣如何辨?"师云:"千眼不到。"

问:"古人有言:世智佛智,名同体别。未审世智与佛智相去多少?"师云:"你道萤光与日光又作么生?"僧云:"与么则胜劣有殊去也。"师云:"为你奴郎,所以有殊。"僧云:"既有殊,古人因什么道'身心一如,身外无余'?"师云:"事既若全,有何同异?"

法照和尚问:"承师有言'文殊是用'?"师云:"是。""又承和尚有言'文殊是方头'?"师云:"去是,从今日去不是,方头是什么?"进曰:"未审方头还回也无?"师云:"十人家活,九人作闹,一人不知。"进曰:"既不知,和尚为什么道'文殊是方头'?"师云:"千江分月彩,何曾下碧天?"进曰:"与么时,文殊在什么处?"师云:"含中失却旧时名。"问:"九人与么来,有何音信?"师云:"九人不得意。"曰:"既不得意,又何传语?"师云:"正是传语,未审传什么人语?"师云:"宁当截舌,不犯国讳。"

问:"法雨普润,枯木为什么无花?"师云:"不见道'高原陆地'?"曰:"毕竟还有生花时也无?"师云:"若生花则不名枯木。"曰:"古人为什么道'枯木上生一朵花'?"师云:"你道一人不言一人哑①,阿那个无舌?"

【校注】

①哑:原文作"噁"字。

问:"被毛戴角底人居何位次?"师云:"白银为地,黄金为墙。"云:"未审此人还有师也无?"师云:"有。""如何是此人师?"云:"不被毛,不戴角。"云:"古人因什么道'直得不被毛,不戴角,又勿交涉'?"师云:"古人为明异中异,所以重洗面。"

问:"中下者即假断送?"师云:"是落在曲劝。"僧云:"只如上上者还假断送也无?"师云:"家夫不吃嚼饭。"僧曰:"古人为什么道'直得上上者,亦须击发'?"云:"灼然撩著便去,谁有你刀刀①?"僧云:"与么即刀刀犹须断送也。"师云:"是也。"僧曰:"只如上上者,如何击发?"师云:"鸡子过时,有人不惊。"

【校注】

①刀刀:疑应为"叨叨"。叨叨,即絮聒多言。元曲《东坡梦》唱曰:"心地自然明,何必叨叨说。"

问:"大阐提人作何行李?"师云:"露刀擎剑。"僧曰:"拟杀何人?"师云:"凡圣祖佛,总须尽却。"僧曰:"尽后此人向什么处合杀?"师云:"合盘①里合杀。"僧云:"合杀后如何?"师云:"鹭鸶不入雪林中。"

【校注】

①盘:原文作"槃"。

问："朝生之子，还具年涯也无？"师云："凤腾霄汉，青云不知。"僧云："入门后事如何？"师云："门里忘却白头儿。"僧曰："与么则不知有少年父。"师云："鹭鸶已在雪林中。"进曰："与么时还有辨处也无？"师云："不无鹭鸶。"

问："古人道'向山下檀越家作一头水牯牛'，与狸奴、白牯还分也无？"师云："作么不分？"僧云："如何分？"师云："狸奴白牯头无角，山下牯牛再生角。"僧曰："与么则古人作一头水牯牛去也。"师云："若作一头水牯牛，则屈著古人也。"僧曰："和尚前来为什么道再生角？"师云："再生角则悲不断，头无角则不入流。"

问："从上宗乘，请益即是，不请益即是？"师云："三年大旱，东海不知。"僧曰："与么则不从外得。"师云："内亦不可得。"僧曰："不内不外时如何？"师云："不是具足，不是欠少。"僧曰："毕竟如何？"师云："穷不尽。"

问："佛法两字如似怨家时如何？"师云："兔角从汝打，还我兔子来。"僧曰："兔子岂是有角也？"师云："佛法两字从何而立？""不立者如何？""不可无兔子。"

南岳玄泰和尚

南岳玄泰和尚嗣石霜。师所居兰若，在山之东[①]，号七宝台。平生高洁，手下不立门徒。其游礼僧或聚或散，故无常准。师来晨迁化，今日并无僧到，自出山口，唤得一人。令备香薪于山所

讫,被衣而坐,乃书二偈曰:

今年六十五,四大将离主。

其道自玄玄,个中无佛祖。

又曰:

不用剃头,不用澡浴。

一堆猛火,千足万足。

偈毕,垂一足而逝。茶毗,收灵骨,坟于坚固大师塔之左。平生所有歌行偈颂,遍于寰海道流耳目,此不尽彰耳。

【校注】

①山之东:即南岳衡山之东,参《景德传灯录》。

宝盖和尚

宝盖和尚嗣石霜。未睹行录,不决化缘终始。

僧问:"罢卷停书时如何?"师云:"书卷不曾展。"僧曰:"再举者如何?"师云:"举人不得意,汝早落第二。"进曰:"不赴朝廷①者如何?"师云:"还及第么?"僧云:"争奈金榜②名字何!"师云:"世号不曾通。"僧曰:"与么则金箱③玉印无分付处。"师云:"衔号不曾彰。"僧云:"直得阃阈不瞰时如何?"师云:"龙床不曾卧,九五不曾登。"

【校注】

①廷:原文作"庭"。

②榜：原文作"牓"。
③箱：原文作"葙"。

玄泉彦和尚

玄泉彦和尚嗣岩头。

问："如何是声前一句？"师："吽！吽！"进曰："转后如何？"师曰："什么是太不塞道？"

问："青山不露顶时如何？"师曰："玉兔不知春，不是无分晓。"进曰："直得与么时如何？"师曰："姮仙①生月宫，不处仙家调。"

【校注】

①姮仙：即姮娥，亦作嫦娥。《淮南子·览冥》："羿请不死之药于西王母，姮娥窃之奔月宫。"按姮娥，后羿妻；汉文帝名恒，汉人因改姮为嫦。

乌岩和尚

乌岩和尚嗣岩头①。师讳师彦。未睹行录，莫穷始终。

【校注】

①乌岩和尚：《景德传灯录》卷十七作"台州瑞岩禅师"。"闽越人也，姓许氏。自幼披缁，秉戒无缺。初礼岩头得悟，

身心皎如；复礼夹山会和尚。寻抵丹丘，终日如愚。四众钦慕，请住瑞岩。统众严整，江表称之。"《五灯会元》卷七所记，大致与此相同，惟后又说"师异迹颇多，兹不繁录"。

问："头上宝盖现，足下有云生时如何？"师云："披枷带锁汉。""头上宝盖不现，足下无云生时如何？"师云："犹有杻在。""毕竟事如何？"师云："斋后困。"

问："天不覆，地不载，岂不是？"师云："若是，则被覆载。"学人云："若不是，乌岩洎遭。"师称名"师彦"。

问："如何是诸佛出身处？"师云："芦花沉海底，劫①石过阳春。火焰长流水，佛从此出身。"

【校注】

①劫：原文作"刦"。

师垂问："尽十方世界唯属一人，或有急疾事，如何相告报？"广利和尚对云："任汝世界烂坏，那人亦不睬①汝。"报恩对曰："若道和尚是龙头蛇尾，也只是个瞎汉。"

【校注】

①睬：原文作"彩"。

灵岩和尚

灵岩和尚嗣岩头，在吉州。师讳慧宗，姓陈，福州长溪县人也。受业于龟山,依年具戒。便慕宗师,一见岩头,密传旨要矣。

僧问:"如何是学人自己本分事?"师云:"抛却真金,拾得瓦砾作什么?"

罗山和尚

罗山和尚嗣岩头,在福州。师讳道闲,姓陈,长溪人也。出家于龟山,才具尸罗,便寻祖道,契岩头之密旨。

初开堂时,才揽衣升座,乃云:"珍重!"时有学者出来拟申问,师便喝出,云:"什么处去来?"

有僧与疎山和尚造延寿塔毕手,白和尚,和尚便问:"汝将多少钱与匠人?"僧云:"一切在和尚。"疎山云:"汝为复将三钱与匠人?为复将两钱与匠人?为复将一钱与匠人?若道得,与吾亲造塔。"僧无对。师在大岭住庵时,其僧到,师问:"什么处来?"对云:"疎山来。"师云:"疎山和尚近日有什么言句?"其僧具陈前事,师云:"还有人道得么?"对云:"未有人道得。"师云:"汝却回疎山,道大岭和尚闻举有语。若将三钱与匠人,和尚此生决定不得塔;若将两钱与匠人,和尚与匠人同出一手造塔;若将一钱与匠人,带累匠人眉须一时堕落。"其僧便回,举似疎山。疎山便具威仪,望大岭,叹曰:"将谓无人,大岭有古佛,光明射到此间。"却云:"汝去向大岭道,犹如十二月莲花开也。"其僧却回,举似师,师云:"早已龟毛长数丈也。"

师又时上堂云:"宗门深奥,合作么生话会?真心难定,实理何诠？祖代褒扬，曲垂知见。俊士显于大事，次第施行。为破佛魔，撒归深际；灵光密布，撒教现前；举意明宗，光流大海。闻禅与道，削迹吞声。佛与祖师，明明古路。摩腾竺法，黄叶何殊？大藏教文，图书不得。若论宗乘一路，海口难宣。何不见释迦掩室，净名杜口？暂息波澜，接物应机。须通俊士，应时如风，应机如电。一点不来，犹同死汉；当锋一箭，谁敢承当？不是俊流，徒劳措口。上古流今，无过奇特。若也未逢匠伯，低首侧聆，意下寻思，卒摩搔不著。记举古话，系惑盲侣。送向空劫，未免轮回。将抵①敲作家，驴年终无是处。珍重！"

【校注】

①抵：原文作"拒"。

因郑十三娘年十二，随一师姑参见西院大沩和尚。才礼拜起，大沩问："这个师姑什么处住？"对云："南台江边。"沩山便喝出。又问："背后老婆子什么处住？"十三娘放身进前三步，叉手而立。沩山再问："这老婆子什么处住？"十三娘云："早个对和尚了也。"沩山云："去，去。"才下到法堂外，师姑问十三娘："寻常道我会禅，口如铃相似。今日为什么大师问著，总无语？"十三娘云："苦哉！苦哉！具这个眼目，也道我行脚，脱取纳衣来与十三娘著不得？"十三娘后举似师，便问："只如十三娘参见大沩，与么只对，还得平稳也无？"师云："不得无过。"娘云："过在什么处？"师乃叱之，娘云："今日便是锦上更添花。"

又时上堂云："理上通明，与佛齐肩；事上通明，咸同诸圣。

事理俱通,唤作什么?天下横行,罗笼自在。须是与么汉临机隐现搓揉,临时自由,不是你呢呢惹惹底便解会得。若实未会,卒不可奈何三句至于四句,罗笼交通。若不会向上事,什么处得?不见道'上士不领关',会么?若是超伦作者,瞥然便休。如今且有与么汉么?出来试弄一转,看作么生精彩?若也不解纵夺,且须自识取。旷劫①已来不可思议底,常教现露,自由自在。若说师子踞地②,且作么生道:千般设用,未脱野干③鸣;透古透今,声前看取。无事珍重!"

【校注】

①劫:原文作"却"。

②师子踞地:踞,原文作"据"。师子,又作狮子。狮子善哮吼,其哮吼声能震破诸兽胆,慑伏余兽类;然狮子之威猛,并不在哮吼声,而在踞地"奋迅",也即在诸孔张开,身毛皆竖,现威怒哮吼相之时。狮子的这种相状,一如禅林师宗看重声前会取,纵然有千般设施,也只是方便接济。

③野干:原本作"野于",今校为"野干",野干乃兽名,《翻译名义集》:"梵语悉伽罗,此云野干,似狐而小,形色青黄,如狗群行,夜鸣如狼。"原本卷十八赵州章:"问:如何是平常心?曰:虎狼野干是。"又临济常骂座主讲家("师子儿")为"野狐精魅"、"野干",参《古尊宿语录》。

轸①上座问:"只如岩头和尚道:洞山好个佛,只是无光彩。未审洞山有何亏缺,便道无光彩?"师唤无轸,无轸应喏。师云:

"灼②然好个佛,只是无光彩。"轸云:"大师因什么拨无轸话?"师云:"什么处是陈老师拨汝话?快道!快道!"无轸说不得,师便打之。

【校注】

①轸:原文异体字,今校作"轸",参《五灯会元》卷七校。

②灼:原文作"酌"。

问:"如何是宗门中流布?"师乃展手。

问:"急急来投,请师一接。"师云:"会么?"对云:"不会。"师云:"箭过也。"

又大德参师,师问:"大德号个什么?"对云:"明教。"师云:"还会教也无?"对云:"随分。"师竖起拳云:"灵山会上与么,唤作什么教?"对云:"唤作拳教。"师笑云:"与么是拳教。"师却展足云:"与么时,唤作什么?"大德无对。师却云:"莫是脚教么?"

师临迁化时,上堂升座,良久,展开左手。主事云:"东面黑,师僧退后。"师又良久,展开右手,主事又云:"西面黑,师僧退后。"师却云:"欲报师恩,无过守志;欲报王恩,无过流通大教。归去也,归去也。呵呵,珍重!"

卷第十

玄沙和尚

玄沙和尚嗣雪峰,在福州。师讳师备,姓谢,福州闽县人也。

咸通初,上芙蓉山出家,于钟陵开元寺道玄律师[处]受戒,却归山门。凡所施为,必先于人。不惮风霜,岂倦寒暑?衣唯布纳,道在精专。语默有规①,不参时伦。雪峰见师器质粹容,亦多相接,乃称师为"备头陀"②。如斯数载,陪仰亲依。

【校注】

①规:原文作"规"。

②备头陀:备,原文作"俗"。据《景德传灯录》卷十八记本师:"……与雪峰义存本法门昆仲而亲近若师资,雪峰以其苦行呼为备头陀。"

有一日,普请畬田①。雪峰见一条蛇,以杖撩起,召众云:"看!看!"以刀芟为两段。师便以杖挑抛背后,更不顾视。众僧愕然。雪峰云:"俊哉!"

【校注】
①普请畲田：普请乃禅林规制，指禅众都去田里劳动。原文"畲"字今校为"畬"。畬田指焚烧田地里的草木，用草木灰做肥料。南方水田多采取这样的耕作方法。

雪峰一日虓①曰："备头陀未曾经历诸方，何妨看一转乎？"如是得四度。师见和尚切，依和尚处分，装裹一切了。恰去到岭上，踢著石头，忽然大悟。后失声云："达摩不过来，二祖不传持。"又上大树，望见江西了，云："奈是许你婆。"便归雪峰。

雪峰见他来，问师："教你去江西，那得与么回速乎？"师对云："到了也。"峰曰："到哪里？"师具陈前事，雪峰深异其器，重垂入室之谈。师即尽领玄机，如瓶泻水。初住普应，次卜玄沙。后闽王迎居安国寺，礼重为师；奏赐②紫衣，师号宗一大师。三处住持，三十来年，匡八百众矣。

【校注】
①虓：原文作"誂"。《宋高僧传》卷十三本传作"謼"。
②赐：原文作"锡"。

问："如何是学人自己事？"师云："用自己作什么？"
问："从上宗门中事，此间①如何言论？"师云："少人听。"曰："请和尚直道②。"师云："佛言'吾有正法眼，付嘱摩诃迦叶'。我道犹如话月，曹溪竖起拂子是指月。"

问:"古人瞬视接人,师如何接人?"师云:"我不瞬视接人。"进曰:"师如何接人?"师视之。

问:"古人拈槌竖拂,还当宗乘中事无?"师云:"不当。"进曰:"古人意作么生?"师竖起拂子。进曰:"宗门中事作么生?"师云:"待你自悟始得。"

【校注】

①问:原文作"问",参《景德传灯录》卷十八校。

②请和尚直道:原本此句脱,参《景德传灯录》卷十八、《五灯会元》卷七加。

师问长生①:"维摩观佛,前际不来,后际不去,今则无住。长老作么生观?"对云:"放某甲过,有个商量。"师曰:"放长老过,作么生?"长老良久,师云:"教阿谁委?"对云:"徒劳侧耳。"师云:"正知你鬼趣里作活计。"师闻鱼鼓声,乃云:"打我也。"

【校注】

①原文"长生",据《景德传灯录》卷十八则是"长生然和尚",按皎然和尚与本师同嗣雪峰,极有可能有此问答,又皎然或年长于玄沙,故本师尊称曰"长老"。

师游南州时,与王太傅一房坐。时有一沙弥揭帘欲入,见师与太傅,便放帘,抽身退步。师云:"者沙弥好吃二十棒。"太傅云:"与么则延批罪过。"师云:"无。佛法不是这个道理,也须仔①细好。"僧问中塔:"沙弥过在于何,打二十棒?"塔云:"更添三十棒,沙弥又无过。"又问兴化,兴化云:"若会二公坐处,此棒不从外来。"又问顺德:"玄沙与公道,意作么生?"顺德云:"不为水而打水。"僧云:"与么则太尉②亦合先陀去也。"德云:"又成求他不肯。"进曰:"只如不为水而打水,意作么生?"德云:"青山碾为尘,敢保无闲人。"

【校注】

①仔:原文作"子"。

②尉:原文作"慰"。太尉即上文所提王太傅,太尉、太傅皆乃官名,司丞相之职。晚唐藩镇割据,军政大权皆为节度使一人把持。

《天请问经》曰:"云何利刀剑?云何碜毒药?云何炽盛火?云何极重暗?尔时,佛告彼天曰:粗言利刀剑,贪欲碜毒药,嗔①恚炽盛火,无明极重暗。"有人举问雪峰:"如来只说利刀剑,未曾当剑。请师当剑。"峰云:"咄!不识好恶汉。"有人持此语举似师,师云:"似则似,是则不是。"僧便问:"请和尚当剑。"师云:"咄!不识好恶汉。"有人举似中塔,中塔云:"不可思议,古人与么见知。虽然如此,欠进一问。"僧便问:"请和尚道。"塔云:"尊宿分上还有这个也无?"

【校注】

①嗔:原文作"恚"。

志超上座为众乞茶去时,问师:"伏乞和尚提撕!"师云:"只是你不可更教我提撕。"进曰:"乞师直指,志超不是愚痴人。"师云:"是你是愚痴人,作么生会?"进曰:"时不待人,乞师指示。"师云:"我这里有三棒打你愚痴,会么?"志超不会。中塔云:"自愚痴。"地藏①云:"和尚愚痴,教什么人打?"遂偈曰:

　　三棒愚痴不思议,浩浩溶溶自打之。
　　行来目前明明道,七颠八倒是汝机。

【校注】

①地藏:指本师最著名的弟子罗汉院桂琛,据史传载,当时漳州牧曾为其在闽城西之石山建"地藏精舍",故号"地藏"。其下出清凉文益,开法眼宗。法眼宗与云门宗同为五代禅林之大宗,然罗汉、清凉二师不为《祖堂集》所载,甚奇。

师问灵云:"那里何似这里?"云云:"也只是桑梓①,别无他故。"师曰:"何不道'也要知'?"云曰:"有什么难道?"师云:"若实便请道。"灵云偈曰:

　　三十年来寻剑客,叶落几回再抽枝。
　　自从一见桃花后,直至如今更不疑。

师云:"灵云也什么生桑梓之能?"云曰:"向道,故非外物。"师云:"不敢,不敢。"又云:"灵云谛当,甚谛当,敢报未彻在。"云曰:"正是。和尚还彻也无?"师云:"若与么即得。"

云曰:"亘古亘今。"师云:"甚好。"云曰:"喏,喏。"师作一颂,送灵云曰:

　　三十年来只如常,叶落几回放毫光。
　　自此一去云霄外,圆音体性应法王。

【校注】

①桑梓:《诗经·小雅·小弁》:"维桑与梓,必恭敬止。"是说家乡的桑树、梓树乃父母所种,对其要表示敬意。后人用来比喻故乡,在此则表示禅人的"本地风光"。

师问招庆:"汝作么生说驴使马使?"庆云:"某①甲姓孙。"师云:"是即是,且作么生是驴马?"庆云:"也只是桑梓。"师云:"知得也未?"庆云:"要且不是和尚。"师问:"作么说大意?"庆云:"得与么颠倒?"师云:"正是我颠倒。"庆云:"某甲也颠倒。"师云:"知得。"便有偈曰:

　　用处妙理不换机,问来答得不思议。
　　应现常明明知交,人人自在得功希。

又偈曰:

　　再睹道友话清源,人人问道无不全。
　　法法恒然皆如是,四生九类体中圆。

【校注】

①某:原本脱。

问:"如何是正妙心?"答:"尽十方世界,都来是个真实之体。"

师开平二年戊辰岁十一月二十七日,身体极热,曰:"我是大悟底人,尽大地一时火发,是你小小之辈,走却不难。"休长老便问:"和尚寻常骂十方,因什么到与么地?"师云:"达底人尚自如此,岂况是你诸人?"便顺化。春秋七十四,僧夏四十四。闽王崇塔矣。长兴元年庚寅岁,将十一郎林澄制碑文。净修禅师赞曰:

　　玄沙道孤,禅门楷模。

　　言一半偈,四海五湖。

　　巨鳌海面,金翅云衢。

　　岩崖险峻,佛法有无。

长生和尚

长生和尚嗣雪峰,在福州。师讳皎然,福州人也。自造雪峰之门,密契传心之旨。

于一日,雪峰因读古人语,到"光境俱……云复是何"[1]便问师:"这里合著什么字?"师对云:"放某甲过,有个道处。"峰云:"放你过,作么生道?"对云:"某甲亦放和尚过。"

【校注】

[1]原本此句,《景德传灯录》卷十九作:"光境俱亡,复是何物?"

又因玄沙云:"一切森萝镜中像。"便提起杖,问师:"这个是像,阿那人是镜?"师对云:"若不如是,争获圆通?"

师在雪峰时,为后生造偈曰:

素面相呈犹不识,更添脂粉①竞斗看;

这里若论玄与实,与吾如隔万重山。

【校注】

①脂粉:"脂"原文异体,今校为"脂粉"。岳麓书社1996年出《祖堂集》校点本作"暗彩"。

问:"从上宗乘如何言论?"师云:"不可为阇梨荒却长生路也。"

问:"古人道:无明即佛性,烦恼不须除。如何是无明即佛性?"师作嗔势,竖起拳,喝云:"今日打这个师僧!""如何是烦恼不须除?"师以手籥头曰:"今日打这个师僧,得恁①么发人业。"

【校注】

①恁:原文作"任",参《景德传灯录》校。

师巡堂后,到厨下,雪峰曰:"我寻常向师僧曰是什么,未有人对,阿你作么生?"师对曰:"放某甲过,亦有商量。"峰云:"放你过,作么商量?"对曰:"某甲亦放和尚过。"雪峰曰:"相识满天下,知心能几人?"

师到鹅湖,当门安下,忽然见灯头来挑灯,便造偈曰:

一灵孤灯当门悬,拟欲挑来历劫昏。

山声朴直人难见,此中会得处处全。

内侍问:"古人有言:一切众生日用而不知。作么生是众生日用而不知?"师乃指揖内侍曰:"吃橄榄子。"内侍又问:"作么生是日用而不知?"师云:"内侍适来岂不是吃橄榄子?"对云:"是也。"师云:"古来众生日用而不知,如今内侍亦日用而不知。"

问:"如何是王中主?"云:"昨日送一个去,今日迎一个来。"

鹅湖和尚

鹅湖和尚嗣雪峰,在信州。师讳智孚,福州人也。未睹实录,不决化缘始终。

僧问:"五逆之子还受父的①也无?"云:"虽有自裁,未免伤己。"

【校注】

①原本"父的",《景德传灯录》卷十八与《五灯会元》卷七均作"父约"。

问:"国无定乱之剑,为什么四海宴清?"云:"君王无道。"

"君王道合事如何?"云:"不令亦不行。"

问:"如何是佛向上人?"云:"正知①阇梨勿奈何。"进曰:"为什么勿奈何?"云:"未必小儿得见君王②。"

【校注】

①正知:《五灯会元》卷七作"情知"。

②君王:《景德传灯录》卷十八作"君子"。《五灯会元》卷七此句作:"未必小人得见君子。"

问:"利娄相击,不侧耳者如何?"云:"哲。"

问:"虚空讲经,以何为宗?"云:"阇梨不是听众,去。"

大普和尚

大普和尚嗣雪峰。师讳玄通,福州福唐县人也。出家于兜率山,依年具戒。便慕参游,见雪峰。数年盘泊,更不他往。承言领旨,而居大普矣。

有僧问:"巨海骊珠,如何取得?"师乃抚掌瞬视。

问:"拨尘见佛时如何?"师曰:"脱却枷来商量。"

镜清和尚

镜清和尚嗣雪峰,在越州。师讳道怤,温州人也。

师初入闽参见灵云,便问:"行脚大事,如何指南?"云云:

"浙中米作么价?"师曰:"洎作米价会却。"

续到象骨,象骨问:"汝是什么处人?"对云:"终不道温州生长。"峰云:"与么则一宿觉是汝乡人也。"云:"只如一宿觉是什么处人?"峰云:"者个子好吃一顿棒,且放过。"师又问:"从上祖德例说入路,还是也无?"峰云:"是。""学人初心后学,乞师指示个入路。"峰云:"但从者里入。"师云:"学人蒙①昧,再乞指示。"峰云:"我今日不多安。"放身便倒。又问:"只如从上祖德,岂不是以心传心?"峰云:"是。兼不立文字语句。"师曰:"只如不立文字语句,师如何传?"峰良久。遂礼谢起,峰云:"更问我一转②可不好?"对云:"就和尚请一转问头。"峰云:"只与么,别更有商量也无?"对云:"在和尚与么道则得。"峰云:"于汝作么生?"对云:"辜负杀人。"峰云:"不辜负底事作么生?"师便珍重。

【校注】
①蒙:原本作"朦"。
②转:原本作"传",今参《景德传灯录》校为"转",下同。

又一日,雪峰告众云"当当密密底①……"师便出,对云:"什么当当密密底?"雪峰从卧床腾身起,云:"道什么?"师便抽身退立。

【校注】
①当当密密底:《景德传灯录》卷十八作"堂堂密密底"。

又一日普请，雪峰举①沩山语："见色便见心，还有过也无？"师对云："古人为什么事？"峰云："虽然如此，我要共汝商量。"对云："与么商量，不如某甲锄地。"

【校注】

①举：原本脱，参《景德传灯录》卷十八与《五灯会元》卷七校补。

又一日行次，雪峰便问："尽乾坤事不出一刹那。只如不出一刹那底事，今时向什么处辨明则得？"师对云："更共什么人商量去？"雪峰云："我亦有对，汝但问我。"师便问："今时向什么处辨明则得？"峰乃展手云："但向这里辨明。"师对云："此是和尚为物情切。"峰便笑。

峰又时云："争得与么尊贵，得与么绵密？"师对云："某甲自到山门，今经数夏，可闻①和尚与么示徒？"峰云："我向前虽无，如今已有，莫所妨么？"对云："不敢。此是和尚不已而已②。"峰云："置我如此！"又云："量才处职。"

于是承言领旨，遍历诸方。凡对机缘，悉皆冥契。旋回东越。初住镜清，后居天龙、龙册③。钱王钦仰德高，赐紫衣，法号顺德大师。

【校注】

①原本"可闻"，《景德传灯录》卷十八作"不闻"。

②不已而已：疑为"不得已而已"。

③据《景德传灯录》卷十八记："师罢参，受请止越州镜清禅苑。……钱王欲广府中禅会，命居天龙寺。……其后又创龙册寺，延请居焉。"由此知"天龙龙册"是二，非"天龙"有"龙册"也。

见新到参次，拈起拂子，对云："久向镜清，到来犹有纹彩在。"师云："今日遇人，却不遇人。"后有人进问："今日遇人却不遇人，意怎么生？"师云："一盘御饭，反为庶食。"

问："无源不住，有路不归时如何？"师云："这个师僧，得座便坐。"

问："如何是心？"师云："'是'则第二头。"云："'不是'如何？"师云："又成不是头。"僧曰："是不是，总不与么时作么生？"师云："更多饶过。"

问："如何是玄中玄？"师云："'不是'是什么？"僧曰："还得当也无？"师云："木头也解语。"因此，颂曰：

一向随他走，又成我不是。

设尔不与么，伤著他牵匮。

欲得省要会，二途俱莫缀。

问："古人有言：人无心合道。如何是人无心合道？"师云："何不问'道无心合人'？""如何是道无心合人？"师云："白云乍可来青嶂，明月那堪下碧天。"

新到参次，师问："阇梨从什么处来？"对云："佛国来。"师云："只如佛以何为国？"对云："清净庄严为国。"师云："国以何为佛?"对云:"以妙静真常为佛。"师云:"阇梨从妙静来?从庄严来?"僧无不对答。师云:"嘘!嘘!到别处有人问汝,不可作这个语话。"

师有时上堂,众集良久,云:"来朝更献楚王看,珍重。"

问:"明能相见,其理如何?"师云:"可惜与汝道却。"僧曰:"只如可惜道却,意旨如何?"师云:"悭珍不免施。""如何是悭珍?"师云:"可惜道。"僧曰:"不免施又如何?"师云:"对汝道却。"

问:"宝在衣中,为什么伶俜①辛苦?"师云:"过在阿谁?"僧曰:"只如认得,又作么生?"师云:"更是伶俜。"僧曰:"认得,为什么却伶俜?"师云:"不愧②己有。"

【校注】

①俜:原字缺笔。

②愧:原文作"媿"。

问:"如何是皮?"师云:"分明个底。""如何是骨?"师云:"绵密个。""如何是髓?"师云:"更密于密。"

问:"如何是粪扫一纳衣?"师云:"迦叶被来久。"进曰:"纳衣下事如何?"师云:"亲向阿难传。"

问:"如何是天龙一句?"师云:"伏汝大胆。"进曰:"与么则学人退一步。"师云:"覆水难收。"

问:"如何是文殊剑?"师便作斫势。"只如一剑下得活底人又作么生?"师云:"出身路险。""与么则大可畏。"师云:"不足惊怛。"

师问僧:"外边是什么声?"学人云:"雨滴声。"师云:"众生迷己逐物。"学人云:"和尚如何?"师云:"洎不迷己。"后有人问:"和尚与么道意作么生?"师云:"出身犹可易,脱体道还难。"

师又问僧:"离什[么]处?"学[人]云:"离应天。"师云:"还见鳗鲤不?"学人云:"不见。"师云:"阇梨不见鳗鲤,鳗鲤不见阇梨?"云:"总有与么①。"云:"阇梨只解慎初,不解护末。"

【校注】

①总有与么:《景德传灯录》卷十八作:"总不恁么。"

师示众云:"好晴好雨。"又云:"不为好晴道好晴,不为好雨道好雨。若随语会,迷却神机。"僧问:"未审师尊意如何?"颂曰:

好晴好雨奇行持,若随语会落今时。

谈玄只要尘中妙,得妙还同不惜伊。

问:"经首第一唤作何字?"师曰:"穿耳胡僧笑点头。

问:"西来密旨如何通信?"师云:"出一人口,入千人耳。""如何是出一人口?"师云:"释迦不说说。""如何是入千人耳?"师云:"迦叶不闻闻。"

问:"学人拟披纳,师意如何?"师云:"一任高飞。"僧曰:"争奈毛羽未备何?"师曰:"唯宜低弄。"僧曰:"如何低弄?"

师云:"逢缘不作,对境无心。"僧曰:"如何是高飞?"师云:"目睹优昙①,犹如黄叶。""如何是优昙?"师云:"一劫一现。""如何是黄叶?"师云:"此未为真。"僧曰:"与么则更有向上事在。"师云:"灼然。""如何是向上事?"师云:"待你一口吸尽镜湖水,我则向你道。"

【校注】

①优昙:即优昙华、优昙钵花。《法华经·方便品》曰:"譬如优昙华,一切皆爱乐。"又曰:"如优昙钵花时一现耳。"《一切经音义》注:"其花叶似梨,果大如拳;其味甘,无花而结实,亦有花而难值,故经中以喻希有者也。"俗称"昙花一现"即本此。

问:"惺惺为什么却被热恼?"师云:"为不是那边人。"僧曰:"如何是那边人?"师云:"过这边来。"僧云:"未审这边如何过?"师云:"惺惺不惺惺。"僧曰:"惺惺不惺惺时如何?"师曰:"鲁班失却手。"

问:"如何是声色中面目?"师云:"现人不见。"僧云:"太绵密生。"师云:"体自如此。"僧云:"学人如何趣向?"师云:"活人投机。"

问:"闻处为什么只闻不见,见处为什么只见不闻?"师云:"各各自缘,不缘他。"

师题《象骨山颂》曰:

密密谁知要,明明许也无。

森罗含本性，山岳尽如如。

　问："十二时中如何行李①?"师云："一步不得移。"僧曰："学人不会，乞②师指示个入路。"师云："不过于此。"师乃颂曰：当此支荷得，胜于历劫③功。

　　多途终不到，一路妙圆通。

【校注】

①行李：相当于"行履"。如《景德传灯录》卷十八"漳州报恩怀岳禅师"章："十二时中如何行履?"

②乞：原本脱，今补。

③劫：原本作"却"。

师问僧："你名什么?"对云："省超。"师便作偈曰：

　　省超之时守不住，更须腾身俊前机。

　　太虚不碍金乌运，霄汉宁妨玉兔飞?

师因在帐里坐，僧问："乍入丛林，乞师指示个径直之路。"云："子既如此，吾岂吝之? 近前来。"学人遂近，师以手拨开帐，云："嗄!"学人礼拜，起云："某甲得个入处。"师遂审之，浑将意解。师乃颂曰：

　　我适抑不已，汝领不当急。

　　机竖尚亏投，影没大难及。

因举长庆上堂，众僧立久，有僧出来云："与么则大众归堂去也。"长庆便打。后有僧举似中招庆，招庆云："僧道什么?"对云："僧无语。"招庆云："这个师僧为众竭力，祸出私门。"寻后有僧举似化度,化度却问其僧:"只如长庆行这个杖,还公当也无?"对云:"公当。"化度云:"或有人道不公当,又作么生?"对云:"若是与么人,放他出头始得。"化度云:"在秦则护秦。"化度却举似师,云:"只如长庆有与么次第,不合行这个柱杖。"师云:"大师代长庆作么生折合?"化度云:"但起来东行西行。"师云:"与么则木杓落这个师僧手里去也。"时有人拈问师:"只如长庆行这个柱杖,意作么生?"师云:"宗师老拦,兼自出身。"

师又时上堂云:"尽十方世界都来是金刚不坏之体,唯怕牯羊角。"时有人问:"如何是金刚不坏之体?"师云:"世界坏时作么坏?""为什么唯怕牯羊角?"师云:"要汝尽却。""如何是牯羊角?"师云:"洎道惊杀汝。"僧曰:"体坏时角还存也无?"师云:"不是过夏物。"僧曰:"只如牯羊角尽时还得相应也无?"师云:"不同汝归意。"僧云:"不同归者如何?"师云:"千金不改耕。"僧曰:"只如牯羊角,明得什么边事?"师云:"上士聊闻便了却,中下意思莫能知。"有人拈问资福:"作么生是金刚不坏之体?"资福以手点胸。"作么生是牯羊角?"资福以两手头上作羊角势。有人举似师,师因此示众云:"角锋不密,太露太现。'金刚不坏体,唯怕牯羊角',提其角只要出其体,体角俱备,诸人作么生会?"又《谈体颂》云:

体含众像像分明,离体含形形转精。

清明妙净谁能辨,释迦掩室竭罗城。

又曰《叹景①禅吟》:

叹汝景禅去何速,虽不同道当②眼目。

个今永劫③不曾亏,地水火风还故国。
好也好,也大奇,茫茫④宇宙几人知?
莹净宁闲追路绝,青山绿嶂白云驰。
歌好歌,笑好笑,谁肯便作此中调?
难提既与君凑机,其旨无不谐其要。
格志异,气骨高,森罗咸会一灵毫。
虽然示作皆同电,出岫藏峰徒思劳。
希奇地,剑吹毛,脱罩腾笼任性游。
此界他界如水月,几般应迹妙逍遥。

【校注】

①景:通"影"。
②当:通"挡"。
③劫:原本作"却"。
④茫茫:原本作"忙忙"。

又《悟玄颂》曰:

有路省人心,学玄者好寻。
旋机现体骨,何用更沉吟?
莫嫌浅不食,犹胜意思深。
鱼若有龙骨,大小尽堪任。

问:"古人有言:切忌随他觅,迢迢与我疏。如何是切忌随他觅?"师云:"犯令也。""如何是迢迢与我疏?"师云:"不啻十万八千里。""如何是我今独自往?"师云:"单马掣①骑。""如何是处处得逢渠?"师云:"遍身是眼。""如何是我今不是渠?"师云:"识辨奴郎始得。"

【校注】
①掣:原本异体字难认,今校作"掣"。

翠岩和尚

翠岩和尚嗣雪峰,在明州。师讳令参,湖州人也。未睹行录。钱王钦仰,赐紫衣,[号]永明大师。

问:"不借三寸,请师道。"师云:"茶堂里贬剥①去。"

【校注】
①贬剥:疑同"辨驳"。

问:"诸余即不散①问。"师良久,进曰:"如何举似于人?"师云:"侍者点灯来。"

【校注】
①散:疑应为"敢"。

师有时上堂曰:"三十年来,无有一日不共兄弟持论语话,看我眉毛还在么?"众无对。有人举似长庆,长庆代云:"生也。"
师《示后学偈》曰:

　　　　入门须有语，不语病栖芦。
　　　　应须满口道，莫教带有无。
明照和尚和：
　　　　入门通俊士，正眼密呈珠。
　　　　当机如电拂，方免病栖芦。
师再和：
　　　　入门如电拂，俊士合知无。
　　　　回头却问我，终是病栖芦。
师又《劝学偈》：
　　　　苦哉甚苦哉，波里觅干灰。
　　　　劝君收取手，正与么时徕①。

【校注】
①徕：原文作"俫"。

报恩和尚

报恩和尚嗣雪峰。师讳怀岳，泉州仙游人也。出家于莆田圣寿院，依年具戒。志慕祖筵①，而参见雪峰。密契玄关，化于漳浦。

【校注】
①筵：原本作"莚"。

问："宗乘不却，如何举唱①？"云："山不自称，水无间断。"

【校注】
①举唱：《景德传灯录》卷十八作"举提"。

师临迁化时，上堂云："十二年来举扬宗教，诸人怪我什么处？若要听三经五论，开元咫尺①。"便告寂。

【校注】
①开元咫尺：《景德传灯录》十八卷补为"此去开元寺咫尺"。

化度和尚

化度和尚嗣雪峰，在西兴①。师讳师郁，泉州莆田县人也。师号悟真大师。

【校注】
①《景德传灯录》卷十八说本师自得雪峰心印，化缘盛于杭越之间，后居西兴镇之化度院。

僧问："如何是随色摩尼珠？"师云："青黄赤白。"
问："如何是一尘？"师云："九世刹那分。""如何含法界？"

师云:"法界在什么处?"

问:"六国未宁时如何?"师云:"是汝。""宁后如何?"师云:"是汝。"

问:"只如维摩登时,或有人问,和尚如何只遣?"师云:"唯有门前镜湖水,清风不改旧时波。"

鼓山和尚

鼓山和尚嗣雪峰,在福州。师讳神晏。示生梁国,世姓李氏,则皇唐诸王之裔①也。幼避荤膻,乐闻钟梵。年始十二,俗舍青灰之壁,忽显白气数道。②父曰:"此子必出家。"至年十五,偶因抱疾,梦神人与药,睡觉顿愈。年十七,梦一胡僧告云:"出家时至。"后累辞亲爱,方果其愿。遂依卫州白鹿山卯③斋禅院道规④禅师剃落。至中和二年,于嵩山琉璃坛受戒。

【校注】

①裔:原本作"裹"字。

②《景德传灯录》卷十八于此说:"师即挥毫,书其壁曰:白道从兹速改张,休来显现作妖祥。定祛邪行归真见,必得超凡入圣乡。题罢,白气即从壁消失。"

③卯:原文作"夘"。

④规:原文作"规",今参《景德传灯录》卷十八校为"规"。

因一日谓同学云："古德云'才自①四羯磨后，全体戒定慧'。何必拘恋准绳，犹同桎梏？"自此不穷律肆，拥毳遍参。先见白马、超州②，次历径山、荷玉。虽谐请问，未契机缘。

后遇雪峰，雪峰拦胸把住③，云："是什么？"师乃豁然而已。寻便举手摇拽，峰云："又作道理作什么？"师云："作何道理？"峰乃呵曰："大有人未到此境界，切须保任护持。"寻以雪峰顺寂，闽王于城左二十里开鼓山，请师为众举扬宗旨④。

【校注】

①原本"自"字，《景德传灯录》卷十八作"白"，当误。

②原本"白马超州"，疑为二师，与后文"径山、荷玉"对应。"超州"，疑应作"赵州"。时南泉会下出白马昙照和赵州从谂，白马在荆南，赵州在河北。《景德传灯录》卷十有白马、赵州二师之机语。据载，白马生前常云"快活、快活"，及临终时又叫"苦、苦"。至于赵州，则较著名，"南有雪峰，北有赵州"，天下流行。

③住：原本作"驻"。

④原本"众"字下无"举扬宗旨"四字，今参《景德传灯录》卷十八加。

师云："经有经师，论有论师，律有律师。有函有号，有部有帙，各有人传持。若是佛之与法，是建立化仪；禅之与道，是止啼之说。他诸圣兴来，益为人心不等，巧开方便，遂展多门；为病不同，处方固异，在有破有，居空呧空。二患既除，中道须遣。鼓山所以道，句不当机，言非展事；承言者丧，滞句则迷。不唱言前，宁谈句后？直至释迦掩室，净名杜口；大士梁时，童子当日①。一问二问三问，尽有人了也，诸仁者作么生？"时有人礼拜，师云："高声问。"学云："咨和尚。"师便喝出。师颂曰：

　　　　直下犹难会，寻言转更赊。
　　　　拟论佛与祖，特地隔天涯。

【校注】

①大士梁时童子当日：原本"大士梁时"疑指达摩大士遇梁武帝，而"童子当日"疑指民间流传的"童子拜观音"，典故出自《华严经·入法界品》曰，善财童子诣文殊师利而发心，从此渐次南行，参五十三知识而证入法界，在第二十七番遇观音大士，闻法之因缘而为菩萨之胁侍。禅寺山门阁上观音菩萨左边安童子像即本此。原本用此典故，和前"释迦掩室、净名杜口"一样，旨在说明"承言者丧，滞句则迷"。

隆寿和尚

隆寿和尚嗣雪峰，在漳州。师讳绍乡①，姓郑，泉州莆田县人也。师号兴法大师。

【校注】

①本师之名讳，原本作"乡"字，此字繁体与"卿"相

差无几。《景德传灯录》卷十八与《五灯会元》卷七均作"卿"。

有人问:"古人道:摩尼宝殿有四角,一角常露,三角亦然。如何是常露底角?"师便竖起拂子。

问:"良禾不立米①,如何济得万人饥?"云:"侠客面前如夺剑,看君不是点儿郎。"

【校注】
①原本"良禾不立米",《五灯会元》卷七作"粮不蓄一粒"。

安国和尚

安国和尚嗣雪峰,在福州。师讳弘韬,姓陈,泉州仙游县人也。初诞之时,胎衣紫色。朝感胡僧,而来访之,志求出家。遂于龙华寺东禅依师染剃①,依年具戒。便诣雪峰,密契玄关。寻离瓯越,遍历楚吴。后再入雪峰。

【校注】
①原本"染剃",似应校为"剃染"。

雪峰才见,便问:"什么处来?"师云:"江西来。"峰云:"什么处逢见达摩?"师云:"分明向和尚道。"峰云:"道什么?"

师云:"什么处去来。"

又因一日,峰见师便拦胸把[住],云:"尽乾坤是个解脱门,把手拽教伊入,争奈不肯入?"师云:"和尚怪某甲不得。"峰云:"虽然如此,争奈背后如许多师僧何?"

自后闽王钦敬,请住安国①,阐扬宗教矣。

【校注】

①据《景德传灯录》卷十九,本师先受请止困山,毳徒臻集。后闽帅向师道德,命居安国寺,大阐玄风,徒余八百矣。

问:"如何是西来意?"师云:"如何是不西来意?"又云:"是即是,莫错会。"问:"学人上来未尽其机,请师尽其机。"师良久,学人礼拜。师云:"忽到别处有人问,你作么生举?"学云:"终不敢错举。"师云:"未出门,便见笑具。"问:"如何是达摩传底心?"师云:"素非后胤①。"

【校注】

①原本"胤"字,《景德传灯录》卷十九则作"蜀"。

众参,师云:"若有白纳衣,一时染却。"于时众中召出一僧,当阻而立。师指云:"这个便是样子也,还有人得相似么?"众皆无对。

别时,僧侍立,师云:"你当此时作么生?"僧云:"某甲向前僧边立。"云:"还得相似么?"师云:"你不相似。"学人云:"为什么不相似?"师云:"你带有黑①。"

【校注】
①原本"你带黑有",今据上文校为"你带有黑"。

因长庆在招庆时,法堂东角立次,云:"者里好置一个问。"时有人便问:"和尚为什么不居正位?"庆云:"为你与么来。"僧云:"只今怎作生?"庆云:"用你眼作什么?"师因举著云:"他个则与么,别是个道理,只今作么生道则得?"后安国云:"与么则大众一时礼拜去也。"师亦代云:"与么则大众一时散去得也。"

师在众时,举国师碑文云:"得之于心,伊兰作栴檀之树;失之于旨,甘露乃蒺藜之园。"师拈问僧:"一语之中须具得失两意,作么生道?"僧提起拳头云:"不可唤作拳头。"师不肯,自拈起拳头曰:"只为唤作拳头。"

问:"如何是活人之剑?"师曰:"不敢瞒却汝。""如何是杀人之刀?"师云:"只这个是。"

因举《西域记》云:"西天有贼,盗佛额珠。欲取其珠,佛额渐高,取不得。遂责云:'佛因中有愿,我成佛果菩提,愿济一切贫乏众生。如今何得违于本愿,不与我珠?'佛遂低头与珠。"师拈问众:"向这里须得作主,又不违于本愿,合有济人,作么生道?"众无对。师代云:"有愿不违。"长庆云:"适来岂是违于因中所愿么?"

师上堂云:"达摩道'吾本来此土,传教救迷情',诸人且道是什么教？莫是见多之教么？若是见多之教，自是摩腾、竺法兰二三藏，汉明帝永平年中已来了也。既不是此教，且是什么教？还有人择得么？若有人择得，便出来看；若无人择，我与你择这个便是。纳僧谙会处，得么？只如达摩与么道，遇著本色行脚人，还得了么？汝道达摩愆疣在什么处，便不了去？我如今不识好恶颠倒，与汝诸和尚插①偈、歌咏、告报，尚不能察得，倘②若依于正令，汝向什么处会去？何不抖擞眉毛，著些子精彩耶？尽乾坤界是你诸人家风，诸人一时体取，还有人体得么？若无人体得，莫只与么醉慢慢底，有什么成办时？大须努力！"

【校注】

①插：原本作"捶"。
②倘：原本作"傥"。

时有人问："承师有言：尽乾坤界是你诸人家风。学人到这里为什么却不见？"师云："是你到什么处却不见？"学云："请师指旨。"师云："泊放过。"

又问："承师有言：若依于正令，汝向什么处会？如何是正令？"师良久，学人罔①措。师云："不信道，向什么处会？"

【校注】

①罔：原本作"冈"。

因举六祖为行者时，到刘志略家，夜听尼转《涅槃经》。尼便问行者,还读得《涅槃经》不?行者云:"文字则不解读,只解说义。"尼便将所疑文字问之,行者云:"不识。"尼乃轻言呵云:"文字尚不识,何解说义?"行者云:"岂不闻道,诸佛理论不干文字?"因举次,师云:"由①欠一问。"便问:"如何是不干文字理论底事?"师云:"什么处去来?"

【校注】

①原本"由"字,疑应作"犹"。

师与长庆从江外再入岭,在路歇次,因举:"太子初下生时,目视四方,各行七步,一手指天,一手指地,云:天上天下,唯我独尊!"庆却云:"不委太子登时实有此语?为复是结集家语?直饶登时不与么道,便是目视四方,犹较些子。"师问:"什么处你?"庆云:"深领阇梨此一问。"师云:"领问则领问,太粗生!"庆拈得柱杖,行三两步,回头云:"不妨是粗些子。"师云:"不错嫌粗。"

长庆和尚

长庆和尚嗣雪峰,在福州。师讳慧稜,杭州海盐县人,姓孙。年十三出家。①

【校注】

①关于本师之生平和学历,《景德传灯录》卷十八所记较

原本详细:"杭州盐官人也。幼岁禀性淳澹。年十三于苏州通玄寺出家。登戒,历参禅肆。唐乾符五年入闽中,谒西院访灵云,尚有疑滞。后之雪峰,疑性冰释。"

初参见雪峰,学业辛苦,不多得灵利。雪峰见如是次第,断他云:"我与你死马医法,你还甘也无?"师对云:"依师处分。"峰云:"不用一日三度五度上来,但知①山里燎火底树桩②子相似,息却身心,远则十年,中则七年,近则三年,必有来由。"

师依雪峰处分,过得两年半。有一日,心造坐不得,却院外绕茶园三匝了,树下坐,忽底睡著,觉了却归院,从东廊下上。才入僧堂,见灯笼火,便有来由。便去和尚处,和尚未起,却退步,依法堂柱立,不觉失声。大师听闻,问:"是什么人?"师自称名。大师云:"你又三更半夜来者里作什么?"对云:"某甲别有见处。"大师自起来开门,执手问衷情。师说《衷情》偈曰:

也大差也大差,卷上帘③来满天下。

有人问我会何宗,拈起拂子蓦④口打。

【校注】

①原本"知"字,疑应作"如"。

②原本"橦"字,今校作"桩"。

③帘:原本讹写。

④蓦:原本作"募"。

大师便安排了,处分侍者教伊煮粥。吃粥后,教侍者看堂里第二粥未行报。侍者去看,来报和尚。和尚令师来堂里,打槌云:"老汉在这里住,聚得千七百人,今日之下,只得半个圣人。"明朝索上堂,升座便唤师。师便出来,和尚云:"昨夜事,大众却疑。你道两个老汉预造斗①合禅,你既有见处,大众前道得一句语。"师便有偈曰:

万像之中独露身,唯人自肯乃能亲。

昔日谬向途中学,今日看来火里冰。

师问:"从上诸圣传授一路,请垂指示。"雪峰良久,师设礼而退②。雪峰云:"宽尔大哉!"自此住招庆也③。

【校注】

①斗:原本作"闘"。

②雪峰良久,师设礼而退:此句原本作"师答良久设礼而退",今参《五灯会元》卷七校改。

③据《景德传灯录》卷十八记:"师来往雪峰二十九载,至天祐三年,受泉州刺史王延彬之请住招庆。……后闽帅请去长乐府之西院,奏额曰'长庆',号超觉大师。"

师问:"大沩山久住,诜上座,还曾到雪峰山么?"对云:"不曾到。"师云:"为什么不曾到?"对云:"某甲自有本分事在。"师云:"作么生是上座本分事?"上座拈起纳衣角,师云:"只这个,为当别更有?"对云:"和尚适来见什么?"师云:"龙头蛇尾。"师代云:"果然不见。"

师与保福游山次,保福问:"古人道妙峰顶,莫只这个便是不?"师云:"是即是,可惜许。"有僧举似鼓山,鼓山云:"若不然者,骷①髅遍野,白骨连山。"

【校注】

①骷:原本作"髑"。

因举体师叔①《古曲》偈曰:

古曲发声雄,今古唱还同。

若论第一拍,祖佛尽迷踪。

师拈问:"只如祖佛尽迷踪,成得个什么边事?"僧曰:"成得个佛求出世时事,黑豆未生萌时事。"云:"某甲到这里去不得,未审师如何?"师代云:"成得个绝痕缝边事。"

【校注】

①体师叔:指福州芙蓉山如体禅师,法嗣雪峰,《景德传灯录》卷十九有传。此间所举"体师叔之《古曲偈》",同本集卷十一惟劲章之"如体禅师《雄颂》"。

僧问中塔①:"如何是诸佛?"中塔②曰:"一切人识不得。"有人举似师,师云:"是即是,只欠礼三拜。"

【校注】

①中塔:原本作"忠塔",因本书卷十二有"中塔和尚"章,从之。

②原本"师答",今按文理校为"中塔"。

因僧举云岩补鞋次,药山问:"作什么?"岩对云:"将败坏补败坏。"药山不肯,云:"即败坏非败坏。"师云:"药山与么道,犹教一节在①。"僧问:"和尚如何?"师云:"汝犹教一节在。"僧云:"学人则与么犹教和尚一节在,未审作么生则得尽于师机?"师云:"汝须亲自道始得。"时有学人问:"如何是败坏底?"师提起杖。"如何是非败坏底?"师亦举起杖。

【校注】
①犹教一节在:语同"犹较些子","教"字疑为"较"之别写。

问:"古人道:真金卖不受,卖受金不真。既卖受,为什么金不真?"师云:"只为被谩。"

师有时云:"与么举扬,背地看来,却成返厌①。"僧便问:"当众举扬,为什么却成返厌?"师云:"只为容易。"僧云:"不容易,作么生道?"师云:"当不当。"

【校注】
①返厌:有"不进"、"倒退"意,甚或有"弄巧成拙"意。"厌"字非"仄",如"厌愿",见于《汉书·五行志》:"晦而月见西方谓之朓,朔而月见东方谓之厌愿。刘向以为厌者,疾也;厌愿者,不进之意。"孟康注曰:"厌愿者,月行

迟,在日后,当没而更见。"王先谦补注:"匿正字,慝借字,仄慝亦作侧匿。"

问:"如何是万法之源?"师云:"未用怪我,只这个是。"僧便礼拜。师却云:"忽有人不肯与么道,你还肯也无?你若肯,过在什么处?你若不肯,道理在什么处?你若择得,许你有这个眼;你若择不出,敢保你未具眼在。"

问:"灵山会上百万众,唯有迦叶亲闻。如何是迦叶亲闻底事?"师良久,僧云:"若不问和尚,洎空过一生也。"师乃将杖打之。

问:"师子捉象亦全其力,捉兔亦全其力。既是全力,为什么救善星不得?"云:"汝道救不得,如今在什么处?"

师患耳重,王太傅有书来问疾,兼有偈上师:

世人悟道非从耳,耳患虽加道亦分。

灵鹫一机迦叶会,吾师传得岂关闻?

师回问云:"不及奉和,辄置问词。太傅若也不吝①,则显截流之作也。蒙示非从耳,云得岂关闻。不从闻得者,请露后来珍。"太傅答:"好晴好雨,宜花宜麦。得不得,请大师亲批。"师云:"与么则大众有望,北院何忧?虽然如此,犹虑恐人笑在。"

又因举仰山与岑大虫话,师云:"前头彼此作家,后头却不作家。某甲于中下一句语,云:邪法难扶。汝道向什么人分上下语?"

问:"如何得不疑不惑去?"师便展手向两边,却令学人再问,我更与汝道。学人再问,师乃露膊而坐。学人礼拜,师云:"你且作么生会?"对云:"今日东风起。"师云:"汝与么道,未定人见解。汝于古圣已来,有什么言教时节,齐得长庆?你若举得,许你有这个话主。"

问:"于一不谛,还解置得无过底事也无?"师云:"汝既问我,我亦问汝。""与么则不敢道和尚问某甲。"师云:"我也委汝来处,你亦不得错认定盘星①。"师代前,但言珍重。

【校注】

①定盘星:戥盘或秤杆上之第一星,其位置为戥锤与戥盘成平衡时戥锤之悬点。俗因喻一事之准绳谓之定盘星。朱熹诗:"记取渊冰语,莫错定盘星。"因此,原本"定半星",当校作"定盘星"。

孔子问诸弟子:"汝诸人以何为道?"一人云"无心为道";一人云"触目为道";有一人两手抚膝,雀跃而行。孔子判云:"无心为道是向去道,触目为道是明道,雀跃而行是现道。"师闻此语,拈问众:"孔子与么判断,还称得三人意也无?"无人对。自云:"两个则得,一个则不得。"

师回清源,太傅问:"山中和尚近日有何言教?"师云:"山中和尚近日老婆心教人,向未开口已前会取。"太傅云:"与么道还得当也无?"师云:"当不当则且置,太傅作么生会得?"太傅云:"专甲亦有商量处。"大师云:"太傅作么生商量?"太傅乃收足坐。师云:"教什么人委?"太傅云:"大师不委。"师云:"上来何在？"太傅云："有什么罪过？"师云："亦须自检①责好。"

【校注】

①检：原本作"捡"。

师与王大王说"今古成人立德底事"，师向大王云："世俗中亦有志人底苗稼，佛法中亦有志人底苗稼。"大王就师问："作么生是世俗中志人底苗稼？"师举云："青云有路应须到，金榜①无名誓不归。"大王云："作么生是佛法中志人底苗稼？"师举云："努力此生须了却，莫交累劫受诸殃。"又云："不得无生终不止，取彻为期。"大王礼拜云："若不遇和尚，岂知与么次第？"

【校注】

①榜：原本作"㈱"字。

问僧："不伤本柄，你作么生道？"对云："某甲有口，只解吃菜。"师云："擗脊棒汝，还甘也无？"云："争得不甘？"师云："你过在什么处，招得这个棒？"对云："若不打专甲，何处有长庆？"师云："是也，长庆意作么生？"其僧珍重。

师有时云："我若放你过，纵汝百般东道西道，口似悬河则得。我若不放你过，汝拟道个什么？"对云："乞和尚放某甲过，亦有道处。"师云："我放你过，作么生道？"对云："来日供养主设斋。"师云："我若放你过，汝与么道；我若不放你过，汝与么道，过在什么处？"无对。别人对云："若不与么道，争识得和尚?"师便讶之。又问别僧:"放你过,作么生道?"对云:"只这个。"

僧到参次,师便把住云:"莫屈著兄弟么?"对云:"不屈。"师推出僧云:"如许多时,虚踏破草鞋作什么?"又一日,僧参,师拦①胸把住,云:"莫成相触忤么?"僧无对。师便托出。有人举似安国,安国云:"招庆今日有杀人之刀,亦有活人之剑。"僧举似保福,保福云:"招庆杀活俱备。"中招庆②云:"与么则首者无过。"演侍者云:"赖得和尚与么道。"师进云:"是也,不与么道时作么生?"侍者无对。师代云:"和尚若不与么道,百杂碎。"

【校注】

①拦:原本作"栏"。

②中招庆:泉州招庆院,先住慧稜,中住道匡,后住文僜。因此,"中招庆"即指道匡和尚。

问:"学人近入丛林,乞师举唱宗乘。"师云:"是举扬,是不举扬?"学人礼拜,师云:"会么?"学云:"不会。"师云:"赖汝不会,汝若会,何处更有招庆?"

问:"塞雁衔芦为质,祖代凭何为信?"师云:"莫劄箚①。""与么则金口绝谈扬去也。"师云:"还得此消息么?"学曰:"师还说也无?"师云:"且要问汝。"僧云:"与么则不敢诳妄和尚去也。"师云:"还得不诳妄么?"僧曰:"和尚诺即得。"师云:"识辨相访好。"

【校注】

①原本"刡劉",又作"刡刡",触犯、违拗。如本集卷四药山章"刡劉则过于老兄"。

问:"古人道:目击道存,不在言说。和尚此间还著这个人不?"师云:"是我这里别有来由。"僧曰:"和尚如何?"师与一捆云:"过与一脚,不解拈出。"

问:"知古知今,时人共委。如何是招庆截流之作?"师云:"酬你所问,不酬你所问?"僧云:"深委和尚道处。"师云:"是你委得,招庆落在什么处?"僧云:"体悉则不可。"师云:"体悉作么生?"学人礼拜,师云①:"虽有都头,且无副将。"

【校注】

①原本无"师云"二字,据文理加。

师有时云:"灵利参学底人,更不到这里来。"僧问:"既不到这里来,和尚争得委他灵利?"师云:"只见他不到这里来,委他灵利。"僧云:"向什么处支荷?"师云:"看汝不是这个脚手①。"

问:"承和尚有言:一等是学,直交②见处坐却天下人舌头。如何是坐却天下人舌头底见?"师云:"多少年在此住持,未曾不领个须索。"僧云:"不假三寸,还许学人通信也无?"师云:"许汝作么生通信?"僧云:"今日东风起。"师云:"涅槃堂里汉。"

【校注】

①原本"脚手",唐五代口语词,相当于"角色"。

②直交:疑为"直教",参《景德传灯录》。在唐五代语言中,"交"通"教",如施肩吾《遇李山人》诗:"别易会难君且住,莫交青竹化为龙。"

师出世二十八年,众上一千五百人。以长兴三年壬辰岁五月十七日迁化,春秋七十九,僧夏六十。师号超觉大师。净修禅师赞:

缁黄深郑重,格峻实难当。

尽机相见处,立下闭僧堂。

卷第十一

保福和尚

保福和尚嗣雪峰,在漳州。师讳从展,姓陈,福州福唐县人也。

年十五,便投雪峰出家。十八于本州大中寺受戒。既师子之乳育,乃檀树之抽芽。片月新生,孤云出岫。海鹏成羽,望霄汉以腾身;善友临溟,探摩尼而近掌。暂游吴楚,寻复巾瓶①。弟子之礼才施,接示之言便至。雪峰云:"还会么?"师欲拟近前,雪峰以杖拄之。师顿契玄要,更无游心。凡有机缘,悉皆冥契。后以漳州王太傅仰师道德,请转法轮。师出世一十二年矣。

【校注】

①原本"巾瓶",即巾瓶侍者,乃丛林方丈六大侍者之一。侍者乃亲炙于长老左右而任其使唤者。阿难为佛陀侍者,是为僧家侍者之嚆矢。其后方丈有六侍者,一巾瓶侍者,二应客侍者,三书录侍者,四衣钵侍者,五茶饭侍者,六干办侍者,都是亲炙于室中,须为法忘躯、严于律己者任此职。

师上堂云:"有人问话,高声问。"时有人出来问:"学人高声问,请和尚高声答。"师云:"道什么?"学人再申前问,师云:"我不是患聋。"有人问:"摩腾入汉,一藏分明;达摩西来,将何指示?"师云:"上座行脚底事作么生?"僧云:"不会。"师云:"会取好,莫傍家取人处分。"

有人问:"才施三寸,尽涉糁胡①。如何示徒,免负于前机?"师云:"收舍看。"学云:"大众咸委。"师云:"汝也是天津桥上皱眉僧。"

【校注】

①原本"糁胡",疑同"糊涂"。

问:"祖祖相传,有何言嘱①?"师云:"汝从什么人边传得来?"进曰:"与么则学人退一步。"师云:"你无端进前退后作什么?"

【校注】

①嘱:原本作"属",古代二字相通。

有时上堂云:"夜来还有悟底么?乞个消息。不悟底么?乞个消息。悟底是?不悟底是?若便悟去,亦不分外;若便不悟去,亦不分外。莫见与么道,便道非悟非不悟。莫错好!者风汉与么道,莫屈著人么?"问:"承师有言:若便悟去,亦不分外;若便不悟去,亦不分外。未审如何是不悟底事?"师云:"教我向阿谁道?"云:"如何是悟底事?"师云:"悟人即委。"

有人问:"学人欲见和尚本来事时如何?"师云:"退后。"进曰:"与么则非次也。"师曰:"汝亦知而故犯。"

有人问:"不辨诸尘,如何端的?"师云:"亏汝问即道。"进曰:"与么即学人有赖去也。"师云:"山鬼屈①汝自作得。"

【校注】

①原本作"山鬼屈"。参《景德传灯录》卷十九作"山鬼窟"。

僧问:"十二时中①如何据验?"师云:"恰好据验。"云:"学人为什么不见?"师云:"不可更捏目也。"

【校注】

①十二时中:原本作"十二中时",今校。

僧问:"至理幽微,如何得到?"师云:"别更梦见作什么?"进曰:"幽微之说,犹是梦言。以何所示,即得出于梦言?"师云:"还解怪笑得么?"

僧问:"十二分教是背后赞言,请师当赞便赞。"师云:"当不当。"云:"还得全也无?"师云:"莫呓①语好!"

【校注】

①呓:原本字异体,今校作"呓"。

师昔在江外时，欲先归雪峰，遂问招庆云："某甲先归山，山中和尚忽问上座有什么信，作么生只对？"招庆云："不避腥膻，亦有少许。"师云："有信道什么？"招庆云："教某甲分付与阿谁？"师云："虽有此语，未必有与么事。"庆云："若与么，则前呈全在阇梨。"招庆〔又〕云："阇梨先归山，山中或有异闻底事，乞个消息。"师云："设使有，上座还肯么？"招庆云："是什么心行，推人向泥里著？"

招庆临赴清源请时，遂命安国与师同游山行次，招庆云："某甲来去山门已经二十八年，此回住，心中也足。"师问："于二十八年中，和尚有什么枢要处，请和尚不费家才，举一两则。"云："有一则，某甲收为方便。"师云："什么处？"招庆举首顾视，师云："这个则收为方便，只如宗脉中事作么生？"良久，师云："教什么人委？"招庆云："阇梨又与么泥猪疥狗作什么？"

招庆因举僧问石霜："如何是一句？"云："非句，无句，不是句。"师拈问："古人与么道，意作么生？"答曰："实即实。"师云："还得实也无？"答曰："委曲话似人即得。"师曰："'非句无句不是句'，'委曲话似人即得'，据本分作么生？"答曰[①]："大众总委，兄弟有此问。"师云："谢和尚领话。"

【校注】

①答曰：原本作"师曰"。据文理，此间"师曰"当是"招庆和尚曰"，故而校改。

招庆因举僧问德山："从上宗乘，和尚此间如何禀受与人？"

德山云:"我宗无语句,实无一法与人。"岩头云:"实即实,于唱教中犹较①些子。"师拈问招庆:"岩头平生有什么言教过于德山?"招庆举岩头云:"如人学射,久久方中。"时有人问:"中时如何?"云:"莫不识痛痒?"师云:"今日非唯举话。"招庆云:"是什么心行?"

【校注】

①较:原本作"交"。

招庆因举佛陀婆梨尊者,从西天来礼拜文殊,逢文殊化人,问:"还将得《尊胜经》来否?"云:"不将来。"文殊曰:"既不将来,空来何益?纵见文殊,亦何必识之?"师①拈问招庆:"将得经来,文殊在什么处?"庆答云:"恰是。"庆却问师:"将得经来,文殊在什么处?"师云:"互换之机且从,只今作么生?"

【校注】

①原本"拈问"之前无"师"字,今据文理加。

招庆因举古人道:"金屑银屑虽贵,肉眼里著不得,岂况法眼乎?"招庆拈问师①:"只如著不得,还著得么?"师对云:"未在,更道!"招庆遂喝。师却喝,招庆却问:"阇梨作么生道?"师云:"某甲斋后来吃茶。"

【校注】

①拈问师:原本作"拈师问"。

师举教中云:"宁说河不入海,不说如来有二种语;宁说罗汉有三毒,不说如来有二种语。不道如来无语,只道如来无二种语。"师拈问招庆:"作么生是如来语?"招庆云:"聋人争得闻?"师云:"和尚向第二头道则得。"招庆问:"阇梨作么生道?"师云:"吃茶去。"

招庆举南泉玩月次,时有僧问:"何时得似这个月?"泉云:"王老僧二十年前亦曾与么来。"招庆续①起问:"如今作么生?"师代云:"近日老迈,且〔与〕么过时。"招庆云:"不因阇梨举,洎成亡记。"师云:"宿习难忘。"困山云:"今日可杀寒。"

【校注】

①续:原本作"绩"。

因举东寺问:"近离什么处?"云:"近离江西。"东寺云:"还将得马师真来不?"对云:"只这个是。"云:"背后底。"师代云:"洎不到此间。"招庆云:"太似不知。"

因举长庆云:"我有一个问,哑却天下人口。"又云:"汝且作么生问?"师代云:"谢和尚重重相为。"

因举无著和尚到五台山,见文殊化寺,共吃茶次,文殊提起茶碗子,云:"南方还有这个不?"无著云:"无。"文殊云:"寻常将什么吃茶?"无著无对。师代云:"几不与么道。"又代云:"久向金毛,今日亲见。"招庆代云:"若与么,则痴客劝主人,请尽茶。"

因举先洞山辞兴平,兴平问:"什么处去?"洞山云:"沿①

流无所止。"兴平云:"法身沿流?报身沿流?"洞山云:"总不作如是见解。"师代云:"觅得几个?"

【校注】

①沿:原本作"泋",参《景德传灯录》卷八兴平章校。

因举耆婆向弟子云:"汝于山中觅不中为药草归来。"弟子归来云:"并无有不中为药底草。"师遂提起问:"这个还中为药么?"对云:"有什么病敢出头?"师不肯。自代云:"有什么不冰消?"

因举盐官问座主:"《华严经》有几种法界?"对云:"四种法界。"提起拂子:"这个向阿那个法界中收?"无对。师代云:"若只礼谢,则著和尚棒。"

因举南泉云:"文殊、普贤,昨夜三更各打与二十棒,一时趁出院。"赵州云:"和尚棒教什么人吃?"师代云:"不得不道。"

因举先洞山问雪峰:"入门须得语,不得道早个入门了也。"雪峰云:"某甲无口。"师曰:"无口则且从,还我眼来。"无对。师代云:"若问眼,和尚谨随状退。"

因举僧问先洞山:"从上几人得入此门?"洞山云:"实无一人得入此门。"进曰:"与么道莫屈人也无?"洞山云:"若实如此,亦不屈著人。"时有学人问:"古人还扶入门,不扶入门?"保福云:"行脚得什么人力?"

僧举盘山云:"光境俱亡,复是何物?"洞山云:"光境未亡①,复是何物?""据二彼商量,尽未得剿绝。"②师拈问其僧:

"作么生道得剿绝?"僧云:"还解怪笑得么?"师云:"非常怪笑得。"学人却问:"和尚如何道得剿绝去?"师云:"两手扶梨水过膝。"自后举似招庆:"保福道'非常怪笑'意作么生?"招庆云:"尽法无民。"

【校注】

①未亡:原本作"未云",今参《景德传灯录》卷十九保福章校。

②原本此句,《五灯会元》卷七作:"师曰:据此二尊宿商量,犹未得剿绝。"

因举曹山"三种阐提"云:"杀尽一切,名曰阐提;杀一阐提得福无量。"僧问:"只如一阐提,作么生杀?"师云:"不杀。"进云:"为什么不杀?"师云:"若杀则同于阐提。"

因举云居示徒云:"举得一百个话,不如拣得一个话;拣得一百个话,不如道取一个话;道得一百个话,不如行取一个话。"时有僧问:"只如一个,作么生行?"师云:"不行。"进曰:"为什么不行?"师云:"汝须礼拜。"

因举曹山云:"佛既说一言,五百害心生。如何是此言?"师云:"冷侵侵地。"进曰:"既有此言,为什么却反怨①?"师云:"汝唤什么作反怨?"对云:"唯不喜见父面。"时有学人问:"父有什么过?"师云:"父无过。"云:"既无过,为什么不喜见?"师云:"只为无过,所以不喜见。"

【校注】

①反怨：原本作"返怨"。

因举南泉问："在什么处？"对云："在兜率陀天。"南泉叱云："天上无弥勒。"后僧举似洞山，洞山叱："地下无弥勒。"有人问师："弥勒在什么处？"师乃叱之。

因举教中有言："应真菩萨内外俱作黄金色。"时有人问："直得与么时，是什么人分上事？"师云："不是兄分上事。"云："与么则有强有弱去也。"师云："前话已堕。"

师因举初祖于少林寺里面壁坐打九年。寺里三千个听徒口似悬河，只云"此是西天小乘壁观婆罗门"，有什么虚处？直是有理无虚处。时有人问："既有理，为什么无虚处？"师云："只为如此，所以如此。若不如此，焉知如此？"僧云："不如此事作么生？"师云："莫妨①我打睡。"

【校注】

①妨：原本作"放"，今校为"妨"。

师有时云："不坐①诸法，还得无过么？"有时云："欲得见诸圣，亦从此门入。不欲得见诸圣，亦从此门入。"师却问僧："作么生是汝入门底事？"僧云："当不当？"师云："是凡是圣？"对曰："未问已前却疑和尚。"师叱之。

问："古人有言：欲达无生路，应须识本源。如何是本源？"

师良久,却问侍者:"适来僧问什么?"其僧再举,师便喝出云:"我不是患聋!"

师患漏次,僧问:"善知识诸漏已尽,为什么患漏?"师云:"若是善知识,一物亦不违②。"僧云:"争奈苦楚何?"师云:"若见众生苦,则同受苦者。"

【校注】

①原本"座",据文义校为"坐"。

②违:原本异体字难辨,今校作"违"。

因小师行脚归,师问:"汝乱走,还变也未?"对云:"不是神,不是鬼,变什么?"师云:"又乱走作什么?"对云:"也要和尚鉴。"师云:"放汝二十棒!"师代云:"和尚见走到什么处?"

师问僧:"我寻常道,莫道道不得;设而道得十成,犹是患瘖。既道得十成,为什么却成患瘖?"僧云:"从来岂是道得底事,那作么?"师抗声云:"脱却来。"其僧别云:"头上不可更安头。"师云:"停囚长智。"僧辞,师问:"什么处去?"对云:"什么处不是某甲去处?"师云:"忽然山河大地又作么生?"对云:"唤什么作山河大地?"师云:"汝话堕也。"

问:"不问不答时如何?"师云:"不道。"进曰:"为什么不道?"师云:"你也虚有这个问。"

师上堂云:"此事似个什么?闪电相似,石火相似,霹雳相似。是汝诸人著力须得,趁著始得。若不趁著,丧身失命。"有人便问:"承师有言:'是你诸人著力须得,趁著始得;若不趁著,丧身失命。'直得趁著,还不丧身失命也无?"师云:"失不失即且置,是你还趁著也无?"对曰:"若道趁不著,招人怪笑。"师曰:"是你趁著底事作么生?"对曰:"和尚还解怪笑得么?"师曰:"汝是恶人。"僧曰:"何必?"师便打出去。

师举曹山代无著曰:"久承大师按①剑,何得处在一尘?"僧便问:"作么是文殊剑?"对曰:"不道。""为什么不道?"曰:"道则在一尘。"

【校注】

①按:原本作"桉"。

鼓山问静道者:"古人道:'这里则易,那里则难。'这里则且从,那里事作么生?"道者曰:"还有这里那里么?"鼓山打之。师云:"打有道理,打无道理?"学人云:"于静道者分上商量则得。"师云:"古人意作么生?"学云:"不可道某甲辜负古人。"师云:"不辜负古人事作么生?"对云:"和尚惯得此便。"师云:"你也是惯得此便。"

因举彦上座问九峰和尚:"又须道取柏树子,不得触著,和尚如何道?"和尚无对。彦上座举似长庆,长庆却问上座:"当此问,上座代和尚作么生道?"上座对云:"不逐四时凋。"长庆举似保福,保福拈问长庆:"只如上座道'不逐四时凋',与么道还得剿绝,为当不得剿绝?"庆云:"争得剿绝?"师云:"大众分明记取,向后举似作家,第一机对。"困山云:"不是桄榔树①。"师云:"桄榔树不是。"

【校注】

①桄榔树：一种常绿乔木。《后汉书·夜郎传》："句町县有桄榔木，可以为面。"《本草纲目》则名桄榔子，又名面木、铁木。李时珍曰："其木似槟榔而光利，故名桄榔。面，言其粉也；铁，言其坚也。"

师上堂，因示徒云："过去如许多诸圣，乃至今时老宿，出头来尽道：'我愿度一切众生，成道成果，与我无异。'灼然吾徒等辈，为不承他先圣方便，今日向什么处填沟塞壑？然虽如此，于中还有一人具眼也无？"师代云："汝问天下人怪笑得么？"

因举古人道："诸方只有杀人之刀，且无活人之剑。"时有学人问："如何是活人之剑？"师答曰："我老大汉不能礼拜汝。"师问僧："我都置一问，汝作么生对？"对曰："与么即退一步。"师云："非时作么生？"云："和尚因什么龙头蛇尾？"师云："汝是作家。"对曰："未在，更道！"师云："我不辞向汝道，恐汝会去。"

问："教中有言，'师子捉象，亦全其力'。未审全个什么力？"师答曰："若问全力，我怕。"进云："和尚为什么却怕学人？"师云："为汝有全力。"

问："承古人有言，'智不到处切忌道著，道著则头角生'。和尚如何？"师答曰："收。"进曰："若向无头角处收，即招大众怪笑。"师云："失钱遭罪。"

因举《金刚经》云："一切诸法，皆是如义。"师却问僧："作么生是如义？"对云："和尚问阿谁？"师云："忽遇道伴相借

问,作么生向伊道?"对云:"和尚是什么心行?"师不肯,代云:
"何处有与么道伴?"

云门和尚

云门和尚嗣雪峰,在韶州。师讳偃禅,苏州中吴府嘉兴人也①,姓张。年十七,依空王寺澄律②禅师受业。年登已冠③,得具尸罗,习四分于南山,听三车于中道④。

【校注】

①本师之名讳和籍贯,诸本记载与原本稍异。本师一生跨晚唐、五代、北宋三大时代,于战乱频仍之中开宗立派,可谓奇矣。然《宋高僧传》不为本师立传,而《景德传灯录》之后,诸本灯录都称"云门文偃",未见"偃禅"之说。至于籍贯,《景德传灯录》卷十九作"姑苏嘉兴人",《五灯会元》则无"姑苏"而直称"嘉兴人"。苏州,古称姑苏,自周迄汉晋均为吴国属地;隋置苏州,唐因之,属江南东道,辖今江苏、安徽、浙江等地,嘉兴则在浙江境内。

②澄律:据《云门匡真禅师广录》则作"志澄"。

③已冠:冠,原本作"卯"字。此字既与"卯"近,又与"丱"相似。若依"已卯"作纪年,则已卯岁已是和尚晚年;若依"已丱"则还是童稚。而"丱"与"冠"音同,古代"冠岁"谓二十岁,与僧家受具足戒年龄一致,且原本已曰"十七出家"故具戒不可低于十七岁,这样,校改为"已

冠"，与原本意义贴近。

④听三车于中道：三车，指牛、鹿、羊三车，以譬菩萨、缘觉、声闻也即大中小三乘，见于《法华经·譬喻品》。原本此句，与前"习四分于南山"，皆为譬喻，犹言"习四分律，听《法华经》"。

辞入闽岭，才登象骨，直奋①鹏程。三礼欲施，雪峰便云："何得到与么？"师不移丝发，重印全机。虽等截流，还同戴角。每于参请，暗契知见。后出瓯闽，止于韶州，灵树知圣大师密怀通鉴，益固留连。去世后，付嘱住持。南朝钦崇玄化，赐紫，号匡真大师。

【校注】

①奋：原本作"奄"字，今校为"奋"。指如鸟振翼而飞，《诗经·邶风·柏舟》："静言思之，不能奋飞。"《传》曰："不能如鸟奋翼而飞去。"又张说《拨川郡王碑》："奋飞横绝，抟空直上。"

问："如何是透法身之句？"师云："看山。"
师上堂云："汝若不会，三十年后莫道不见老汉。"
师有《十二时偈》：
　　半夜子，命似悬丝犹未许，
　　因缘契会刹那间，了了分明一无气。
　　鸡鸣丑，一岁孙儿大哮吼，

实相圆明不思议,三世法身藏北斗。
平旦寅,三昧圆光证法身,
大千世界掌中收,色透骷髅谁得亲?
日出卯,默说心传道实教,
心心相印息无心,玄妙之中无拙巧。
食时辰,恒沙世界眼中人,
万法皆从一法生,一法灵光谁是邻?
禺中巳,分明历历不相似,
灵源独曜少人逢,达者方知无所虑。
日中午,一部笙歌谁解舞①?
逍遥顿入达无生,昼夜法螺击法鼓。
日昃未,灌顶醍醐最上味,
一切诸佛及菩提,唯佛知之贵中贵。
哺时申,三坛等施互为宾,
无漏果圆一念修,六度同归净土因。
日入酉,玄人莫向途中走,
黄叶浮沤赚杀人,命尽悼惶是了手。
黄昏戌,把火寻牛是底物,
素体相呈却道非,奴郎不辨谁受屈?
人定亥,莫把三乘相匹配,
要知此意现真宗,密密心心超三昧。

【校注】

①舞:原本作"儛"。

又《宗脉颂》曰：
　　如来一大事，出现于世间。
　　五千方便教，流传几百年。
　　四十九年说，未曾忏出言。
　　如来灭度后，付嘱迦叶边。
　　西天二十八，祖佛印相传。
　　达摩观东土，五叶气相连。
　　九年来面壁，唯有吃茶言。
　　二祖为上首，达摩回西天。
　　六祖曹溪住，衣钵后不传。
　　脉①分三五六，各各达真源。
　　七八心忙乱，空花坠目前。
　　苦哉明眼士，认得止啼钱。
　　外道多毁谤，弟子得生天。
　　昔在灵山上，今日获安然。
　　六门俱休歇，无心处处闲。
　　如有玄中客，但除人我山。
　　一味醍醐药，万病悉皆安。
　　因缘契会者，无心便安禅。

【校注】

①脉：原本作"沠"。据文理，当作"法脉"解。

师因把杖打柱,问:"什么处来?"对云:"西天来。"师云:"作什么来?"对云:"教化唐土众生来。"师云:"欺我唐土众生。"却问:"大众还会么?"对云:"不会。"师打柱云:"打你个两重败阙①!"师良久,僧问:"何异释迦?"当时师云:"大众立久,快礼三拜。"

【校注】

①两重败阙:暗指不会禅意的人心如倾颓的官阙,既不能尽数拆去,又不能遮蔽风雨,等于自设障碍,自入迷境。又,败阙通"败缺",指受挫,如本集卷七雪峰章:"师上堂,良久,便起来云:为你得彻困也。孚上座云:和尚败阙也。"

问:"如何是超佛越祖之谈?"师云:"蒲州麻黄,益州荷子。"①

问:"一口吞尽时如何?"师云:"老僧在你肚里。"僧曰:"和尚为什么在学人肚里?"师云:"还我话头来。"

问:"如何是禅?"师云:"露柱吞虾蟆。"僧云:"如何举唱,则不负于来机?"师云:"道什么?"僧云:"还可来意也无?"师云:"且款款问②。"

【校注】

①原本此句,《云门录》作:"蒲州麻黄,益州附子。"蒲,原本作"蘠"。

②原本此句,《云门录》无"问"字。

师问僧:"诸方行来道我知有,且与我拈三①千大千世界向眼睫②上著。"学人应喏。师云:"钱唐去国为什么三千里?"③

师问僧:"一切声是佛声,一切色是佛色,拈却了与汝道。"对云:"拈却了也。"师云:"与么驴年去。"④

【校注】

①三:原本作"二",当校为"三"。"三千大千世界",见于《大智度论》及《俱舍论》。

②睫:原本作"睲"。

③原本此句,《云门录》作:"钱唐为什么去国三千里。"

④原本此句,《云门录》作:"与么说驴年会么?"

齐云和尚

齐云和尚嗣雪峰。师讳灵照,东国人也①。

自传雪峰密旨,便住浙江。钱王钦重,敬赐紫衣,号真觉大师。初居齐云,后住镜清、报慈、龙华。四海玄徒,长臻法席矣。

【校注】

①东国人:即新罗国人。新罗本辰韩之一部,西汉时朴赫居世统一辰韩、弁韩之地,始建新罗。唐时高宗出兵灭百济、高句丽,以其地归新罗,统一半岛,谨事于唐,是为新罗最盛之世。

及五代时，杀虐频仍，国又分裂，遂为高丽太祖王建所灭。故《景德传灯录》卷十八又说师乃"高丽人也。萍游闽越，升雪峰之堂，冥符玄旨。居唯一衲，服勤众务，闽中谓之照布衲"。

师有时上堂云："尽令①去也，如存若亡；私曲将来，碍著老学。与么相告报，还解笑得我么？"时有人问："请师尽令。"师云："吽！吽！"

【校注】

①令：原本作"今"，今据下文"令"字并参《景德传灯录》卷十八校为"令"。

问："如何是诸佛出身处？"师唤少儿名"法归"，亦"庆幸"。僧云："与么则只今讳什么？"师云："到京不知有京风。"

问："此个门风如何继绍？"师云："昔年汉主，今日吾君。"

师住报慈时，开堂日云："帝子王孙，及四众云集。金枝玉叶，未离王宫。及诸高班君子等，犹在贵居。乃至诸寺大师大德，只在本寺。正当与么时，微僧早与相著了也。于中还有省察者么？诸仁者，才拟跨门，万里望乡关①。岂况到报慈，何处更有也？与么语话，莫轻触上人么？放过则万事绝言；若不放过，一场祸事。虽然如此，不可断绝今时。于中还有怀疑者么？快出来！"时有人出来问："承师有言，'未离本处，早与相著了也'，未审未离本处，什么处是师与众人相著处？"师云："阿你若不得我力，争解形得此问？"

【校注】

①乡关：原本作"乡开"，今校为"乡关"。

问："寸①丝不露时如何？"师云："隐密。"僧云："与么则无面可露也。"师云："林下月彩足人撮。"

问："诸圣会中还有不排位者也无？"师云："诸圣会中则且置，唤什么作不排位？"僧云："与么则出身无路也。"师云："玉不处雪，哪辨②坚贞？"

【校注】

①寸：原文作"十"。
②哪辨：原文作"那辩"。

因说百丈打侍者因缘，有人拈问："百丈打侍者，为上座打？为侍者打？"师云："理正不了，累及家丁。"

师问招庆："事须有与么道，不被人检①点，初机后学又须得力。自古先德苗稼，是什么次第附得？某甲②此问，请和尚择。"招庆择云："放旷长如痴凡人，他家自有通人爱。"

【校注】

①检：原文作"捡"。
②某甲：原文较模糊。

问:"未纳问前,请师指示。"师云:"成什么道理?"僧云:"已领师意。"师云:"献璧加刑。"

因揩多入古寺,问僧:"此寺名什么?"其僧不知名额,揩多遂作一首诗曰:

　　此寺何年造,问僧僧不知。
　　系马枯松下,拂尘读古碑。

有人拈问师:"碑文道什么?"师云:"三藏入室。"

师问招庆:"作么生是投机如未肯?"招庆曰:"遇茶即吃。"师曰:"适来立久脚疼①痛。"招庆却问:"什么处是成尘处?请兄择。"师云:"即此猛提取。"招庆肯之。

【校注】

①疼:原文作"瘩"。

师有时蓦地起来,伸手云:"乞取些子,乞取些子。"又云:"一人传虚,万人传实。"

问:"古人有言:'无言无说,直入不二法门。'文殊与么道,还称得长老意无?"师云:"比拟理国,却令家破。"

问:"灵山会上,法法相传。未审齐云将何付嘱于人?"云:"不可为汝一个荒却齐云山。"僧云:"莫便是亲付嘱也无?"师云:"莫令大众笑。"

师一日见僧上来立次,竖起物,问:"你道这个与那个别不别?"僧无对。师代云:"别则眼见山,不别则山见眼。"

问:"向上一路,千圣不传。未审是什么人则能传得?"师云:

"千圣也疑我。"僧云:"莫便是传底人无?"师云:"晋帝斩嵇康①。"

【校注】

①嵇康:字叔夜,魏晋时代文学家。官至中散大夫。因不满当时的黑暗政治,为司马昭所杀。

师上堂,偏立告云:"莫不要升此座么?"云禅大师①云:"人义道中。"自代云:"大众还体悉么?"

【校注】

①云禅大师:即齐云和尚。如原本称云门和尚为"偃禅"。

师初入龙华,上堂云:"宗门妙理,别时一论。若也大道玄网,包三界为一门,尽十方为正眼。世尊灵山说法之后,付嘱摩诃迦叶,祖祖相继,法法相传。自从南天竺国王太子舍荣出家,呼为达摩大师,传佛心印,特置十万八千里,过来告曰:吾本来此土,传教救迷情。已①经得二千年来,贞风不替。我吴越国太祖②世皇崇敬佛法,当今殿下敬重三宝,兴阐大乘,皆是灵山受佛付嘱来。太师令公③迎请大士归朝,入内道场供养;兼宣下造寺功德,以当寺便是弥勒之内苑④。宝塔安大士真身,又是令公兴建,地久天长,古今罕有,播在于四海八方知闻。昨者伏蒙圣恩,宣赐当寺住持,许聚玄徒。敢不率以梵修⑤,励一心而报答圣躬?许赐从容,有事近前。"

时有学人问:"只如龙华之会,何异于灵山?"师云:"化城教一级。"僧云:"与么则彼彼不相羡也。"师云:"前言终不虚施。"僧云:"未审当初灵山合谈何法?"师云:"不见道'世尊不说说,迦叶不闻闻'?"僧云:"与么则不睹王居殿,焉知天子尊?"师云:"酌⑥然瞻敬则有分。"

【校注】

①原本"以"字,今校为"已"字。

②原本"大祖",今校作"太祖"。世多称开国之主曰太祖,如魏称曹操为太祖武皇帝,晋称司马昭为太祖文皇帝。

③令公:中书令尊称曰令公。如《魏书·高允传》"高允为中书令,文帝重之,不名,呼为令公"。原本"令公"之上"大师"二字,似亦可校为"太师",若然,"大师"之后就不应断句,而应曰"太师令公……"。

④苑:原本作"莞"。

⑤梵修:原本作"焚修",当校为"梵修"。

⑥酌:同"灼"。

师问僧:"作什么?"云:"扫佛身上尘。"云:"既是佛,为什么却有尘?"僧无对。自代云:"不见道'金屑虽贵'?"

问:"古人有言:佛有正法眼付嘱摩诃迦叶。如何是正法眼?"师云:"金屑虽贵。"僧云:"正法眼又作么生?"师云:"也须知有龙华惜人。"

有人问:"某甲下山去,忽有人问龙华有什么消息,向他作么生道?"师云:"但向他道:马鸣、龙树白槌下。"

问:"不二之言,请师道。"师云:"不遵摩竭令,谁谈毗耶理?"

丽天和尚颂无著对文殊话,颂曰:

清凉感现圣伽蓝,亲对文殊接话谈。

言下不通好消息,回头只见翠山岩。

师和颂曰:

遍同沙界圣伽蓝,触处文殊共话谈。

若有门上觅消息,谁能敢道翠山岩?

问:"古人有言,'粗中之细,细中之粗'。如何是粗中之细?"师曰:"佛病最难治。"进曰:"师还治也无?"师云:"作么不得?"僧曰:"如何治得?"师云:"吃茶吃饭。"

永福和尚

永福和尚嗣雪峰,在福州。师讳从弇,福州闽县人也,姓陈。于雪峰山出家,依年具戒。密契玄关,遍游吴楚,却复瓯闽。初住漳南报恩,后居永福。闽王钦敬,赐紫,号超证大师。

师有时上堂,向绳床一边立,云:"二尊不并化。"便归方丈。

问:"教中有言:十方佛土中,唯有一乘法,无二亦无三。如何是一乘法?"师云:"汝道我在这里为个什么?"僧云:"与么则不知古人去也。"师云:"虽然如此,却不辜负汝。"

问:"诸余则不敢问,省要处乞师垂慈。"师云:"不快礼拜,更待何时?"

因举长庆上堂云:"尽法则无民,永福则不然,若不尽法,争得有民？"

有人问赵州："古人道：至道无难，唯嫌拣择。如何是不择拣底法？"赵州云："天上天下，唯我独尊。"僧云："此犹是拣择底法。"州云："田舍奴，'天上天下，唯我独尊'，什么处是拣择？"有人举问长庆："如何是不拣择底法？"庆云："还我有异底法来。"师闻举云："此两人总在拣择中收。"僧便问："如何是不拣择底法？"师云："今日是几？"后长庆闻举云："须道超证有亲疏不？无他与么道。"

福清和尚

福清和尚嗣雪峰，在泉州。师讳玄讷，东国人也。泉州王太尉仰师道德，请转法轮，敬奏紫衣。

问："如何是人王？"师云："一手指天，一手指地。""如何是法王？"师云："无手指天，无手指地。"学曰："人王与法王相去几何？"师云："汝自断看。"进云："学人断不得，却请和尚断。"师云："来年更有新条在，恼乱春光卒未休。"

问："如何是菩提？"师云："阇梨失却半年粮。"学云："为什么失却半年粮？"师云："只为图他一斗米。"

问："圆伊三点人皆信，灵秀家风事若何？"师云："灵秀家风也且从，是汝家风作么生？"学云："争奈学人未现何？"师云："阿谁教你不会？"

潮山和尚

潮山和尚嗣雪峰,在吉州。师讳延宗,泉州莆田县人也。

僧问:"和尚是咸通前住?咸通后住?"师云:"嗄。"学人再申问,师乃云:"病鸟栖芦,困鱼止泊。"

问:"师久修何业而隐此山?"师云:"什么处得这个消息?"学人应喏,师叱之。

问:"如何是学人自己?"师云:"争受人谩?"

惟劲禅师

惟劲禅师嗣雪峰,在南岳般舟道场。生缘福州永泰县人也[①]。

自参见雪峰,便契玄旨。经游五顶南北丛林,遍探宗师,推为匠伯。后栖南岳[②]。平生苦节,寰海播名。编《续宝林》、《镜灯》、《漩澓》、《防邪论》,并《插释赞》,广流于世。

楚王钦仰,迎请出岳,留驻府廷,为教网之纪纲,作祖天之日月;住持报慈[③]东藏,奏紫衣,号宝文大师[④]矣。

【校注】

①本师籍贯,《宋高僧传》卷十七本传作"福州长溪人也"。

②本师入住南岳,原本未记时间,而《宋高僧传》卷十七说:"乾化中(911—915)入岳,住报慈东藏……"《景德

传灯录》卷十九则说:"唐光化中(898—901)入南岳,住报慈东藏……后终于南岳。"

③报慈:依原本卷十二说报慈在潭州,而据《五灯会元》卷八则福州也有"报慈院",如长庆法嗣慧觉、慧朗均住该院。

④宝文大师:据《宋高僧传》和《景德传灯录》均作"宝闻大师"。

师因赞《镜灯颂》①曰:

伟哉真智士,能开方便津;
一灯明一体,十镜现十身。
身身相映涉,灯灯作互因;
层层身土广,重重理事渊②。
俨睹微尘佛,等逢毗目仙;
海印从兹显,帝网义由诠。
一尘说法界,一切尘亦然;
五蕴十八界,寂用体俱全。
圆光含镜像,一异不可宣;
达斯无碍境,遮③那法报圆。

【校注】

①镜灯:《宋高僧传》所记,此灯乃法藏所制,本师见后即顿了"如是广大法界、重重帝网之门",因此作五字颂,"览者知其理事相融,灯有所属。属在乎互相涉入,光影含

容。显华严性海,主伴交光。非道家之器用也"。

②渊:原本作"渕"字。

③遮:原本不清,依稀辨得。

又述《象骨偈》曰:

象骨雄雄举世尊,统尽乾坤是一门。

词锋未接承当好,莫待言教句里传。

拟议终成山海隔,擗面浑机直下全。

更欲会他泥牛吼,审细须听木马嘶。

如体禅师《雄颂》①曰:

古曲发声雄,今古唱还同。

若论第一拍,祖佛尽迷踪。

【校注】

①据《景德传灯录》卷十九有"福州芙蓉山如体禅师",其中所示一颂与原本稍异,"古曲发声雄,今时韵亦同。若教第一指,祖佛尽迷踪。"又此《雄颂》在本集卷十长庆章称《古曲偈》。

长庆拈问僧:"只如'祖佛尽迷踪',成得个什么边事?"对云:"成得个佛未出世时事,黑豆未生芽时事。"庆云:"只如'佛未出世时事,黑豆未生芽时事',成得个什么边事?"对云:"某甲到这里举不得,未审和尚如何?"庆云:"成得个痕缝边事。"

师又颂曰:

学道如钻火①,逢烟且莫休。

直得金星现,归家②始到头。

【校注】

①钻火:原本作"攒火",今参《圆悟录》、《大慧录》校改。

②归家:《圆悟录》则作"燃烧"。

有人举问中招庆:"古人有言'直得金星现,归家始到头'。如何是金星现?"庆云:"我道直得金星现,也未是到头在。"僧云:"作么生?"庆云:"遇茶吃茶,遇饭吃饭。"

越山鉴真大师

越山鉴真大师,嗣雪峰。钱王钦敬,赐紫。

师因睹写真,有偈曰:

真之本源,顶之方圆。

弥沦不坏,实相无边。

恒沙劫数,古今现前。

沤起沤灭,空手空拳。

此之相貌,三界亦然。

师颂三种病人曰:

盲聋喑哑①格调高,是何境界自担荷?

昔日曾向玄沙道,笑杀张三李四歌。

【校注】

①盲聋喑哑：原本作"盲聋喑嗯"。

睡龙和尚

睡龙和尚嗣雪峰，在泉州。师号道溥，姓郑，福唐县人也。出家于宝林院，依年具戒。

便参见雪峰，密契玄关，更无他往。后清源王太尉钦仰德高，请住五峰。旋奏紫衣，赐①号弘教大师矣。

【校注】

①赐：原本作"锡"。

有时僧参次，于时云："莫道空山无可只对①。"便起，归丈室。

【校注】

①原本此句，《五灯会元》卷七作"莫道空山无只待"。

有俗官问黄檗供养主："黄檗和尚驴马相似，上座作供养主作什么？"僧无对。却归举似黄檗，黄檗云："道薄人微，甚是难消。"有人举似南泉，南泉云："池州麻黄，蜀地当归。"有人举似师，师云："泉州葛布好造汗衫。"

问:"古人有言:'含珠不吐,谁知有宝?'含珠则不问,便请吐。"师云:"看者甚多,辨者甚少。"

问:"如何是学人自己事?"师云:"不是你自己,是什么?"

问:"太尉相公送绳床,和尚将何报答?"师云:"天津桥上无异路,报答之心性不殊。"僧云:"与么则相公殷勤①,师之不谬。"师云:"我道毗卢不点头,你作么生?"僧云:"学人到这里,直得无言可进。"师云:"饶你与么,亦与老师较一阶②地。"

【校注】

①殷勤:原本作"慤慤"。
②阶:原本作"堦"。

问:"学人乍入丛林,乞和尚指示个入路。"师良久,学人礼拜,师云:"汝礼拜阿谁?"学云:"礼拜和尚。"师云:"汝若会,即是汝礼拜汝;汝若不会,即是礼拜老僧。"

问:"如何是古佛心?"师云:"我委你不问古佛心。"问:"如何是佛?"师云:"觌面相呈犹①不识,问佛之人焉能委?"

【校注】

①犹:原本作"由",据文理当校为"犹"。

师颂"三种病人"曰:

奇哉大师哑盲聋,善能方便唱真宗。
为报知音须带会,莫将意句竟来通。

问:"教中有言'罗睺罗密行',如何是密行?"师云:"汝是粗人,争得委?"学云:"和尚还委得也无?"师云:"不委。"学云:"和尚为什么不委?"师云:"若委,则不密去。"

问:"教中有言'开方便门,现真实相',如何是方便门?"师竖起拳。"如何是现真实相?"师良久。学云:"若不置问,焉委得和尚慈悲?"师曰[①]:"也须进步。"

【校注】

①原本"口"字,今校为"曰"。

太尉问:"如何是摩尼珠?"师云:"明日更献北禅看。"太尉云:"非北禅,还有鉴者也无?"师云:"臣僧有幸,得遇明君。"又述《示学偈》曰:

瞎眼善解通,聋耳却获功。
一体归无性,六处本来同。
我今齐举唱,方便示汝浓[①]。
相传佛祖印,继续老胡宗。

【校注】

①原本"浓"字,疑为"侬"。"侬"是方言,即"我"义。吴语闽语都有此称,吴人谓人曰侬,即人之声转,瓯人则呼若能。按,"侬"作人称代词产生于汉魏,唐五代仍用,其使用有一定区域性,多用于江浙福建一带。

因雪峰问玄沙："汝还识国师'无缝塔'也无？"玄沙却问："无缝塔，阔多少？高多少？"雪峰顾示玄沙云："和尚何得自犯？"僧问师："玄沙岂不是不诺雪峰？"师云："是也。"僧云："既然如此，请师代雪峰对玄沙。"师云："向后不用修造。"

佛日和尚

佛日和尚嗣云居，在越州。

师到径山，径山问："伏承长老独处一方，何得再游峰顶？"师云："朗月当空挂，冰霜不自寒。"径山云："莫是长老家风也无？"师云："峭崿万重山，此中含宝月。"径山曰："此犹是文言，长老家风作么生？"师云："今日赖遇佛日。"师别申一问："隐密全生时人知有道得，大省无辜时人知有道不得。于此二途，犹是时人升降处。未审长老亲道自道，云何道？"径山云："我家道处无可道。"师云："如来路上无私曲，更请玄音和一场。"径山云："任你二轮更互照，碧霄云外不相干。"师云："为报白头无限众，此中年少莫归乡。"径山云："老少同轮无向背，我家玄路莫参差。"师云："一言已定天下，四句为谁留？"径山云："汝道有三四，我道其中一亦无。"径山因此偈曰：

　　东西不相顾，南北与谁留？
　　汝则言三四，我道其中一亦无。

师颂曰：

　　遍学穷切①抱死尸，出身不得病难治。
　　任汝入海常献宝，不如自治剑轮飞。

【校注】

①原本"切"字,疑应为"劫"。

水西南台和尚

水西南台和尚,嗣云居,在潭州。

问:"祖祖相传,未审传个什么?"师云:"不因阇梨举,老僧亦不知。"

中曹山和尚

中曹山和尚,嗣曹山,在抚州。师号慧遐①,姓黄。泉州莆田县人也。

自造漕源法席,密契玄道,更无他往,而居荷玉②矣。

【校注】

①慧遐:《景德传灯录》卷二十作"慧霞"。

②玉:原本作"王"字。据《景德传灯录》卷二十,本师先居荷玉,后第二世住曹山,故称为"中曹山和尚"。

僧问:"抱璞投师时如何?"①师云:"不是自家珍。"僧曰:"如何是自家珍?"师云:"不琢②不成器③。"

【校注】

①本段机语问答,《景德传灯录》卷二十则放在"荷玉和尚"下。

②琢:原本作"啄",今参《景德传灯录》卷二十校为"琢"。

③原本"器"字,《景德传灯录》则作"珍"。

问:"佛未出世时如何?"师云:"曹山不如。"曰:"佛出世后如何?"师云:"不如曹山。"

问:"四山相逼时如何?"师云:"曹山在里许。"僧曰:"还未出离也无?"师云:"若在里许,则求出离。"

金峰和尚

金峰和尚嗣曹山,在抚州①。师讳从志,福州古田县人也。

自离闽越,便造漕源。顿契玄猷②,更不他往。初住金峰山,后往报恩寺。师号玄明禅师矣。

【校注】

①抚州:原本作"杭州",1996年岳麓书社版《祖堂集》校作"杭州",今参《景德传灯录》卷二十、《五灯会元》卷十三等校作"抚州"。

②玄猷:原本作"玄猷"。"猷"为"猷"字之误。猷者,

道也。如《诗经·小雅·巧言》曰:"秩秩大猷。"

问:"四海晏清时如何?"师云:"犹是阶下汉。"僧曰:"王还知也无?"师云:"王不少神。"

问:"如何是禅?"师云:"不动转。""如何是道?"师云:"不同万物。"进曰:"禅与道相去近远?"师云:"近则近,远则远。""如何是近则近?"师云:"对面辨不得。""如何是远则远?"师云:"过于兜率。"

问:"古人则调弦以辨为希,只如熊耳①与曹溪以何为验?"师云:"无纹彩。"进曰:"既然如此,六叶从何来?"师云:"岂是有纹彩那作么?"僧云:"古人还传也无?"师云:"若不传,争得到今日?"僧曰:"既无纹彩,作么生传?"师云:"传是无纹彩。"僧曰:"和尚还传也无?"师云:"作么不传?"僧云"古人意如何?"师云:"曹溪门前力掌,直至如今不忘。"僧曰:"向后事如何?"师云:"千嘱万嘱。"

【校注】

①熊耳:传说乃达摩葬所。此借指达摩。

鹿门和尚

鹿门和尚嗣曹山,在襄州。师讳真禅①。

【校注】

①本师名讳,原本作"真禅",而《景德传灯录》卷二

十、《五灯会元》卷十三均作"处真"。没有资料说明原本之"真禅"是否为"处真禅师"之略称,不过类似现象前文还有,如云门和尚,原本曰"师讳偃禅",而后世灯录都称"云门文偃禅师"。原本虽然成书于战乱频仍之世,但离云门,实在相去未远,不至于连云门之名讳都弄错吧。况且,云门乃雪峰禅系之佼佼者,又是当时开宗立派之大和尚,种种因素都令人对其名讳不容置疑。抑或当时有些习惯之称谓?参本集卷十一齐云章则称齐云和尚为"云禅"大师。

问:"如何是得道底人?"师云:"有口似鼻孔。"僧曰:"忽有客来,将何只对?"师云:"柴户草门①,谢你经过。"

【校注】

①柴户草门:原本"户"字较模糊,参《景德传灯录》卷二十本章则作"柴门草户"。

卷第十二

荷玉和尚

荷玉和尚嗣曹山，在抚州。师讳匡慧①，俗姓高。福州福唐县人也。出家于罗汉院，具戒造曹源②。

【校注】

①本师名讳，《景德传灯录》卷二十作"光慧"。

②曹源：前卷曹山法嗣中曹山章和金峰章均作"漕源"。无论"曹源"还是"漕源"，无疑均借指曹山法席。

因一日参次，曹山乃问师："大人还在也无?"对云："在。"曹山云："略要相见，还得么?"对云："请和尚进。"曹山乃倒卧，师便珍重而出。于时却来，曹山云："曹山适来问，阇梨与么只对，曹山是什么时节，但触道触道①?"师云："却是相见时节。"曹山深器之。

自尔任性逍遥，化缘将至，初住龙泉，后居荷玉。于辛亥岁敕诏，再三辞免，赐号玄悟禅师矣。

【校注】

①触道：原本连用两个"触道"，其中之一疑为衍文。触

道,犹言"悟道",而悟道之人并非凭空玄想,须触事而真。"触事而真",见于僧肇《不真空论》"不动真际,为诸法立处。非离真而立处,立处即真也。然则道远乎哉?触事而真;圣远乎哉?体之即神"。触道之说,盖即本此。又,触作"污染""违犯"解。如本集卷七雪峰章"触食不收"。触,通浊。此间用为动词。

师有时上堂云:"诸兄弟,莫只是走上①为言为句,潒潒荡荡地,大难得相应。如今欲得省心力么?不如直下休歇去。剥却从前如许多不净心垢,附托依解,回头看汝自家本分事,合作么生著力?"

师有时上堂,良久,云:"须道我好心。"学人便问:"如何是和尚好心?"师云:"好心无好报。"

【校注】

①原本"走上"疑为"嘴上"之误,或在"走上"之后脱漏"堂"字。

师见禾山来僧,拈起拂子云:"禾山还说得这个也无?"对云:"非但这个。"师云:"辜负禾山作什么?"

问:"如何是密传底心?"师良久,僧云:"若与么,则徒劳侧耳也。"师唤侍者,侍者来,师云:"烧火。"

问:"古人道'若记著一句,沦①劫作野狐精'。未审古人意如何?"师云:"龙泉②僧堂未曾锁。"僧曰:"和尚如何?"师云:

"风吹耳埵③。"

【校注】

①沧:原文作"论"。

②龙泉:本师曾住龙泉山,故用以自指。

③埵:《景德传灯录》卷二十作"朵"。

师又时举起杖云:"从上来皆留此一路,方便接人。"僧云:"和尚犹是从头起也。"师云:"更谢相悉①。"

【校注】

①原本此句,《五灯会元》卷十三作:"谢相委悉。"

问:"古人道'释迦掩室于摩竭,净名杜①口于毗耶',时人皆云不昧于真宗,未审古人意如何?"师云:"惜取眉目好。"

【校注】

①杜:原文字讹写,今校作"杜"。

师有时示众云:"若向这里通得,未是自己眼目。"又云:"古①人恐与蛇画足,眼中生翳,复若为?"问:"如何指示,则得不昧于时中②?"师云:"不可雪上更加霜。"僧曰:"与么则全因和尚去也。"师云:"因什么?"

【校注】

①古:原文作"占"。

②原本此句,《五灯会元》卷十三作:"如何指示即得不昧去?"

云岩扫地次,叶寺主问:"何得自驱驱①?"岩云:"有人不驱驱。"寺主云:"何处有第二月?"岩提起帚,云:"这个是第几月?"玄沙代云:"此犹②是第二月。"报慈拈问师:"忽然放下扫帚时,作么生道?"师云:"大家吃茶去。"

【校注】

①原本"驱驱",今校为"驱驱"。

②犹:原本作"由"。

师有颂曰:

好心相待人少悉,开门来去何了期?

不如达取同风事,我自修行我自知。

问:"如何是客中主?"师云:"识取好。""如何是主中主?"师良久,僧曰:"客中主与主中主相去多少?"师云:"作么?"

问:"古人道'山下檀越家作一头水牯牛去',未审此理如何?"师云:"阇梨何不被毛戴①角去?"僧云:"直得与么,还得相应也无?"师云:"吾早曾经多劫修,不是等闲相狂②惑。"

问:"作个什么业,称得南泉路?"师云:"作水牯牛去。"僧云:"为什么如此?"师云:"为鞔常住。"

【校注】

①戴:原本作"载"。
②狂:疑应作"诳"。

问:"有问有答则不当宗风,只如宗门中事如何?"师良久,僧云:"若不如是,争知如此?"师云:"也是半路人。"

问:"六门未息,如何知有?"僧云:"六门是什么?"

问:"十二时中如何与道相应?"师云:"莫造作。"僧曰:"争奈时中何?"师云:"时中是什么?"

问:"大藏教中还有宗门中事也无?"师云:"是什么?"进云:"如何是宗门中事?"师云:"雷声甚大,雨点全无。"

育王和尚

育王和尚嗣曹山,在衡州。师号弘通,洪州高安县人也。出家青林寺,依年具戒。

参见曹山,曹山问:"近离什么处?"师云:"近离明水。"曹山云:"作么生得到这里?"师云:"遇明则行,遇暗则止。"曹山肯之。自尔逍遥云水,后栖衡岳。

育王匡化①,楚王钦仰,三降使人迎请。师誓不从,愿处林峦,寄安光景矣。

【校注】

①育王匡化:据《景德传灯录》卷二十,本师在衡州常宁县育王山匡济徒众,故此称为"育王和尚"。

师有时上堂云:"释迦如来在灵山会上①四十九年说不到底句,今夜某甲不避著耻②,与诸尊者共谈。"师顷间③云:"莫错道者,珍重!"

【校注】

①原本"在灵山会上",《景德传灯录》卷二十无此数字。
②原本"著耻",《景德传灯录》卷二十则作"羞耻"。
③原本"倾间",今校作"顷间",《景德传灯录》卷二十则作"良久"。

紫陵和尚

紫陵和尚嗣华严,在襄州①。

【校注】

①本师住地,依《景德传灯录》卷二十则在凤翔府。凤翔属今陕西,而襄州则在湖北。

问:"如何是毗卢师?"师云:"木马呼吸和难同,被毛戴角终难契。"

问:"如何识得自己佛?"师云:"一叶明时消不尽,松风韵节怨无人。"

问:"如何是王子舍王宫、出家、出世事?"师云:"珠轮旷劫实难穷,毛头滴血终难契。"

师上堂云:"古琴普视目前音,谁人和得无丝曲?"学人对云:"千机千凑空王曲,无丝古格妙难穷。"

长兴和尚

长兴和尚嗣华严,在凤朔府①。

【校注】
①凤朔府:疑指凤翔府。

周太傅问:"未审大师年多少?"师云:"五六四三不得类①,岂同一二实难穷。"

【校注】
①类:原文作"颣",疑为"类"误,故校为"类"。

报慈和尚

报慈和尚嗣龙牙,在潭州。师号藏屿屿①,镇州人也。

【校注】

①原本"藏屿屿",《景德传灯录》卷二十则作"藏屿"。

初参赵州,次礼龙牙,密凑玄关。便驻湘江,更无他往①。楚王钦敬,请住报慈,敷扬妙旨,赐紫,号匡化大师矣。

【校注】

①往:原本作"徃"。

僧问:"心眼相见时如何?"师云:"心向汝道什么?"问:"如何是实见处?"师云:"丝毫不隔。"僧曰:"与么则见也。"师云:"南泉甚好去处①。"

【校注】

①原本"好处去",今参《景德传灯录》卷二十校作"好去处"。

问:"如何是学人自己?"师云:"耳里风雷,眼中星月。"僧云:"学人会也。"师云:"汝道释迦老子眉毛长多少?"

后疎山和尚

后疎山和尚,嗣先疎山,在抚州①。

【校注】

①抚州：原本作"杭州"，今校为"抚州"。疎山在抚州，见于原本卷八疎山章。原本各章盖由不同人刻写，故有此别字。参《景德传灯录》卷二十本章也作"抚州"。依后者，疎山证禅师第二世住眎山，故称后疎山和尚。

抚州李太傅请师疏①：

"伏以法眼髻珠微妙，乃明于佛日；心灯祖印传来，别在于人间。得之者瓦砾成金，悟之者醍醐灌顶。一乘良玉叮咛，来自于双林；六祖传衣血脉，广流于百代。只将烦恼，便证菩提；讵可智知，良难拟议。

先疎山大师，以水中之月，物外谈四十余年。百千徒众，日东者沧溟浩渺，岱北者巘岩②齐攀。四远参寻，一言道断。今则光流异地，月照别天。故疎岭之萧条，望连云之霞。

盖长老和尚，玄珠自晓，慧剑方新，能令滋想之源，便证真如之地。愿将法雨普润人天，冀凭最胜之缘，上荐皇王之福。

幸徒众请，勿阻人心，谨疏。"

因此住疎山也。

【校注】

①疏：原本作"疏"，今校为"疏"，下同。
②岩：原本作"崿"。

师行脚时,到投子,投子问:"近离什么处?"对云:"近离延平。"投子云:"还将得剑来不?"对云:"将得来。"投子曰:"呈似老僧看。"师乃指面前地上,投子便休去。三日后,问侍者:"这个师僧在么?"侍者云:"去也。"投子云:"三十年学骑马,昨日被驴扑。"①

【校注】

①原本此句,《五灯会元》卷十三作:"三十年弄马骑,今日被驴扑。"

问:"如何是就事学?"师云:"著衣扫地。""如何是就理学?"师云:"骑牛去秽。""向上事如何?"云:"溥际不收①。"

【校注】

①溥际不收:际,《五灯会元》卷十三校作"济"。

问:"如何是声色中混融一句?"师云:"不辨消不及。""如何是声色外别行一句?"云:"难逢不可得。"

禾山和尚

禾山和尚嗣九峰,在洪州。师号无殷,福州连江县人也,姓吴。

于雪峰山出家。才具尸罗,便寻祖道。出离闽越,遍历宗筵。而造九峰,一言顿契于心源,万水无疑于别月。因编《十一位》①,集数百言。求者填门,师多秘要。

【校注】

①原本"十一位",依《景德传灯录》卷十七记,本师悟后,"先受请止吉州禾山大智院,学徒济济。尝述垂诫十篇,诸方叹伏,咸谓禾山可以为丛林表则"。不知此"垂诫十篇"是否即原本所编《十一位》。

师于一日辞往他游,九峰乃与偈送曰:
　　将宝类宝意不殊,琉璃线贯琉璃珠。
　　内外双通无异径,郁我家园桂一株。

师初住禾山,次居祥光、翠岩①。于辛亥岁,敕赐洪州护国住持,号澄源禅师矣。

师有时良久,云:"自作自受。"或时见僧入门来,云:"患颠那作么?"僧便问:"未审过在什么处?"师云:"不是潇②逸,争取兰亭?"

【校注】

①原本此句,1996年岳麓书社出《祖堂集》校点本校作"师初住禾山次,居祥光翠岩",此当错。参《景德传灯录》卷十七:"江南国主李氏重之,命居扬州祥光院,复乞入山以翠岩院……遂栖止焉。"

②潇:原本作"萧"。

师云:"诸兄弟,且莫二言三语,且待禾山与汝证明。诸人会么?大难。如今第一不及,第二不到,须有言语指归话出,诸人便有领览。且莫怪葛藤①东说西说,可不闻:释迦在座上良久,众伫指归?其时鹙子出来,乃白槌云:'大众当观法王法。'又云:'法王法如是。'佛当时便下坐去。诸人道,置此一言,合校多少?亦如阁王请迦叶说法,乃受请登坐,良久乃下。王乃问:'师以何不为弟子说?'迦叶云:'位崇名重。'当时亦有纭纭者,如今尽会了也。你道古人意作么生?八十老翁出场屋,还知么?"时有人问:"迦叶当时意作么生?"师云:"不觉时迁变,萧然洞底风。"

【校注】

①葛藤:原本作"葛藤"。禅家多用指言语。如《碧岩录》十二则垂示:"却有许多葛藤公案,具眼者试说看。"又如《宗门武库》:"云居舜老夫常讥天衣怀说葛藤禅。"按天衣义怀禅师谈禅不直截了当,故谓之葛藤。因此,《丛林盛事》说:"禅家者流,凡见说事枝蔓不径捷者,谓之葛藤。"

又时见僧云:"还知禾山恶发么?"僧便问:"和尚无端恶发作什么?"师云:"嗔拳不打笑面。"乃笑云:"大不容易。诸和尚不见他古老接示,一开一合,便悟此是有情中方便。更有灵云见桃花,仰山见天云,此是无情之物,应什么便解,令人得入?莫成思想底事么?莫嫌古德凤根,悬铎相似,触著则应,是与么根器始得。更有归宗，敲鼎竖拳，拈布毛，抛拂子，当用无用，如啐啄之机，是他上上之流始得。"问："只如因物便得入意如何？"师云："鱼透假一击，龙无变彩身。"

又时把住僧云："去则住，住则死。快道，快道！是汝还具眼么？如今一等是乱说。可不闻，六祖问让大师，'从嵩山来''不污'之语；与神会和尚'本源佛性'之理？古德配云：一人会祖师意，一人会大教意。诸人道是谁如此解会？须是鹅王之作始得。汝见华林被沩山问：'专甲唤作这个铜瓶①，师叔唤作什么？'华②林云：'我终不敢唤作木㯹。'沩山乃云：'与么则专甲沩山主也。'③且受用具谁不有？因什么如此？又如云岩问道吾：'专甲唤作这个草鞋，师兄唤作什么？'吾云：'你若唤作草鞋，则鞭胸打脊。'岩云：'未审师兄唤作什么？'吾云：'不可唤作木㯹也。'且道此处还分也无？太不易辨白，须是龙精铁眼始得。"

【校注】

①原本此句，按现代汉语习惯，似可校作"专甲唤这个作铜瓶……"下文云岩句"专甲唤作这个草鞋"，也复如是。

②华：原文作"画"，今据上文校为"华"。参《景德传灯录》卷九，也作"华林"，不过，华林时为百丈门下首座，而沩山则作典座，但按原本，沩山却唤华林为"师叔"。

③本段公案，《景德传灯录》卷九沩山章有较为完整的记载，摘此以存对照，其云，百丈择沩山主，准备派灵祐去住持，华林不服，百丈即指净瓶试之，"不得唤作净瓶，汝唤作什么？"华林云："不可唤作木㯹也。"百丈不肯，乃问灵祐，

祐则踏倒净瓶，百丈笑云："第一座输却山子也。"遂遣祐住沩山。

问："未审此二人同别？"师云："门外不见主，入室始知音。诸和尚不是天生自然，吾非圣人，经事多知矣。此个门中，也须精确①亲近高格者，不可断言语。若是声闻之辈，则有取舍之理。若是全收，一法不取，一法不舍，愧②无偏见，皆取来往之次，方知有无。若也不通，如何辨识？一者须自己分明广大，二者时中行位相资，三者博附道友。若无道友，向去如何成立？岂不见石霜和尚到云岩，岩问：'从什么处来？'对云：'沩山来。'岩云：'你在沩山多少时？'对云：'五六夏。'岩云：'与么则是山长。'对云：'某甲虽在彼中却不知。'岩云：'他家也非知非识。'石霜后到道吾，乃举前缘，道吾乃抗声而言：'争得与么无佛法身心？'且看古人什么处是'无佛法身心处'？好手亦不奈何。恰似丛林兄弟，学处不通，只执一问一答，往来言语。殊不知，亦有时中问答，分为三般：一者现对缘处机，纵夺亦得，名为问答；二者亦有拟心是问，不续是答，是药病之语；三者亦有无问之问，无说之说。这个宗门正问正答之路，又不可类同，事须甄别。若论提掇，即是单行；若道收人，须承路布。"乃有僧问："未审此三般分不分？"师云："为物明缁素，谁知涉路迷？"

【校注】

① 确：原文作"礭"。下同。
② 愧：原文作"媿"。

师云:"莫取次好。禅师难作,须是其人。若不直下当荷得,也须三二十年丛林淹浸气拍汉①始得。纵不大用现前,亦是坯璞。岂同八月冬瓜②,销什么霜雪?一种葛藤将去,且听亦清人耳目;东引西证,忽因古德先③贤,便有见处,岂不是匹上不足,比下有余?若拨无因果,便同谤于《般若》、出佛身血一般。"

此谤亦须区分:

第一,现今不信自己即佛,何处生灭坏烂之身得成佛道?如此之辈,亦同出佛身血,唤作破和合僧。

第二,旷大劫来,无明相随,习业颠倒,便须今日息念归真,坏除生死,六根销落,亦得为今时谤。谤是毁之异名也,始得无问。岂不见古德云"无问而自说"?乃问云:"有问还说也无?"师曰:"有问则不说。""只如不问还说也无?"师云:"若不问时,则一切说。所以先德云,古人百说而无一问。今时百问而无一说,盖以明知力未充。"又有僧问古老:"如何是百问而无一说?"答云:"黑云叆叇。""如何是百说而无一问?"答云:"青天朗月。"师云:"可不闻僧问洞山'有问则有答,不问不答时如何'?洞山答云:'持斋吃肉羹。'曹山云:'吃酒吃肉。'只如曹山亦置此问于石霜,石霜乃对云:'不折尺。'"师云:"大难,会举者多,辨者少。"

第三,知有自己本生父母,为有知解,却须鞭过,亦唤作大谤。不见当时亦有人问南山:"谤《般若》底人还有过也无?"答云:"作么无?"师云:"不见道,杀父害母,出佛身血,破和合僧,不是过是什么?"

【校注】

①浸：原本字异体，今校作"浸"。气拍汉，指气性刚硬的汉子。

②瓜：原本作"苽"。

③先：原本作"光"。

僧问："古人云'如人不吃饭'，未审此理如何？"师云："不见道'累劫受饥寒'？"僧云："只如古人云不吃饭，岂不是不知有谤？"师云："无非论不知有谤，直得是知有不肯，亦是谤。"乃问僧："汝还会'不知有谤'么？岂不见古人见座主，乃唤座主云：'是汝身中有佛，你还识不？'座主对云：'何去得与么屙屎放尿佛？'这个是不知有谤。大凡出言吐气，不可和泥合水去也。夫与人为师匠，岂是草草之流？且说一种本自真如，非同阶降，不假修证，何藉①劬劳？众圣兴不加千人，退时难灭；既导其事，须赖其人。若不通明，焉则如理？然则二者既达，表里未亡，滞有法之所牵，遭无为之所束，则须泯其能所，妄虑俱销，如豁虚空，悠然无寄，始得功成德立，位称本情。果既将成，大事圆办，始得记位兜率，独尊超乎群品。亦如树果一般，方为称断。守此为解，暖瘵将凌，脱病不粘，谓言无辩。一色之义已立，双分之理须知。所以浏阳云：'一色后如何？'答云：'有人长欢喜，有人嗔迫迫地。'亦如渤潭云：'猫儿口里雀儿飞。'须此一格始得，余则不可论也。"

【校注】

①藉：原本字讹写，校之。

因举南泉云："祖佛不知有，狸奴白牯却知有。诸人尽知，诸方道出，语句皆行。且如今禾山问诸人：'作么生是狸奴白牯？'"时有僧出来对云："饥则吃草，渴则饮水。"师云："道则亦不教多，但却两字，则可行矣。岂不闻古人'整①理'？洞山礼兴平，兴平云：'莫礼老朽。'洞山云：'礼非老朽。'兴平云：'他不受礼。'洞山云：'亦不曾②止。'此一句错。古人云，当时洞山对云'亦不曾止'，看谓一般，古人拈起，便有缁素，莫只与么笼罩著争得？所以微细中更须仔细始得。夫教道太不容易，个个须解主宰始得见。向前老宿示徒云：夫沙门者，十二时中，一时不得失，一时不得背。上上者一拨便去，中下者落在功勋。直须日夜勤苦，乾③却心识，教无线道④。直得似他，犹是借句。"

僧乃问："如何是借句？"师云："金牌上无名，直须向佛未出世时体会取。"僧问："出世不出时如何？"师云："与么来皆不到。"僧曰："未审还出世不？"师云："诸圣更有事在。"僧曰："只如佛出世为什么人？"师云："为末法⑤者。"僧曰："未审佛向什么处出世？"师云："进身人难得，猛利人难得。"进曰："如何是进身事？"师云："事事总须打过。"进曰："事事总须打过时如何？"师云："他解传语。"进曰："未审传什么人语？"师云："受他嘱，不得他闻。"

【校注】

①整：原本字异体，今校作"整"。此间所谓"古人整理"，盖指百丈和尚开示："努力猛作早与，莫待耳聋眼暗……到与么时整理脚手不得。"语见本集卷十四百丈和尚章。

②曾：原本作"要"，今据下文校作"曾"。原本卷二十兴平章也作"曾"。《五灯会元》卷三兴平章也作"曾"。

③乾：疑校为"干"。古代"乾""干"二字相通。

④无线道：参本集卷十四杉山章，南泉云："饶你与么，犹较王老师一线道。"一线道，形容极小的距离；无线道甚之，几与大道不隔。

⑤原本"鹰"，今校为"法"。

僧曰："和尚教学人承当，又如何承当？"师云："直须似目前。"僧曰："承当后如何？"师云："不知有今日。"

问："如何是古佛心？"师云："世界崩陷①。"僧曰："世界为什么崩陷？"师云："宁无我身。"

问："仰山插锹，意作么生？"师云："汝问我。""玄沙踏②倒锹，意作么生？"师云："我问汝。"

【校注】

①陷：原本作"陷"。

②踏：原本作"蹋"。

问:"咫尺之间,为什么不睹师颜?"师云:"且与阇梨①通一半。"僧曰:"为什么不全通?"师云:"尽法则无民。"僧曰:"不怕无民,请师尽法。"师云:"次到禾山。"

问:"如何是佛法大意?"师云:"为知己者丧身。"僧曰:"为什么却丧身?"师云:"好心无好报。"

【校注】

①阇梨:原本作"梨阇"。

问:"尊者拨眉击目示育王时如何?"师云:"即今也与么?"僧云:"学人如何领会?"师云:"莫非摩利支山?"

问:"学人时中息尽境缘,未审当归何处?"师云:"落叶旋于地,却至始知休。"僧曰:"只如旋地知休,复何话论?"师云:"有截舌之刀,无活人之剑。"

问:"见而不见,闻而不闻时如何?"师云:"既晓国师,须明洞山。"

问:"雪中①久思,为什么相见无辞?"师云:"道且凭目击,知音复是谁?"僧曰:"钟期有韵时又作么生?"师生:"只爱伯牙琴,不续文侯志。"

【校注】

①中:原本作"仲"。

问:"儒以洗耳为良,释以何为极则?"云:"不厌荣枯事,瓢提欲为谁?"僧曰:"争奈避世何?"师云:"不别巢父意,由忻许氏能。"

问:"居士不二之门,如何理论,则息于后学之疑?"师云:"干时须好去,莫待雨淋①头。"僧曰:"学人宁待雨淋头,未审师意如何?"师云:"青山②凭秀色,水碧假波澜。"

【校注】

①淋:原本作"霖"。

②青山:疑作"山青",与下文"水碧"对应。

问:"无影之言,如何话论?"师云:"满口吐尽,已具知闻。"

问:"不惜身命底人,当求何事?"师云:"舍命将无命,无希有所希。"云:"既舍命为什么却无命?"师云:"绝息无来往,宁知道已行?"

问:"大人相逢则道个丑陋,未审和尚相逢道个什么?"师云:"未有藏深拙,言话又何妨?"僧曰:"不妨之事,乞师方便。"师云:"不触当今讳,无因断截舌。"

问:"初登雪岭,正觉道成。为什么霜林①方传玉叶?"师云:"示有明星现,枝条异翠今。"僧曰:"与么则枝枝不绝去也。"师云:"寻苗纵有路,终非解到根。"

问:"乘羊渐次,驾牛理穷,顾视四衢,此人还绍得家业也无?"师云:"三车出火宅,露地不当头。"僧曰:"既不当头,谁当露地?"师云:"未有跨日程,终须带影迹。"

【校注】

①霜林：疑应校为"双林"。相传佛在双林下往生。

问："护明降迹，唯我独尊；明星现时，又言成道。未审此理如何？"师云："为物权兴世，争知涉位驰？"僧曰："涉位兴世，犹是今时方便。未审还有不降迹者也无？"师云："不向兜率居，双林难变彩。"

问："古人有言：拟心则差，况复有言？只如不拟又复无言时如何？"师云："芭蕉重剥后，哪知自不疑？"僧曰："如何免招此过？"师云："日从东岭上，月向西嶂沉。"

问："古人云：盲聋喑哑，此人须救；若不救，佛法无灵验。未审此人如何救？"师云："虽有奇特意，还须反自招。""学人则甘招，未审和尚又如何？"师云："登山知水脉，入室坐温床。"

问："古人有言：相逢欲相唤，咏咏不能语。未审还相唤也无？"师云："似却古人机，还同舌头备。"僧曰："与么①则学人无端去也。"师曰："但莫踏泥，何烦洗脚？"

【校注】

①"么"字原本无，据文意加。

宝峰和尚

宝峰和尚嗣九峰，在洪州。师号延茂，泉州仙游县人，姓郭。出家于三会寺,依年具戒。更不寻经讨论,便慕祖门,而参见九峰。

后因一日非时问:"观瞩将来,全无所有时如何?"九峰云:"来欲知此事如风。"师乃顿息疑情,更无他游。于壬辰岁,住于宝峰矣。

师才升堂,众集,于时有僧问:"大众云集,未审师有何赏赉?"师云:"不嫌粗弱?"僧曰:"便请。"师云:"什么处去来?"

问:"如何是古佛心?"师云:"终不道土木瓦砾是。"

问:"大众云集,从上宗乘,请师举唱。"师云:"不举唱。"僧云:"为什么不举唱?"师云:"为国惜贤。"

问:"如何是佛?"师云:"头戴中宵月,足步一莲花;看他圆成处,不如自归家。"

光睦和尚

光睦和尚嗣九峰,在都阙[①]。师号行修,福州福唐县人也,姓林。瑞岩山出家,依年具戒。便离闽越,而造九峰。

【校注】

①《景德传灯录》卷十七说本师在"吉州南源山",依原本实初住南源,后至京都。原本"都阙"即指京都。文末说辛酉岁师被诏赴京,辛酉岁乃唐光化四年(901),时都长安。又或辛酉是宋建隆二年(961),时南唐李煜迁都南昌。

峰才见师，便问："近离什么处？"对云："亦未到和尚此间。"峰云："若是诸方，则有二十杖。"师云："谢和尚放过。"峰叱之，云："参众去。"师云："喏。"从此契会，廓净心源。遍历诸方，任缘泉石。

初请住南源，时有人问："如何是和尚末上一句子？"师云："如今觅什么？"进曰："与么则学人脚短去也。"师云："犹成亚次问。"

师一栖南源，已逾二纪。于辛酉①岁，皇帝遐飞紫诏，征赴京都，赐号②慧观禅师。

【校注】

①酉：原本作"求"。1996年岳麓书社出《祖堂集》校点本，校记说："求，疑应为未。"

②号：原本无此字，据文意加。

同安和尚

同安和尚嗣九峰，在洪州建昌。师号常察，福州长溪县人也，姓彭。依年具戒，便离闽越，而参见九峰。密契玄关，而栖凤岭①。

【校注】

①《景德传灯录》卷十七说师住洪州凤栖山同安院。"凤

栖山",与原本之"凤岭"无异。

僧问:"如何是凤岭境地?"师云:"阇梨则今在什么处?"

问:"如何是从上来事?"师云:"从上提不起。"僧曰:"今日方便又如何?"师云:"万人吐不出。"

泐潭和尚

泐潭和尚嗣九峰,在洪州建昌。师号匡悟,泉州仙游县人也。于保福院出家,依年受戒。自契九峰密旨,任性逍遥。于辛亥岁,请住泐潭矣。

问:"香烟匝地①,大展法筵,从上宗乘,如何举唱?"师云:"莫错举似人。"僧曰:"与么则一应如是去也。"师云:"还是勿交涉。"

【校注】

①香烟匝地:匝,原本作"币"字。《景德传灯录》卷十七本章作"香烟馥郁"。

问:"六叶芬芳,师传何叶?"师云:"六叶不相续,花开果不成。"僧曰:"岂无今日事?"师云:"若是今日则有。"僧曰:"今日事如何?"师云:"叶叶连枝秀,花开处处荣①。"

【校注】

①原本"荣"字,《五灯会元》卷六作"芳"。

后云盖和尚

后云盖和尚嗣先云盖①,在潭州。师号景禅②,泉州仙游县人也,姓田。

于祥云山出家,依年具戒,便离闽越,而凑潇湘③,契云盖之真机。楚王之钦敬,赐紫,号超法大师④矣。

【校注】

①先云盖:即原本卷九之云盖源和尚,《景德传灯录》卷十七作"云盖志元禅师"。依《景德传灯录》,后云盖嗣中云盖,中云盖嗣先云盖。中云盖,讳志罕,《景德传灯录》卷十七有其机语,《五灯会元》也列专章,但后者之校注说"中云盖禅师,似应作中云山盖禅师",此大误。

②景禅:如同卷九之"源禅"和卷十一之"偃禅"、"真禅"一样,疑为"景禅师"之略称。参《景德传灯录》卷十七本章作"景和尚"。

③潇湘:潇,原本作"萧"。

④超法大师:据《景德传灯录》卷十七,本师号"证觉禅师"。而《五灯会元》卷六又有景禅师法嗣,亦号证觉禅师;且其机语,与原本本师之机语如出一辙。

僧问:"如何是和尚家风?"师云:"四海不曾通。"

问:"古人有言:一尘含法界。如何是一尘含法界?"师云:

"通身体不圆。""如何是九世刹那分?"师云:"繁兴不布彩。"

问:"如何是宗门的的意?"师云:"万里胡僧,不入波澜。"

黄龙和尚

黄龙和尚嗣玄泉,在鄂州①。师讳诲机,姓张,清河人也。师便栖江夏匡徒,吴朝钦敬,赐超慧大师矣。

【校注】

①鄂州:原本作"号州",今参《景德传灯录》卷二十三、《五灯会元》卷八均作"鄂州",故而从之。

有时谓众云:"有一句子,如山如岳;有一句子,如透网鱼;有一句子,如百川水。为当是一句,为当是三句?"有人拈问福先:"古人有言:有一句子如山如岳,有一句子如透网鱼,有一句子如百川水。如何是如山如岳底句?"福先云:"凡圣近不得。""如何是透网鱼底句?"先云:"汝不肯,又争得?""如何是如百川水底句?"先云:"互用千差。""如何是和尚一句?"先云:"莫错举似。"

师问香严:"如何是无表戒?"严云:"待阇梨还俗,则为汝说。"

师又时云:"诸和尚子,君王之剑,烈士之刀。若是君王之剑,不伤万类;烈士之刀,斩钉截铁。用则不无,不得佩著。为什么故?忠言不避截舌,利刀则血溅梵天。久立,珍重。"时有人问:"如何是君王剑?"师云:"不伤万类。"学云:"佩者如何?"师云:"血溅梵天。"学云:"大好不伤万类。"师打二十棒。

问:"明镜当台,还鉴物也无?"师云:"不鉴物。"僧云:"忽然胡汉来时作么生?"师云:"胡汉俱现。""大好不鉴物。"师便打之。

问:"如何是宝瓶①?"师云:"无一物。""如何是瓶中宝?"师云:"泻②不出。"学云:"大好无一物。"师便打之。

问:"如何是大疑底人?"师云:"对坐盘中弓落盏。""如何是大不疑底人?"师云:"再坐盘中弓落盏。"

问:"如何是西来意?"师曰:"波斯人失手巾。"

【校注】

①瓶:原文作"饼"。
②泻:原文作"写"。

龙光和尚

龙光和尚嗣罗山,在金陵。师号隐微,吉州新淦县人也,姓杨。

年八岁,于石头院出家,十六于洪州大安寺具戒。①十七便慕祖筵,入闽,初参见罗山。

【校注】

①本师出家受戒年龄,《景德传灯录》卷二十三所记与原

本有所差异，也有所补充，其曰："年七岁依本邑石头院道坚禅师出家，二十于开元寺智称律师受具。"

罗山才见师器异，乃问："汝是什么处人？"对云："江外人。"罗山云："争得到这里？"师云："咄，咄。"罗山叱之。师便挂瓶囊，盘泊数载。

后因一日辞次，罗山于师身上脱下纳衣，披向绳床坐，云："若要去，取得纳衣，放汝去。"师从东边而向堂中礼三拜，从西边进前云："就和尚请纳衣。"罗山忻然而脱还师。师接得，礼谢而出。罗山遂把住于师云："却来一转。"师云："不远辞违和尚则来。"从此契会，豁尔无疑。次第离闽，遍历诸方。

初住龙泉①。于辛亥岁，敕旨征诏赴京，赐龙光演法，仍赐②觉寂禅师矣。

【校注】

①本师一生法缘，与南唐李氏紧密相连。据《景德传灯录》卷二十三记，师在闽得法后，寻回江表，先是李孟俊请居龙泉十善道场；广顺元年，金陵李氏召入龙兴禅苑；后建隆二年，李煜迁都南昌，又随住大宁精舍。

②赐：原本作"锡"。古代二字相通。

大师上堂云："旷劫来事只在如今。如今事作么生？试通个消息看，有什么来由？有么？有么？诸和尚子，这个事，古今排不到，老胡吐不出。祖师道什么？还有人与祖师作得主么？"时有人才礼拜,师便云:"珍重。"

问:"如何是黄梅一句?"师云:"则今作么生?""如何通信?"师云:"九江路绝。"

僧问:"国界安宁,为什么明珠不现?"师云:"落在什么处?"

问:"如何是龙泉剑?"师云:"不出匣。"进曰:"便请。"师云:"辰星失度①。"

【校注】
①原本此句,《五灯会元》卷八本章作"星辰失位"。

龙回和尚

龙回和尚嗣罗山,在高安。师号从盛,福州闽县人也。于长山出家。才具尸罗,便寻祖道。参见罗山,顿契玄机。出闽而住龙回①。

【校注】
①依《景德传灯录》卷二十三记,本师初住高安龙回,后住浏阳道吾山。

僧问:"梵王请佛度尽一切从生,尚书今日殷勤接足,请师举唱。"师云:"处处太阳辉。"学云:"与么则全因今日。"师云:"不礼更待何时?"

师到招庆,度上座问:"罗山寻常道,诸方尽是吃炒①饭,唯有罗山是一味白饭。兄从罗山来,却展手云,白饭请些子。"师抬起手打两掴,度上座云:"将谓是白饭,元来也只是炒饭师。"师云:"痴人棒打不死。"

【校注】
①炒:原本作"麨",今校为"炒"。麨即糗粮,也即苏俗之炒米粉或炒麦面。

度上座夜间举似诸禅客次,师近前来,云:"不审。"度上座云:"今日便是这个上座下掴。"瑫上座云:"不用下掴,但就里许下取一转语。"师云:"就里许也道。"度上座无对。师云:"是汝诸人,一时缚作一束,倒竖不净处。来晨相见,珍重。"

师因天台山游时,初到紫凝,众僧一时出接,师以两手握杖子,云:"国师本位在什么处?"僧对云:"上面庵处便是。"师云:"与么语话,虚吃却紫凝饭。"

问:"古人道,前三三、后三三。意作么生?"师云:"西山日出,东山月没。"

问:"古人因星得悟,意作么生?"师以手拨开眉。

问:"丹霞烧木佛,意作么生?"师向火。"翠微迎罗汉,意作么生?"师散花。

师问罗山少师:"先师有声前一句,汝还解举得全也无?"僧抬起纳衣角。师云:"汝也未梦见礼真在。"

师临迁化时,上堂,良久,云:"是什么时也,诸上座,一百年中,只看今日。今日事作么生?吾四十年来,独镇此山,常持一剑活人天。"师却拈起手巾云:"如今更有纯陀供,提向他方任展看。"便掷却。

有僧问:"师百年后向什么处去?"师提起一足云:"足下看。"

师问侍者:"昔日灵山会上释迦牟尼佛,展开双足放百宝光。"师却展足云:"吾今放多少?"对云:"昔日灵山,今日和尚。"师以手拨眉云:"莫不辜负么?"

清平和尚

清平和尚嗣罗山,在吉州。师讳惟旷,福州闽清县①人也。姓黄。

于禅林院出家,依年具戒。而便参见罗山,密契玄关,更无他往。寻离闽岭,而住清平。于庚戌岁,征诏赴京,赐龙光住止,赐号寂照禅师矣。

【校注】
①闽清:在闽县西北,梅溪东南岸。五代梁时王氏初置梅溪县,寻改曰"闽清"。

问:"如何是第一句?"师云:"要头则斫将去。"

问:"不历古今时如何?"师云:"落在什么处?""古今事如何?"师云:"莫乱道。"

中塔和尚

中塔和尚嗣玄沙,在福州。师讳慧救①,泉州莆田县人也。出家于龟洋山,依年具戒。便遇玄沙,密契心源,更无他往。后以闽王钦敬,请转法轮,奏赐紫衣矣。

【校注】

①慧救:依《景德传灯录》卷二十一、《五灯会元》卷八均作"慧球",在福州卧龙山安国院第二世住,亦曰"中塔"。

师有时上堂云:"古今坦然,法尔如是,与么道还有过也无?"有人持此语举似①长庆,长庆云:"还得无过么?"

【校注】

①似:原本作"以"。

问:"如何是大庾岭头事?"师云:"料你承当不得。"学云:"重多少?"师云:"这般底沦劫①不奈何。"

【校注】

①沦劫:原本作"论劫"。

师问了院主:"只如先师道:'尽十方世界①,真实人体.'

你还见这个僧堂不?"对云:"和尚莫眼花。"师云:"与么则斫额望先师,未梦见在。"②

【校注】

①原本"世界"下,《五灯会元》卷八有"是"字,作"尽十方世界是真实人体"。

②原本此句,《景德传灯录》卷二十一曰:"先师迁化,肉犹暖在。"

师上堂云:"我此间粥饭因缘,纵然为兄弟举唱宗乘,终是不恒。如今欲得委省要,却是山河大地,与汝诸人举明,其事却常,亦能究竟。"又云:"若从文殊门入者,则一切有为①,土木瓦砾,悉皆助汝发机。若从观音门入者,则一切善恶音声,乃至虾蟆、蚰蜒,助汝发明。若从普贤门入者,则不动步则到。我以此三处示汝方便,如持一只筹搅大海水,令彼鱼龙知水命,还会么?若无智眼而审谛之,任汝百般巧妙,不为究竟。"

【校注】

①有为:《景德传灯录》卷二十一本章则作"无为"。《五灯会元》卷八本章亦复如是。

问:"佛法大意,从何方便门得入?"师云:"入是方便。"

问僧:"汝岂不是展兄少师?"对云:"不敢。""汝和尚教伊行脚,"师便失声云:"汝和尚是什么心行?"

师有时云:"满眼觑不见眼根昧,满耳听不闻耳根背。二途不晓,只是瞌睡汉。"曜日颂:

　　见物明明绝见尘,闻声浩浩亦非因。
　　宗师直示无闻见,未晓徒劳见月新。

因玄沙①封白纸送雪峰,雪峰见云:"君子千里同风。"其僧却来举似玄沙,玄沙云:"与么则何异于孟②春犹寒?"有人举似长庆,长庆云:"送书底人还识好恶么?"有人举似师,师云:"送书呈书了,退身。"

【校注】

①原本"玄"下"沙"字脱,今据文意补。

②孟:原本作"猛",今校为"孟"。孟、猛二字相通,如《管子·任法》:"莫敢高言孟行,以过其情。"又孟春,即指农历正月,为春季之首。

仙宗和尚

仙宗和尚嗣长庆,在福州住。师讳玆禅师①。

【校注】

①原本称本师名讳"玼",而《景德传灯录》卷二十一有"福州仙宗院契符清法大师",讳"契符",号"清法大师"。另,由此间"玼禅师",也可察知前日诸师之讳如"源禅"、"景禅"、"偃禅"等,看来都是某禅师之略称。

因见罗汉次,问:"古人有言:宁作心师,不师于心。如何是师?"师以手指之。

问:"学人常在昏沉,请师惊觉。"师以杖打之。云:"若识痛痒,则古佛齐肩。"

师因见溪水云:"此水得与么流急?"僧云:"喏。"师云:"还有脚手也无?"僧云:"有。"师云:"阿那个是?"僧以手指之。师云:"用不应时。"僧却问师,师以水喷之。师问僧:"离什么处?"对云:"离浙①中。"师云:"来此间几年?"对云:"和尚试道看。"师云:"汝岂不是今夏在鼓山?"对云:"是冬是夏?"师别云:"谩村僧则得。"师问僧:"汝平生成得什么业次?"对云:"已前在众东举西举,如今无业可成,总无般次。"师云:"如今活业作么生?"僧对:"不中。"师代云:"有粥无饭,有盐②无醋。"

【校注】

①浙:原本作"淛",今校为"浙"。
②盐:原本作"监",今校为"盐"。

问:"古人有言:言语道断,心行处灭。请师道。"师云:"阿弥陀佛。"僧云:"为什么却如此?"师云:"汝仔细检点。"

问:"古人有言:夜夜抱佛眠,朝朝相共起。如何是佛?"师云:"汝还信古人么?""学人终不敢违①背。"师云:"汝若信古人,叉手申问,非佛而谁?"

【校注】

①迏:原文作"逐"。

问:"久处沉沦,请师拯济。"师云:"你在沉沦几时?""与么则不假沉沦去也。"师云:"又与么去也。"

问:"非言所及,非解所到。什么人能到?"师云:"阿谁教你担枷带索?"僧云:"今日得遇明师批判。"师云:"我则与么批判,你到什么处?"对云:"热则雪原取源,寒则烧火围炉。"

问:"尽十方世界是解脱门。更有疑者,如何得入?"师云:"我不似汝巧恶。"僧云:"和尚也是惯得此便。"师云:"先撩者贱。"

卷第十三

招庆和尚

招庆和尚嗣长庆,在泉州。师讳道匡,汉国潮州人也。姓李。

入闽参见怡山,密契心源。后以王太尉请转法轮,闽王赐紫,号法因大师矣。

师上堂,良久,云:"大众谛听,与你真正举扬,还委落处么?若委落处,出来,大家证明;若无,一时谩糊去也。"时有人问:"大众云集,请师真正举扬。"师良久,云:"未委谁是闻者?"云:"闻者闻。""如何是闻者?"师云:"雀逐凤飞。"

问:"灵山一会,迦叶亲闻。未审招庆筵中谁当视听?"师云:"汝还闻么?"僧云:"与么则迦叶侧耳,虚得其名。"师云:"更有一著子,作么生?"学人拟进问,师便喝出。

又时上堂云:"古人道:开门待知识,知识不相过。招庆今日不惜身命,出门相访,还有知音者也无?"问:"如何是招庆提宗之句?"云:"不得昧著招庆。"学人礼拜起,师又云:"'不得昧著招庆'是嘱汝,什么处是招庆提宗处?"

问:"凡有言句,尽属不了义。如何是了义?"师云:"若向阇梨道,还是不了义。"进曰:"为什么如此?"师云:"阇梨适来问什么?"

问:"师子未吼已前,为什么众类同居?"师云:"不惊。"进曰:"只如吼后,为什么毛羽脱落?"师云:"是阇梨分上事。"进曰:"除非①师子,请和尚道一句。"师云:"向与么时,置一问来。"问:"诸佛出世普润含生,未审招庆出世如何?"师云:"我不敢瞎却汝底眼②。"

【校注】

①原本"除非",似也可校作"除却"。

②原本"底"下无"眼"字,据文理校补。

问:"无居止处,还许学人立身也无?"师云:"于上不足,匹下有余。"学云:"与么则学人进一步也。"师云:"汝也莫口解脱。"

问:"如何是问?"师云:"不与么来。"问:"如何是答?"师云:"向你道什么?"进曰:"不问不答时如何?"师云:"你亦须别头好。"

问:"古佛道场,如何得到①?"师云:"更拟什么处去?"学云:"与么则学人退一步。"师云:"又是乱走作么?"

问:"如何是学人本来心?"师云:"即今是什么心?"学云:"争奈学人不识何?"师云:"不识识取好。"

【校注】

①古佛道场,如何得到:原本"场""如"二字模糊难

辨,按文理校之。

问:"此是和尚肉身,如何是和尚法身?"师以手搭胸,进曰:"与么则分付去也。"师云:"是法身?是肉身?"

问:"环丹①一颗,点铁成金;妙理一言,点凡成圣。请师点。"师云:"不点。"学云:"为什么不点?"师云:"不欲得抑良为贱。"进曰:"与么则不欺于学人去也。"师云:"莫闲言语。"

问:"四方归崇,凭何道理,消得人天应供?"师云:"若有一物所凭,一滴水也难消。"进曰:"直得一物不留,还消得也无?"师云:"于上不足,匹下有余。"进曰:"虽然如此,有赏有罚。"师云:"亦要汝委。"

【校注】

①原本"环丹",似应校作"还丹"。"还丹"即道家炼丹,"点铁成金"也是道家法术。使丹砂烧成水银,积久又还成丹砂,故谓之"还丹"。《抱朴子·金丹》:"若取九转之丹,内神鼎中,即化为还丹;取而服之……即白日升天。"又王筠诗:"还丹改容质。"

问:"三界茫茫,如何得出?"师云:"不舍一法。"学云:"争奈茫茫何?"师云:"当直除断。"不肯①。

【校注】

①原本"师云当直除断不肯",1996年岳麓书社出《祖堂

集》校本作："师云：'当直除，断不肯。'"此间"不肯"二字，当指学人不肯师之所云。

问："如何是与么去底人？"师云："还与么问人么？"又云："不回头。"问："如何是与么来底人？"师云："还会么？"又云："满面忻欢。"问："如何是不来不去底人？"师云："向与么时问将来。"又云："还与么问人么？"

问："菩萨如恒沙，为什么不能知佛智？"师云："不见道'唯佛与佛，乃能知之'？"又云："汝还当得么？"学云："争奈不能恻得何？"师云："如许多时，什么处去来？"

问："如何是沙门行李处？"师云："莫教自委。"进曰："还行李也无？"师云："莫掠虚①。"问："如何是沙门行？"师云："非行不行。"学云："如何保任？"师云："汝适来问什么？"

【校注】

①掠虚：原本作"略虚"，今参《景德传灯录》卷十九云门章校。其云："若是一般掠虚汉，食人涎唾，记得一堆一担骨董，到处逞驴唇马嘴，夸我解问十转五转话……怎么还曾梦见也未？"

问："请师不却来情。"师云："虽然如此，更待什么时？"进曰："击电之机，难为措意。"师云："何假烦词？"

问："目瞪口呆①底人来，师如何击发？"师云："何处有与么人？"学人云："如今则无，忽有如何？"师云："待有则得。"

进曰:"终不道和尚不为人?"师云:"莫埚鸣声。"

【校注】

①呆:原本作"呿"。

问:"如何是无句中有句?"师云:"不道亦不道。"学人云:"请师举扬。"师云:"什么处去来?"

问:"古佛之机已有人置了也,未审师意如何?"师云:"古佛之机已有人置了也。"进曰:"与么则造次非宜。"师乃休去。

问:"浑仑①提唱,学人根思迟回;曲运慈悲,开一线道。"云:"这个是老婆心。""与么则悲花剖折②,已领尊慈。未审从上宗乘如何举唱?""与么须索你亲问始得。"

【校注】

①浑仑:疑校作"浑沦",如《列子·天瑞》:"气形质具而未相离,故曰浑沦。"又《朱子全书》:"学者初看文字,只见得个浑沦物事。"

②原本"折"字,《五灯会元》卷八本章作"坼"。

问:"疑则途中作,不疑则坐家儿。离此二途,乞师方便。"师云:"未曾将曲与汝,离什么?"进曰:"与么则冰消瓦解。"师云:"动亦你置,静亦你置。"

问:"如何是眼处闻声?"师弹指云:"若待答话,则落耳根去也。"云:"我道汝领处错。"

问:"佛魔不到处,未是学人自己。如何是学人自己?"师云:"我道,你还信么?"学人云:"便请师道。"师云:"你话堕也。"

问:"瞥起便息,此人于宗乘中如何?"师云:"困鱼止泊,病鸟栖芦。宗乘中不可作与么语话。"学云:"如何是宗乘中事?"师云:"招庆道什么?"

问:"如何履践,则得不负当人?"师云:"若求履践,则负当人。"进曰:"与么则任性随流去也。"师云:"还向你与么道么?"

问:"文殊剑下不承当时如何?"师云:"未是好人[1]。"学人云:"如何是好人?"师云:"是汝话堕也。"

【校注】

[1] 原本"好人",《景德传灯录》卷二十一、《五灯会元》卷八则作"好手人"。

问:"诸缘则不问,如何是和尚家风?"师云:"宁可清贫长乐,不作浊富多忧。"

问:"如何是南泉一线道?"师云:"不辞向汝道,恐较中又有较。"

问:"如何是佛法大意?"师云:"七颠八倒。"

师有时云:"言前荐得,辜负平生;句后投机,殊乖道体。"僧便问:"为什么却如此?"师云:"汝且道从来事合作么生?"

问:"古人有言:般若无知,遇缘而照。如何是遇缘而照?"

师乃提起手。

问:"古人相见,目击道存。今时如何相见?"师云:"如今不可更道'目击道存'。"学云:"与么则适来已是非次去也。"师云:"知过必改。"

问:"古人有言:皮肤脱落尽,唯有真实在。皮肤则不问,如何是真实?"师云:"莫是将皮肤过与汝么?"

问:"承教中有言:正直舍方便。方便则不问,如何是正直?"师云:"方便里收得么?"

问:"常居大海,为什么口里烟生?"师云:"非但大海,醍醐亦须吐却。"僧云:"与么则学人不与么去。"师云:"若不与么去,阿谁罪过?"僧谢师答话,师云:"更不与你责状。"

问:"不假提纲,还有提处也无?"师云:"试举与么时看。"僧进曰:"不可道无提处。"师云:"你作么生?"学人礼拜。师云:"虾跳不出斗。"

问:"教中有言:欲行大道,莫视小径。未委如何是大道?"师云:"行得么?"僧云:"学人未会,乞师进向。"师云:"我若与汝进向,蹉却汝大道。"

问:"古人有言:阎浮有大宝,少见得人希。如何是大宝?"师云:"见么?"僧谢师垂慈。师云:"大小。"

问:"古人有言:未有绝尘之行,徒为男子之身。如何是绝尘之行?"师云:"我若将一法,如微尘许,与汝受持,则不得绝。"僧云:"便与么去,还得也无?"师云:"汝也莫贪头。"

问:"古人有言:一句了然超百亿。如何是超百亿底句?"师云:"不答汝这个话。"僧云:"为什么不答?"师云:"适来问问:"古人有言:不可以智知,不可以识识。此是今时升降处,未审向上一路,和尚如何示及于学人?"师云:"不可道'智知''识识'得。"僧云:"与么则终不错举似于人。"师云:"你作么生举?"学人云:"当不当?"师云:"此是答话,你作么生举?"僧云:"和尚与么道则得。"师云:"你作么生合杀?"

师问僧:"你名什么?"对云:"慧炬。"师便提起杖,云:"还照得这个也无?"对云:"有物则照。"师云:"还见这个么?"对云:"适来向和尚道什么?"师云:"争奈这个何?"对云:"和尚是什么心行?"

因古时有一尊者在山中住,自看牛次,忽①遇贼斫头。其尊者把头觅牛次,见人,问:"只如无头人,还得活也无?"对云:"无头人争得活?"其尊者当时抛头便死。师遂拈问僧:"尊者无头,什么人觅牛?"对云:"那个人。"师云:"只如那个人还觅牛也无?"僧无对。师代云:"不可同于死人。"

【校注】

①忽:原文作"怱"。

福州报慈和尚①

报慈和尚嗣长庆,福州住。师讳光云,泉州莆田县人也。

于玄沙出家。才具尸罗,便参祖道。而造怡山,顿晓真心。后闽主请住报慈,赐紫,号慧觉大师矣。

【校注】

①原本卷十二有报慈和尚,号藏屿屿,嗣龙牙居遁,在潭州住;受楚王马氏之请,而住持报慈。又原本卷十一有南岳惟劲禅师,也是应楚王马氏之请,而曾出岳,住报慈东藏。而此间报慈和尚在福州住,受闽主请,故称"福州报慈和尚",以与前文"潭州报慈和尚"相区分。

师升座谓众云:"某甲道薄人微,叨奉皇恩,请命传持。从上祖宗,贵得相承,不令断绝。今日众中还有堪任继踵底人么?出来!若是利根底相投,不烦瞬视,何况更待历涉唇锋,方为知有?与么道,也未免招他诸方明眼人不肯。"

问:"师承超觉锁口之诀,如何示人?"师云:"赖我柱杖不在。"学云:"与么则深领尊慈。"师云:"待我肯汝则得。"

问:"玄沙宝印,和尚亲传。未审今日一会,付嘱何人?"师云:"且就是你,还解承置得么?"

问:"不历诸位,如何与道相应?"师良久,学人罔措。师云:"虽有此问,何异于无问?"僧问:"和尚适来拈掇,犹是第二机。如何是第一机?"师良久,学人罔措。师遂云:"合消得汝三拜。"学云:"与么则非但学人,大众有赖。"师云:"亦须讳却。"

师入朝,皇帝问:"报慈与圣众①相去近远?"对云:"若说近远,不如亲到。"师却问皇帝:"陛下日应万机是什么心?"皇帝云:"什么处得心来?"师云:"岂有无心者?"帝云:"那边事作么生?"师云:"请向那边问。"帝云:"道。"②师云:"皇帝要谩众人则不可。"

【校注】
①原本"圣众",《五灯会元》卷八本章作"神泉"。
②原本此句,《五灯会元》卷八作:"大师谩别人即得。"

问:"大众臻①凑,请师举扬②。"师云:"更有几人未闻?"学云:"与么则不假上来。"师云:"不假上来也且从,汝向什么处会?"僧云:"若有所在,则辜负和尚。"师云:"只恐不辨精粗。"师问僧:"才有是非,纷然失心。祖师与么道,还有过也无?"对云:"不可道无。"师云:"过在于何?"对云:"合与么道不?"师云:"你只是担枷判事。"师代云:"只为自犯严条。"僧进云:"如何道得,免得此过?"师云:"雨顺风调,极有所济。"

【校注】
①臻:原本作"瑧",今参《五灯会元》卷八校改。
②扬:原本作"杨",参《五灯会元》校之。

师问僧:"灵利参学,与道伴交肩过,便得一生不喜见。为复宾不喜见主?为复主不喜见宾?"对云:"主不喜见宾。"师喝之。明朝却来,云:"宾不喜见主。"师又喝。师代云:"不辨投机,则向宾主分上行。"僧进云:"只如不喜见底人,合到什么田地?"师云:"药山道底,只是拙钝。"

师问僧曰:"近离什么处?"对云:"近离莲花①。"师云:"古人道:不见一相出莲花。汝既离莲花,何烦更到这里?"对云:"参礼和尚。"师云:"汝是奴缘未尽,见婢殷勤。"师代云:"游山玩水来。"

【校注】

①据《景德传灯录》卷二十一记,有玄沙法嗣永兴禄和尚住福州莲花山。而据万历二年刊《泉州府志》记,福先文僜曾住莲花寺。

问:"诸余则不问,请师尽其机。"师云:"不消汝三拜,对众道却。"僧云:"与么则深领尊慈。"师云:"若是别处则柱杖到来。"学云:"和尚宁不与么?"师云:"又是不识痛痒。"

问:"名言妙义,教有所诠。不涉三科①,请师指示。"师云:"消汝三拜。"

【校注】

①三科:科,原本难以辨认,今参敦煌新本《六祖坛经》"吾教汝等说法不失本宗,举三科法门,动用三十六对,出没即离两边",校之为"科"。

问:"得旨不存时如何?"师云:"若教更进一步,也是无端。"僧云:"与么则粥饭随时去也。"师云:"或有人借问汝,汝且作么生向他道？"僧云："今日多好雨。"师云："合吃棒，不合吃棒？"学人礼拜。

问："机缘不到处，由是成瑕翳。未委和尚如何？"师云："若问我，我则粥饭僧。"学云："忽遇人问，作么生向伊道？"师云："遇寒则说寒，遇热则说热。"

又时上堂云："四方来者，从头勘过；勿去处底，竹片痛决。直是道得十成，亦须痛决过。"学人便问："既是道得十成，和尚为什么亦擗脊打他？"师云："不见道'一句合头语，万劫系驴橛'？"进云："与么则学人更进一步。"师云："若更进一步，亦是乱走人。"学云："在和尚，与么道则得。"师云："若如是，竹片犹是到来。"

又时上堂云："古人教向未启口已前会取，今日报慈同于古人，为复不同于古人？有明眼汉，出来断看，还有人断得么？若断不得公当，任你便解放光，亦无用处。虽然如此，我亦未免少①分腥膻在。"学人便问："不喷②上来宗风如何举？"师良久，僧云："久处沉疴③，全因王膳。"师云："待我肯则得。"

【校注】

①原本"少"字脱却，今参《景德传灯录》"不避腥膻亦有少许"，校补之。

②原本"喷"非"责"貌，而有"烦言、忿争"之意，如《左传》："定四年：会同难，喷有烦言，莫之治也。"此间"不喷"，犹言不啰嗦，沉溺言语堆里，问个不休。

③原本"痾"，今校作"疴"，二字相通，均指病也。如

潘岳《闲居赋》"旧痾有痊",今又有"沉疴不起"。

问:"如何是和尚广化?"师云:"非但一人,更有来者,我亦向他道①。"学云:"忽有大阐提人来,又怎么生?"师云:"这个还问人么?"②僧云:"故问又作么生?"师云:"但问将来。"③僧云:"则今现来。"师便喝出。

【校注】
①原本脱"向"字,而"亦"字模糊。
②原本此句脱"云""这"二字,"人"字也只有一撇。
③原本此句脱"问""将"二字,据文理补。

师问僧:"尽今不道①,不塞人口。作么生道则塞却人口?"对云:"今日大好喧②!"师云:"扶提不扶提?"对云:"未却扶提。"师云:"后语不付前言。"③师代云:"和尚吃茶也未?"

【校注】
①原本脱"不道"二字,"今"字也只有上半部分,今据文理校补之。
②原本此句脱"日大"二字,似可校补为"今日大好喧"。参原本卷五道吾章、《景德灯录》卷十四高沙弥章有"今日大好曲调"。
③原本此句"师云"之"云"字本脱,"云"下所脱字疑为"后"字,作"后语不付前言"。

有僧辞,师问:"脚根未跨门限,四目相睹,一生便休去。更招人检点?为复不招人检点?汝若道得,我则提囊煎茶送汝。"无对。师以杖趁出法堂,云:"这虚生浪死汉!"别僧代云:"亦招人检点。"师云:"过在什么处?"对云:"一翳又作么生?"师肯之。

师又问僧:"见处出一切人见,还有过也无?"对云:"官不容针。"师云:"不放过,过在什么处?"对云:"还与么也无?"师云:"汝与么道,还解齐得'见处出一切人见'也未?"无对。师云:"大凡行脚人,到处且仔细好。"以杖趁出法堂。别僧代第二机,云:"犹是今时置得。"

师上堂,众已集,云:"灵药不假多。"僧便出来,"吁①!吁!"师云:"我则肯你,别有人不肯。"僧云:"只如不肯底人,活业在什么处?"师云:"吃茶吃饭。"僧云:"只如与么人,还检点人也无?"师云:"若是与么人,始解见你病痛。"其僧不肯。师云:"汝虽然如此,我道理在。"

【校注】

①吁:原本字异体,今校之。

师举佛日见夹山因缘,云:"古人道:自己尚似怨家,岂况从人得?与么判断,堪与人为眼,为复不堪与人为眼?"对云:"虽然如此,犹较些子。"师云:"自己尚似怨家,为什么道较些子?"对云:"唯有这个见解。"师云:"只如检点底人眼作么生?"对云:"遇茶则吃茶。"师云:"此人还检点人也无?"对云:"传来则不可。"师云:"未传时作么生?"无对。师代云:"吃茶吃饭。"

问:"教中有言:文殊赞维摩。维摩还得究竟也无?"师云:"未也,犹是教尽处。"僧云:"究竟作么生?"师云:"吃茶吃饭。"僧云:"文殊与维摩,还得究竟也无?"师云:"自少出家,粗识好恶。"

师问僧:"吃饭也未?"对云:"吃饭了也。"师云:"宾主二家,阿那个眼目最长?"对云:"请师鉴。"师云:"方木逗于圆孔。"师又问别僧:"这个只对作么生?"对云:"这个不合与么只对。"师云:"阇梨作么生对?"云:"据某甲所见,两个总是瞎汉。"师云:"只如判断底人,还有眼也无?"对云:"若无眼,争解与么判断?"师云:"作么生是此人眼?"对云:"还怪得某甲么?"师不肯。师代云:"适来与么判断,还成瞎汉得么?"

因僧辞次,师问僧:"你到浙中,浙中道伴偕①问,语附机而不顾,舌头玄而不参,且作么生与报慈知音?是汝若为对他?"对云:"终不敢辜负和尚。"师云:"看汝平生未脱笼在。"师代云:"和尚上堂,则随和尚上堂。"僧云:"还有知音分也无?"师云:"平生被人请益,口似楄檐②。"

【校注】

①原本"偕",通"皆",俱也,同也。如《诗经·邶风·击鼓》:"与子偕老。"又《说文·句读》:"皆偕本一字。"

②原本"楄檐",楄是一种方木,檐指屋檐,楄檐之成

词，见于马融《梁将军西第赋》："腾极受檐，阳马承榴。"似指宅第屋檐上的匾额。此间"口似楄檐"，比喻闭口无言。

师问僧："离什么处？"对云："离莲花。""在莲花多少时？"对云："半月来日。"师云："古人道：灵利参学，与道伴交肩过，便得不喜见。汝既在莲花半月来日，亲得见处作么生？"对云："专甲虽在彼中，只是吃粥吃饭。"师云："好五六百人聚头，吃粥吃饭，为复见处一般，见处别？"对云："大家担柴则担柴，大家捣①米则捣米。"师云："既然如此，何用行脚？"对云："天长地阔，有什么障碍？"师云："不道你无道理，也须纯熟始得。"

【校注】

①捣：原文作"捛"，俗作"捣"。捛米即舂米。

同文节道场，三更时，僧俗俱集于应圣殿前。皇帝问师："作么生是纳僧本分事？"对云："若问本分事，终不别道。"皇帝又问："还见不？"师云："是什么？"帝再问："还见不？"对云："不可更见。"皇帝别问："如何是一切众生本来心？"师云："不离当位。"帝云："其中事如何？"对云："即心是佛。"皇帝便礼拜。皇帝又别问："作么生是诸大师道不得底事？"对云："臣到这里，缄口则有分。"

别日，又于大安殿上集百僚①升殿，及两街僧录、名公大师。皇帝问："诸佛还有师也无？"对云："佛佛相传，作么无师？"皇帝云："如何是诸佛师？"云："不过于此。"皇帝云："大师佛法亦无穷无尽．"对云："湛湛亡言，法海之波澜浩瀚，有何穷尽？"皇帝遂礼拜。皇帝又问："佛何不现？"对云："佛身充满于法界，普现一切群生前，未尝不现。"时有两街首座对御问师："本自圆成，凝然湛寂，和尚对圣人说个甚么事？"师云："汝更听看。"首座云："那边事作么生？"师云："向那边来商量。"

【校注】
①僚：原文作"寮"。

因师说文殊院是报慈主山，僧拈问："和尚寻常道，祖佛向这里出头不得。为什么却以文殊为主？"师云："为他善能按①剑，且留与后来。"僧云："未委按剑时，还存也无？"师云："拽出著。"

【校注】
①按：原文作"搽"。

问："古人道'因师故邪'，为什么宗承达摩？"师云："若见达摩师，向什么处出头？"

因举《华严经》普眼菩萨入三千三昧门，觅普贤菩萨不见。僧便问："既是定观，为什么不见？"师云："只为妄想追求，未晓全真。"僧云："只如退一步，还得见也无？"师云："若于进前退后，则对面千里。"僧云："既然如此，为甚么举一念想得见普贤？"师云："不闻道'繁兴大用，举必全真'？"

因师看经次,僧便问:"古人道:佛教祖教,如似怨家。和尚为什么却看经?"师云:"见若不见,触事何妨?""与么则超毗卢去也。"师云:"亦是傍助插嘴①。"僧云:"何妨之义,凭何致得?"师云:"为你与么。"

【校注】

①嘴:原文作"觜"。

因僧辞,师问:"六根无用底人,还有行持佛法也无?"对云:"有。"师云:"既是六根无用,于佛法中作么生行持?"其僧叉手,进前退后。师便喝出,云:"将为是作家,若与么见知,更须行脚,遇人去好。"别僧代:良久。师肯之。

舒州龙潭和尚

龙潭和尚嗣保福,在舒州①。师号如新,福州福唐县人也。姓林。依灵握院出家。才具尸罗,志慕祖筵。而登保福之门,密契传心之旨,数年盘泊。

【校注】

①原本卷五有龙潭崇信和尚,在澧(朗)州。今本和尚也号龙潭,却在舒州。未有资料说明本和尚曾在澧州龙潭住过,但参《景德传灯录》卷二十二,则有"舒州白水海会院如新禅师",由此知本师在舒州是不容置疑。为免混淆,故称

舒州龙潭和尚。

后因一日,辞保福出闽,保福云:"汝出岭去,几时却来?"师云:"待世界平宁则归省觐。"福云:"与么则与汝个护身符子。"师云:"虽然如此,虑恐有人不肯。"保福深器之。自尔遍游淮海,檀信倾瞻,俯徇①人天,匡于禅刹矣。

【校注】
①徇:原本作"侚"。

师有时上堂,良久,乃云:"礼烦则乱。"问:"如何是迦叶亲闻底事?"师云:"汝若领得,我则不吝。"学云:"与么则不烦于师去也。"师云:"又须著棒,争得不烦?"问:"省要处乞师指示。"师云:"不得说,也听他。"

问:"古人道:横说竖说,犹未知有向上一关捩子①。如何是向上一关捩子?"师云:"赖遇娘生臂短。"

【校注】
①向上一关捩子:即成佛的关键所在,在体悟自家的本心本性而显现之。

僧问:"如何是祖师意?"师云:"要道有何难?"僧云:"便请师道。"师云:"将谓灵利,又却不先陀①。"

【校注】

①原本"又却不先陀",《五灯会元》卷八本章作"又不仙陀"。

师问僧:"古人借①君臣父子,汝还信也无?"对云:"今日劳倦勿心情。"师云:"待明朝还只对也无?"对云:"入丛林久矣。"

【校注】

①原本"借"字,岳麓书社1996年出《祖堂集》校本校作"信"。其实不校也可,曹洞"五位君臣"旨诀早已久播丛林,此间提及"古人借君臣父子"盖即本此。洞山和尚为广接上中下三根而开五位,其法虽依易之卦爻而来,但也借君臣以譬喻。详参《五灯会元》卷十三。

师癸巳之冬,申午之春,丁卯之月二十一日,示诲遗诫诸徒,则以子时便当顺寂。住世四十一年,为僧二十五夏。

福先招庆和尚

福先招庆和尚嗣保福,在泉州。师讳省僜①,泉州仙游县人也。俗姓阮氏。

【校注】

①本师名讳,原本模糊,今校为"省僜"。参原本卷首《祖堂集序》作"文僜",而《景德传灯录》卷二十二和《五灯会元》卷八等均作"省僜"。岳麓书社1996年出《祖堂集》校点本、台湾佛光山1996年出《祖堂集》白话版则校作"省澄"。

于彼龙华寺菩提院出家,依年具戒。先穷律部,精讲上生。酬因虽超于净方,达理宁固于广岸。因而谓云:"我闻禅宗最上,何必局然而失大理?"遂拥毳参寻。初见鼓山、长庆、安国,未凑机缘。以登保福之门,顿息他游之路。

后因一日,保福忽然入殿,见佛乃举手。师便问:"佛举手意作么生?"保福举手而便捆。保福却问师:"汝道我意作么生?"师云:"和尚也是横身。"保福云:"这一撅,我自插取。"于时而云:"和尚非唯是横身。"福深奇之。

寻游吴楚,遍历水云,却旋招庆之筵①,坚秘龙溪之旨。后以郡使钦仰,请转法轮,敬奏紫衣,师号净修禅师矣。

【校注】

①本师因住持福先招庆之法筵,故称福先招庆和尚。据万历二年刊《泉州府志》"唐天祐中,王延彬始创福先招庆院"。参《景德传灯录》卷十八、卷二十一所记,稜和尚于"天祐三年受泉州刺史王延彬请,始居招庆",是为"先招庆"。及稜和尚召入长乐府,盛化于西院,道匡和尚又继踵住于招庆,

此乃原本所称"中招庆"。中招庆之后住招庆的和尚,见于典籍记载而有名姓的只有省僜。《景德传灯录》卷二十二、《五灯会元》卷八保福法嗣下,在"招庆省僜禅师"之外,又另立"后招庆和尚",疑误。拿原本做参本,观后招庆和尚之机语,却同原本福先招庆和尚之机语。虑及原本作者与福先招庆之关系,于其所出机语总不致张冠李戴。

师初开堂日,升座,顷间云:"大众向后到别处遇道伴,作么生举似他?若有举得,试对众举看。若举得,免辜负上祖,亦免埋没后来。古人道:通心君子,文外相见。还有这个么?况是曹溪门下子孙,合作么生理论?合作么生提唱?若欲问,向宗乘中置问来。"时有人始云:"咨和尚。"师云:"白云千里万里。"学云:"承和尚有言:向宗乘中置问来。请和尚答。"师云:"与么也可在。"

问:"昔日觉城东际,象王回旋;今日闽岭[1]南方,如何提接?"师云:"会么?"僧云:"与么则一机启处,四句难追。未委从上宗乘,成得什么边事?"师云:"退后礼拜,随众上下。"

【校注】

①闽岭:原本作"闽领","领"字疑为"岭"字误,参《景德传灯录》卷二十二本章作"岭"。

问:"昔日灵山会,匿王请佛;今日招庆,太尉迎师。人天交接于坐隅,至理愿垂于开演。"师云:"莫屈著者[1]问么?"僧云:"与么则慈舟已驾,苦海何忧?"师云:"不敢。"

【校注】

①原本"者",通"这"。因系方言,故存而不校。

问:"昔日梵王请佛,盖为奉法之心;今日太尉临筵,如何拯济?"师云:"不是不拯济,还肯也无?"学云:"既然如此,今日一会,当为何人?"师云:"不为老兄。"僧云:"为什么人?"师云:"却为老兄。"

问:"九年少室,五叶花开;十载白莲①,今日如何垂示?"师云:"遇人作么生举?"僧云:"与么则法雨滂沱,群生有赖去也。"师云:"别时与么道则得。"

【校注】

①十载白莲:指本和尚在泉州一带弘化十年,与达摩在嵩山少室面壁九年相提并论。据乾隆二十八年刊《泉州府志》,王延彬创千佛院于开元寺,师居之十年。而开元寺,相传乃唐代黄氏长者宅邸舍为官寺,因白莲瑞祥,历史上又称莲花寺白莲道场。

师上堂云:"某甲东道西道也得,只是于人无利益。只如达摩大师,梁普通八年到此土来,向少林寺里冷坐地,时人唤作壁观婆罗门。直得九年,方始得一人继续。只如他是观音圣人,岂无智辩,可不解说法么?只如当时分付二祖,是个甚么意旨?二祖于达摩边承领得个什么事?还有人举得么?若有人举得,出来举看。若无人举得,大众侧聆,待某甲为众举当时事。"于时众立颙然。师云:"久立,珍重。"

问:"名言妙句,尽是教中之言。真实谛源,请师指示。"师云:"吃茶去。"僧云:"与么则慧日乾坤朗,有昧悉皆明。"师云:"向后也须更遇作家。"

问:"承和尚举古云:师坐真金地,常说真实义;回光而照我,令入三摩地。如何是真实义?"师云:"览老兄此一问。"云:"与么则不异于当时也。"师云:"说同说异,天与地犹是相近。"

师上堂,临下堂时,云:"有人问话者出来。"其时无人问,良久之间,师云:"霜重方知松柏操,事难始见丈夫心。珍重!"

师上堂云:"真实离言说,文字别时行。诸上座,在教不在教?"又上堂云:"本自圆成,不劳机杼①。诸上座,出手不出手?"又上堂云:"古人道:拟心则差。招庆道,拟心为什么却成差?"时有人出来,叉手而立,师肯之。又上堂,示众了,饷时却言:"诸上座,看后莫看前。珍重!"

【校注】

①杼:原本作"抒",今校为"杼"。如《史记·甘茂传》:"其母投杼下机。"

问:"南泉道:三世诸佛不知有,狸奴白牯却知有。只如三世诸佛为什么不知有?"师云:"只为慈悲利物。"僧云:"狸奴白牯,为什么却知有?"师云:"唯思水草,别也无求。"僧云:"未审南泉还知有也无?"师云:"知幻则离。"

问:"才施三寸,尽落途中。不落途中,请师指示。"师云:"适来岂不是捣米归?""与么则不虚申此问也。"师云:"今日是真正问,不嘖非次。""如何是和尚家风?"师云:"一瓶兼一钵,到处是生涯。"僧云:"与么则后学之流,皆承覆荫①。"师云:"随众上下。"

【校注】

①荫:原本此字难以辨认,今校为"荫"。

又上堂,于时云:"大家识取混沦①,莫识取劈破。竺土大仙心,东西密相付。是混沦?是劈破?"时有人便问②:"承师有言:大家识取混沦,莫识取劈破。如何是混沦?"师良久。问:"如何是劈破底?"师云:"只这个是。"

【校注】

①混沦:也作浑沦,轮转之貌。如郭璞《江赋》:"或泛潋于潮波,或混沦乎泥沙。"沦,原本作"礉"。又,世称佛为"转轮王",法法相传,师师相付,即为转轮;本师要大家识取的混沦,盖即取意于此。

②"问"字原本有括弧,疑为后世所加,今删去。另,引号内"如何是混沦"之前,原也有"问"字及括弧,今一并删去,不损文意。

僧问:"古人道:服像虽殊,妙机不二。如何是不二底妙机?"师云:"你试分看。"僧云:"已蒙师指。如何保任?"师云:"适来作么生会?"僧云:"是什么?"师云:"若与么时,著衣吃饭。"

问:"尽令提纲,未免受人检点。到别处有人相借访,如何知音?"师云:"茶饭延时。"僧云:"与么则拈掇无功去也。"师云:"府庭过岁,春间却来。"

问:"如何是佛法大意?"师云:"扰扰匆匆[1],晨鸡暮钟。"

【校注】

[1]扰扰匆匆:原本作"扰扰念念"。作"纷乱匆忙"解。

问:"从上宗承,如何举唱?"师云:"无老兄扫地又争得?"

问:"全身振视,为什么道犹执瓦砾?"师云:"你还有眼不?"僧云:"若不与么问,争委得当时事?"师云:"汝道思和尚见知作么生?"僧进前,叉手。师云:"莫辜负思和尚。"僧云:"思和尚宁不与么。"师云:"众眼难谩。"

问:"温白夫子相见则且置,和尚作么生相见?"师云:"嘎。"僧云:"若不是[1]学人招得和尚怪笑?"师云:"汝适来问什么?"学人礼拜。师云:"虾跳不出斗,是汝不会。"师有颂曰:

佛日冲天闲雾开,觉城东际象王回。

善财五众承当得,鹜子虽逢似不来。

【校注】

[1]原本"若不是",据文理,似应校为"莫不是"。

问:"巧妙之说,又涉三寸;不喷上来,若为指示?"师云:"我不责你上来。"僧云:"深领尊慈,师意如何?"师云:"我则且置,汝适来作么生?"学人礼拜。师云:"我适来龙头蛇尾,是汝不知。"师有颂曰:

大士梁天请讲开,始登莲座蹑梯回。
皇情未晓志公说,大士《金刚》已讲来。

问:"普贤心洞晓,何不获圆通?"师云:"因地修心闻力大,初心争可得圆通?"僧云:"与么则格高难凑泊,门普易相应。"
师有时颂曰:

吴坂当年塔未开,宋云葱①岭见师回。
手携只履分明个,后代如何密荐来?

【校注】

①葱:原文作"蒸"。

问:"未审和尚法嗣何人?"师云:"漳水深沉,宁穷浪底。"云:"与么则龙溪一脉①,晋水分流。"师云:"甘言道薄,何置饰词?"

【校注】

①脉:原本作"泒",有校本作"派",今则校为"脉"。

问:"如何是古佛?"师云:"无金色。"僧又问:"如何是今佛?"师云:"带笑容。"僧云:"未审古佛与今佛还分也无?"师云："向汝道'无金色'、'带笑容'。"僧云："说古说今，因学人置得。和尚如何？"师云："阳和布令，万物唯新。"

府主太尉问："僧众已蒙师指示，弟子进步乞和尚垂慈悲。"师云："太尉既进步，招庆不可不只接。""弟子常笼日久，军府事多，不会，乞师方便。"师云："太尉适来道进步，招庆道不可不只接。太尉还会么？"太尉设礼而退。

问："如何是般若？"师云："是什么？"僧云："与么则因师委得去也。"师云："委得底事作么生？"学云："遇茶吃茶。"师云："太深也。"

山谷和尚

山谷和尚嗣保福，在舒州三祖塔住①。师讳行崇，福州长溪县人也，俗姓郑氏。

【校注】

①依《景德传灯录》卷二十二、《五灯会元》卷八所记，本师住漳州报恩院，故云漳州报恩禅师。参证原本，本师初住漳州（见下文初开堂时，师以报恩自指），寻离漳浦。之后，或住舒州，或届皇都。

于彼慈云出家，具戒。至于经论，无不博通。律部精严，长讲百法。久在浙江，后闻保福匡徒化盛，乃拥毳抠衣，密传心印。漳州太尉钦仰道风，请匡禅苑。敬奏紫衣，敷扬佛事。寻离漳浦，远届皇都，叠捧天恩，赐于山谷①矣。

【校注】

①山谷：疑为赐号，故"于"字似可校为"号"；或径删去，不损文意。

初开堂时，僧问："不啧非次，乞师全示。"云："若教全示，更是阿谁？"

又时上堂云："虽不在，未常①不为诸兄弟。若委报恩常为人处，许汝出意想知解，五阴身田；若不委得，犹待报恩开者两片皮方是为人，保汝未解出得意想知解。所以古人唤作：鬼家之活计，虾蟆衣下客。汝欲得速疾相应，只如今立地便验取、识取，有什么罪过？不然，根思迟回，且须以日及夜，究竟将去。忽然一日觑见，更莫以少为足，更解研穷究竟，乃至屠坊酒肆。若触若净，若好若恶，以汝所见事，觑尽教是②。此境界入如入律。若更见一法，如丝发许，不是此个事，我说为无明翳障。直须不见③有一法是别底法，方得圆备。到这里更能翻掷自由，开合不成痕缝。如水入水，如火入火，如风入风，如空入空。若能如是，直下提一口剑，刺断天下人疑网，一如不作相似。所以，古人道：繁兴大用，起必全真。若有一个汉到与么境界，谁敢向汝面前说是说非？何以故？此人是个汉，超诸限量，透出因果，一切处管束此人不得。兄弟若能如是则不可④，未得如此，直须好与。莫取次，发言吐气，沉坠却汝无量劫。莫到与么时，便道报恩不道。珍重。"

【校注】
①原本"常"字,《禅林僧宝传》本传作"尝"。
②原本"是"字,《禅林僧宝传》本传作"尽"。
③原本"直须不见",《禅林僧宝传》作"直须见"。
④原本"则不可",今参《禅林僧宝传》宜校为"则可"。

问:"不涉公私,如何言论?"云:"吃茶去。"
问:"丹霞烧木佛,意么生?"云:"时寒烧向火。""翠微迎罗汉,意作[么]生?"云:"别是一家春。"①

【校注】
①此段公案,原本卷十二龙回章也有,但答语与此有异。这不奇怪,禅林中相同的问话不同的回答,处处可见,方显得和尚家风本色。原本"翠微迎罗汉"中"迎"字不清,有校本校为"递"字,今参《景德传灯录》卷二十二本章校作"迎"字。

问:"如何是佛法大意?"云:"碓捣磨磨。"
问:"曹溪一路,请师举扬①。"云:"莫屈著曹溪么?""与么则群生有赖。"云:"汝也是老鼠吃盐。"

【校注】
①举扬:原本作"举杨",今校"杨"为"扬"。

卷第十四

江西马祖

江西马祖嗣让禅师,在江西。师讳道一,汉州十方县①人也,姓马。于罗汉寺出家,自让开心眼。②

【校注】

①十方县:《景德传灯录》作"什邡(县)"。按什邡,今属四川省,在成都之北,始置于汉。《汉书·地理志》作"汁方",而《功臣表》又作"汁防";惟《后汉书·郡国志》则作"什邡",后都从之。此外诸书又有作"什方"、"汁邡"者,原本"十方"则同"什方"。

②本师得法于南岳怀让,世所公认,见载于《全唐文》、《圆觉经大疏抄》、《宋高僧传》和《景德传灯录》等多本典籍。然于师得法前学历,诸本所记与原本不尽一致,诸本称师自幼即削发于资州唐和尚,又曾师事金和尚无相,而原本却只说:"于罗汉寺出家"。按资州唐和尚承嗣智诜,住德纯寺,此可参《历代法宝记》。《五灯会元》于此不明,综而说之,既称"于本邑罗汉寺出家",又言"幼岁依资州唐和尚落发"。

来化南昌①。

每谓众曰:"汝今各信自心是佛,此心即是佛心。是故,达摩大师从南天竺国来,传上乘一心之法,令汝开悟。又数引《楞伽经》文,以印众生心地,恐汝颠倒不自信。此一心之法,各各有之。故《楞伽经》云:佛语心为宗,无门为法门。"

又云:"夫求法者应无所求,心外无别佛,佛外无别心。不取善,不舍恶,净秽两边,俱不依怙。达罪性空,念念不可得,无自性故。三界唯心,森罗万像,一法之所印。凡所见色,皆是见心。心不自心,因色故有心。汝可随时言说,即事即理,都无所碍。菩提道果,亦复如是。于心所生,即名为色。知色空故,生即不生。若体此意,但可随时著衣吃饭,长养圣胎,任运过时,更有何事?汝受吾教,听吾偈曰:

心地随时说,菩提亦只宁。

事理俱无碍,当生则不生。"

【校注】

①南昌:汉设豫章郡,隋唐置洪州,南唐建南都,升为南昌府。本师一生弘化以洪州为中心,故称洪州禅。依《全唐文》卷五〇一权德舆撰《唐故洪州开元寺石门道一禅师塔铭》记,师"法惟无住,化亦随方",遂"禅诵于抚之西里山,又南至于虔之龚公山"。抚即抚州,治临川;虔即虔州,辖南康。有人误虔州为"虚州",由此判师曾化浙江,不知南康龚公山时属虔州。而《宋高僧传》卷十谓师"于临川栖南康、龚公二山",语言尤为模糊。《景德传灯录》卷六于此又补充

说"始自建阳佛迹岭,迁至临川,次至南康龚公山"。

有洪州城大安寺主,讲经讲论,座主只管①诽谤马祖。有一日夜三更时,鬼使来搥门,寺主云:"是什么人?"对云:"鬼使来取寺主。"寺主云:"启鬼使:某甲今年得六十七岁,四十年讲经讲论,为众成持,只管贪净论,未得修行,且乞一日一夜还得也无?"鬼使云:"四十年来贪讲经论,不得修行,如今更修行作什么?临渴掘井,有什么交②涉?寺主适来道,'只管贪讲经论,为众成持',无有是处。何以故?教有明文,自得度令他得度,自解脱令他解脱,自调伏令他调伏,自寂静令他寂静,自安隐令他安隐,自离垢令他离垢,自清净令他清净,自涅槃令他涅槃,自快乐令他快乐。是汝自身尚乃未得恬静,何能令他道业成持?汝不见,金刚藏菩萨告解脱月菩萨言:我当自修正行,亦劝于他令修正行。何以故?若自不能修行正行,令他修者,无有是处。汝将生死不净之心,口头取办,错传佛教,诳唬凡情。因此彼王嗔汝,教我取去彼中,便入刀树地狱,断汝舌根,终不得免。汝不见,佛语:言语所说法,小智妄分别,是故生障碍,不了于自心。不能了自心,云何知正道?彼由颠倒慧,增长一切恶。汝四十年来作口业,不入地狱作什么?古教自有明文:言语说诸法,不能现实相。汝将妄心以口乱说,所以必受罪报;但责③自嫌,莫怨别人。如今速行,若也迟晚,彼王嗔吾。"

第二鬼使云:"彼王早知如是次第,何妨与他修行?"其第一鬼使云:"若与么,则放一日修行,某等去彼中咨白彼王。王若许,明日便来。王若不许,一饷时来。"其鬼使去后,寺主商量:

"这个事，鬼使则许了也。某甲一日作么生修行？"无可计，不待天明，便去开元寺捶门。门士云："是什么人？"对云："大安寺主来起居大师。"门士便开门，寺主便去和尚处。具陈前事后，五体投地，礼拜起云："生死到来，作么生即是？乞和尚慈悲，救某甲残命。"师教他身边立地。天明了，其鬼使来大安寺里讨主，不见。又来开元寺觅，不得，转去也。师与寺主即见鬼使，鬼使即不见师与寺主也。

僧拈问龙华："只如寺主当时向什么处去，鬼使觅不得？"华云："牛头和尚。"僧云："与么则国师当时也太奇。"龙华曰："南泉和尚。"

【校注】

①只管：原本作"只观"，今据文理校为"只管"，下同。
②交：原本此字脱，今据文意补之。
③责：原本作"啧"。

有一日斋后，忽然有一个僧来具威仪，便上法堂参师，师问："昨夜在什么处？"对曰："在山下。"师曰："吃饭也未？"对曰："未吃饭。"师曰："去库头觅吃饭。"其僧应喏，便去库头。当时百丈造典座，却自个分饭与他供养。其僧吃饭了便去。百丈上法堂，师问："适来有一个僧未得吃饭，汝供养得么？"对曰："供养了。"师曰："汝向后无量大福德人。"对曰："和尚作么生与么说？"师曰："此是辟支佛①僧，所以与么说。"进曰："和尚是凡人，作么生受他辟支佛礼？"师云："神通变化则得，若是说一句佛法,他不如老僧。"

【校注】
①辟支佛:其中"佛"字,原本作"弗"。今校之,下同。

师有一日上禅床,才与么坐,便洟唾。侍者便问:"和尚适来因什么洟唾?"师云:"老僧在这里坐,山河大地,森罗万像,总在这里,所以嫌他,与么唾。"侍者云:"此是好事,和尚为什么却嫌?"师云:"于汝则好,于我则嫌。"侍者云:"此是什么人境界?"师云:"此是菩萨人境界。"后鼓山举此因缘云:"古人则与么,是你诸人菩萨境界尚未得,又故则嫌他菩萨。虽则是嫌,但以先证得菩萨之位后嫌也嫌。老僧未解①得菩萨之位,作么生嫌他这个事?"

【校注】
①解:据上文,疑应作"证"。

有西川黄三郎,教两个儿子投马祖出家。有一年却归屋里,大人才见两僧,生佛一般礼拜,云:"古人道:生我者父母,成我者朋友。是你两个僧便是某甲朋友,成持老人。"曰:"大人虽则年老,若有此心,有什么难?大人欢喜,从此便居士相共。"

男僧便到马祖处,其僧具陈来旨,大师便上法堂。黄三郎到法堂前,师曰:"咄!西川黄三郎岂不是?"对曰:"不敢。"师曰:"从西川到这里,黄三郎如今在西川?在洪州?"云:"家无二主,国无二王。"师曰:"年几?"云:"八十五。""虽则与么,算什么年岁?"云:"若不遇和尚,虚过一生;见师后,如刀划空。"师曰:"若实如此,随处任真。"

黄三郎有一日,到大安寺廊下,便啼哭。亮座主问:"有什么事啼哭?"三郎曰:"啼哭座主。"座主云:"哭某等作么?"三郎曰:"还闻道黄三郎投马祖出家,才蒙指示便契合?汝等座主说葛藤作什么?"座主从此发心,便到开元寺。

门士报大师曰:"大安寺亮座主来,欲得参大师兼问佛法。"大师便升座,座主来参大师。大师问:"见说座主讲得六十本经论,是不?"对云:"不敢。"师云:"作么生讲?"对云:"以心讲。"师云:"未解讲得经论在。"座主云:"作么生?"云:"心如工技儿,意如和技者。争解讲得经论在?"座主云:"心既讲不得,将虚空还讲得么?"师云:"虚空却讲得。"座主不在意,便出。才下阶,大悟。回来礼谢,师云:"钝根阿师!礼拜作什么?"亮座主起来,霢霂①汗流。昼夜六日,在大师身边侍立。后咨白云:"某甲离和尚左右自看,省路修行。唯愿和尚久住世间,广度群生。伏惟珍重!"

座主归寺,告众云:"某甲一生功夫,将谓无人过得。今日之下,被马大师呵责,直得情尽。"便散却学徒,一入西山,更无消息。座主偈曰:

三十年来作饿鬼,如今始得复人身。
青山自有孤云伴,童子从他事别人。

【校注】

①原本"霢霂",乃"小雨"义,如《诗经·小雅·信南

山》"雨雪纷纷,益之以霡霂"。此间形容汗流如小雨。

漳南拈问僧:"虚空讲经,什么人为听众?"对云:"适来暂随喜去来。"漳南云:"是什么义?"云:"若是别人,便教收取。"漳南曰:"汝也是把火之意。"师上堂,良久,百丈收却面前席,师便下堂。

问:"如何是佛法旨趣?"师云:"正是你放身命处。"问:"请和尚离四句,绝百非,直指西来意,不烦多说。"师云:"我今日无心情,不能为汝说。汝去西堂问取智藏。"其僧去西堂,具陈前问,西堂云:"汝何不问和尚?"僧云:"和尚教某甲来问上座。"西堂便以手点头,云:"我今日可杀头痛,不能为汝说,汝去问取海师兄。"其僧又去百丈,乃陈前问,百丈云:"某甲到这里却不会。"其僧却举似师,师云:"藏头白,海头黑。"

师遣人送书到先径山钦和尚处,书中只画圆相。径山才见,以笔于圆相中与一划。有人举似忠国师,忠国师云:"钦师又被马师惑。"

有人于师前作四划,上一划长,下三划短,云:"不得道一长,不得道二短,离此四句外,请师答某甲。"师乃作一划云:"不得道长,不得道短。答汝了也。"忠国师闻举,别答云:"何不问某甲?"

有座主问师:"禅宗传持何法?"师却向:"座主传持何法?"对曰:"讲得四十本经论。"师云:"莫是师子儿不?"座主云:"不敢。"师作嘘嘘声。座主云:"此亦是法。"师云:"是什么法?"对云:"师子出窟法。"师乃默然。座主云:"此亦是法。"

师云："是什么法？"对云："师子在窟法。"师云："不出不入是什么法？"座主无对。遂辞出门，师召云："座主。"座主应喏。师云："是什么？"座主无对。师呵云："这钝根阿师！"后百丈代云："见么？"

师问僧："从什么处来？"对云："从淮南来。"师云："东湖水满也未？"对云："未。"师云："如许多时雨水，尚未满。"道吾云："满也。"云岩云："湛湛底。"洞山云："什么劫中曾欠少①来？"

【校注】

①欠少：原本作"欠小"，"少"通"小"，故而校之。

师明晨迁化，今日晚际院主问："和尚四体违和，近日如何？"师曰："日面佛，月面佛。"

汾州和尚为座主时，讲四十二本经论，来问师："三乘十二分教，某甲粗知。未审宗门中意旨如何？"师乃顾示云："左右人多，且去。"汾州出门，脚才跨门阃，师召座主，汾州回头应喏。师云："是什么？"汾州当时便省。遂礼拜，起来云："某甲讲四十二①本经论，将谓无人过得。今日若不遇和尚，洎合空过一生。"

【校注】

①二：原本作"一"，据上文当校作"二"。

师问百丈："汝以何法示人?"百丈竖起拂子①对,师云:"只这个,为当别更有?"百丈抛下拂子。

【校注】

①子:原本作"了"。

僧拈问石门:"一语之中,便占马大师两意,请和尚道。"石门拈起拂子,云:"寻常抑不得已。"

大师下亲承弟子总八十八人①,出现于世;及隐遁者,莫知其数。大师志性慈敏②,容相瑰奇,足下二轮,颈有三约③。说法住世四十余年,玄徒千有余众。师贞元四年戊辰岁二月一日迁化,塔在泐潭宝峰山④。敕谥大寂禅师,庄严之塔。裴相书额,左承相护得兴⑤撰碑文。净修禅师颂曰:

马师道一,行全金石。

悟本超然,寻枝劳役。

久定身心,一时抛掷。

大化南昌,寒松千尺。

【校注】

①依《景德传灯录》卷六本章记:"师入室弟子一百三十九人,各为一方宗主,转化无穷。"

②敏:原文作"憨"

③据《景德传灯录》卷六言,师"容貌奇异,牛行虎视,引舌过鼻,足下有二轮文"。

④按权德舆作塔铭言,马祖终于开元寺,荼毗于建昌石门而建塔。至会昌沙汰后,大中四年七月,宣宗敕江西观察使裴休,重建塔并寺,赐额宝峰。

⑤原本"左承相护得兴":"承"字,疑为"丞"。"护得兴",疑为"权德舆"。参《宋高僧传》卷十,"丹阳公包佶为碑纪述,权德舆为塔铭"。权德舆,德宗时为"辅相",贞元、元和间为"缙绅羽仪",其为文雅赡,常开陈古今本末,以觉悟人主。

大珠和尚

大珠和尚①嗣马大师,在越州。师讳慧海,建州人也。

【校注】

①本师在《宋高僧传》无传,依《景德传灯录》卷六和《五灯会元》卷三等记,师俗姓朱,依越州大云寺道智受业。初参马祖,而于言下自识本心。师事六载后,以受业师年老,遽归奉养。乃晦迹藏用,外示痴讷。自撰《顿悟入道要门论》一卷,法侄玄晏窃出江外呈马祖,祖赞曰:"越州有大珠,圆明光透自在,无遮障处也。"时号为"大珠和尚"。

师谓众曰:"汝心是佛,不用将佛求佛;汝心是法,不用将法求法;佛法和合为僧体,唤作一体三宝。经云:心佛及众生,是三无差别。身、口、意业清净,名为佛出世;三业不净,名为佛灭度。喻如嗔时无喜，喜时无嗔。唯是一心，用无二体。本智法尔，无漏现前。如蛇化为龙，不改其鳞。众生回心作佛，不改其面。性本清净，不待修成。有证有求，即同增上慢。真空无滞，应用无时。无始无终，利根先悟。用无等等，即是阿耨菩提；性无形相，即是微妙色身。无相即是实相。性体本空，则是无边法身。万行庄严具，即是功德法身，即是万法之本。随处立名，智用无尽，即是无尽藏；能生万法，是人①法藏；具一切智，是智慧藏；万法同如，是如来藏。经云：如来者，则诸法如义。一切世间生灭法，无有一法不归如。"

【校注】

①原本"人"字，疑应为"大"。参敦煌新本《六祖坛经》曰："性含万法是大，万法尽是自性。"故"大法藏"较"人法藏"为宜。

有王长史问："法师、律师、禅师，阿那个最胜?"师云："法师者，居师子座，泻悬①河之辩，对稠人广众②，启凿玄关；开般若之妙门，等三轮之空际。若非龙象蹴踏，安敢当人？律师者，启毗尼之法藏，名利双行，持犯开遮，威仪作则；叠三翻之羯摩，作四果之初因。若非宿德白眉，安敢造次？禅师者，撮其枢要，直了心源；出没卷舒，纵横应物；咸均事理，顿见如来；拔生死之深根，得现前之三昧。若不安禅静虑，到者里总须茫然③。"

【校注】

①悬:原本作"县"。

②稠人广众:"稠"字,原本作"椆";"广"字,原本作"匡"。

③茫然:"茫"字,原本作"忹"。

有座主问:"某甲拟问禅师义,得不?"师曰:"清潭月影,任意撮摩。"问:"如何是佛?"师曰:"清潭对面,非佛而谁?"座主茫然,却问:"禅师说何法度人?"师云:"未曾有法。"座主云:"禅师浑如此!"师却问:"法师说何法?"对云:"讲《金刚经》二十余座。"师曰:"《金刚经》是谁说?"对云:"禅师岂不知是佛说?"师云:"若言如来有所说法,则为谤佛,是人不能解我所说义;若言经不是佛说,即为谤经。离此之外,为老僧说。"法师无对。师曰:"其义且置,经云:'若以三十二相观如来者,转轮圣王即是如来。'又云:'若以色见我,乃至不能见如来。'①经且置,待小时征大德,且道哪个是如来?"对云:"到者里却迷去!"师呵云:"讲经二十余座,浑不识如来!"师云:"如来者,则诸法如义。大德哪得不知?"法师云:"若如是,则一切皆如。"师云:"未是,未是。"法师云:"经作此说,哪得不是?"师云:"法师如不?"对云:"如。"师云:"木石如不?"对曰:"如。"师又云:"汝木石如不②?"对曰:"无二如。"师云:"与么则大德共草木何别?"法师无对。乃叹曰:"此上人极难酬对。"时有俗官问:"法师何故不信禅?"法师云:"名相易解,至理难见。"

【校注】

①原本此句引文出自《金刚经》,中有省略,完整的句子是:"若以色见我,以音声求我,是人行邪道,不能见如来。"

②原本此句,《五灯会元》卷三本章则作:"大德如同木石如否?"

有行者问:"即心即佛,[阿]那个是佛?"师云:"汝疑哪个不是,指出看。"行者无对。师云:"达则遍境是,不悟则永乖疏。"

华严座主数人问:"禅师何不许'青青翠竹是法身,郁郁黄花是般若'?"师曰:"法身无像,对翠竹以成形;般若无知,对黄花而现相。非彼黄花翠竹而有般若法身乎?经云:'佛真法身,犹若虚空;应物现形,如水中月。'黄花若是般若,般若则同无情;翠竹若是法身,翠竹还同应物不?"大德数人杜口无言。

百丈政和尚

百丈政和尚嗣马大师①,在江西。未睹行录,不决化缘始终。

【校注】

①本师嗣承归属,后世颇多争议。原本"百丈政和尚嗣马大师",《传法正宗记》则作"百丈惟政"嗣马祖,又列"百丈涅槃和尚"在百丈怀海法嗣中。据《林间录》,涅槃和

尚讳"法正",因曾诵《涅槃经》,时呼为"涅槃和尚";"使众开田,方说大义者,乃师也"。《景德传灯录》明藏本则将"百丈惟政禅师"与"百丈涅槃和尚"合二为一,以为"惟正与法正,名虽不同,盖传写之讹耳。……明教但见其名不同,不能辨而俱存之"。按"明教"即指契嵩,号明教大师。《五灯会元》根据《林间录》所云和唐文人黄武翊所撰《涅槃和尚碑铭》,也发现《传灯》(旧本)将百丈惟政系于马祖法嗣之列是一种错误,但《五灯会元》并未篡改原系谱,仍将惟政置于马祖法嗣大珠慧海之次,而将原属惟政关于"开田、说大义"的机语,移在涅槃和尚下。再返观《祖堂集》,关于惟政则有两处记载,除本章所记外,另在卷十五五泄章又提到政上座与马祖一段有关"野鸭子"的公案,后世误为怀海的悟道契机。关于涅槃和尚本集未列专章记载,但在卷十四百丈海章中提到"第二百丈,号涅槃和尚"。

师向僧道:"汝与我开田了,为汝说大义。"僧云:"开田了,请师说大义。"师乃展开两手。

有老宿见日影透过窗①,问:"为复窗就日,为复日就窗?"师云:"长老房内有客,且归去好。"

【校注】

①窗:原文作"慇"。

杉山和尚

杉山和尚嗣马大师，在池州。师讳智坚。未睹实录，不决化缘始终。

云岩见月，问师："太好月！"师云："还照也无？"云岩低却头。

师在南泉造第一座①，南泉收生②次，云："生。"师云："无生。"泉云："无生犹是末。"南泉行五六步，师召云："长老。"南泉回头云："作么？"师云："莫道是末。"后有人拈问顺德："南泉道生，意作么生？"顺德云："风若不来，树亦不动。""无生犹是末，意作么生？"德云："磨锋捺刃，汝且作么生回避？""唤南泉，意作么生？"德云："要举胜今，别旋行持。""南泉回头，意作么生？"德云："象王回旋，师子嚬呻。""莫道是末，意作么生？"德云："妙个出身，古今罕有。"安国拈问明上座："古人当无生，不当无生？"对曰："不当无生。"安国云："杉山意作么生？"明上座无对。明真大师代云："汝试举看。"

【校注】

①杉山既嗣马大师，南泉也嗣马大师，二人有同门之谊，又何故说"在南泉造第一座"？

②依《景德传灯录》卷六，于此说："师吃饭次，南泉收生饭，云'生'。师云'无生'。"

师与南泉向火次,南泉问师:"不用指东指西,本分事直下道将来。"师便把火箸放下。南泉云:"饶你与么,犹较王老师一线道。"南泉又问赵州,赵州以手作圆相,中心一点。泉云:"饶你与么,犹较王老师一线道。"云门闻举云:"南泉只是步步登高,不解空里放下。"

问:"如何是本来身?"师云:"举世不相似。"

师提起蕨菜问南泉:"这个太好供养。"南泉云:"非但这个,百味珍馐①,他亦不顾。"师云:"虽然如此,个个总须尝②他始得。"

【校注】

①馐:原文作"羞"。

②尝:原文作"偿"。当校为尝味之"尝"。

茗溪和尚

茗溪和尚嗣马大师。未睹行录,不决化缘始终。

问:"如何是修行路?"师云:"好个阿师,莫作客①。"僧云:"毕竟如何?"师云:"安置则不敢②。"

【校注】

①原本"莫作客",《景德传灯录》卷六作"莫客作"。客作,本意指受雇于人,出卖劳动力。如王梵志诗"他家求官宦,我专慕客作"。

②原本"不敢",《景德传灯录》卷六作"不堪"。

师有时云:"吾有大病,非世所医。"有人问先曹山:"古人有言:吾有大病,非世所医。未审唤作什么病?"曹山云:"攒簇不得底病。"僧云:"一切众生为什么不病?"山云:"众生若病,则非众生。"僧云:"和尚还有此病也无?"山云:"正觅起处不可得。"僧云:"未审诸佛还有此病也无?"山云:"有。"进曰:"既有,为什么不病?"山云:"为伊惺惺。"

问:"如何是正修行路?"师云:"涅槃后有。"僧云:"如何是涅槃后有?"师云:"无洗面。"僧云:"学人不会。"师云:"无面可洗。"

石巩和尚

石巩和尚嗣马大师,在抚州。师讳慧藏。

未出家时,趁鹿,从马大师庵前过,问:"和尚还见我鹿过么?"马大师云:"汝是什么人?"对云:"我是猎人。"马师云:"汝解射不?"对云:"解射。"马师云:"一箭射几个?"对曰:"一箭射一个。"马师云:"汝浑不解射。"进曰:"和尚莫是解射不?"马师云:"我解射。"进曰:"一箭射几个?"马师①云:"一箭射一群。"师云:"彼此生命,何得射他?"[马]师云:"汝既如此,何不自射?"师曰:"若教某甲自射,无下手处。"[马]师云:"者汉无明烦恼一时顿消!"师当时拗折弓箭,将刀截发,投师出家。

【校注】

①原本"师"前无"马"字,据文理当为"马师",故补之。下同。

师后因一日在厨作务次,马师问:"作什么?"对云:"牧牛。"马师曰:"作么生牧?"对曰:"一回入草去,便把鼻孔拽来。"马师云:"子真牧牛!"

师问西堂:"你还解捉得虚空么?"西堂云:"捉得。"师云:"作么生捉?"西堂以手撮虚空势。师云:"与么,作么生捉得虚空?"西堂却问师:"作么生捉?"师便把西堂鼻孔拽著,西堂作忍痛声,云:"太杀拽人鼻孔,直得脱去!"师曰:"直须与么捉他虚空始得。"

有时僧参次,师云:"适来什么处去来?"对云:"在。"师曰:"在什么处?"僧弹指而对。

有僧礼拜师,师云:"从什么处来?"对曰:"某处来。"师云:"还将得那个来么?"对云:"将得来。"师云:"在什么处?"僧弹指两三下。

三平和尚参师,师架起弓箭,叫云:"看箭。"三平擘开胸受。师便抛下弓箭,云:"三十年在者里,今日射得半个圣人。"三平住持后,云:"登时将谓得便宜,如今看却输便宜。"石门拈问明真:"作么生道即得免被唤作半个圣人?"明真便喝云:"这野狐精①!"石门云:"委得也,莫弄好手。"

【校注】
①精：原文作"情"，参《景德传灯录》校为"精"。

师有《弄珠吟》曰：
　　落落明珠耀百千，森罗万像镜中悬。
　　光透三千越大千，四生六类一灵源。
　　凡圣闻珠谁不美？瞥起心求浑不见。
　　对面看珠不识珠，寻珠逐物当时变。
　　千般万般况珠喻，珠离百非超四句。
　　只这珠生是不生，非为无生珠始住。
　　如意珠，大圆镜，亦有人中唤作性。
　　分身百亿我珠分，无始本净如今净。
　　日用真珠是佛陀，何劳逐物浪波波？
　　隐现则今无二相，对面看珠识得么？

紫玉和尚

紫玉和尚嗣马大师，在襄阳①。师讳道通。未睹实录，不决生缘。

【校注】
①据《宋高僧传》卷十本传，师姓何，庐江人。天宝初，从马祖道一于建阳佛迹岭，后随往南康龚公山。之后，游方吴

越，登天台，陟渺潭。贞元二年又往南岳礼石头，四年因大寂指点而居唐州紫玉山。因其山有石方正，其色如紫玉莹然，故号紫玉矣。元和八年才去襄州，旋即逝去。一云相国于迪最所归心，尚书李翱又礼重焉。

襄阳廉师①于迪②相公，处分界内，凡有行脚僧捉送便杀③，无有一僧得命。如是得无数。师闻此消息，欲得去相公处，众中觅人随师，近有十来人。师领十人恰到界首，十人怕，不敢进。师犹自入界内。军人见师来便捉，著枷送上。师著枷到门外，著纳衣便上厅。相公按剑大坐，便云："咄！这阿师还知道襄阳节度使斩斫自由④么？"师云："还知道法王不惧生死么？"相公云："和尚头边还有耳么？"师云："眉目无障碍，贫道与相公相见有何障碍？"相公便抛却剑。著公衣服，便礼拜问："承教中有言：黑风吹其船舫，漂堕罗刹鬼国。此意如何？"师便唤于迪，相公颜色变异。师曰："罗刹鬼国不远在。"又问："如何是佛？"师唤于迪，相公应喏。师云："更莫别求。"相公言下大悟，便礼为师。有人举似药山，药山云："缚杀者个汉。"僧便问："和尚如何？"药山云："是什么？"

【校注】

①廉师："师"，疑应为"帅"。参《宋高僧传》卷十马祖传有"连率"。按连率即同连帅。古诸侯十国之长曰连帅，《礼·王制》："十国以为连，连有帅。"汉时以连帅为太守之称，亦作连率，《后汉书·马援传》："援兄贫时为增山连率。"

汉以后又称按察使、节度使为连帅。故原本"廉师",当校作"连帅",连、廉谐音也。

②迪:《宋高僧传》卷十、《景德传灯录》卷六皆作"顿"。

③原本"便杀"二字本在"无有一僧得命"之后,今据文理移至此处,较为通顺。

④白由:原本不清,疑应为"自由"。

僧问:"如何出三界?"师云:"你在里许多少时?"僧云:"如何得出离去?"师云:"青山不碍白云飞。"

南源和尚

南源和尚嗣马大师,在袁州①。师讳道明。

【校注】

①袁州:原本"袁"字不甚清晰,参《五灯会元》卷三本章校。

洞山初到南源,便上法堂次,师才望见洞山,便云:"已相见了也,不用更上来。"洞山便归堂。又去和尚处,便问:"适来道'已相见了也',什么处是与某甲相见处?"师云:"心心不间断,流入于性海。"洞山云:"洎错放过。"

洞山五日后辞师,师云:"有事嘱阇梨,得么?"洞山便礼拜,云:"有什么事?"师云:"多学佛法,广作利益。"洞山问:"多学佛法即不问,如何是广作利益?"师云:"一物也不为即是。"洞山便住两年矣。

百丈和尚

百丈和尚嗣马大师,在江西。师讳怀海,福州长乐县人也。姓黄①。

童年之时,随母亲入寺礼佛,指尊像问母:"此是何物?"母云:"此是佛。"子云:"形容似人,不异于我。后亦当作焉。"自后为僧,志慕上乘。直造大寂法会,大寂一见,延之入室。师密契玄关,更无他往。

【校注】

①据唐元和十三年陈诩撰《唐洪州百丈山故怀海禅师塔铭》曰:怀海姓王,原籍太原,其"远祖以永嘉丧乱",迁来福州。早年落发于西山慧照,后至洪州得心印。末后又说,怀海"居常自卑,善不近名,故先师(马祖)碑文独晦其称号"。此塔铭,见存于《全唐文》卷四四六。

师平生苦节高行,难以喻言。凡日给执劳,必先于众。主事不忍,密收作具,而请息焉。师云:"吾无德,争合劳于人?"师遍求作具,既不获而亦忘餐。故有"一日不作,一日不食"之言,流播寰宇矣。

有僧哭入法堂，师云："作么？作么？"对曰："父母俱丧，请师择日。"师云："且去，明日来一时埋却。"

师谓众曰："我要一人传语西堂，阿谁去得？"五峰对云："某甲去。"师云："作么生传语？"对云："待见西堂即道。"师云："道什么？"对云："却来说似和尚。"

师见沩山因夜深来参次，师云："你与我拨开火。"沩山云："无火。"师云："我适来见有。"自起来拨开，见一星火，夹起来云："这个不是火是什么？"沩山便悟。

师与沩山作务次，师问："有火也无？"对云："有。"师云："在什么处？"沩山把一枝木吹两三下，过与师，师云："如虫食①木。"

【校注】

①食：原文作"喰"，《景德传灯录》卷六则作"蚀"，今校为"食"。

问："如何是佛？"师云："汝是阿谁？"对云："某甲。"师云："汝识某甲不？"对云："分明个。"师竖起拂子云："汝见拂子不？"对曰："见。"师便不语。

有一日普请次，有一僧忽闻鼓声①，失声大笑，便归寺。师曰："俊哉！此是观音入理之门。"师问其僧："适来见什么道理，即便大笑？"僧对曰："某甲适来闻鼓声动，得归吃饭，所以大笑。"长庆代曰："也是因斋②庆赞。"

【校注】
①忽闻鼓声：忽，原作"忿"；鼓，原作"皷"。
②斋：原本作"齐"。

问："依经解义，三世佛怨；离经一字，即同魔说。如何？"师云："固守动用，三世佛怨；此外别求，即同魔作。"
僧问西堂："有问有答则不问，不问不答时如何？"答曰："怕烂却那作么？"师闻举云："从来疑这个老汉。"僧云："请师道。"师云："一合相①不可得。"

【校注】
①一合相：众缘和合而成一合相。《金刚经》云："若世界实有者，则是一合相。"

师教僧去章敬和尚处，见他上堂说法次，礼拜起来，收他一只履，以袖拂上尘，倒头覆下。其僧去到，一一依师前指①，章敬云："老僧罪过。"

【校注】
①一一依师前指：原本作"一一依前师指"，今校"一一依师前指"为宜。

师行脚①时，到善劝寺，欲得看经，寺主不许，云："禅僧衣服不得净洁,恐怕污却经典。"师求看经志切,寺主便许。师看经了,便去大雄山出世。出世后,供养主僧到善劝寺相看寺主,寺主问:"离什么处?"对曰:"离大雄山。"寺主问:"什么人住?"对曰:"恰似和尚行脚时在当寺看经。"寺主曰:"莫是海上座么?"对曰:"是也。"寺主便合掌:"某甲实是凡夫,当时不识他人天善知识。"又问:"来这里为个什么事?"对曰:"著疏。"寺主自行疏,教化一切了,供养主相共上百丈。

师委得这个消息,便下山来迎接。归山一切了后,请寺主上②禅床:"某甲有一段事要问寺主。"寺主推不得,便升座。师问:"寺主正讲时作么生?"主云:"如金盘上弄珠。"师云:"拈却金盘时,珠在什么处?"寺主无对。又问:"教中道'了了见佛性,犹如文殊等',既是了了见佛性,合等于佛,为什么却等文殊?"又无对。因此,披纳③学禅,号为涅槃和尚,便是第二百丈也。

【校注】

①行脚:脚,原作"却"。当校为"行脚",下同。

②上:原文作"一",疑脱笔画,据文理校为"上"字。

③披纳:披,原作"被",古代二字相通。

师有一日夜深睡次,忽然便觉,欲得吃汤,然侍者亦是睡,唤不得。非久之间,有人敲门,唤侍者,云:"和尚要吃汤。"侍者便起煎汤,来和尚处。和尚便惊问:"阿谁教你与么煎汤来?"侍者具陈前事,师便弹指云:"老僧终不解修行。若是解修行人,人不觉鬼不知。今日之下,被土地觑见我心识,造与么次第。"

师见云岩,便提起五指,云:"何个而也?"云岩云:"非也。"师云:"岂然乎?"

师有一日法堂里坐,直到四更。当时侍者便是云岩和尚也。三度来和尚身边侍立,第三度来,和尚蓦底失声便唾。侍者便问:"和尚适来有什么事唾?"师云:"不是你境界。"侍者云:"启师:某甲是和尚侍者,若不与某甲说,为什么人说?"师云:"不用问,不是你问底事,兼不是老僧说底事。"侍者云:"启师:百年后要知,乞和尚慈悲。"师云:"苦杀人,老汉未造人在。适来忽然忆著菩提涅槃,所以与么唾。"侍者云:"启师:若也如此,如许多时,因什么说菩提涅槃,了义不了义?"师云:"分付不著人,所以向你道'不是你问底事,兼不是你境界'。"

师垂语云:"屏却咽喉唇吻,速道将来!"有人云:"学人道不得,却请师道。"师曰:"我不辞向你道,恐①后欺我儿孙。"云岩对曰:"师今有也。"师便失声云:"丧我儿孙。"

【校注】

①恐:原本缺脱,今参《五灯会元》卷三本章校补。

师垂语云:"见河能漂香象。"僧便问:"师见不?"师云:"见。"僧云:"见后如何?"师云:"见见无二。"僧云:"既言见见无二,不以见见于见;若见更见,为前见为后见?"师云:"见见之时,见非是见。见犹离见,见不能及。"

师垂语云:"古人举一手,竖一指,是禅是道?此语系缚人,无有住时；假饶不说，亦有口过。"怠上座拈问翠岩："既不说，为什么却有口过？"翠岩云："只为不说。"怠上座便攛。隔两日，翠岩却问怠上座："前日与么只对，不称上座意旨。便请上座不舍慈悲，曲垂方便。既不说，为什么却有口过？"上座举起手，翠岩五体投地，礼拜，出声啼哭。

师教侍者问第一座："实际理地，不受一尘；佛事门中，不舍一法。是了义教里收？是不了义教里收？"第一座云："是了义教里收。"侍者却来举似和尚，和尚便打侍者，趁出院。

问："如何是大乘入道顿悟法？"师答曰："汝先歇诸缘，休息万事；善与不善，世间一切诸法，并皆放却。莫记忆，莫缘念，放舍身心，令其自在。心如木石，口无所辩；心无所行，心地若空。慧日自现，犹如云开日出相似。俱歇一切攀缘，贪嗔爱取，垢净情尽。对五欲八风，不被见闻觉知所缚，不被诸境惑，自然具足，神通妙用，是解脱人。对一切境，心无静乱，不摄不散，透一切声色，无有滞碍，名为道人。但不被一切善恶垢净有为世间福智拘系，即名为佛慧。是非好丑，是理非理，诸知见总尽，不被系缚，处处自在，名为初发心菩萨，便登佛地。一切诸法，本不自言空，不自言色，亦不言是非垢净，亦无心系缚人，但人自虚妄计著，作若干种解，起若干种知见。若垢净心尽，不住系缚，不住解脱，无一切有为无为，解平等心量，处于生死，其心自在。毕竟不与虚幻尘劳，蕴界生死，诸入和合。迥然无寄，一切不拘，去留无碍，往来生死如门开合相似。若遇种种苦乐不称意事，心无退屈。不念名闻衣食，不贪一切功德利益，不与世法之所滞。心虽亲爱苦乐，不干于怀。粗食接命，补衣寒暑，兀兀如愚如聋相似，稍有相亲分。于生死中广学知解，求福求智，于理无益，却被知解境风漂却，归生死海里。佛是无求人，求之则乖；理是无求理，求之则失。若取于无求，复同于有求。此法无实，亦无虚。若能一生心如木石相似，不为阴界五欲八风之所漂溺，则生死因断，去住自由。不为一切有为因果所缚，他时还与无缚身同利物。以无缚心应一切，以无缚慧解一切，缚亦能应病与药。"

问："如今受戒，身口清净，已具诸善，得解脱不？"师答曰："小分解脱，未得心解脱，未得一切解脱。"问："如何是心解脱？"师答曰："不求佛，不求知解，垢净情尽；亦不守此无求为是，亦不住尽处，亦不畏地狱缚，不爱天堂乐，一切法不拘，始名为解脱无碍，即身心及一切皆名解脱。汝莫言有小分戒善将为便了，有恒沙无漏戒定慧门，都未涉一毫在。努力猛作早与，莫待耳聋眼暗，头白面皮皱，老苦及身，眼中流泪，心中设惶，未有去处。到与么时，整理脚手不得，纵有福智多闻，都不相救。为心眼未开，唯缘念诸境，不知返照。复不见道，一生所有恶业①，悉现于前，或忻或怖；六道五蕴现前，尽见严好舍宅、舟船、车辇，光明现赫②，为纵自心贪爱，所见悉变为好境。随所见重处受生，都无自由分，龙畜良贱亦总未定。"

【校注】

①原本"恶业"，《五灯会元》卷三本章则作"善恶业缘"。

②原本"现赫"，《景德传灯录》卷六本章则作"显赫。"

问:"如何得自由?"师答曰:"如今对五欲八风,情无取舍,垢净俱亡,如日月在空,不缘而照。心如木石,亦如香象截流而过,更无疑滞,此人天堂地狱不能摄也。"又云:"读经看教,语言皆须宛①转归就自己。但是一切言教,只明如今鉴觉性,自己但不被一切有无诸境转。是故导师能照破一切有无境法。是金刚,即有自由独立分。若不能任么得,纵令诵得十二韦陀②经,只成增上慢,却是谤佛,不是修行。读经看教,若准世间,是好善事。若向理明人边数,此是壅塞人。十地之人不脱去,流入生死河。但不用求觅知解语义句,知解属贪,贪变成病。只如今俱离一切有无诸法,透过三句外,自然与佛无差。既自是佛,何虑佛不解语?只恐不是佛,被有无诸法转,不得自由。是以理未立,先有福智载去,如贱使贵;不如于理先立,后有福智。临时作得,捉土为金,变海水为酥酪,破须弥山为微尘,于一义作无量义,于无量义作一义。"

【校注】

①宛:原本作"宛"。

②韦陀:原本作"围陀",参《景德传灯录》卷六校作"韦陀"。

自余化缘终始,备陈实录。敕谥大智禅师,大宝胜之塔。

鲁祖和尚

鲁祖和尚嗣马大师,在池州。师讳宝云。

机格玄峻,学徒来参,面壁而坐。问:"如何是言不言?"师云:"汝口在什么处?"对云:"某甲无口。"师云:"将何吃茶饭?"自后洞山代云:"他不饥,吃什么?"问:"如何是诸佛师?"师云:"头上宝盖生者不是?"僧云:"如何则是?"师云:"头上无宝盖。"

南泉和尚到,师便面壁而坐。南泉以手拍师背,师云:"你是阿谁?"泉云:"普愿。"师云:"如何?"泉云:"也寻常。"师云:"汝何多事?"

南泉有一日看菜园,南泉把石打园头。僧回头看是南泉[①],其僧具威仪礼拜,便问:"和尚适来岂不是惊觉学人?"南泉便跷足云:"惊觉则且置,任么时作么生?"其僧无对。南泉教僧:"你去鲁祖处,到彼中便有来由。"其僧辞南泉,便去鲁祖处。师才见僧来,便面壁坐。其僧不在意,却归南泉。南泉问:"到鲁祖处么?"对曰:"到"。泉曰:"回太速乎?"对曰:"鲁祖和尚才见某甲便面壁坐,所以转来。"南泉便云:"王老僧初出世时向你诸人道,向佛未出世时体会,尚自不得一个半个。是伊与么,驴年得一个半个么?"安国和尚拈问云居:"鲁祖过在什么处,被南泉呵责?"云居便呵,安国出声啼哭。云居云:"却成赞叹。"保福拈问长庆:"鲁祖有什么切峻处,招得南泉此语?"长庆云:"退己进于人,万中无一个。"长庆举此因缘云:"他家面壁坐,有个摸索②处。忽然堂堂底坐,你向什么处摸索?"僧问龙泉:"只如怡山与么道,意作么生?"泉云:"持聋得哑。"

【校注】
①南泉:原本作"师"字。
②索:原文作"搂"。

高城和尚

高城和尚嗣马大师,师讳法藏。未睹行录,不决化缘始终。师有歌行一首:

古人重义不重金,曲高和寡勿知音。
今时志士还如此,语默动用迹难寻。
所嗟世上歧路者,终日崎岖狂①用心。
平坦栴檀不肯取,要须登险访椿林。
穷子舍父远逃②逝,却于本舍绝知音。
贫女宅中无价宝,却将秤卖他人金。
心无相,用还深,无常境界不能侵。
运用能随高与下,灵光且不是浮沉。
无相无心能运曜,应声应色随方照。
虽在方而不在方,任运高低总能妙。
亦无头,复无尾,灵光运运从何起?
只今起者便是心,心用明时更何你③?
不居方,无处觅,运用无踪复无迹。

识取如今明觅人,终朝莫慢别求的。
勤心学,近丛林,莫将病眼认花针。
说教本穷无相理,广读元来不识心。
了取心,识取境,了心识境禅河静。
但能了境便识心,万法都如闼婆影。
劝且学,莫为师,不用登高向下窥。
平源不用金钢钻,剑刃之中错下锥。
向前来,莫人我,山僧有曲无人和。
了空无相即法师,不用绫罗将作幡。
可中了,大希奇,大人幽邃不思议。
自家坏却真宝藏,终日从人乞布衣。
取境界,妄情生,只如水面一波成。
但能当境无情计,还同水面本来平。
应大躯,应小躯,运用只随如意珠。
被毛戴角形虽异,能应之心体不殊。
应眼时,若千日,万像不能逃影质。
凡夫只是未曾观,哪得自轻而退屈?
应耳时,若幽谷,大小音声无不足。
十方④钟鼓一时鸣,灵光运运常相续。
应意时,绝分别,照烛森罗长不歇。
透过山河石壁间,要且照时常寂灭。
境自虚,不须畏,终朝照烛无形对。
设使任持浮幻身,运用都无舌身意。

师又集《大乘经音义》，流通海藏矣。

【校注】

①原本"狂"字，疑应作"枉"。
②逃：原本字难辨，今校为"逃"。
③原本"更何你"，似应作"你更何"。
④十方：原本作"什方"，"什"通"十"。

章敬和尚

章敬和尚嗣马祖，在长安。师讳怀晖①，姓谢。泉州同安县人也。

【校注】

①怀晖：《景德传灯录》卷七本章作"怀恽"。"恽"字疑误。

有僧持锡到，绕师三匝，振锡而立。师云："是，是。"其僧无对。长庆代云："和尚佛法心①何在？"此僧又到南泉，绕南泉②三匝，振锡而立，南泉云："不是，不是。风力所转，终归败坏。"僧云："章敬和尚向某甲道是，和尚因什么道不是？"南泉云："章敬则是，汝则不是。"长庆代云："和尚是什么心行？"

【校注】

①原本"佛法心"，《五灯会元》卷三本章则作"佛法身

心"。

②原本"师"字,当指南泉,故校。

问:"心法灭时如何?"师云:"郢人无污,徒劳运斤①。"有人举似洞山,洞山云:"虽然如此,须亲近作家始得。"僧云:"此意如何?"洞山云:"须运斤始得。"僧云:"向什么处运斤?"洞山云:"不到处。"

【校注】

①斤:原作"钚"字,今校为"斤",下同。

师到兴善大彻①禅师处,禅师问:"从什么处来?"师云:"从天台来。"禅师云:"天台高多少?"师云:"自看取。"云居进云:"尽眼看不见时又作么生?"自代云:"异于世间。"

【校注】

①原本"兴善大彻",即兴善寺惟宽,敕谥大彻禅师。据《全唐文》卷六七八载《西京兴善寺传法堂碑并序》(白居易撰),本师是继章敬之后在京弘传马祖禅的又一重要传人之一,然不知何故本集失收,仅在此处提及。

师契大寂宗教,缁儒奔趋法会,自以道响天庭,闻于凤阙。元和初,奉征诏对,位排僧录首座已下。圣上顾问,僧首对云:"僧依夏腊①。"师当时六十夏,敕奉迁为座首。对圣上言论禅门法教，圣颜大悦，殷敬殊常，恩泽面临，宣住章敬寺。大化京都，高悬佛日，都城名公、义学竞集，击难②者如云。师乃大震雷音，群英首伏。投针契意者，得意忘言。

【校注】
①腊：原本作"臈"，古代二字相通。
②原本"击难"，似应作"诘难"。

元和十三年戊戌岁十二月二十一日迁化。敕谥大觉禅师，大宝光之塔。长沙贾岛碑铭曰：

　　实姓谢，称释子。
　　名怀晖，未详字。
　　家泉州，安集里。
　　无官品，有佛位。
　　始丙申，终乙未①。

【校注】
①查"乙未"，乃元和十年。依原本，师卒岁比贾岛碑所记晚三年。贾岛碑现已不存，现存权德舆撰《故章敬寺百岩大师碑》，见于《文苑英华》卷八六六。

卷第十五

西堂和尚

西堂和尚嗣马祖,在虔州①。师讳智藏。

【校注】

①虔州:原本作"虎州",参《景德传灯录》卷七、《五灯会元》卷三校为"虔州"。《景德传灯录》曰:"西堂乃虔化廖氏子,八岁从师出家,二十五受具戒。后参礼大寂,与百丈海禅师同为入室,皆承印记。"按《五灯会元》在海、藏之外又加南泉,号称三大士鼎立。

有一秀才问曰:"有天堂地狱不?"师云:"有。"又问曰:"有佛法僧宝不?"师云:"有。"秀才云:"但问处尽言有,和尚与么道莫是错不?"师云:"秀才曾见什么老宿?"秀才云:"曾见径山和尚。"师云:"径山向秀才作么生说?"云:"说一切总无。"师云:"秀才唯独一身,还别有眷属不?"对曰:"某甲有山妻,兼有两颗血属。"师云:"径山和尚还有妻不?"对曰:"他径山和尚真素道人,纯一无杂。"师呵云:"径山和尚内外严护,理行相称,道一切悉无即得。公具足三界凡夫,抱妻养儿,何种不作？是地狱渣滓①，因什么道一切悉无？若似径山，听公道无。"秀才礼而忏谢焉。

【校注】
①渣滓：渣，原本作"柤"。

马祖遣师送书到国师处，在路逢见天使。天使遂留斋次，因驴啼，天使唤头陀，师乃举头。天使便指驴示师，师却指天使，天使无对。①又到国师处，国师问："汝师说什么法？"师从东边过，西边立。国师云："只者个，为当别更有不？"师又过东边立，国师云："这个是马师底，仁者作么生？"师云："早个呈似和尚了也。"

【校注】
①本段公案，据《景德传灯录》卷九、《五灯会元》卷三，列在百丈惟政禅师章下，说是惟政在上京路上遇到天使与驴，而非西堂。今录此存疑。

师曾烧一僧，有一日现身觅命，师云："汝还死也无？"对云："死也。"师云："汝既死，觅命者谁？"其僧遂不见。
自外未睹行录，不知终始。敕谥宣教禅师，元和正真之塔。①

【校注】
①现存唐技撰西堂碑曰"敕谥大觉禅师"，"大觉禅师，

廖姓，智藏号……大寂将欲示化，自钟陵结茅龚公山，于门人中益为重。大寂没，师教聚其清信众，如寂之存。"此碑所记推西堂为马祖门下之首，与后世灯录依宗脉强盛而追尊百丈、南泉多所不同。此碑见存于《同治赣州志》卷五十。

鹅湖和尚

鹅湖和尚嗣马大师，在信州。师讳大义，衢州须江县人也，姓徐。

依年具戒，禅律俱通。礼大寂于江西，一扣秘迹，廓然玄悟，契心于洪州。

应缘次上都，孝文皇帝诏入内，咨请问道。德宗朝麟德殿，大筵论义。①有人问："心有也，旷劫而滞凡夫；心无也，刹那而登妙觉。"师答曰："此乃梁武帝言。然心有者是滞有，有既有矣，安可解脱？心无也，何人而登妙觉？"师以群英十号，等有为，已迷者终不复悟；等无为，已悟者终不却迷。于是群英折伏②，金曰："玄无以比。"

【校注】

①依《景德传灯录》卷七记，"唐宪宗尝诏入内，于麟德殿论义"，疑误。据唐韦处厚撰《兴福寺内道场供奉大德大义禅师碑铭》说，大义禅师受德宗孝文皇帝钦仰，又与皇储李诵（顺宗）关系甚密，却未提宪宗诏入麟德殿论义之事。又观其机语，问"如何是四谛"云云，实是本章后文所记在

"顺宗皇帝前"问答,益可证明"宪宗朝麟德殿论义"之虚。

② "折伏",原本作"执伏"。

师问诸硕德曰:"行止偃息,毕竟以何为道?"有人云:"知者是道。"师云:"不可以识识,不可以智知。安得知者是道乎?"有人云:"无分别是道。"师云:"善能分别诸法相,于第一义而不动。安得无分别是道乎?"有人云:"四禅八定是道。"师云:"佛身无为,不堕众数。安得四禅八定是道耶?大师之旨,一切法是,一切法非,于无性无像而有得有丧,岂可以一方定趣决为道耶?所以不定之辩,遣不定之执,趣无方之道矣。"师颂曰:

直下识玄旨,罗纹结角是。

不识玄旨人,徒劳逐所示。

鹧鹧鸟守空池,鱼从脚下过,

鹧鹧总不知。

有经论供奉大德对顺宗皇帝前问:"如何是四谛?"师指圣人云:"当今是一谛,三谛何在?"①大德无对。供奉又问:"欲界无禅,禅居色界,此土凭何立禅?"师答曰:"法师只知有欲界无禅,不知有禅界无欲。"供奉云:"禅界无欲,如何是禅?"师以手空中点一下,供奉无对。皇帝云:"只这一点,法师尚勿奈何!"

【校注】

①原本"当今是一谛三谛何在",《景德传灯录》卷七、《五灯会元》卷三本章均作:"圣上一帝,三帝何在?"

师元和十三年戊戌岁正月二日迁化,报龄七十四。敕谥慧觉大师,见性之塔。国相韦厚①制碑文。

【校注】

①原本"韦厚",即韦处厚,在中唐以治史善文著称,文宗时官至相位。《旧唐书》称他"雅信释氏因果,晚年尤甚"。所撰本师碑铭,现存《全唐文》卷七一五。

伏牛和尚

伏牛和尚嗣马大师,在北京①。师讳自在。未睹实录,莫究化缘终始。

【校注】

①原本"北京",盖指北地京都洛阳。参《五灯会元》卷三曰,师在"伊阙伏牛山",而伊阙即在河南洛阳南。《水经注》"伊水"注:"昔大禹疏以通水,两山相对,望之若阙,伊水历其间北流,故谓之伊阙矣。"伊阙山又称龙门山,故下文颂中有"直透龙门便出身"句,一语双关。

师放少①师行脚时,颂曰:
　　放汝南行入大津,碧潭深处养金鳞。
　　等闲莫与凡鱼伴,直透龙门便出身。

小师答曰：
　　鱼龙未变志②常存，变了还教海气浑。
　　两眼不曾窥小水，一心专拟透龙门。
　　千回下网终难系，万度垂钩誓不吞③。
　　待我一朝鳞甲备，解将云雨洒乾坤。
小师便是第二伏牛也。

【校注】
①原本"少"，通"小"，故此"少师"，下文又作"小师"。
②志：原本作"忐"。
③吞：原本作"天"。

师有《三个不归》颂曰：
　　割爱辞亲异俗迷，如云似鹤更高飞；
　　五湖四海随缘去，到处为家一不归。
　　苦节劳形守法威，幸逢知识决玄微；
　　慧灯初照昏衢朗，唯报自亲二不归。
　　峭壁幽岩往复希，片云孤月每相依；
　　经行宴坐闲无事，乐道逍遥三不归。

盘山和尚

盘山和尚嗣马大师，在北京。师讳宝积。未详姓氏。

师有时示众云:"心若无事,万法不生①;境绝玄机②,纤尘何立?道本无体,因道而得名;道本无名,因名而得号。若言即心即佛,今时未入玄微。若言非心非佛,犹是指踪之极则。向上一路,千圣不传;学者劳形,如猿捉影。大道无中,复谁前后?长空绝际,何用量之?空既如斯,道岂言哉?心月孤圆,光吞万象。光非照境,境亦非存。光境俱亡,复是何物?禅德,譬如掷剑挥空,莫论及之不及,斯乃空轮无迹,剑刃非亏。若能如是,心心无知,全心即佛,全佛即人,人佛无异,始为道矣。禅德,可学中道③,似地擎山,不知山之高峻;如石含玉,不知玉之无瑕。若能如是,是名出家。故导师云:法本无相碍,三际亦复然;无为无事人,犹是金锁难。所以古人道:灵源独耀,道本无生;佛及涅槃,并为增语。禅德,切须自看,无人替代。三界无法,何处求心?四大本空,佛依何住?旋机不动,寂尔无根。觌面相呈,更无余事。珍重!"

强大师拈问福先:"向上一路古人宗,学者徒劳捉影功;若道不传早传了,不传之路请师通。"福先答曰:"盘岫高提向上宗,兴来诸圣舌无功;吾师既问不传事,问当何愁不为通。"

【校注】

①原本"万法不生",《景德传灯录》卷七说"万象不生"。

②原本"境绝玄机",《景德传灯录》卷七、《五灯会元》卷三均作"意绝玄机"。

③原本"可学中道",《景德传灯录》卷七作"可中学

道",《五灯会元》卷三于此校作"禅德可中,学道似擎山……"可中,即如果、假使,从文理判断,《景德传灯录》之校似亦通。

问:"牛头未见四祖时如何?"师云:"有量之事,龙鬼可寻。"进曰:"见四祖后如何?"师云:"脱量之机,龙鬼难寻。"进曰:"见后为什么百鸟不来?"师答曰:"丝在能歌舞,线断一时休。"

师临迁化时谓众云:"还有人邈①得吾真么?若有人邈得吾真,呈似老僧看。"众皆将写真呈似和尚,师尽打。时有一少师普化出来云:"某甲邈得师真。"师云:"呈似老僧看。"普化倒行而出。师云:"我不可著汝,这般底向后去,别处打风颠去也。"

【校注】

①邈:原本字难辨,《景德传灯录》卷七作"貌",《五灯会元》卷三则作"邈",《景德传灯录》明藏本注"貌=邈"。今从《五灯会元》校作"邈"。

师平生住持轨范,严整异常,海内闻名。敕谥凝寂大师,真际之塔。

麻谷和尚

麻谷和尚嗣马大师,在蒲州①。师讳宝彻,未详姓氏。

【校注】

①蒲州：原作"莆州"，今参《五灯会元》卷三校为"蒲州"。

师与丹霞游山，见水中鱼。师以手指丹霞，丹霞云："天然。"师至明日却问："昨日意作么生？"丹霞便作卧势。师曰："苍天！苍天！"

师行脚时到三角，三角和尚上堂云："此事眨上眉毛，早已差过也。"师便问："承和尚有言：此事眨上眉毛，早已差过。如何是此事？"三角云："差过也。"师便担①倒绳床，三角和尚便打之。

【校注】

①担：《景德传灯录》卷七作"掀"。

问："十二分教，某甲不疑。"师便起去。问："如何是佛法大意？"师良久。其僧却举似石霜："此意如何？"石霜云："主人殷勤，滞累阇梨，拖泥涉水。"

盐官和尚

盐官和尚嗣马大师，在苏州①。师讳齐安，未详姓氏。

【校注】

①依《宋高僧传》卷十一、《景德传灯录》卷七、《五灯会元》卷三,师在杭州盐官海昌院住持,海门郡人也,姓李氏。

有法空禅师到,问师经中诸义,师答了。师云:"禅师到来,贫道总未得作主人。"禅师云:"请和尚作主人。"师云:"日已将晚,且归本位安置①,明日却来。"师明日令沙弥屈法空禅师,禅师应时来。师呵沙弥云:"这沙弥不了事,教屈法空禅师来,何故屈得守堂人来?"

【校注】

①安置:原本作"安量",参《五灯会元》卷三校。

僧参师,师云:"汝是阿谁?"对曰:"法忻。"师云:"我不识汝。"

问:"如何是本身卢舍那佛?"师云:"与我将取那个铜瓶来。"僧取瓶来。师云:"却送本处安置。"僧便送本处已,再来向:"如何是本身卢舍那佛?"师云:"古佛也过去久矣。"

大中皇帝潜龙之日,曾礼为师。甚有对答,言论具彰别录。敕谥悟空禅师,栖真之塔。真塔浩瀚非常。北有汾州,南有盐官矣。

五洩和尚

五洩和尚嗣马祖，在越州①。师讳灵默，姓宣，常州人也。

【校注】

①据《景德传灯录》卷七本章，师在婺州五洩山住持。初谒马大师，马接之因披剃受具。后谒石头迁和尚，栖止二十年为侍者。唐贞元初入天台山住白沙道场，复居五洩，时呼为五洩和尚。

师未出家时，入京选官，去到洪州开元寺礼拜大师。大师问："秀才什么处去？"云："入京选官去。"大师云："秀才太远在。"对云："和尚此间还有选场也无？"大师云："目前嫌什么？"秀才云："还许选官也无？"大师云："非但秀才，佛亦不著。"因此欲得投大师出家。大师云："与你剃头即得，若是大事因缘即不得。"从此摄受，后具戒。

有一日，大师领大众出西墙下游行次，忽然野鸭子飞过去，大师问："身边什么物？"政上座云："野鸭子。"大师云："什么处去？"对云："飞过去。"大师把政上座耳拽，上座作忍痛声。大师云："犹在这里，何曾飞过？"政上座豁然大悟。①因此师无好气，便向大师说："某甲抛却这个业次，投大师出家，今日并无个动情。适来政上座有如是次第，乞大师慈悲指示。"大师云："若是出家，师则老僧；若是发明，师则别人。是你驴年在我这里也不得。"师云:"若与么,则乞和尚指示个宗师。"大师云:"此去七百里有一禅师,呼为南岳石头,汝若到彼中,必有来由。"

【校注】

①此间"野鸭子"公案,《景德传灯录》不载,《五灯会元》卷三则列入百丈海禅师章下,作为怀海与马祖的问答机缘,并以此事为怀海悟道之契机。有学者推测说,这很可能是怀海名声显赫,而政上座隐没不彰,后人才张冠李戴。

师便辞到石头,云:"若一言相契则住,若不相契则发去。"著鞋履,执坐①具,上法堂,礼拜一切了,侍立。石头云:"什么处来?"师不在意,对云:"江西来。"石头云:"受业在什么处?"师不只对,便拂袖而出。才过门时,石头便咄。师一脚在外,一脚在内,转头看。石头便侧掌云:"从生至死,只这个汉。更转头恼作什么?"师豁然大悟。在和尚面前给侍数载,呼为五洩和尚也。

后有人举似洞山,洞山云:"登时若不是五洩,大难得承当。虽然如此,犹涉途在。"自后长庆云:"险②。"净修禅师拈问僧:"只如长庆与么道,意作么生?"僧无对。自代云:"怨他认处错。"有人拈问漳南:"古人道:从生至死,只这个汉是。和尚如何?"漳南云:"地狱渣滓,只有人作了也。"僧云:"深领和尚尊旨,古人因什么与么道?"漳南云:"只为这般汉。"僧云:"与么则忘前失后去。"漳南云:"头上不秃,肚里无毒。"僧云:"贪看天上月,忘却室中灯。"漳南便失声。

【校注】

①坐:原文作"座"。
②险:原文作"崄"。

僧问:"何物大于天地?"师云:"无人识得伊。"僧云:"还可雕琢也无?"师云:"你试下手看。"
越州观察使差人问师:"依禅住持,依律住持?"师以偈答曰:

寂寂不持律,滔滔不坐禅。
酽茶三两碗①,意在锄头边。

观察使差人送百柄锄头,师才见送来,把棒趁出,却云:"我有一柄锄头,平生用不尽。谁要你送来?"专使却来,具说前事,观察使遥申礼拜。

【校注】

①酽茶三两碗:酽,原作"俨"。

问:"此个门中始终事如何?"师云:"你道目前成来多少时?"僧云:"不会。"师云:"我此间无你适来问底。"僧云:"岂无和尚接人处?"师云:"待你求则接。"僧云:"请和尚接。"师云:"你欠少什么?"

师元和十三年化缘周毕,澡浴焚香,端坐绳床。大集僧众,殷勤叮嘱，嘱累①，开喻②门徒云：

妙色真常，本无生灭。

法身圆寂，宁有去来？

千圣同源，万灵一辙。

吾今示灭，不假兴哀。

无强劳形，须存正念。

傥③遵此命，真报我恩。

若固违言，非吾弟子。

有人问："什么处去？"师云："无处去。"僧云："某甲何以不见？"师云："非眼所睹。"洞山闻举，云："作家。"

师正坐，叠掌收光，一刹那间，便归圆寂。享龄七十二，僧腊三十一。④沙门志闲⑤撰碑文矣。

【校注】

①原文"累"字模糊，参《宋高僧传》卷十本传："嘱累时众，溘然而绝。"

②喻：原文作"俞"，疑脱"口"旁。

③原本"傥"字，疑应作"倘"。

④原本"亨"字，今校为"享"。参《宋高僧传》卷十作："寿龄七十二，法腊四十一。"

⑤原本"沙门志闲"，其中"闲"字模糊不清。参《宋高僧传》卷十本传末附志闲，曰："一高僧志闲，道行峭拔，文辞婉丽，亦江左之英达，为默行录焉。"

大梅和尚

大梅和尚嗣马大师,在明州。师讳法常①,襄阳人也。

荆州玉泉寺受业,才具尸罗,学通众典,讲大小本经论。多闻虽益,辩法虚张;觉爽情神,游方访道。闻江西马大师诲学,师乃直造法筵。

【校注】

①本师名讳,原本作"注常",今参《宋高僧传》卷十一、《景德传灯录》卷七校为"法常"。原本把"法"字误写作"注",下文"辩法虚张"中"法"字也误写为"注",今一并校之。

因一日,问:"如何是佛?"马师云:"即汝心是。"师进云:"如何保任?"师云:"汝善护持。"又问:"如何是法?"师云:"亦汝心是。"又问:"如何是祖意?"马师云:"即汝心是。"师进云:"祖无意耶?"马师云:"汝但识取汝心,无法不备。"师于言下顿领玄旨。遂杖锡而望云山,因至大梅山下,便有栖心之意。乃求小许种粮,一入深幽,更不再出。

后因盐官和尚出世,有僧寻柱杖迷山,见其一人草衣结发,居小皮舍。见僧先言不审,而言语謇涩①。僧穷其由,师云:"见马大师。"僧问:"居此多少年也?"师云:"亦不知多少年,只见四山青了又黄,黄了又青②,如是可计三十余度。"僧问:"师于马祖处得何意旨?"师云:"即心是佛。"其僧问出山路,师指:"随流而去。"其僧归到盐官处,具陈上事,盐官云:"吾忆在江西时,曾见一僧问马大师'佛法祖意',马大师皆言'即汝心是'。自三十余年,更不知其僧所在,莫是此人不?"遂令数人,教依旧路,斫山寻觅。如见,云:"马师近日道'非心非佛'。"其数人依盐官教问,师云:"任你非心非佛,我只管即心即佛。"盐官闻而叹曰:"西山梅子熟也,汝曹可往彼随意采摘去。"

【校注】

①謇涩:謇,疑应校为"蹇"。

②黄了又青:原本作"青了又黄",按文理校。

如是不足二三年间,众上数百。凡应机接物,对答如流。

因夹山与定山去大梅山,路上行次,定山云:"生死中无佛,则非生死。"夹山不肯,自云:"生死中有佛,则不迷生死。"二人相不肯,去到大梅山。夹山自问:"此二人道,阿那个最亲?"师云:"一亲一疏。"夹山云:"阿那个是亲?"师见苦问,乃云:"且去,明日来。"夹山明日来,问:"昨日未蒙和尚垂慈,未审阿那个是亲?"师云:"问者不亲,亲者不问。"

有人问盐官:"如何是西来意?"官云:"西来无意。"僧举似师,师云:"不可一个棺里著两个死尸。"

师临顺世时,鼯鼠叫,师告众曰:"即此物非他物,汝等诸人善护持,吾今逝矣。"师言已,掩室,来晨①化矣。括州刺史江勋②撰碑文。

【校注】

①晨：原本作"辰"。

②江勋：《宋高僧传》卷十一作"江积"。

永泰和尚

永泰和尚嗣马大师，师讳灵瑞①。姓黄，衡阳人也。

年十一，出家于南岳。年十八为沙弥，问津于大寂，默领心要。年二十四，进具于双峰寺，却归大寂法会。

【校注】

①灵瑞：《景德传灯录》卷七作"灵湍"，但有录无语。

贞元二①年丙寅岁，游青州，州牧张胤请止龙兴寺。元和中，青州人大饥，人多殍仆，师胁不至席，视人如伤，乃率富屋俾行檀度。繇是净名给孤，竞垂乘下。师左臂②有肉环，卧常右胁，占者曰："实③人天师也。"后尚书薛④平侍以为师。凡二十三年，大化青社，故号青州和尚焉。

【校注】

①二：原本作"一"，历史上一般纪元头年习惯称为"元年"，不作"一年"；且查年表知贞元二年才是丙寅岁，故校为"二"。

②臂：原本异体难辨，今校作"臂"。

③实：原本作"寔"。

④薛：原本难辨，有校本作"萨"，今则校为"薛"。

及游襄阳，廉使牛元翼礼重曰："人中师子王也！"请止感通寺。又至荆渚，仆射王潜请住永泰寺，布金阐道，大展化度。

大和三年戊子岁六月三日顺世，春秋六十九。荼毗得舍利五千余粒，塔于郭东。刘轲制碑文。敕谥道镜禅师，宝真之塔。

东寺和尚

东寺和尚嗣马大师，在潭州。师讳如会，韶州始兴曲江县人也。

大历八年止国一禅师门下，后归大寂。众皆仰德，臻凑如林，榻为之折，时称"折床会"也。后止长沙东寺，大播洪规①。

【校注】

①规：原本作"𡠬"。

每曰："自大寂禅师去世，常病好事者录其语本，不能遗筌领意，认即心即佛外无别说；曾不师于先匠，只徇①影迹。且佛于何住，而曰即心？心如画师，贬佛甚矣。"遂唱于言："心不是佛，智不是道。剑去远矣，尔方刻舟。"时号东寺为"禅窟"。

【校注】

①徇：原本作"侚"。

丞相崔公胤①高其风韵，躬问师曰："师以何得？"师曰："见性为得。"公元："师见性不？"师曰："见性。"师当时方病眼，相公讥曰："既言见性，其眼奈何？"师云："见性非眼，眼病何害？"相公喜而礼拜。更与师到佛殿，见雀儿在佛头上放粪，相公问："者个雀儿还有佛性也无？"师云："有。"相公云："既有，为什么向佛头上屙？"师云："他若无，因什么不向鹞②子头上屙？"相公从此礼拜为师。自后长庆闻云："险。"

【校注】

①丞：原作"承"。"胤"，《景德传灯录》卷七本章则作"群"。

②鹞：形似鹰而体小，背面青灰色，腹面白色带赤，有赤褐色细横斑，以小鸟为食，亦称鹞子。

师问南泉："近离什么处？"对曰："近离江西。"师云："还将得马大师真来不？"对云："将得来。"师云："将来则呈似老僧看。"对云："只这个是。"师云："背后底。"南泉登时休。后长庆云："和尚太似不知。"保福代云："洎不到和尚此间。"

师问仰山："离什么处？"对曰："离广南。"师曰："见说广南有镇海明珠，还是也无？"对曰："是也。"师云："此珠作么生?"对曰:"白月则隐,黑月则现。"师云:"还将得此珠来也无?"对云:"将得来。"师云:"若将来则呈似老僧看。"对云:"昨日到沩山,沩山和尚就某甲索此珠,直得无言可对。"师一跳,抚背云:"真师子儿,真师子儿!"又云:"惭愧,惭愧!老僧不如沩山。汝便是沩山弟子也。"仰山受戒后,再到相见,才入法堂,师便云:"已相见了也,不用更上来。"对云:"与么相见,莫不当么?"师便入法堂,闭却门。仰山后举似沩山,沩山云:"子是什么心行?"

师长庆癸卯岁终,春秋八十。时井泉涸,异香馥郁。塔于城南。故廉使李公翱尽毁近城塔,唯留师塔,笔书曰:"独留此塔,以别贤愚。"刘轲撰碑文矣。

邓隐峰和尚

邓隐峰和尚嗣马大师,建州邵武县人也。

因南泉示众曰:"铜瓶是境,瓶中有水。我要水,不得动境,将水来。"师便将瓶到南泉前,泻①出水。

【校注】

①泻:原作"写"。

师因行至五台山金刚窟前,倒立而逝①。众②妨圣窟,拟易处荼毗,竟莫能动。先有亲妹出家为尼在彼,及请其兄行迹,遂近前呵云:"师兄平生为人不依法律,死后亦不能徇于世情。"以手推倒,众获阇维。塔于北台之顶。

【校注】

①据《景德传灯录》卷八记,师冬居衡岳,夏止清凉,元和中荐登五台。示灭前先问众云:"诸方迁化坐去卧去,吾尝见之。还有立化也无?"众云:"有也。""还有倒立者否?"众云:"未尝见有。"师乃倒立而化。

②原本"众"下宜补"以为"二字,方文理通顺。

[师]平生在世唯留一偈,曰:

独弦琴子为君弹,松柏长青不惧寒①。

金矿②相和性自别,任向君前试取看。

【校注】

①"寒"前"惧"字,原文只有半边"忄",今据文理补之。

②矿:原文作"铲"。"铲"同今"矿",故校。

归宗和尚

归宗和尚嗣马大师,在江州庐山。师讳智常,未详姓氏。

师久与南泉同道,神采①奇异。时人猜之,合有一人之分。师遂以药熏其眼令赤,时人号为赤眼归宗和尚焉。

【校注】

①采：原本作"彩"。

白舍人为江州刺史，颇甚殷敬。舍人参师，师泥壁次。师回首云："君子儒，小人儒？"白舍人云："君子儒。"师以泥镪敲①泥板，侍郎以泥挑挑泥送与师，师便接了，云："莫是俊机白侍郎不？"对云："不敢。"师云："只有送泥之分。"

【校注】

①敲：原本作"敲"。

有李万卷，白侍郎相引，礼谒大师。李万卷问师："教中有言：须弥纳芥子，芥子纳须弥。须弥纳芥子，时人不疑；芥子纳须弥，莫成妄语不？"师却问："于国家何艺出身？"抗声对云："和尚岂不知弟子万卷出身？"师云："公因何诳敕？"公云："云何诳敕？"师云："公四大身若子长大，万卷何处安著？"李公言下礼谢，而事师焉。万卷赞曰：

出郭①送钱嫌不要，手提蓑笠向庐山。

昔日曾闻青霄鹤，更有青霄鹤不知。

【校注】

①原本"廓"字，今校为"郭"。

师偈曰：

　　归宗事理绝，日轮正当午。
　　自在如师子，不与物依怙。
　　独步四山顶，优游三大路。
　　吹嘘飞禽堕，嚬呻众兽怖。
　　机竖箭易及，影没手难覆。
　　施张如工伎，剪截成尺度。
　　巧镂万盘名，归宗还似土。
　　语密音声绝，理妙言难措。
　　弃个耳还聋，取个眼还瞽。
　　一镞破三关，分明箭后路。
　　可怜个丈夫，先天为心祖。

师有时拈起帽子，问："会么？"对曰："不会。"师曰："莫怪。老僧头风，不下帽子。"

问："如何是诸佛玄旨？"师云："无人能会。"僧云："向者如何？"师云："有向则乖。"僧云："无向者如何？"师云："谁求玄旨？"其僧于时无语。师云："去。无子用功去。"僧云："岂无方便门令学人得入？"师曰："有。"僧云："如何是方便门？"师云："观音妙智力，能救世间苦。"僧云："如何是观音妙智力，能救世间苦？"师敲鼎盖三下，却问："子还闻么？"云："闻。""我为什么不闻？"僧无对，师打之。

李万卷问："大藏教明得个什么边事？"师竖起拳，却问："汝还会么？"李公对云："不会。"师云："者李公拳头也不识。"李公云："某甲不会，请和尚指示。"师云："遇人则途中授与，不遇人则世谛流布。"

师为众曰:"吾今合说禅,诸子总近前来。"大众尽近前,师云:"汝听观音行,善应诸方所;弘誓深如海,历劫不思议;侍多千亿佛,发大清净愿。"师又问:"阿那个是观音行?"师却弹指一下,问:"诸人还闻么?"众皆云:"闻。"师云:"者一队汉,向这里觅什么?"趁出了,呵呵大笑。

师入园中,见一株菜,画①圆相裹却,谓众曰:"辄不得损著者个。"众僧更不敢动著。师于时却来,见菜株犹在,便把杖趁打,呵云:"者一队汉,无一个有智慧。"

【校注】

①画:原本作"尽",今参《景德传灯录》卷八校为"画"。

师问僧:"从什么处来?"对云:"某处来。"师云:"还将得那个来不?"对云:"将得来。"师云:"在什么处?"僧以手从顶上擎出,呈似师。师举手抛向后,僧无对。师云:"者野狐儿!"

师划草次,有一座主来相看。忽见一条蛇,师便锄断,座主云:"久向归宗,元来只是粗行沙门。"后有人举问长庆:"归宗锄蛇,意作么生?"长庆云:"错。"明真举似瑫庵主,庵主云:"把将性命来。"明真不肯。石门代云:"专甲在庵中只是劈柴、种菜。"

时有江州东林寺长讲《维摩经》并《肇论》,座主神建问:"如何是触目菩提?"师乃跷起一脚示他,座主云:"莫无礼!"师

云:"不无礼。三个现在,座主一任拣取。"座主不会,遂置状于江州,陈论刺史李万卷,李公判云:

伏以三乘至教,一藏严持。所载文词,唯穷佛性。事能幽现,理实通玄。统三教之根源,作群迷之依仰。既有辞亲弃俗,被褐讲经。经有明文,疏无不尽。自是智辩不到,谬判三身;体解不圆,滥转八识。将智辨智,枉用功夫;将文执文,岂非大错?况师乃深穷《肇论》,洞达《维摩》?肇有"青青翠竹尽是真如,郁郁黄花无非般若"。大士有"菩提是障,能障诸愿"。此之两教,既非谬词,且师辨菩提之路,尚未分明;郁郁黄花,争能见性?如斯之见,何用讲经?高座宣扬,欺他中下,何不自玄究竟?擅骋愚聪,抱垢问禅,发言不谛,尊慈垂念,触目相呈,理既共通,何不自会?只如三个,何异法身?师鉴了能,略无般若,何不顿惺?便见无生,假相菩提;空有名字,信有法身。只共一源,改换形仪。凡心自乱,真心了了。无字无名,见性惺惺。何言何说?如师只问菩提之处,将言对敌①,埋没达摩来踪;若领寂默为宗,维摩一生受屈。师岂不见肇有"四不迁"之义,生有"六不空"之谈?乃知触目之义不干智慧,不迁之理永在恒沙。体似琉璃,色如啐啄。随其大小,好丑何安?即色即空,将何言对?

奇哉!空门弟子不会色空,却置状词投公断理。只如儒教,尚有不出户而知一切事,不窥饵而知天下。明知之为知,知之不知为知,俱归智也。辩智之义,尚以如斯,学佛之人,何迷佛性?见师之貌,举意昂藏,将为业蕴无生,道弘大觉；及乎动用，全是凡情。词状但有诽谤之言，出口全乖声闻之行。再三奉劝，且②自思惟。知识不屈于学徒，真如岂随于言句？真见无像，其像分明。实听无声，其声不绝。洞达如之，莫非一切。师之不肯，再把状来，忽以公穷，必无好事。聊申一判，略表玄猷。不出词锋，安能辨正？但执此判，将归寺中，集众声钟，诠谛真实。汝若不信，再将状来。若也是实，便自礼佛一百拜；仍更具威仪，往彼礼问知识。造罪忏悔，众罪如霜露，慧日忽顿消前罪去。

报慈拈问僧："作么生道，则得不屈得古人？"僧对云："这个僧将状出去。"报慈云："据个什么道理？"对云："若是别人，大家吃饭。"

【校注】

①敌：原本字异体，今校作"敌"。
②且：原本作"旦"，误写。

汾州和尚

汾州和尚嗣马大师，师讳无业。姓杜，商州上洛人也。

初，母李氏忽闻空中有言曰："寄住得不？"已而方娠。诞生之夕，异光满室。及至成童，不为儿戏，行必直视，坐则跏趺。商之缁徒，见皆叹曰："此无上法器也。速令出家，绍降三宝。"九岁启父母，依商州开元寺志本禅师。禅师授以《金刚》、《法华》、《维摩》、《涅槃》等经，一览无遗。年十二剃落，具戒于襄州幽律师。禀四分律疏，一夏肆习，便能敷演。长讲《华严》、《涅槃》等经，时谓生、肇不泯，琳、远再兴。

后闻洪州马大师禅门上首，特往瞻礼。师身逾六尺，屹若立山。马大师一见异之，曰："巍①巍佛堂，其中无佛。"师礼而问曰："三乘至教，粗亦研穷。常闻禅门即心是佛，实未能了，伏愿指示。"马大师曰："即汝所不了心即是，更无别物。不了时即是迷，了时即是悟。迷即是众生，悟即是佛道。不离众生，别更有佛也②。亦如手作拳，拳作手也。"师言下豁然大悟。涕泪悲泣，白马大师言："本将谓佛道长远，勤苦旷劫，方始得成。今日始知，法身实相，本自具足；一切万法，从心化生，但有名字，无有实者。"马大师云："如是，如是。一切心性，不生不灭。一切诸法，本自空寂。是故，经云：'诸法从本来，常自寂灭相。'又云：'毕竟空寂舍'。又云：'诸法空为坐。'此则诸佛如来，住无所住处。若如是知，即是住空寂舍，坐法空座。举足下足，不离道场；言下便了，更无渐次，所谓不动足而登涅槃山。"

【校注】

①巍：原作"魏"，今参《五灯会元》卷三本章校为"巍"，下同。

②原本此句，《宋高僧传》卷十一本传作"岂别更有佛也"。

大师直造宝所，不栖化城。于元和皇帝御宇三年①，两度诏请，师辞病不赴。至穆②宗即位重降旨，使曰："此度圣恩，不并常时。"师笑云："贫道有何德，累烦圣主？行则行矣，道途恐殊。"乃作行次，剃发、沐浴。至中夜，告徒弟等云："汝③等见闻觉知之性，与虚空同畴④，犹如金刚不可破坏。一切诸法，如影如响，无有实者。是故，经云：唯此一事实，余二则非真。"言已，跏趺，奄然而化。长庆三年癸丑岁十二月二十一日荼毗，塔于城西。敕谥大达禅师⑤，澄源之塔。汾州刺史杨瓒⑥撰碑文。

【校注】

①元和皇帝，即宪宗，在位十五年。若从乙酉岁八月即位算起，迄庚子岁正月暴死，实在位十三年。故而原本此间当校为"御宇十有三年"。又参《宋高僧传》卷十一本传，"宪宗皇帝御宇十有四年，素向德音，乃下诏请入内，辞疾不行；明年再降纶旨，称疾如故"。似又说元和十四年、十五年"两度诏请"。

②穆：原本字异体，今校之。

③汝：原本作"女"字。

④畴：《宋高僧传》卷十一作"寿"。

⑤禅师：《宋高僧传》卷十一作"国师"。

⑥杨瓒：《宋高僧传》卷十一作"杨潜"。

大同和尚

大同和尚嗣马大师，师讳广澄。未睹行录，不决化缘终始。

问："如何是玄？"师云："返去。""如何是玄中又玄？"师云："不返去。"

金牛和尚

金牛和尚嗣马大师。

师寻常自作饭，供养众僧。将饭来堂前了，乃抚掌作舞大笑，云："菩萨子吃饭来。"

后有僧举问长庆："古人抚掌大笑，意作么生？"长庆云："太似因斋庆赞。"僧问洞山："抚掌大笑，是奴儿婢子不？"洞山云："是。"僧云："向上事请师直指。"洞山云："总未曾见你问在。"僧云："只今现问。"洞山云："咄！这奴儿婢子。"

龟洋和尚

龟洋和尚嗣马大师。师讳无了，俗姓沈。莆田县壶公宏[①]塘人也。

【校注】

①宏：原本作"宠"。参《景德传灯录》卷八"泉州龟洋

无了禅师"章曰:"莆田县壶公横塘人也。"明藏本注,横塘即宏塘也。

七岁出家,君挈白之重院①,遽视院之如家。十八落发,清源灵泉寺受具。

好游山水。院之北樵采而无径,师乃振锡而行。遇六眸巨龟,须臾而失。乃结庵居。有一麈②被虎逐来,师以杖约住其虎。后号龟洋也。续有一僧近从钟陵至,举马大师意旨,师曰:"吾得马大师之旨。"

【校注】

①原本"君"前疑脱"家"字,家君指乃父。参《景德传灯录》卷八本章,"父携入白重院,视之如家"。

②原本"麈"字,兽名,似鹿而大,其尾辟尘,僧家用以制作"拂尘"。

临迁化时,垂训,有偈曰:

八十年来辩东西,如今不要白头公。

非长非短非大小,还与诸人性相同。

无来无去兼无住,了却本来自性空。

偈毕,俨然而寂。塔于正堂。

后二十载,塔下有水淹浸①,乃发看,见师全身水中而浮。闽王闻之,将舁取于府庭供养,拟造塔安图,士庶瞻敬。师放气,阖府皆闻。闽王乃焚香,启告:"如若却复故山,乞收气。"

师乃放香气,阖郭^②皆瞻礼。当时厚宣什物,仍安存现在本塔。

【校注】
①浸:原本字异体难识,今校为通用字。
②郭:原作"廓"。

陈禅师

陈禅师与龟洋同住^①。师讳慧忠,仙游县人也。俗姓陈。九岁诣龟洋庵,出家剃发。

【校注】
①原本"同住"乃小字附后,前也无"与龟洋"三字,据后文补。

后便游方,遇庵和尚,问:"离自何方?"师云:"六眸峰庵。""还具六通不?"师云:"患非重瞳。"便复故山。

遇会昌沙汰,避而几乎五六年。后宣宗中兴,师曰:"古之有言:上升道士不受箓,成佛沙弥不具戒。"遂午而不粒,不字而禅,殁此山。门人葬于沈禅师塔之东隅二百步。士庶皆云:"龟洋二真。"至今香灯不绝,祈祷灵应不少。亦^①是黄瑫先辈制碑文。

【校注】
①亦:原本字异体。

黑涧①和尚

黑涧和尚嗣马大师,在洛京。

问:"如何是密室?"师云:"截耳卧街。""如何是密室中人?"师以手搊胸。

【校注】

①涧:原本作"礵",今参《景德传灯录》校作"涧"。

闭魔岩和尚

闭魔岩和尚嗣马大师。

师常提杈子,每见僧参,蓦项便杈,云:"哪①个魔魅教你出家?哪个魔魅教你受惑?哪个魔魅教你行脚?道得亦杈下死,道不得亦杈下死。速道!速道!"其无②对,即便打趁出。

【校注】

①哪:原本作"那",下同。
②无:原本脱,今据文意补。

庞居士

庞居士嗣马大师。居士生自衡阳。

因问马大师："不与万法为侣者，是什么人？"马师云："待居士一口吸尽西江水，我则为你说。"居士便大悟。便去库头借笔砚，造偈曰：

　　十方同一会，各各学无为。

　　此是选佛处，心空及第归。

而乃驻留参承，一二载间，遂不变儒形，心游像外。旷情而行符真趣，浑迹而卓越人间。实玄学之儒流，乃在家之菩萨。

初住襄阳东岩，后居郭西小舍。唯将一女扶持，制造竹漉篱。每令女市货，以遣日给。平生乐道偈颂，可近三百余首，广行于世。皆以言符至理，句阐玄猷，为儒彦之珠金，乃缁流之箧①宝。略陈一二，余不尽书。偈曰：

　　心如境亦如，无实亦无虚。

　　有亦不管，无亦不居。

　　不是贤圣，了事凡夫。

又偈曰：

　　看经须解义，解义始修行。

　　若依了义教，即入涅門城。

　　如其不解义，多见不如盲。

　　缘文广占地，心牛不肯耕。

　　田田皆是草，稻从何处生？

又偈曰：

　　易复易，即此五蕴有真智。

　　十方世界一乘同，无相法身岂有二？

　　若舍烦恼觅菩提，不知何方有佛地？

又偈曰：

　　无贪胜布施，无痴胜坐禅。

　　无嗔胜持戒，无念胜求缘。

　　尽现凡夫事，夜来安乐眠。

　　寒时向火坐，火实本无烟。

　　不怕黑暗女，不求功德天。

　　任运生方便，皆同般若船。

　　若能如是学，功德实无边。

又偈曰：

　　世人嫌庞老，庞老不嫌他。

　　开门待知识，知识不来过。

　　一丸疗万病，不假药方多。

又偈曰：

　　心若如，神自虚。

　　不服药，病自除。

　　病既除，自见莲华。

　　如意珠，无劳事，莫驱驱。

　　智者观财色，了知如幻虚。

　　衣食支身命，相劝学如如。

　　时至移庵去，无物可盈余。

又偈曰：

　　贪嗔不肯舍，徒劳读释经。

　　看方不服药，病从何处除？

取空空是色，取色色无常。
　　　色空非我有，端坐见家乡。
又偈曰：
　　　人有一卷经，无相复无名。
　　　无人解转读，有我不能听。
　　　如能转读得，入理契无生。
　　　非论菩萨道，佛亦不要成。

【校注】

①箧：原本异体字，今校为通用字。

居士临迁化时，令女备汤水沐浴，著衣于床，端然跌坐。付嘱女已，告曰："你看日午则报来。"女依言看已，报云："当已午，而日蚀阳精。"居士云："岂有任么事？"遂起来自看。其女寻则据床，端然而化。父回见之，云："俊哉！吾说之在前，行之在后。"因此，居士隔七日而殁矣。

卷第十六

南泉和尚

南泉和尚嗣马大师,在池州。师讳普愿,姓王。新郑人也。

母孕之时,不喜荤血。至德二年,投密县大隗山大慧禅师受业。后参大寂,密掌灵符。池阳宣城廉使陆亘请下礼事,大弘真教。

师每上堂云:"近日禅师太多生,觅一个痴钝底不可得。阿你诸人,莫错用心。欲体此事,直须向佛未出世已前,都无一切名字,密用潜通,无人觉知,与么时体得,方有小分相应。所以道,祖佛不知有,狸奴白牯却知有。何以如此?他却无如许多般情量,所以唤作如如,早是变也,直须向异类中行。只如五祖大师下,有五百九十九人尽会佛法,唯有卢行者一人不会佛法,他只会道。直至诸佛出世来,只教人会道,不为别事。江西和尚说即心是佛,且是一时间语,是止向外驰求病,空拳黄叶止啼之词。所以言,不是心,不是佛,不是物。如今多有人唤心作佛,认智为道,见闻觉知皆云是佛。若如是者,演若达多,将头觅头,设使认得亦不是汝本来佛。若言即心即佛,如兔马有角;若言非心非佛,如牛羊无角。你心若是佛,不用即他。你心若不是佛,亦不用非他。有无相形,如何是道?所以,若认心,决定不是佛；若认智，决定不是道。大道无影，真理无对。等空不动，非生死流；三世不摄，非去来今，故明暗自去来，虚空不动摇；万像自去来，明镜何曾鉴？阿你今时尽说我修行作佛，且作么生修行？但识取无量劫来不变异性，是真修行。"

有人拈问："三世诸佛，为什么不知有？"师云："争肯你喃喃！"进曰："狸奴白牯为什么却知有？"师云："似他即会。"

师又时谓众曰："会即便会去，不会即王老师罪过。"

师初住庵时，有一僧到，师向僧云："某甲入山去，一饷时为某送茶饭来。"其僧应喏。其僧待师去后，打破家具，杀却火，长伸脚睡。师小时归，见僧睡。师向他身边伴睡，其僧便起发去。师后住得数年，谓众曰："我初住庵时，有个灵利僧，如今却不见。"

师问僧："空劫中还有人修行也无？"对云："有。"师云："是阿谁？"对曰："良钦。"师曰："居何国土？"僧无对。曹山代云："若与么，不是良钦。"报慈代云："若与么，则自出来相访。"长沙代云："居常寂光土。"

师有时云："我行脚时，有一个老宿教某甲道，'返本还源'。噫！祸事也。我十八上解作活计，三乘十二分教因我所有，如今我向三乘十二分教且不是。所以，解修行底人不落因果，不解修行底人落他因果。"

陆亘大夫问："弟子从六合来，彼中还有专甲身也无？"师云："分明记取，已后举似作家。"

千顷寺院主到，师问："汝和尚在日，如许多债负，教什么人还？"院主无对。师代云："教和尚一时还却。"道吾代云："把将来。"石霜代云："他无人天償①什么债负?"

【校注】
①償：原本字异体难识，今校之。

师欲顺世时，向第一座云："百年后第一不得向王老师头上污。"第一座对云："终不敢造次。"师云："或有人问：王老师什么处去也？作么生向他道？"对云："归本处去。"师云："早是向我头上污了也。"却问："和尚百年后向什么处去？"师云："向山下檀越家作一头水牯牛去。"第一座云："某甲随和尚去，还许也无？"师云："你若随我，衔一茎草来。"

僧问逍遥："如何是一头水牯牛？"逍遥运："一身无两役。"进曰："如何是衔一茎草来？"逍遥云："新旧添不得。"僧云："还许学人承当也无？"逍遥云："你若承当，衔铁负鞍。"

又僧问曹山："只如水牯牛，成得个什么边事？"曹山云："只是饮水吃草底汉。"僧云："此莫便是沙门边事也无？"曹山云："此是沙门行李处，不是沙门边事。"僧云："如何是沙门边事？"曹山云："不见有祖佛。"进曰："如何是沙门行李处？"曹山云："常在尘中。"又问："如何是沙门相？"曹山云："尽眼看不见。"僧云："还被搭也无？"曹山云："若被搭，则不是沙门相。""如何是沙门行李处？"曹山云："头上戴角，身上被毛。"僧云："此人得什么人力？"曹山云："终日得他力，只是行不住。"僧云："此人以何为贵？"曹山云："头上不戴角，身上不被毛。"又问："沙门行与行李处是一是二？"曹山云："亦一亦二。""如何是一?"曹山云:"杀佛杀祖。""如何是二?"曹山云:"被毛戴角。"又问:"从凡入圣则不问,从圣入凡时如何?"曹山云:"成得个一头水牯牛。""如何是水牯牛?"曹山云:"朦朦瞳瞳①地。"僧云:"此意如何?"曹山云:"但念水草,余无所知。"僧云:"成得个什么边事?"曹山云:"只是逢水吃水,逢草吃草。"又问:"如何是一头水牯牛?"曹山云:"不证圣果。""如何是衔一茎草来?"曹山云:"毛羽相似。"

【校注】

①朦朦瞳瞳:本意形容月亮欲出欲入、一出一入的样子。此引申为水牯牛以出世的精神从事入世的事业。瞳瞳,原作"膧膧"。

师又时拈起球子问僧:"那个何似这个?"对云:"不似。"师云:"你什么处见那个,便道不似?"对云:"若约某甲见处,和尚亦须放下手中物。"师云:"许你具一只眼。"洞山代云:"若见则似他去。"

师行脚时,问村路:"此路到什么处?"村公对云:"脚下底是什么?"师云:"到岳不?"村公:"如许多时,又觅在。"师云:"有茶不?"对云:"有。"师云:"觅一碗茶得不?"对云:"觅则不得,但来。"

师示众曰:"王老师要卖身,阿谁买?"僧对云:"某甲要买。"师云:"他不作贱,亦不作贵。你作么生买?"僧无对。安国代云:"与么则嘱专甲去也。"

问:"师归丈室,将何指南?"师云:"昨夜三更失却牛,天明失却火。""作么生是失却牛?"师云:"未问已前会取。""作么生是失却火?"师云:"但知就人觅取。"

问:"祖祖相传,合传何法?"师云:"一二三四五。"师问陆亘大夫:"十二时中作么生?"对云:"寸丝不挂。"师云:"堪作什么?"大夫①云:"什么处有过?"师云:"还闻道,有道之君不纳有智之臣?"

【校注】

①原本"夫"前无"大"字,据前文补。

问:"牛头未见四祖,百鸟衔花供养时如何?"师云:"只为步步踏佛阶。""见后为什么不来?"师云:"直饶不来,犹较王老师一线道在。"

师与归宗同行二十年,行脚煎茶次,师问:"从前记持商量语句,已知离此,后有人问,毕竟事作么生?"归宗云:"这一片田地,好个卓庵。"师云:"卓庵则且置,毕竟事作么生?"归宗把茶碟①而去。师云:"某甲未吃茶在。"归宗云:"作这个语话,滴水也消不得。"

【校注】

①原本异体字,今校作"碟"。

有人问:"和尚住此间来,还见作家也无?"师云:"作家则不见，两个石牛斗入海，直至如今不得回。"有人拈问龙华："只如南泉与么道，意作么生？"龙华云："谁敢向这里出头？"

师持锡到韶州，刺史问："十二种头陀，和尚是第几种？"师乃振锡一下。刺史再问，师云："太钝生！"

师敲绳床，谓众云："大众共他语话。"对云："却请和尚共他语话。"师云："我不共他语话。"僧云："为什么不共他语话？"师云："不辞共他语话，恐他不解语。"

师又时曰："若是文殊、普贤，昨夜三更各打二十棒，趁出院了也。"赵州对云："和尚合吃多少棒？"师云："王老师什么罪过？"赵州礼拜，出去。

师谓赵州云："江西马大师道即心即佛，老僧这里则不与么道。不是心，不是佛，不是物，与么道还有过也无？"赵州礼拜，出去。

赵州在楼上打水，师从下过。赵州以手攀栏悬脚，云："乞师相救。"师踏道上，云："一二三四五。"赵州云："谢师指示。"

南泉山下有僧住庵，有人向他道："此间有南泉近日出世，何不往彼中礼拜去？"庵僧云："任你千圣现，我终不疑得。"有人举似师，师令赵州看他。赵州到庵，便礼拜，起来，从东边过，西边立；从西边过，东边立。此僧总不动。赵州又拨破帘，其僧亦不动。赵州归举似师，师云："我从来疑他。"

师问黄蘗："笠子太小生？"黄蘗云："虽然小，三千大千世界总在里许。"师云："王老师你①？"黄蘗无对。后有人举似长庆，长庆代云："欺敌者亡。"保福代云："洎不到和尚此间。"

【校注】

①原本"你"字,疑问语气词,为今"呢"。

有人问曰:"三身中阿那个最尊?"师云:"三只投子掷下,失却一个。"有僧问:"古人道:'摩尼珠人不识,如来藏里亲收得。'如何是如来藏?"师云:"王老师共你与么来去是藏。"进曰:"不来不去时如何?"师云:"亦是藏。""如何是珠?"师唤僧,僧应喏。师云:"去,你不会。"

有人到归宗,归宗问:"从什么处来?"对云:"从南泉来。"归宗云:"有什么佛法因缘?"对云:"和尚上堂告众曰:'夫沙门者,须行畜生行。若不行畜生[行],无有是处。"归宗沉吟底。僧便问:"只如南泉意如何?"归宗云:"虽然畜生行,不受畜生报。"其僧却归举似师,师云:"实与么道么?"僧云:"实也。"师云:"孟八郎又与么去。"

赵州问:"知有底人向什么处休歇去?"师云:"向山下作一头水牯牛去。"赵州云:"谢和尚指示。"

问:"如何是菩萨意旨?"师云:"黑如漆。"僧云:"眼在何处?"师云:"明如日。"僧辞时问:"学人到山下,有人问著和尚近日如何,作么生只对?"师云:"但向他道,解相扑。"僧云:"作么生相扑?"师答云:"一拍双泯。"

问:"父母未生时,鼻孔在什么处?"师云①:"如今已生也,鼻孔在什么处?"沩山别云:"则今阿那个是鼻孔?"

【校注】

①原本"云"字前无"师"字,参《五灯会元》卷三校补。

有僧在师身边叉手立,师云:"太俗生!"僧又合掌,师云:"太僧生!"僧无对。

问:"十二时中以何为境?"师云:"何不问王老师?"僧云:"问了也。"师云:"还曾与你为境么?"

师见院主,遂唤,院主便近前,叉手而立。师云:"佛九十日在忉利天为母说法。优填王思佛故,教目连神通三转,摄匠人往彼,雕得三十一相,唯有梵音相雕不得。"院主便问:"如何是梵音相?"师云:"赚杀人。"

僧见雀儿啄①生,问师:"为什么得与么忙?"师便脱鞋打地一下,僧云:"和尚打地作什么?"师云:"趁雀儿。"

【校注】

①啄:原本异体字,今校为"啄"。啄生,"生"字无意,方言语助词。如上文云"太俗生"、"太僧生",又如原本经常说及的"作么生"等。

师问院主:"忽有人问王老师什么处去,你作么生道?"院主无对。曹山代云:"但道作么。"疏山代云:"待有去处则向和尚道。"

问："如何是涅槃？"师云："清犹清，急犹急，浮沙何处停？"僧拈问："如何是清犹清？"师云："混他一点不得。""如何是急犹急？"师云："转目看不见。""如何是浮沙何处停？"师云："金屑虽贵，眼里著不得。"

师问黄檗："定慧等学，明见佛性。此理如何？"黄檗云："不依一物。"师云："莫便是长老家风也无？"檗云："不敢。"师云："浆水钱则且置，草鞋钱教阿谁还？"师又问："长老什么年中受戒？"檗云："威音王佛同时受戒。"师云："威音王佛是我儿孙。"黄檗却问："和尚什么年中受戒？"师云："这后生莫礼。"黄檗无对。师又问："白银为地，黄金为壁，此是什么人居止处？"檗云："圣人居止处。"师曰："更有一人居什么处？"檗云："我则道不得。"师云："王老师却道得。"檗云："便请道。"师云："王老师罪过。"

师共归宗行次，归宗先行，师落后。忽见大虫草里出，师怕不敢行，便唤归宗。归宗转来，一喝，大虫便入草。师问："师兄见大虫似什么？"归宗云："相似苗儿①。"师云："与王老师犹较一线道。"归宗却问："师弟②见大虫似个什么？"师云："相似大虫。"

【校注】

①苗儿：疑为"猫儿"，参《景德传灯录》则作"狗子"。
②弟：原本作"第"。

道吾到南泉，师问曰："阇梨名什么？"道吾对云："圆智。"

师云:"智不到处,作么生道?"道吾对云:"切忌说著。"师问曰:"灼然说著,则头角生也。"却后三五日间,道吾与云岩相共在僧堂前把针。师行游次,见道吾,依前问:"智阇梨前日道:'智不到处切忌说著,说著则头角生也。'如今合作么生行李?"道吾便抽身起却,入僧堂内,待师过后却出来。云岩问道吾:"和尚适来问,何不只对?"道吾云:"师兄得与么灵利!"云岩却上和尚处问:"适来和尚问智师弟,这个因缘合作么生只对?"师云:"他却是异类中行。"云岩云:"作么生是异类中行?"师云:"岂不见道,'智不到处切忌说著,说著则头角生';'唤作如如早是变,直须向异类中行'。"云岩亦不先陀①。道吾念言:"他与药山有因缘矣。"便却共他去药山。

药山问:"阇梨到何处来?"岩云:"此回去到南泉来。"药山云:"南泉近日有什么方便示诲学徒?"云岩举似前话,药山云:"汝还会他这个时节也无?"云岩云:"某甲虽在他彼中,只为是不会他这个时节,便特归来。"药山大笑。云岩便问:"作么生是异类中行?"药山云:"我今日困,汝且去,别时来。"岩云:"某甲特为此事归来,乞和尚慈悲。"药山云:"阇梨且去,老僧今日身体痛,别时却来。"云岩礼拜了,便出去。

道吾在方丈外立听,闻他不领览,不觉知,咬舌得血。却后去问:"师兄去和尚处问因缘,和尚道个什么?"岩云:"和尚并不为某甲说。"道吾当时低头不作声。在后各在别处住。至临迁化时,见洞山密师伯来,道吾向师伯说:"云岩不知有这一则事,我当初在药山时,悔不向他说。虽然如此,不违于药山之子。"道吾却为师伯细说此事。

【校注】

①先陀：又作"仙陀"，似有开悟之意。按云岩与道吾寻师学道的故事，见于原本多章。在前药山章，说他们二人在家为亲兄弟，出家为师兄弟。云岩先在百丈为侍者，但迟迟不得开悟，后道吾（在药山）去信曰："石头是真金铺，江西是杂货铺。在彼中堕根作什么？"经吾竭力引荐，岩终来参药山，药山又说他"二十年在百丈，俗气也未除"；此间又说云岩在南泉也不得"先陀"，道吾帮助他来参药山，他终"不违于药山之子"。原本为何对云岩嗣承药山之事一再辨明？恐怕与原本"抬石头、抑江西"的倾向有关，况乎云岩下开出"曹洞宗"，蔚为大宗，百丈、南泉都属江西禅系，云岩既与之关系密切，就牵涉到一宗改系问题，不可不特加说明。

师问僧："什么处去？"对云："山下去。"师云："第一不得谩王老僧。"对云："终不敢谩和尚。"师遂将瓶喷水云："是多少？"僧无对。师代云："非师本有。"又云："非和尚境界。"保福代云："和尚图他一斗米，失却半年粮。"

师问黄檗："去什么处？"对云："择菜去。"师云："将什么择？"黄檗竖起刀子，师云："只解作客，不解作主。"自代云："更觅则不得有。"僧拈问长庆："与古人作主，如何道？"长庆便咄之。僧拈问顺德："南泉见黄檗去什么处，意旨如何？"顺德云："也是黄檗招致得。"僧云："只如黄檗后与么只对，南泉还得也无？"德云："且自付则得。"僧云："只如对南泉作么生道?"德云:"汝作南泉来。"僧云:"将什么择?"德放下刀。

师有一日,法堂上坐,忽然喝一声,侍者惊讶,上和尚处看,并无人。大师曰:"汝去涅槃堂里看,有一僧死也无?"侍者到于半路,逢见涅槃堂主,著纳衣走上来。侍者云:"和尚教专甲看涅槃堂里有一人死也无?"堂主对曰:"适来有一僧迁化,特来报和尚。"两人共去向和尚说。停腾之间,更有一人来报和尚云:"适来迁化僧却来也。"和尚问其僧:"病僧道什么?"其僧云:"要见和尚。"师便下涅槃堂里,问病僧:"适来什么处去来?"病僧云:"冥中去来。"师曰:"作么生?"僧云:"行得百里地,脚手疼①痛行不得,又渴水。忽然有玉女唤入大楼台阁上,某甲行乏辛苦,欲得上阁楼。始上次,傍有一个老和尚喝某甲,不许上。才闻喝声,则便惊讶,抽身仰倒。今日再得见和尚也。"师喝啧云:"可谓好楼阁,若不遇老僧,洎入火客屋里造猪。"从此后,其僧修福作利益,日夜不停,直到手指三分只有一分底,年到七十后坐化而去也。呼为南泉道者也。

有一日,其道者提篮②子摘梨。成篮次,师问:"篮里底是什么?"道者便覆却篮子。僧拈问龙华:"只如道者覆却篮子,意旨如何?"龙华云:"阇梨举不圆。"

【校注】

①疼:原本异体字,今校之。
②篮:原本作"蓝"子。

有讲经论大德来参师,师问:"教中以何为体?"对云:"如如为体。"师云:"以何为极则?"对云:"法身为极则。"师云:"实也无?"对云:"实也。"师云:"唤作如如,早是变也。作么生是体?"大德无对。因此索上堂云:"今时学士类尚辨不得,岂辨得类中异?类中异尚辨不得,作么生辨得异中异?唤作如如,早是变也,直须向异类中行。"①赵州和尚举者个因缘云:"这个是先师勘茱萸师兄因缘也。"有人便问:"如何是异中异?"赵州云:"直得不被毛,不戴角,又勿交涉。"

【校注】
①此间四个"辨"字,第一、四个辨字原本作"辩",第二、三个辨字原本作"弁",今一并校作"辨"字。

师大和八年甲寅岁十二月二十五日迁化,春秋八十七,僧夏五十九矣。刘轲撰碑铭矣。净修禅师赞曰:
　　出世南泉,为大因缘。
　　猫牛委有,佛祖宁传?
　　高提线道,异却言诠。
　　赵州入室,其谁踵焉?①

【校注】
①净修赞南泉之最末一句,似校作"其谁踵焉?赵州入室"为宜。

沩山和尚

沩山和尚嗣百丈,在潭州。师讳灵祐,福州长溪县人也,姓赵。

师小乘略览,大乘精阅。年二十三,乃一日叹曰:"诸佛至论,虽则妙理渊①深,毕竟终未是吾栖神之地。"于是杖锡天台,礼智者遗迹。有数僧相随,至唐兴路上遇一逸士,向前执师手,大笑而言:"余生有缘,老而益光。逢潭则止,遇沩则住。"逸士者,便是寒山子也。至国清寺,拾得唯喜重于一人。主者呵责偏党,拾得曰:"此是一千五百人善知识,不同常矣。"自尔寻游江西,礼百丈。一凑玄席,更不他游。

【校注】
①渊:原本异体字,今校为通行字。

师有时谓众曰:"是你诸人,只得大识,不得大用。"有一上座在山下住,仰山自下来,问:"和尚与么道,意作么生?"上座云:"更举看。"仰山举未了,被上座踏倒。却归来举似师,师礧礧而笑。

师与仰山语话次,师云:"只闻汝声,不见子身。出来,要见。"①仰山便把茶树摇对,师云:"只得其用,不得其体。"仰山却问:"某甲则任么,和尚如何?"师良久,仰山云:"和尚只得其体,未得其用。"师云:"子与么道,放你二十棒②。"

【校注】

①原本"出来要见",《景德传灯录》卷八本章作"请现本形相见"。

②原本"捧"字,今校为"棒"。

师问道吾:"见火不?"吾云:"见。"师云:"见从何起?"道吾云:"除却行住坐卧,更请一问。"

有僧礼拜师,师作起势。僧云:"请和尚不起。"师云:"未曾坐,不要礼。"僧云:"某甲未曾礼。"师云:"何故无礼?"

师临迁化时,示众曰:"老僧死后去山下作一头水牯牛,胁上书两行字,云:'沩山僧某(专)甲①'。与么时,唤作水牯牛,唤作沩山僧某(专)甲?若唤作沩山僧,又是一头水牯牛;若唤作水牯牛,又是沩山僧某(专)甲。汝诸人作么生?"后有人举似云居,云居云:"师无异号。"曹山代云:"唤作水牯牛。"

【校注】

①某甲、专甲:皆称人之隐名代词。原本"某专甲"并用,实可删其一。然在唐五代文献中又确出现某专甲连用的现象,如《敦煌资料》第一辑《丙午年宋虫雇驼契》:"遂于同乡百姓厶(某)专甲面上,故(雇)八岁驼一头,断作驼价生绢一匹。"

师有时与仰山净瓶,仰山才接,师乃缩手,云:"是什么?"

仰山云："和尚见什么？"师云："你若任么，因何更就我觅？"仰山云："虽然如此，人①义途中，与和尚提瓶挈水，亦是本分。"师过净瓶与仰山。

又问："如何是西来意？"师云："太好灯笼②。"山云："莫只这个便是也无？"师云："这个是什么？"仰山云："太好灯笼。"师云："果然不见。"

师与仰山行次，师指枯树子云："前头是什么？"仰山云："只是个枯树子。"师指背后插③田公云："这个公向后亦有五百众。"

【校注】

①原本"人"字，疑为"仁"。《五灯会元》卷九作"仁"。

②原本"太好灯笼"，《景德传灯录》则作"大好灯笼"。"太"与"大"相通。

③原本异体字，今校为"插"。

隐峰到沩山，于上座头放下衣钵。师闻师叔来，先具威仪来相看。隐峰见师来，便倒伴睡。师归法堂，隐峰便发去。师问侍者："师叔在么？"对云："去也。"师云："师叔去时道什么？"对云："无语。"师云："莫道无语，其声如雷。"

德山行脚时，到沩山，具三衣上法堂前，东觑西觑了，便发去。侍者报和尚云："适来新到，不参和尚便发去。"师云："我早个相见了也。"

师令侍者唤第一座,第一座来,师云:"我唤第一座,干阇梨什么事?"曹山代云:"和尚若教侍者唤,但恐不来。"

师唤云岩:"承你久在药山是不?"对云:"是。"师云:"药山大人相如何?"对云:"涅槃后有。"师云:"如何是涅槃后有?"对云:"水洒不著。"云岩却问:"百丈大人相如何?"师云:"巍巍堂堂,炜炜煌煌;声前非声,色后非色;蚊子上铁牛,无你下嘴处。"

沩山提物问仰山:"正与么时,作么生?"仰山云:"和尚还见么?"沩山不肯,却教仰山问:"正与么时作么生?"师云:"正与么时,亦无作么生。"师却云:"与么道亦不得。"从此而休。隔数年后,仰山有语举似师云:"切忌勃①素著。"师闻云:"停囚长智。"

【校注】

①"勃"字,原本异体字。"勃素",《五灯会元》卷九本章则作"勃诉"。

仰山在沩山时,看牛次,第一座云:"百亿毛头百亿师子现。"仰山遇①第一座,便举前话问:"适来道百亿毛头百亿师子现,岂不是上座?"云:"是。"仰山云:"毛前现?毛后现?"上座云:"现时不说前后。"仰山便出去。师云:"师子腰折也。"

【校注】

①原本"与"字,今校为"遇"。

洞山问："和尚在此间住,有什么学禅契会底人?"师云："某甲初住此山,有一人是石头之孙、药山之子①。"

【校注】
①此人盖指云岩。

仰山从田中归,师云："田中有多少人?"仰山遂插下锹子,叉手而立。师云："今日南山大有人刈茅①。"有人问顺德："只如沩山道,南山大有人刈茅,意作么生?"顺德云："狗衔赦书,诸臣避路。"

【校注】
①茅:原本作"苐",今参《五灯会元》卷九仰山章校为"茅"。

师问云岩："寻常道什么?"对云："某甲父母所生口,道不得。"

僧问："某甲欲奉师,去时如何?"师云："向他道,直须绝渗漏去始得似他。"僧云："还得不违于尊旨也无?"师云："向他道,第一不得道老僧在这里。"

云岩到沩山,沩山泥壁次,问："有句无句,如藤倚树。树倒藤枯时作么生?"云岩无对。举似道吾,道吾便去到沩山。师便置前问,问未①了,道吾便夺云："树倒藤枯时作么生?"师不对，便入方丈②。

【校注】
①未：原本作"末"字，今据文理校为"未"。
②方丈：原本作"房丈"。

师向仰山云："寂阇梨，直须学禅始得。"仰山便吟①："作么生学？"师云："单刀直入。"僧拈问石门："只如沩山与么道，意作么生？"石门便顾示。

【校注】
①"吟"，原本异体字，今校为"吟"。

有京中大师到沩山，参和尚后，对坐吃茶次，置问："当院有多少人？"师云："有千六百人。"大师云："千六百人中，几人得似和尚？"师云："大师与么问作什么？"大师云："要知和尚。"师云："于中也有潜龙，亦有现人。"大师便问众僧："三界为鼓，须弥为槌。什么人击此鼓？"仰山云："谁击你破鼓！"大师搜觅破处不得，因此被纳学禅。有人拈问报慈："什么处是破处？"报慈云："什么年中向你与么道？"僧云："毕竟作么生？"报慈便打一下。

师与仰山游山，一处坐，老鸦①衔红柿子来放师面前。师以手拈来，分破一片与仰山。仰山不受，云："此是和尚感得底物。"师云："虽然如此，理通同规。"仰山危手接得了，便礼谢吃。

【校注】
①鸦：原本作"鹞"。

师匡化四十二年，现扬宗教。自大中七年癸酉岁示化，春秋八十三，僧夏六十四。敕谥大圆禅师，清净之塔。

黄檗和尚

黄檗和尚嗣百丈，在高安县。师讳希运，福州闽县人也。自少于黄檗寺①出家。身长七尺，额有肉珠。闳阆②天生，不拘小节。

【校注】
①原本"黄檗寺"，《五灯会元》卷四作"本州黄檗山"。
②原本"闳阆"有缺笔。闳阆本指门高，此形容师人高马大，音辞朗润。

初与二三时流游天台山，在途偶接一僧，与师同道言笑，便同曩故①。道到溪涧，遇时水泛涨，遂阻步而暂息。其僧频催师而共渡，师不疑之，云："要渡但自渡。"其僧敛衣，蹑波而渡。至彼岸已，回顾招手令师渡焉。师乃呵云："这贼汉！悔不预知，若知则便打折脚。"其僧叹曰："大乘器者哉！吾辈不及也。"言已,忽然而隐。

后游上都,因行分卫,而造一门,云:"家常。"屏后有老女云:"和尚太无厌生!"师闻其言异,探而拔之云:"饭犹未得,何责无厌?"女云:"只这个,岂不是无厌?"师闻,驻而微笑。阿婆睹师容仪堂堂,特异常僧,遂命入内供以斋。食②毕,询问参学行止,师不能隐,竭露见知。阿婆提以再举微关,师则玄门顿而荡豁。师重致言谢,拟欲师承,阿婆曰:"吾是五障之身,故非法器。吾闻江西有百丈大师,禅林郢匠,特秀群峰。师可诣彼参承,所贵他日为人天师,法不轻来耳。"后人传说此婆少年曾参见忠国师也。

【校注】

①原本"囊故","囊"字误,今校作"曩",参《五灯会元》卷四本章作"旧相识"。

②原本"喰",今校为"食"。一作"餐"。

师遂依言而造百丈,礼而问:"从上相承之事,和尚如何指示于人?"百丈良久,师曰:"不可教后人断绝去也。"百丈云:"我本将谓汝是一个人。"遂起入丈室。欲掩其户,师云:"某甲来,只要这个印信,足矣。"丈回言:"若然者,他后不得辜负于吾。"师遂驻泊,延于时岁。

后居黄檗山,玄徒竞凑,法鼓震于寰中;缁素奔风,智炬扬于海内。高安县令见已,方乃稽首泯伏,而有诗赞曰:

曾传达士心中印①,额有圆珠七尺身。

挂锡十年栖蜀水，浮盂②今日渡漳滨。
一千龙象随高步，万劫香花结胜因。
愿欲事师为弟子，不知将法付何人？

【校注】

①据《五灯会元》卷四，该诗乃相国裴休所作，第一句为："自从大士传心印。"

②盂：原本作"盃"。馃同"杯"，今校为"盂"较宜。因钵盂与锡杖均乃行脚僧人随带物品，故此原本以"浮盂"对应"挂锡"。

僧问："如何是西来意？"师打之。师谓众曰："是你诸人，患颠那作么？"把棒一时趁出，云："尽是一队吃酒糟汉，与么行脚笑杀人去。兄弟，莫只见八百一千人处去那里，不可只图热闹。这个老汉行脚时，或遇著草根下有个汉①，老汉便从顶颔②上啄一下锥看，他若识痛痒，便将布袋盛米供养他。古人个中③总似你与么容易，何处更有今日事也？兄弟，行脚人亦须著些子精神好。汝还知大唐国内无禅师？"

【校注】

①汉：原本无，今据《景德传灯录》卷八本章校补。

②顶颔：《五灯会元》卷四则作"顶门"。

③原本"古人个中"，参《景德传灯录》卷八无"古人"二字，"个中"则作"可中"。个中即"此中"。如寒山诗：

"若得个中意,纵横处处通。"而可中即"如果",如李涉《早春霁后发头陀寺寄院中》诗:"草檄可中能有暇,迎春一醉也无妨。"

有人问:"诸方尊宿尽皆匡化,和尚为什么道无禅师?"师云:"不道无禅,只道无师。"又云:"阇梨可不见,马大师下有八十八人坐道场,得马大师真正法眼者只有一二,庐山①是一人。夫出家者,须知有从上来事。不见四祖下有牛头融大师,横说竖说,未知有向上一关捩子。若有此眼脑,不妨辨得邪正宗党②。当人事不能会得,但知念言语学,向皮袋里③,到处便道,我会禅会道。还替得你轮回么?轻忽老宿,入地狱如箭射。我亦见汝行脚人,入门便识得汝了也。还知么?诸人亦须在意,急急努力。莫只拟取次容易事,持一片衣,口食过一生,明眼人笑你,久后总被俗汉弄将去在。切须自看近远,且是阿谁面上事?若会则便会,若不会则散去。珍重!"

【校注】

①原本"庐山",参《五灯会元》卷四则作"庐山归宗和尚"。

②党:原文作"傥"。今参《五灯会元》卷四校作"党"。

③原本此句,《五灯会元》卷四本章作"向皮袋里安著"。

保福举师语云:"不道无禅,只道无师。"福拈问殿主:"作么生是与禅为师底人?"殿主指和尚手中杖云:"某甲惜这个柱杖。"保福不肯。殿主却问:"作么生是与禅为师底人?"福云:"我不惜这个柱杖。"

莲花在漳州报恩时,僧问:"只如保福道,不惜柱杖,意作么生?"报恩云:"他大意则是,只是无凭执。"僧云:"只如有凭执,意作么生?"报恩云:"惜柱杖则不肯。"僧却问:"作么生是与禅为师底人?"报恩乃放下柱杖,归方丈。

僧问鼓山:"只如莲花放下柱杖,意作么生?"师云:"什么所在?"僧云:"只如事在放下柱杖处?事在归方丈处?"鼓山趁出云:"莫向这里出头。"

保福闻举云:"更有一般底,锥又锥不动,召又召不应,此人作么生委得虚之与实?"翠岩云:"兄则乞米,某甲则拾柴。"保福云:"与么则拆①布袋,造浴裩著。"

【校注】

①拆:原本异体字。

师行脚时,到盐官。盐官有一日,云:"色即是空,空义不成;空即是色,色义不成。"师出来问:"承和尚有言:'色即是空,空义不成;空即是色,色义不成。'岂不是和尚与么道?"盐官云:"是也。"师敲禅床云:"这个是色,阿那个是空?"盐官不对。

师令八百来人到洪州,见州主。州主手执越杖,便问师:"这个是什么字?"师云:"欠一点。"便掴。州主便礼拜为师。

裴相公有一日微微底不安,非久之间便死。师恰在宅里,不抛相公,头边底坐看相公。相公无限时却醒①,醒后说冥中事:"某一人冥界,有脚不曾行,有眼不曾见。行得个四五十里困了,忽然见一池水,某甲拟欲入池,有一个老和尚不与某甲入池里,便喝。因此,再见和尚。"师云:"若不遇老僧,相公洎合造龙。"

【校注】
①醒:原作"惺",今校之,下同。

师又时握拳云:"诸方老宿性命总在这里,放也得,不放也得。"僧拈问招庆:"诸方老宿性命总在这里,要放也得,不要放也得。如何是要放底事?"庆云:"恕你此问,如何是不要放底事?"招庆云:"好与二十打①。"

【校注】
①原本"打"前疑脱"棒"字。

自余未睹行录。敕谥断际禅师,广业之塔。

西林操和尚①

西林操和尚嗣百丈。

师与大沩行次,忽然见驴吃草,师取驴吃底草,向大沩云:"吽,吽。"大沩两手托地,便造驴声。师喝云:"这畜生!"大沩云:"适来见什么?"师便掴。

有人拈问龙华:"作么生道则免得操禅师掴?"华云:"洎一向。"

自余不究化缘终始矣。

【校注】

①西林操和尚:依《传法正宗记》卷七,本师住庐山西林寺。《景德传灯录》不载。

古灵和尚

古灵和尚嗣百丈,在福州。

师自少于福州大中寺出家。及至为僧,游参百丈。盘泊数年,密契玄旨。

后归省侍本师,思欲发悟以报其恩,别俟方便。偶因一日为师澡浴,去垢之次,抚师背曰:"好个佛殿,而佛不圣!"其师乍闻异语,回头看之,弟子曰:"佛虽不圣,且能放光。"师深疑而不能问。

后得一日,新糊窗,其日照窗倍①明。师于窗下看经次,蝇子竞头打其窗,求觅出路。弟子侍立云:"多少世界,如许多广阔而不肯出;头撞故纸里,驴年解得出么?"师闻此语,放下经卷,问:"汝行脚来,见何人?得何事?意前后见汝发言盖不同常,汝仔细向吾说看。"弟子见问,恰称本意,为说百丈大师指授禅门心要:"灵光洞耀,迥脱根尘;体露真常,不拘文字;心性无染,本自圆明;离却妄缘,则如如佛。"师于言下万机顿息,叹曰:

"不可思议。吾本闻佛将谓独一,今始返照心源,有情皆尔。"

因为同流曰:"我弟子行脚得上人法,我欲返答其恩,汝当佐助。"众为备筵,敷法座毕,请弟子升座,略演百丈宗致。众闻所未闻,悉皆忻庆。师谓弟子曰:"吾为汝剃发之师,汝今为吾出世之师。吾今返礼汝,以答其恩耳。"弟子下座曰:"此乖世礼,事不可也。师若然者,当应面西遥礼百丈为师,即是同道不异也。"师则从之,遥礼百丈为师。

【校注】
①原本"陪",今校为"倍"。

弟子后住古灵山,因为古灵和尚焉。聚徒十数年间。临迁化时,剃发,沐浴,焚香,声钟集众,告云:"汝等诸人还识得无声三昧不?"众曰:"不识,请师指示。"师曰:"汝等静思静虑,谛听谛听。"师乃端坐而告寂。

石霜性空和尚

石霜性空和尚嗣百丈,在吉州。

僧问:"如何是西来意?"师曰:"如人在百丈井中,不假寸绳,出得此人,我则为答西来意。"僧云:"与么则湖南近日亦有畅和尚,为师僧东话西话。"师唤沙弥:"拽出这个死尸著。"

自外未究终始矣。

卷第十七

大慈和尚

大慈和尚嗣百丈，在抚州①。师讳寰中。

【校注】
①本师住地，《景德传灯录》卷九作"杭州大慈山"。其曰，"寰中禅师，蒲坂人也，姓卢氏。参百丈受心印，后住浙江北大慈山"，《五灯会元》卷四从之。

有僧辞，师问："什么处去？"对云："江西去。"师云："将取老僧去，得么？"对云："非但和尚，更有过于和尚者，不能得将去。"后有人举似洞山，洞山云："但道得。"

师上堂云："说取一丈，不如行取一尺；说取一尺，不如行取一寸。说取那行处，行取那说处。"

有人举似洞山，洞山便欢喜云："大慈和尚为物情切。"僧便问："彼中则如此，此间还有也无？"洞山云："有。"僧云："若与么，则便请。"洞山云："行取那说不得处，说取那行不得处。"洞山又云："离此二途作么生？"对云："石人唱歌，幻人抚掌。"

有人举似云居，云居云："行时无说路，说时无行路。不说不行,合行什么路?"

有人举似乐浦①,乐浦云:"行说俱到本事②无,行说俱不到本事在。"又云:"大慈和尚则古佛,洞山和尚则细㥽。"师又闻举,云:"作家。"

【校注】

①原本"乐浦",一作"洛浦"或"落浦"。

②原本"本事",《五灯会元》卷四作"本分事。"

师行脚时,三人同行,逢见女人收稻次,问:"退山路,何处去?"女人云:"蓦底去。"师云:"前头水深,过得么?"女人云:"不湿脚。"师云:"上岸稻得与么好,下岸稻得与么勿次第?"女云:"下岸稻总被螃蟹①吃却。"师云:"太香生!"女云:"无气息。"师云:"住在什么处?"女云:"只在这里。"三人到屋里,其女见来,点一瓶茶,排批了,云:"请上座用神通吃。"三人不敢倾茶,女云:"看老婆呈神通去也。"拈起盏子,便泻行茶②。

【校注】

①蟹:原作"蠏"。

②茶:原作"荼"。

自外未睹行录,不决化缘终始。敕谥性空禅师,定慧之塔。

福州西院和尚①

福州西院和尚嗣百丈,师讳大安。福州福唐县人也。未睹行状,不知姓族。

【校注】

①本师因曾住福州长乐府之西院,故称福州西院和尚。《景德传灯录》卷九称本师"姓陈氏,幼于黄檗山受业,听习律乘"。

自少于黄檗寺出家。乃至为僧,本拟听习,因在洪州招提,偶闻行脚僧举百丈一二句玄机,似少省觉。从尔便造百丈。

既睹盛筵,深称志慕。礼问百丈曰:"学人欲求识佛,如何是佛?"百丈云:"太似骑牛觅牛!"师云:"识得后如何?"百丈云:"如人骑牛至家。"师云:"未审始终如何保任,则得相应去?"百丈云:"譬如牧牛之人,执鞭视之,不令犯人苗稼。"师从兹领旨,顿息万缘。性好辛勤,少亲言论,更不寻经讨论。放旷任情,夜则山野头陀,昼则倍加执役。

后随祐禅师同创沩山,则十数年间,僧众犹少。师乃头头耕耨,处处劳形,日夜忘疲,未尝辄暇。沩山见而语曰:"安,汝少劳役。"师云:"待和尚满①五百众,安则休也。"不久之间,僧众果至五百。师乃劳心顿罢②,或坐房廊,凝如株杌;或入灵洞,月十不归,如痴似狂。三十余祀夜,在第二、第三座间,有同流私睹其身,焰尔通光。众人佥曰:"定光佛矣!"

【校注】

①满:原本异体字,今据文理校为"满"。
②罢:原本作"摆"。

问:"黄巢军来,和尚向什么处回避?"师云:"五蕴山中。"僧云:"忽被捉著时作么生?"师云:"恼乱将军,恼乱将军。"

问:"此阴已谢,彼阴未生时,其中事如何?"师曰:"此阴未谢时,阿那个是?"大德对云:"不会。"师云:"此阴未谢尚不会,问与么事作什么?"

有俗官问:"佛在什么处?"师云:"不离心地。"又问:"双峰上人,有何所得?"师云:"法无所得,设有所得,得于本得。"

问:"大用现前,不存轨则时如何?"师云:"用得便用。"其僧裸形绕师三匝,师云:"何不向上道取①?"僧才拟开口,师打之,云:"这野狐精!"罗汉和尚拈问僧:"当此之时作么生免得被他喝出?"僧对云:"便抽身出去。"罗汉云:"落脊棒又作么生?"僧却回头:"今日赖遇某甲。"罗汉云:"识得阇梨骨也。"

【校注】

①原本此句作"向上何不道取",今校为"何不向上道取"似较顺。

问:"一切施为,尽是法身用。如何是法身?"师云:"一切施为尽是法身用。"问:"离却五蕴,如何是本来身?"师云:"地水火风,受想行识,这个是五蕴。"

有僧到大沩,师指面前狗①子云:"明明个,明明个。"僧便问师:"既是明明个,为什么刺头在里许?"师云:"有什么罪过?"有人举似雪峰,雪峰云:"沩山是古佛也。"

【校注】

①狗:原本字模糊。

师又时上堂云:"汝诸人来,就安觅什么?若欲得作佛,汝自是佛。担却一个佛,傍家走飏飏,渴鹿趁阳焰相似,何时得相应去?阿你欲得作佛,汝但无如许多颠倒攀缘、妄想恶觉、垢欲不净、众生之心,则汝便是初心正觉佛。更去何处别讨?所以安在沩山,三十年来吃沩山饭,屙沩山屎,不学沩山禅。只是长看一头水牯牛,落路入草便牵出,侵犯人苗稼则鞭打。调来伏去,可怜生,受人言语。如今一时变作个露地白牛,常在面前,终日露迥迥地,趁亦不肯去。汝道什么语话?汝诸人各自身中有无价大宝,从眼门放光,照山河大地;耳门放光,领览一切善恶音响;六门昼夜常放光明,亦名放光三昧。汝自有,何不识取?影在四大身中,内外扶持,不教倾侧。两脚若子大,担得二硕从独木桥上过,亦不教伊倒地,且是什么物?汝若觅毫发,则不可见。故志公云:内外追寻觅总无,境上施为浑大有。"

有人拈问石门:"古人有言:'安在沩山三十年来,吃沩山饭,屙沩山屎,不学沩山禅;只是长看一头水牯牛,落路入草便牵出,侵犯人苗稼则鞭打。调来伏去,可怜生,受人言语。如今一时变作露地白牛,常在面前,终日露迥迥地,趁亦不肯去。'只如今,古人与么道意作么生?"石门云:"昔日话虎尚乃惊,如今见虎也不怕。"僧云:"古人分上则与么,学人分上如何?"石门云:"取我与食,驴年得味么?"

师垂化闽城二十载,至中和三年癸卯岁十月二十一日顺化。敕谥圆智大师,正真之塔。

处微和尚

处微和尚嗣西堂。

师问仰山:"汝名什么?"对曰:"慧寂。"师曰:"阿那个是慧①?阿那个是寂?"对云:"只在目前。"师曰:"你犹有前后在。"对曰:"前后则且置,和尚还曾见未?"师曰:"吃茶去。"

【校注】

①慧:原作"惠",二字相通。

问:"三乘十二分教,体理得妙,是祖师意?为复不是祖师意?"师云:"三乘十二分教,体理得妙,何处更有祖师意?虽然与么,须向六句外鉴。若也鉴不得,随声色转也。"僧云:"作么生是六句?"师曰:"语底默底,不默底不语底,总是总不是。"

东国元寂禅师

雪岳陈田寺元寂禅师,嗣西堂,在溟州。师讳道义,俗姓王氏,北汉郡人。

未妊之前,其父见白虹入室。又母梦中见僧同床而寝,觉闻香气芬馥。父母愕然,共相谓曰:"据斯嘉瑞,必得圣子。"经于半月,知有身。因在胎三十九月,方始产生分娩①之。且忽有异僧杖锡到门曰:"今日所产儿,胎可置临河之岠②。"言毕,忽然不见。遂从僧言,将胎埋之。大鹿来守,终年不去。经历人见,不起害心。因瑞出家,法号明寂。

【校注】

①娩:原本作"免"。

②岠:山之胁道。见《说文》段注:"胁者,两膀也。山如人体,其两膀曰胁。"

以建中五年岁次甲子,随使韩粲,号金让恭,过海入唐。直往台山,而感文殊。空闻圣钟之响,山见神鸟之翔。遂届广府宝坛寺,始受具戒。后到曹溪,欲礼祖师之堂,门扇忽然自开,瞻礼三遍而出,门闭如故。次诣江西洪州开元寺,就于西堂智藏大师处,顶谒为师,决疑释滞。大师犹若摭石间之美玉,拾蚌中之真珠,谓曰:"诚可以传法,非斯人而谁?"改名道义。

于是头陀,而诣百丈山怀海和尚处,一似西堂和尚曰:"江西禅脉,总属东国之僧欤?"

余如碑文。

东国桐里和尚

东国桐里和尚嗣西堂。师讳慧彻。谥号寂忍禅师,照轮清净之塔。

东国实相和尚

东国实相和尚嗣西堂。师讳洪直。
谥号证觉大师,凝寂之塔。

东国慧目山和尚

东国慧目山和尚嗣章敬。师讳玄昱,俗姓金氏,东溟冠族[①]。父讳廉均,官至兵部侍郎。妣朴氏,胎孕之际,梦得殊常。以贞元三年五月五日诞生。

才有童心,便知佛事。每汲水以供鱼,常聚沙而为塔。年至壮齿,志愿出家。既持浮海之囊,遂落掩泥之发。元和三年,遂受具戒。长庆四年,入于大唐。至太原府,历居二寺。颇志已成,随本国王子金义宗奉诏东归。

【校注】

①冠：原本异体字。"冠族"即谓世代为官、冠盖之族。如《晋书·张方传》："参军毕垣，河间冠族。"

以开成二年九月十二日达于本国，武州会津、南岳实相安之。敏哀①大王、神武大王、文圣大王、宪安大王，并执师资之敬，不征臣伏之义。每入王宫，必令敷座诵法。自开成末，结茅于慧目山陲，景文大王命居高达寺。奇香妙药，闻缺必供。暑腊②寒裘，待时而授。

【校注】

①原本"敏哀"，也作"闵哀"。即金明大王，为金阳攻杀，谥为闵哀王。继位者为神武王；在位三月死，太子庆膺嗣，是为文圣王。文圣王死于大中十一年，王叔谊嗣，是为宪安王。咸通二年，宪安王死，女夫金膺廉嗣，是为景文王。

②原本"臈"字，今校为"腊"。

咸通九年秋①，解夏之始，忽告门人曰："我今岁内法缘当尽，你等宜设无遮大会，以报百岩②传授之恩，终吾志也。"十一月十四日中夜，忽尔山谷震动，鸟兽悲鸣，寺钟击而不响三日。十五日未曙，遽命侍者撞无常钟，胁席而殁。享年③八十二，僧腊六十耳。

【校注】

①原本"九年秋"前无"咸通"二字,据其生年和寿龄推算,其殁年即唐咸通九年,故此校补。

②原本"百岩",又作"柏岩",此借指章敬师。据《景德传灯录》卷七记章敬,"初住定州柏岩,次止中条山。唐元和初,宪宗诏居上寺……元和十三年(818)十二月十二日示灭。"但依原本,慧目和尚长庆四年(824)才入大唐,留学十三年后归国,嗣承章敬之事在时间上似无可能。若然,原本于慧目入唐时间或者记错。不妨假设慧目元和初来至中土,从学章敬,那时章敬尚住百岩,未几,征诏入京,仍以"百岩"为号。故而化缘将尽时,慧目说要"报百岩传授之恩"。

③享年:原本误作"亨年"。

公畿和尚

公畿和尚嗣章敬,在河中府①。

【校注】

①河中府:秦汉时为河东郡地,北周置蒲州;唐改置河中府,地当汾河、黄河之中,因名。故治即今山西省永济县。

有人问:"如何是禅?如何是道?"师云:"有名非大道,是非俱不禅。欲知此中意,黄叶止啼钱。"

关南和尚

关南和尚嗣盐官,在襄阳。师讳道常。
有《乐道歌》曰:

三界兮如焰,六道兮如幻。
圣贤出世兮同电。
国土犹如水上泡,无常生灭频迁变。
唯有摩诃大般若,坚如金刚是可羡。
软似兜罗大等空,极小纤尘不可见。
拥之令聚而不聚,拨之令散而不散。
侧耳欲闻而不闻,瞪目观之不能见。
歌复歌,盘陀石上笑呵呵。
笑复笑,青萝松下高声叫。
自从顿获此明珠,帝释轮王都不要。
不是山僧独施为,自古先贤作此调。
不坐禅,不修道,任运逍遥只么好。
但知万法不干怀,无如何曾有生老?

东国通晓大师

溟州崛山故通晓大师,嗣盐官。法讳梵日。鸠林冠族金氏。祖讳述元,官至溟州都督。廉平察俗,宽猛临人,清风尚在于民谣。余列备于传乎。其母支氏,累叶豪门,世称妇范。及其怀娠之际，梦征捧日之祥。爰以元和五年庚寅正月之辰，在胎十三月而诞生。螺髻殊姿，顶珠异相。

年至十五①，誓愿出家。咨于父母，二亲共相谓曰："宿缘善果，不可夺志。汝须先度，吾末②度也。"于是落采辞亲，寻山入道。年至二十，到于京师，受具足戒。净行圆备，精勤更励。为缁流之龟镜，作法侣之楷模。

【校注】

①原本"一五"，今校作"十五"。

②原本"未"字，据文理校为"末"。

洎乎大和年中，私发誓愿，往游中华。遂投入朝王子金公义琮，披露所怀。公以重善志，许以同行。假其舟辑，达于唐国。

既谐宿愿，便发巡游，遍寻知识。参彼盐官齐安①大师，大师问曰："什么处来？"答曰："东国来。"大师进曰："水路来？陆路来？"对云："不踏两路来。""既不踏两路，阇梨争得到这里？"对曰："日月东西，有什么障碍？"大师曰："实是东方菩萨！"

【校注】

①齐安：原本作"济安"，今参卷十五盐官章校。

梵日问曰："如何即成佛？"大师答曰："道不用修，但莫污染①。莫作佛见、菩萨见，平常心是道。"梵日言下大悟，殷勤六年。

后师到药山,药山问:"近离什么处?"师对曰:"近离江西。"药山曰:"作什么来?"师对曰:"寻和尚来。"药山曰:"此间无路,阇②梨作么生寻?"师对曰:"和尚更进一步即得,学人亦不见和尚。"药山曰:"大奇,大奇。外来青风冻杀人。"

【校注】

①原本"污染"之"污"字模糊,据文意校。
②阇:原本误写为"门"字。

欲恣游方,远投帝里。值会昌四年①,沙汰僧流,毁拆②佛宇。东奔西走,窜身无所。感河伯之引道,遇山神之送迎。遂隐商③山,独居禅定。拾坠果以充斋,掬流泉而止渴。形容枯槁,气力疲羸。未敢出行,直逾半载,忽梦异人云:"今可行矣。"于是强谋前行,力未可丈。须臾,山兽口衔饼食,放于座侧。虑其故与,收而食焉。

【校注】

①原本"会昌四年",疑应为"会昌五年"。史载,会昌五年乙丑岁七月,敕毁山野招提、兰若,西都两街备留二寺,寺僧三十人;东都留两寺,各僧十人;节度观察治所及同、华、商、汝四州各留一寺,僧十人、七人有差;余僧尼及大秦、穆护、祆僧皆勒归俗,寺非应留者毁拆,田产没官,铜像、钟磬以铸钱……另,下文说隐商山半载多,后礼曹溪祖

塔,却以会昌六年丁卯八月归故里,如此倒推也应是会昌五年。

②拆:原本异体字。

③商:原本异体字。

后以誓向韶州,礼祖师塔。不遥千里,得诣曹溪。香云忽起,盘旋于塔庙之前;灵鹤倏来,嘹唳于楼台之上。寺众愕然,共相谓曰:"如此瑞详,实未曾有,应是禅师来仪之兆也。"

于是思归故里,弘宣佛法。却以会昌六年丁卯八月,还涉鲸浪,返于鸠林①。亭亭戒月,光流玄兔之城;皎皎意珠,照彻青丘之境。

【校注】

①鸠林:原本作"鸡林",今参本章前文述其家族时曰"鸠林冠族",故校。

暨大中五年正月,于白达山宴坐,溟州都督金公仍请住崛山寺。一坐林中四十余载。列松为行道之廊,平石作安禅之座。

有问:"如何是祖师意旨?"答曰:"六代不曾失。"又问:"如何是纳僧所务?"答曰:"莫踏佛阶级,切忌随他悟。"

咸通十二年三月,景文大王;广明元年,宪康大王;光启三年,定康大王,三王并皆特迁御礼,遥申钦仰,拟封国师,各差中使,迎赴京师。大师久蕴坚贞,确①乎不赴矣。

【校注】

①确：原本异体字。

忽于文德二年己酉四月末，召门人曰："吾将他往，今须永诀。汝等莫以世情浅意，乱动悲伤。但自修心，不坠宗旨也。"即以五月一日，右胁累足，示灭于崛山寺上房。春秋八十一，僧夏六十。谥号通晓大师，塔名延徽之塔。

普化和尚

普化和尚嗣盘山，在镇州。未睹行录，不决化缘始终。

师在市里遇见马步使，便相扑①势。马步使便打五棒。师云："似则似，是则不是。"

【校注】

①原本"相朴"，宜校为"相扑"。且在"相扑"前似应加一"作"字。参《五灯会元》卷四普化章即"作相扑势"。

师寻常暮宿冢间，朝游城市。把铃云："明头来也打，暗头来也打。"林际和尚①闻此消息，教侍者探师。侍者来问师："不明不暗时事作么生？"师曰："明日大悲院有斋。"侍者归来，举似林际。便欢喜云："作么生得见他？"非久之间，普化自上来林际②。林际便欢喜，排批饭食，对坐吃。师凡是下底物总吃却，林际云:"普化吃食似一头驴。"师便下座,两手托地,便造驴声,林际无语。师云:"林际厮儿,只具一只眼。"后有人举似长庆,长庆代林际进语云:"眼③也且从,更作么生?"又代普化云:"被长老申此一问,直得酩酩酊酊。"

【校注】

①原本"林际和尚",即临济和尚。参《景德传灯录》卷十和《五灯会元》卷四普化章均记普化与临济交往之事。普化其人,佯狂而出言无度,于北地行化,或城市,或冢间,凡见人无高下,皆振铎一声,时号普化和尚。

②原本"自上来林际",宜校为"自上林际来"。

③"眼"字,原本无,据文理补。

林际又问:"大悲菩萨分身千百亿,便请现。"师便掷地卓子,便作舞势,云:"吽!吽!"便去。

又,林际上堂,师侍立次。有一僧在面前立,师蓦推倒林际前,林际便把杖子打三下。师云:"林际厮儿,只具一只眼。"

又,林际与师看圣僧次,林际云:"是凡是圣?"师云:"是圣。"林际便喝:"咄!"师便抚掌大笑。

师得一日,手擎函板,绕郭辞人云:"我迁化去。"众人云集,相随东门而出,云:"今日不好。"二日南门,三日西门,人众渐少①,不信。第四日,北门而出,更无一人随之,自蹩躠②钱门而卒矣。

【校注】

①少：原作"小"字。

②甓：砖。甃：井壁。

东国无染国师

嵩严山圣住寺故两朝国师，嗣麻谷。法号无染，庆州人也。俗姓金氏。以武烈大王为八代之祖；大父名周川，品在真骨，位在韩粲；高、曾［祖］皆为相为将。父名范清，族品降于真骨一等，乡谈得难。母华氏，梦感修臂天人垂授藕花，因此有娠。又时梦中胡道人授十戒为胎教，过期而诞焉。

以十二岁，落染于雪岳五色石寺。有法性禅师尝扣楞伽门于其中夏①，大师事师数年。

【校注】

①原本"中夏"，即中土。班固《东都赋》："目中夏而布德。"此间指法性禅师曾在中土学楞伽禅。

长庆之初，入唐，到佛爽寺①问道，如满印可于江西之印，而应对有惭色，曰："吾阅人多矣，罕有如是东国人。他日中国失禅之时，将问之东夷焉。"又到麻谷宝彻和尚处，服勤执役，无看所择，人所难者，必能易之。众人目曰："禅门之中异德高行。"彻公曰："我师马和尚诀我曰：'若得东人可目击者，宙②

渠道中，俾慧水丕胄③于海隅，为德非浅。'师言在耳，吾喜汝来，今印④焉。俾寂⑤禅，俟于东土，往钦哉！"

【校注】

①原本"佛爽寺"，疑应为"佛光寺"。参《景德传灯录》卷六有"洛京佛光如满禅师"，即此间长庆初至唐土所问道的"如满"。

②宙：原作"畎"。

③原本"胄"，有校本校作"冒"。

④印：原本异体字，今校作"印"。

⑤寂：原本异体字，今校作"寂"。

已得心珠于麻谷，会昌六年回归本国。大中元年，始就居于嵩严山圣住寺。僧徒千众，名震十方。于是大师吐珠于嵩严寺，内授印于祖师根中。䜩是两朝圣主，天冠倾于地边；一国臣僚，头面礼于足下。大师禅定之余暇，应求之机缘。

有人问曰："无舌土中，无师无弟。何故从西天二十八代，至于唐代六祖，传灯相照，至今不绝耶？"答曰："皆是世上流布，故不是正传。"

问曰："一祖师中具二土耶？"答曰："然也。是故仰山云：两口一无舌，即是吾宗旨。"

问曰："一祖师中见①二土如何？"答曰："正传禅根不求法，故师亦不徇，是为无舌土也。应实求法之人，用假名言之说，是名有舌土矣。"

【校注】

①原本"见"字,疑应为"具"。参上文。

然则文孝康王以为事师,然后定康大王即位,皆承前规奉迎。然而年当九十,不能上阙。

国师以文德元年畅月二十七日示灭。谥号太朗慧大师,白月葆光之塔。

天龙和尚①

天龙和尚嗣大梅。
未睹行录,不决化缘始终。

【校注】

①天龙和尚:据《景德传灯录》卷十记,本师在杭州天龙山,因名天龙和尚。并录其机语:"上堂云:大众,莫待老僧上来便上来,下去便下去,各有华藏性海,具足功德,无碍光明。各各参取,珍重。"由此观之,天龙似受华严教宗之熏染。而"天龙一指禅",因其弟子俱胝之宣扬,在禅林颇具影响。

正原和尚

正原和尚嗣五洩,同住龟山①。姓蔡,宣州南陵县人也。

贞元十五年，落发于当州藉山②。元和丁酉岁，建州乾元寺受具。

【校注】

①参《景德传灯录》卷十，五洩在婺州，龟山则在福州长溪，原本作"同住龟山"似不妥，宜删"同"字。或解读为"与龟山同住"，作"龟山第二世"。

②原本"当州藉山"，《景德传灯录》卷十本章作"本州籍山"。

师灵苗间出，道器混成。桂芳少以呈香，松柏新而见节。始从稚子，不狎朋游。寻会稽之丛林，契五洩之密印。师有偈曰：

沧溟几度变桑田，唯有虚空独湛然。

已到岸人休恋筏，未曾度者任①须船。

又云：

寻师认得本心源，两岸俱玄一不全。

是佛何须更求佛，只因从此便忘言②。

又云：

忍仙林下坐禅时，曾被歌王截四肢③。

况我圣明无此事，只令休道亦何悲！④

又云：

心本绝尘何用洗，身中无病岂求医？

欲知是佛非身处，明镜高悬未照时。

【校注】

①原本"任"字,《景德传灯录》卷十作"要"字。

②原本此句,《景德传灯录》卷十作:"只因如此便忘缘。"

③"肢",原本作"支"字。"支",同肢。

④原本此句,《景德传灯录》卷九作:"况我圣朝无此事,只今休道亦何悲。"

师享龄七十八,为僧五十四夏。敕谥性空大师,惠观之塔。后至天祐二年龙集乙丑八月,闽王重建塔。凡是国家祈祷,灵应生民。迄至于今,香灯续焰。天龙仰卫,士庶倾瞻,号龟山二真身①。至梁开平四年庚午岁,省郶制碑文矣。

【校注】

①原本"龟山二真",综参《景德传灯录》卷九、卷十似指本师正原与智真禅师。智真,扬州人,姓柳氏,曾在婺州五洩山会晤正原,长庆二年又同游建阳;至开成元年,往福州长溪,邑人陈亮、黄瑜请于龟山开禅。正原则第二世住龟山。又,原本于上载正原四偈,据《景德传灯录》,后二偈乃智真所作。另,原本卷十五记龟洋和尚和陈禅师慧忠,士庶皆称"龟洋二真,至今香灯不绝,祈祷灵应不少",其文似与此间相窜。

芙蓉和尚

芙蓉和尚嗣归宗,在福州。师讳灵训,福州侯官县人也,姓危。

初参见归宗,问:"如何是佛?"宗云:"向你道你还信不?"对曰:"和尚若道,哪敢不信?"宗云:"信即是佛,即汝便是。"师云:"如何保任?"宗云:"一翳在目,空花乱堕。"师领受玄旨,便创芙蓉。住持严整,海内闻名。

入灭之后,敕谥弘照大师,圆相之塔。

岑和尚

岑和尚①嗣南泉,在湖南。未睹实录,不决化缘始终。

【校注】

①岑和尚:据《景德传灯录》卷十作:"长沙景岑,号招贤大师,初住鹿苑为第一世,其后居无定所。"

问:"如何是诸佛师?"师云:"不可拗①直作曲。"问:"如何是向上一路?"师云:"一里二里。"僧云:"请师道。"师云:"三里四里。"问:"如何是学人心?"师云:"尽十方世界是汝心。"僧云:"与么则学人无著身处。"师云:"是汝著身处。"僧云:"如何是学人著身处?"师云:"大海水深又更深。"僧云:

"学人不会。"师云:"鱼龙出没任升沉。"

【校注】

①拗:原字缺笔,今参《景德传灯录》卷十校为"拗"。

问:"古人有言:动是法王苗,寂是法王根。如何是法王根?"师指露柱云:"何不问取大士?"僧云:"如何是法王苗?"师云:"道什么?道什么?"

问:"学人不据地时如何?"师云:"向什么处安身立命?"僧云:"学人却据地时如何?"师云:"拽出死尸。"

问:"如何是本来地?"师云:"一步两步。"僧云:"本来地是地不是地?"师云:"三步四步。"

会和尚云:"未有诸圣已前作么生?"师云:"鲁祖开堂,亦与师僧东话西话。"三圣和尚问:"请和尚说向上。"师云:"阇梨眼瞎耳聋作什么?"

问:"如何是玄旨?"师云:"虚空道得。"僧云:"虚空常道,还有断时也无?"师云:"徒劳念静。"问:"请和尚道。"师云:"不可重道。"

问:"如何是沙门眼?"师云:"长长出不得。"又云:"成佛成祖出不得,大道轮回亦出不得。汝道出什么不得?"僧便问:"未审出什么不得?"师云:"昼见日,夜见星。"僧云:"学人不会。"师云:"妙高山色青又青。"

问:"如何是异类?"师云:"尺短寸长,寸长尺短。"

问:"上上人相见时如何?"师云:"如死人手。""如何是上上人行李处?"师云:"如死人眼。"

问:"如何是无情说法?"师指东边露柱云:"这个师僧说得。"僧云:"什么人得闻?"师指西边露柱云:"这个师僧得闻。"僧云:"师还闻么?"师云:"我若闻则教谁举?"

师示众云:"富贵则易,贫穷则难。"又云:"今时禅师只识得天子,终不识未作天子已前。"

师《劝学偈》曰:

万丈竿头未得休,堂堂有路少人游。

禅师欲达南泉去,满目青山万万秋。

问:"如何是平常心?"师云:"要眠则眠,要坐则坐。"僧云:"学人不会。"师云:"热则取凉,寒则向火。"

问:"有人问和尚,和尚则随问答话;总无人问时,和尚如何?"师云:"困则睡,健则起。"僧云:"教学人向什么处领会?"师云:"夏天赤骨身,冬天须得被。"

问:"南泉迁化,向什么处去?"师云:"东家作驴,西家作马。"僧云:"学人不会。"师云:"要骑则骑,要下则下。"

师《诫斫松竹人偈》曰:

千年竹万年松,枝枝叶叶尽皆同。

为报四方参学者,动手无非触祖翁。

师《投机偈》曰:

处处真,处处真,尘尘尽是本来人。

真实说时声不现,正体堂堂没却身。

问:"如何是西来祖教?"师良久,学人不敢进语。

师令侍者去会和尚处问:"和尚见南泉后如何?"会和尚良

久,侍者进云:"未见南泉已前事如何?"会和尚云:"不可别更也。"侍者却归,举似师,师当时有偈曰:

百尺竿头不动人,虽然得入未为真。

百尺竿头须进步,十方世界是全身。

三圣和尚问:"承师有言:百尺竿头须进步。百尺竿头则不问,百尺竿头如何进步?"师云:"朗州山,澧①州水。"进曰:"更请和尚道。"师云:"四海五湖王②化里。""亡僧迁化,向什么处去?"师云:"历劫无言真性命,解语能行却死人。"

三圣和尚令秀上座问师:"南泉迁化,向什么处去也?"师云:"石头作沙弥时参见六祖。"上座云:"不问石头作沙弥时参见六祖,南泉迁化③向什么处去也?"师云:"教伊寻思去。"上座云:"虽有千尺之松,且无抽条石笋。"师默然。上座礼拜,起云:"谢师答话。"师又默然。上座却归,举似三④圣,三圣云:"若实如此,胜林际⑤七步。虽然如此,待我更验看。"至明日,三圣问讯曰:"昨日答那个师僧一转因缘,为只是光前绝后,古今罕闻。"师又不语。师因事⑥颂曰:

自觉开佛堂,慧放五道光。

无人不佛佛,不悟意中藏。

【校注】

①澧:原本作"礼",参《景德传灯录》卷十校为"澧"。

②原本"王",《景德传灯录》卷十本章则作"皇"。

③化:原本作"俱",当校为"化"。

④三:原本作"二",当校为"三"。

⑤原本"林际",即"临济"。

⑥原本"事",可解读为"造",即"作"义。

师问僧:"从什么处来?"对云:"从洞山来。"师云:"何不教洞山自来?"对云:"只与么。"师云:"彼自无疮,勿以伤之。"

有人问:"如何是第二月?"师云:"正是第二月。"又云:"恰是。"师乃颂曰:

也大奇,也大奇,一月之中两月疑。

见与见缘无自性,常寂谁是复谁非?

又《须弥纳芥子颂》曰:

须弥本非有,芥子元来空。

将空纳非有,何处不相容?

皓月供奉问曰:"教中说幻,意是有耶?"师曰:"大德是何言欤?"云:"是无耶?"云:"是何言欤?"云:"与么则幻意是不有不无耶?"师曰:"大德是何言欤?"大德进曰:"如某甲①三明,尽不契圣意。未审和尚如何明教中幻意?"师曰:"大德信一切不思议不?"大德云:"佛之诚言,那敢不信?"师云:"大德言信,二信之中是阿那个信?"大德云:"如某②所信,二信之中名为缘信。"师云:"依何教文,得生缘信?"大德云:"《华严经》云:菩萨摩诃萨,无障无碍智慧,信一切世间境界,是如来境界。又曰:诸佛世尊,悉知世间法性无差别,决定无二。又曰:佛法世间法,若见真实,一切无差别。"师曰:"所起缘信,所引教文,甚有来处。老僧与大德《明教中幻意偈》曰:

若人见幻本来真,是即名为见佛人。
圆通法界无生灭,无灭无生是佛身。"

【校注】

①甲:原本作"田"。
②某:原本作"厶"。

问:"蚯蚓斩两段,两头俱动。佛性在阿[那]个头?"师答曰:"动与不动,是何境界?"大德云:"言不关典,非智者之所谈。只如和尚言:'动与不动是何境界,'出自何经?"师答曰:"灼然言不关典,非智者之所谈。大德岂不见道《首楞严经》云:当知十方无边,不动虚空,并动摇地水火风,均名六大;性真圆融,皆如来藏,本无生灭。"师有偈曰:

最甚深,最甚深,法界人身便是心。
迷者迷心为众色,悟时刹海是真心。
身界二尘无实性,分明达此号知音。

有大德问:"虚空为定有耶?虚空为定无耶?"师答曰:"言有亦得,言无亦得。虚空有时但有假有,虚空无时但无假无。"大德再问:"只如和尚所说,有何教文?"师答曰:"大德,岂不闻《首楞严伽》云:十方虚空生汝心内,犹如片云点大清里,岂不是'虚空生时但有假有'?汝等一人发真归源,此十方虚空悉皆消殒,岂不是'虚空灭时但灭假灭'?老僧所以道:有时假有,无时假无。"

问:"天下善知识为证大涅槃不?"师云:"为问因中三德?

为问果上三德?"大德云:"为问果上三德。"师云:"若问果上三德,天下善知识未证大涅槃。"又问:"何故未证大涅槃?"师云:"功未齐于诸佛,所以未证大涅槃。"又问:"既功未齐于诸佛,何故名为善知识?"师答曰:"明见佛性,名为善知识。"皓月云:"若与么,则功齐何道,名为证大涅槃?"[师]以偈曰:

摩诃般若照,解脱甚深香。

法身寂灭体,三一理圆常。

欲识功齐处,此名常寂光。

皓月再问:"果上涅槃已蒙和尚指示?如何是本来涅槃?"师答曰:"大德是。"

问:"和尚承嗣何人?"师云:"我无人承嗣。"云:"师还参学不?"师云:"我自参。""师意如何?"师偈曰:

虚空问万像,万像答虚空。

何人得亲问?木叉丫角童。

问:"如何是教?"师云:"五千四十八卷。""如何是教意?"师曰:"祖意即是。"问:"如何是祖师意?"师曰:"教意即是。"学云:"与么即教意与祖意无二去也。"师云:"十方佛土中,唯有一乘法,无二亦无三。"大德便礼拜。师偈曰:

祖心即教意,教意即祖意。

欲识祖师意,祖师传佛心。

祖意与教意,一性一真心。

问:"第八识及七、六识等,毕竟无体,云何得言转第八识为大圆镜?"师答曰:"岂不闻转名不转体?"师偈曰:

七生依一灭,一灭持七生。

一灭灭亦灭，七六永无生。
　　第九真常识，非后亦非先。
　　非后非先义，常住永无迁。
　问："古人有言：了即业障本来空，末了应须偿宿债。师子尊者与二祖大师为甚么却偿债？"师云："大德不识本来空。"皓月云："如何是本来空？"师云："业障是。""如何是业障？"师云："本来空是。"皓月礼谢。师偈曰：
　　假有元非有，假灭亦非无。
　　涅槃偿债义，一性更无殊。
　问："本心何故不离生灭心？生灭心何故不当本来心？"师以偈答曰：
　　妙空妙用不思议，无灭无生无所依。
　　本觉性真为智父，父生智子妙难思。
　　智智不觉元来妙，达见无观即本如。
　　父子本来无二相，即今即本更无时。
　问："如何是陀罗尼？"师云："大德无问，老僧无答。"又问："是何人诵得？"师指禅床左臂云："这个师僧诵得。"又问："何人得闻？"师指禅床右臂云："这个师僧得闻。"大德云："某甲为什么不闻？"云："岂不闻真诵无响，真听无闻？"大德云："与么则音声不入法界性耶？"师云："大德岂不闻道，离色求观非正见，离声求闻是邪闻？"又问："如何是不离色是正见，不离声是真闻？"师云："大德，听老僧相助明。"以颂曰：
　　满眼本非色，满耳本非声。
　　文殊常触目，观音塞耳根。

会三元一体,达四本同真。

堂堂法界性,无佛亦无人。

问:"善财童子为什么无量劫游普贤身中世界不遍?"师云:"从无量劫来,还游得遍么?"又问:"如何是普贤身?"云:"含元殿里更觅长安。"问:"如何是文殊?"师云:"墙壁瓦砾即是。"问:"如何是观音?"师云:"音声语言即是。"问:"如何是普贤?"云:"众生心即是。"问:"如何是佛?"师云:"众生色身是佛。"问:"恒沙诸佛体皆同,何故说有种种名号?"师云:"眼根返源名为文殊,耳根返源名为观音,意识返源名为普贤。文殊是佛妙观察智,观音是佛无缘大悲,普贤是佛无为妙行。三圣是佛之妙用,佛是三圣之真体。用有恒沙假名,体总名为一薄①伽梵。"

【校注】

①原文"博"字,因通行"薄伽梵",今校为"薄"。

又问:"四圣为定是四耶?"师云:"灯分千室,元是一光。潮应万波,本来一水。迷人差别,智者同真。是故,先德云:非唯我今独达了,恒沙诸佛体皆同。"

问:"教中有言:十劫坐道场,不得成佛道。未审此意如何?"师云:"佛是果,菩萨是因。释迦如来于果地谈大通智胜佛因中事。大通智胜佛虽十劫在菩提树下,金刚座上,结跏趺坐,犹是菩萨未成佛故,为彼时众生寿命长故,根未熟故。过十劫已,众生根始熟。大凡菩萨须待众生根熟,如鸡伺啐,啐啄同时；众生根熟便成佛菩提。故言：过十劫已，证得无上菩提。所以经曰：佛知时未至，受请默然坐。"有人问："如何是触目菩提？"师答曰："一切法常住。""如何是一切法常住？"师曰："触目菩提。"

问："如何转得山河大地归于自己去？"师答曰："我却忧转自己归山河大地去。"学人礼谢。师偈曰：

　　谁问山河转，山河转向谁？

　　圆通无两畔，法性本无归。

问："如何是色本殊质像？"师曰："尽十方世界是什么？"进曰："如何是声元异乐苦？"师答曰："将来，将来。"

问："教中有言：色不异空，空不异色。未审教意如何？"师以偈答曰：

　　碍处无墙壁，通处勿虚空。

　　若能如是解，心色本来同。

自外具载别录。谥号招贤大师。

白马和尚

白马和尚嗣南泉，在江陵。师讳昙照。未睹实录。

问曰："如何是学人自己？"师以杖当面指学人。长庆和尚举此因缘，以手指面前云："古人只与么。"又竖起指云："何似与么？"顺德大师云："虾跳不出斗。"庆不肯，自代云："是什么心行？"

下堂和尚

下堂和尚嗣南泉，在襄州。

有俗官问："蚯蚓断，两头总动，佛性在阿那个头？"师展开两手而示。洞山和尚云："即今问底在阿那个头？"

东国双峰和尚

双峰和尚嗣南泉。师讳道允，姓朴。汉州鹫岩人也。

累叶豪族，祖考仕宦，群谱详之。母高氏，夜梦异光，荧煌满室，愕①然睡觉，有若怀身。父母谓曰："所梦非常，如得儿子，盍为僧乎？"寄胎十有六月载诞。

尔后日将月就，鹤貌鸾姿，举措殊侪，风规异格。竹马之年，摘花供佛；羊车之岁，累②塔娱情。玄关之趣昭然，真境之机卓尔。年当十八，恳露二亲，舍俗为僧。适于鬼神寺，听于华严教，禅师窃谓曰："圆顿之筌蹄③，岂如心印之妙用乎？"遂被毳携④瓶，栖云枕水。

【校注】

①愕：原本异体字。
②累：疑应作"垒"。
③蹄：原本作"罤"。
④携：原本作"挈"。

泊于长庆五年,投入朝使,告其宿志,许以同行。既登彼岸,获觐于南泉普愿大师,伸师资之礼,目击道存。大师叹曰:"吾宗法印归东国矣。"

以会昌七祀,夏初之月,旋届青丘,便居枫岳。求投者风驰雾集,慕来者星逝波奔。于是景文大王闻名归奉,恩渥日崇。

咸通九载四月十八日,忽诀门人曰:"生也有涯,吾须远迈。汝等安栖云谷,永耀法灯。"语毕,怡然迁化。报年七十有一,僧腊四十四霜。五色之光从师口出,蓬勃而散漫于天。伏以今上宠褒法侣,恩霈禅林,仍赐谥澈鉴禅师,澄昭之塔矣。

赵州和尚

赵州和尚嗣南泉,在北地①。师讳全谂,青社缁丘人也。②

【校注】

①本师住地,据《宋高僧传》说"赵州东院",《景德传灯录》则作"观音院,亦东院"。

②本师名讳和籍贯,诸本记载不一。《宋高僧传》卷十一本传作"释从谂,青州临淄人也",《景德传灯录》卷十本章则作"从谂禅师,曹州郝乡人也,姓郝氏"。我们向称赵州从谂禅师,今却知其讳"全谂",孰是孰非,且存不改。

少于本州龙兴寺①出家,嵩山琉璃坛受戒。不昧经律,遍参丛林。一造南泉,更无他往。既遭盛筵,宁无扣击。

师问:"如何是道?"南泉云:"平常心是道。"师云:"还可趣向否?"南泉云:"拟则乖。"师云:"不拟时,如何知是道?"南泉云:"道不属知不知。知是妄觉,不知是无记。若也真达不拟之道,犹如太虚,廓然荡豁,岂可是非?"师于是顿领玄机,心如朗月。自尔随缘任性,笑傲②浮生,拥毳携筇,周游烟水矣。

【校注】

①据《景德传灯录》卷十记,"童稚于本州崑通院从师披剃,未纳戒,便抵池阳参南泉";《五灯会元》卷四接着说:"师于言下悟理,乃往嵩山琉璃坛纳戒,仍返南泉。"

②傲:原本异体字,今据文理校。

师问座主:"所业什么?"对云:"讲《维摩经》。"师云:"维摩还有祖父也无?"对云:"有。"师云:"阿那是维摩祖父?"对云:"则某甲便是。"师云:"既是祖父,为什么却与儿孙传语?"座主无对。

问:"学人拟作佛去时如何?"师云:"费心力。"僧云:"不费心力时如何?"师云:"作佛去。"

问:"夜升兜率,昼降阎浮。其中摩尼为什么不现?"师云:"道什么?"僧再问,师云:"不见道'毗婆尸佛早留①心,直至如今不得妙'?"

【校注】

①留:原本异体字,今校为通行字。

有僧辞,师问:①"什么处去?"对云:"南方去。"师云:"三千里外,逢人莫喜。"僧云:"学人不会。"师云:"柳絮,柳②絮。"

【校注】

①师问：原本脱，据文理补。

②柳：原本异体字，据上"柳"字校之。

师①问第一座："堂中还有祖父么？"对云："有。"师云："唤来与老僧洗脚！"

【校注】

①师：原本无，今据文理补校。

师示众云："我这里亦有在窟师子，亦有出窟师子，只是无师子儿。"有僧出来，弹指两三下，师云："作什么？"僧云："师子儿。"师云："我唤作师子，早是罪过，你又更蹴踏作什么？"

问："与么来底人，师还接也无？"师云："接。""不与么来底人，师还接也无？"师云："接。"僧云："与么来底人从师接，不与么来底人，师如何接？"师云："止止不须说，我法妙难思。"

问："如何是平常心？"师云："虎狼野干是。"僧云："还教化也无？"师云："不历你门户。"僧云："与么莫平沉那个人也无？"师云："太好平常心。"

大王礼拜师，师不下床。侍者问："大王来，师为什么不下地？"师云："汝等不会，上等人来上绳床接，中等人来下绳床接，下等人来三门外接。"

师问座主："久蕴什么业？"对云："《涅槃经》。"师云①：

"问座主一段义,得不?"对云:"得。"师以脚踢②空中,口吹却,问:"这个是《涅槃经》中义不?"云:"是。"师云:"会么?""不会。"师云:"这个是五百力士结成之义。"

【校注】
①云:原本无,今据文理补。
②踢:原本作"剔"。

师示众云:"我三十年前在南方火炉头,举无宾主话,直至如今无人道著。"有人举问雪峰:"赵州无宾主话,作么生道?"雪峰便踏倒。

师又到一老宿处,老宿云:"老大人何不觅取住处?"师云:"什么处是某甲住处?"老宿云:"老大人住处也不识。"师云:"三十年学骑马,今日被驴扑。"

问:"离教请师决。"师云:"与么人则得。"僧才礼拜,师云:"好问,好问。"僧云:"咨和尚。"师云:"今日不答话。"

问:"澄澄绝点时如何?"师云:"我此间不著这个客作汉。"

问:"如何是和尚家风?"师云:"不向你道。"僧云:"为什么不道?"师云:"是我家风。"

问:"如何得报国王恩?"师云:"念佛。"僧云:"街头贫儿也念佛。"师拈一个钱与。

问:"如何是本分事?"师云:"是我本分事。"问:"如何是佛向上事?"师云:"我在你脚底。"僧云:"师为什么在学人脚底?"师云:"为你不知有佛向上事。"

问："如何是密室中人？"师展手云："茶盐钱布施。"有人问云居："赵州与么道，意怎么生？"云居云："八十老公出场屋。"

问："柏树子还有佛性也无？"师云："有。"僧云："几时成佛？"师云："待虚空落地。"僧云："虚空几时落地？"师云："待柏树成佛。"

新到展坐具①次，师问："近离何方？"僧云："无方面。"师起，向僧背后立，僧把坐具起，师云："太好无方面！"僧辞次，师问："外方有人问，还见赵州也无？作么生向他道？"僧云："只道见和尚。"师云："老僧似一头驴，汝作么生见？"僧无对。

【校注】

①原本"座具"，参《景德传灯录》校作"坐具"，二者相同。

师问新到："近离什么处？"云："近离南方。"师云："什么人为伴子？"僧云："畜生为伴子。"师云："好个阇梨，为什么却与畜生为伴子？"僧云："无异故。"师云："太好畜生。"僧云："争肯？"师云："不肯则一任，还我伴子来。"僧无对。

有僧才礼拜，师云："珍重。"僧申问，师云："又是也，又是也。"

问："学人去南方，忽然雪峰问赵州意，作么生只对？"师云："遇冬则寒，遇夏则热。"进曰："究竟赵州意旨如何？"师云："亲从赵州来，不是传语人。"其僧到雪峰，果如所问，其僧一一如上举对，雪峰曰："君子千里同风。"

问："如何是祖师西来意？"师云："亭①前柏树子。"僧云："和尚莫将境示人。"师云："我不将境示人。"僧云："如何是祖师西来意？"师云："亭前柏树子。"

【校注】

①原本"亭"字，《五灯会元》卷四本章作"庭"。

问："如何是学人师？"师云："云有出山势，水无投涧声。"僧云："不问这个。"师云："是你师不问。"问："头头到这里时如何？"师云："犹较老僧一百步。"问："方圆不就时如何？"师云："不方不圆。"云："与么时作么生？"师云："是方是圆。"

师有时云："佛之一字，吾不喜闻。"僧问："师还为人不？"师云："佛也，佛也。"

问："一灯燃百千灯，未审一灯是什么灯？"师跳出只履。又云："若是作家，不与么问。"问："如何是本来人？"师云："自从识得老僧后，只这个汉，更无别僧。"云："与么则共和尚隔生也。"师云："非但隔生①，千生与万生也不识老僧。"

【校注】

①隔生：原本无此二字，据文理校补。

师问沩山："如何是祖师意？"沩山唤侍者将床子来。师云："自住已来，未曾遇著一个本色禅师。"时有人问："忽遇时如何？"师云："千钧之弩，不为奚鼠而发机。"有人问："诸佛还有师也无?"师云:"有。"僧进曰:"如何是诸佛师?"师云:"阿弥陀佛。"又师云:"佛是弟子。"有僧问长庆:"赵州与么道阿弥陀佛,是导底语?是嗟底语?"长庆云:"若向两头会,尽不见赵州意。"僧进曰:"赵州意作么生?"长庆便弹指一声。

镇州大王请师上堂,师升座便念经。有人问:"请和尚上堂,因什么念经?"师云:"佛弟子念经不得么?"又别时上堂,师念《心经》,有人云:"念经作什么?"师云:"赖得阇梨道念经,老僧洎忘却。"

问:"如何是玄中又玄?"师云:"那个师僧若在,今年七十四也。"问:"如何是玄中一句?"师云:"不是'如是我闻'。"

问:"寸丝不挂时如何?"师云:"不挂什么?"僧云:"不挂寸丝。"师云:"太好不挂。"

问:"迦叶上行衣,什么人合得被?"师云:"七佛虚出世,道人都不知。"

师问僧:"还曾到这里么?"云:"曾到这里。"师云:"吃茶去。"师云:"还曾到这里么?"对云:"不曾到这里。"师云:"吃茶去。"又问僧:"还曾到这里么?"对云:"和尚问作什么?"师云:"吃茶去。"

师问僧:"你在这里得几年?"对云:"五六年。"师云:"还见老僧也无?"对云:"见。"师云:"见何似生?"对云:"似一头驴。"师云:"什么处见似一头驴?"对云:"入法界见。"师云:"去,未见老僧在。"有人举似洞山,洞山代云:"吃水吃草。"

问:"朗月处空时人尽委,未审室内事如何?"师云:"自少出家，不作活计。"学曰："与么则不为今时去也。"师云："老僧自疾不能救，争能救得诸人疾？"学曰："与么则来者无依。"师云："依则榻著地，不依则一任东西。"

师问僧："从什么处来？"对云："从五台山来。"师云："还见文殊也无？"对云："文殊则不见，只见一头水牯牛。"师云："水牯牛还有语也无？"对云："有。"师曰："道什么？"对云："孟春犹寒，伏惟和尚尊体起居万福。"

师有一日，向七岁儿子云："老僧尽日来心造，与你相共论义，你若输则买糊饼与老僧；老僧若输则老僧买糊饼与你。"儿子云："请师立义。"师云："以劣为宗，不得诤胜。老僧是一头驴。"儿子云："某甲是驴粪。"师云："是你与我买糊饼。"儿子云："不得，和尚。和尚须与某甲买糊饼始得。"师与弟子相争，断不得。师云："者个事，军国事一般，官家若判不得，须唤村公断。这里有三百来众，于中不可无人。大众，与老僧断宾主二家，阿那个是有路？"大众断不得。师云："须是具眼禅师始得。"三日以后，沙弥觉察，买糊饼供养和尚矣。

古时有官长教僧拜，马祖下朗瑞和尚不肯拜，官长便嗔，当时打杀。有人问师："瑞和尚为什么却被打杀？"师云："为伊惜命。"龙华拈问僧："惜个什么命？"无对。龙华代云："嗔我不得。"

问："正与么时作么生？"师云："生公忍死十年，老僧一时不可过。"

师唤沙弥，沙弥应喏。师云："煎茶来。"沙弥云："不辞煎茶，与什么人吃？"师便动口。沙弥云："大难得吃茶。"有人拈问漳南:"又须教伊煎茶,又须得吃茶,合作么生道?"保福云:"虽然如此,何不学观音?"

有人问老婆:"赵州路什么处去?"婆云:"蓦底去。"僧云:"莫是西边去么?"婆云:"不是。"僧云:"莫是东边去么?"婆云:"也不是。"有人举似师,师云:"老僧自去勘破。"师自去问:"赵州路什么处去?"老婆云:"蓦底去。"师归院,向师僧云:"勘①破了也。"

【校注】

①勘:原本作"敢"。

院主请上堂,师升座唱如来梵。院主云:"比来请上堂,这个是如来梵。"师云:"佛弟子唱如来梵,不得么?"

问:"开口是一句,如何是半句?"师便开口。

三峰见师,云:"上座何不住去?"师云:"什么处住好?"三峰指面前山,师云:"此是和尚住处。"

师为沙弥,扶南泉上胡梯,问:"古人以三道宝阶接人,未审和尚如何接?"南泉乃登梯,云:"一二三四五。"师举似师伯,师伯云:"汝还会么?"师云:"不会。"师伯云:"七八九十。"

南泉指铜瓶问僧:"汝道内净外净?"僧云:"内外俱净。"却问师,师便踢①却。

【校注】

①踢:原本作"剔"。

师问南泉:"古人道:道非物外,物外非道。如何是物外非道?"泉便棒。师云:"莫错打。"南泉云:"龙蛇易辨,纳子难谩。"

问:"如何是西来意?"师云:"仲冬严寒。"有人举似云居,便问:"只如赵州与么道,意作么生?"居云:"冬天则有,夏月则无。"僧举似师:"只如云居与么道,意作么生?"师因此便造偈曰:

石桥南,赵州北①,中有观音有弥勒。

祖师留下一只履,直到如今觅不得。

【校注】

①原本"石桥南赵州北",《古尊宿语录》则作"石桥北赵州南"。

紫胡和尚

紫胡和尚嗣南泉,在衢州。未①睹实录,不决化缘始终。

【校注】

①"未"字,原本误作"来"。

师因勘刘铁磨,云:"见说有刘铁磨,莫便是不?"尼云:"什么处得这个消息来?"师云:"左转右转。"尼云:"莫颠倒。"

师打之。南泉代云："贯得此便。"

师有时云："从来事非物，方便名为佛。中下竞是非，上士始知屈。"又云："三十年来住紫胡，二时餐粥气力粗；每日上山三五转，回头问汝会也无。"

师于半夜时叫唤："贼也，贼也。"大众皆走。师于僧堂后遇一僧，拦胸把住①，叫云："捉得也，捉得也。唤维那来！"僧云："不是贼，某甲。"师云："你正是贼，只是你不肯承当。"

有人拈问漳南："紫胡捉贼，意作么生？"云："还肯授②与摩波吒么？"又拈问石门："紫胡捉贼，意作么生？"云："承③当则骇汉，不承当则紫胡打汝。"

【校注】

①住：原本作"柱"。

②授：原本作"受"。

③承：原本作"采"。

陆亘大夫

陆亘大夫嗣南泉和尚。

公亲受南泉心戒。大夫问南泉："弟子家中有一片石，或坐或踏，如今镌作佛像，还坐得不？"南泉云："得，得。"陆亘云："莫不得不？"泉云："不得，不得。"云岩云："坐则佛，不坐则非佛。"洞山云："不坐则佛，坐则非佛。"南泉云："摘一个字，添两字，佛法大行，有人摘得么？"无人对。泉代云："只今是有是无?"

大夫问南泉:"为大众请和尚说法。"泉云:"教老僧作么生说?"大夫云:"岂无和尚方便?"泉云:"大夫道他个欠少什么?"大夫别时云:"则今和尚不可思议,到处世界成就。"师云:"适来问底,总是大夫分上事。"

大夫又因拈起掷投,问南泉:"与么又不得,不与么又不得,正与么信彩去时如何?"南泉拈掷投,抛下云:"臭①骨头,打十八。"有人举似石霜:"只如'臭骨头打十八',意作么生?"霜云:"汝道一半,我道一半。"进曰:"请师全道。"云:"怕汝。"僧拈问长庆:"南泉与么道,意作么生?"庆便掴之,云:"今日非唯明古人。"又云:"一彩两塞。"

【校注】

① "臭",原本异体字。

仰山和尚

仰山和尚嗣沩山,在怀化①。师讳慧寂,俗姓叶。韶州怀化人也。

【校注】

① 本师住地,依《景德传灯录》卷十一记,师始自袁州仰山,后迁洪州观音院,卒于韶州东平山。而怀化是其原籍。然据《宋高僧传》卷十二,又说其原籍是韶州。

年十五求出家，父母不许。年至十七，又再求去，父母又吝。其夜有白光二道，从曹溪发来，直贯其舍，父母则知是子出家之志，感而许之。师乃断左手无名指及小指置父母前，答谢养育之恩。

初于南华寺通禅师下剃发，年十八为沙弥行脚，先参宗禅师，次礼耽源，在左右数年。学境智明暗一相，一闻而不再问。后舍之而造大沩。

初到，自参沩山，沩山曰："者沙弥是有主沙弥？无主沙弥？"师云："有主沙弥。"沩山云："主在什么处？"师在西边立，却向东边立。沩山察其异器，与言引接。

师问："如何是佛？"沩山云："以思无思之妙，返灵焰之无穷。思尽还源，性相常住。理事不二，真佛如如。"师于言下顿悟，礼谢指要。在沩山盘泊十四五年间，凡在众中只对沩山，谈扬玄秘，可谓鹙子之利辨，光大雄之化哉。

年三十五，领众出世住，前后诸州府节察①、刺史，相继一十一人礼为师。师三处转法轮。敕谥澄虚大师，并紫衣矣。

【校注】

①原本"节察"，指节度使、按察使。

每日上堂，谓众云："汝等诸人，各自回光返顾，莫记吾语。吾愍①汝无始旷劫来，背明投暗，逐妄根深，卒难顿拔。所以假设方便，夺汝诸人尘劫来粗识，如将黄叶止啼；亦如人将百种货物杂浑金宝,一铺货卖,只拟轻重来机。所以道,石头是真金铺,我者里是杂货铺。有人来觅杂货铺②,则我亦拈与他③;来觅真金,我亦与他。"时有人问:"杂货铺则不问,请和尚真金。"师云:"唶④镞拟开口,驴年亦不会。"僧无对。

又云:"索唤则有,交易则无。⑤所以,我若说禅宗旨,身边觅一人相伴也无,说什么五百七百。我若东说西说,则竞头向前采拾。如将空拳诱诳小儿,都无实处。我今分明向汝说圣边事,且莫将心凑泊,但向身前义海,如实而修。不要三明六通,此是圣末边事。如今且要识心达本,但得其本,不愁其末,他时后日自具足去在。若未得其本,纵饶将情学他亦不得。汝何不见沩山和尚云:'凡圣情尽,体露真心常住;理事不二,即如如佛?⑥'珍重!"

【校注】

①愍:原本作"慜",参《景德传灯录》卷十一校。

②原本"杂货铺",《景德传灯录》卷十一本章作"鼠粪"。

③拈与他:原本作"拈他与",今据文理校。

④唶:原本作"𪘏"。

⑤原本"索唤则有交易则无",《景德传灯录》卷十一本章则将其扩展为"索唤则有交易,不索唤则无(我)"。

⑥原本此句,《景德传灯录》卷十一作:"凡圣情尽,体露真常;理事不二,即如如佛。"

问:"法身还解说法也无?"师云:"我则说不得,别有人说得。"进曰:"说得底人在什么处?"师乃推出枕子。僧后举似沩山,沩山云:"寂子用剑刃上事。"有人举似雪峰,雪峰云:"沩山和尚背后与么道则得。"有人拈问:"当衙时作么生?"福先代:以手作打势。报恩代云:"谁敢出头?"

师共僧说话次,旁僧云:"语底①是文殊,默底是维摩。"师云:"不语不默,莫是公不?"其僧良久,师问曰:"何不现神通?"其僧云:"不辞现神通,恐和尚收入教。"师云:"鉴公来处,未有教外之眼。"

【校注】

①底:原本无,今据文理补。

师问俗官:"至个什么?"对云:"衙推。"①师拈起柱杖云:"还推得这个不?"无对。师代云:"若是这个,待别时来。"兴化代云:"和尚有事在。"

【校注】

①《古尊宿语录》、《五灯会元》等均作:"师问俗官,官居何位?官云推官。"

师问上座:"不思善,不思恶,正与么时作么生?"上座云:"正与么时,某甲放身命处。"师云:"何不问某甲?"云:"与么时,不见有和尚。"师云:"扶我教不起。"

师洗纳衣次,耽源问:"正与么时作么生?"师云:"了然二俱无为。"又云:"正与么时,某甲不思量渠。"又云:"正与么时,向什么处见渠?"

师见京岑①上座在中庭向日次,师从边过云:"人人尽有这个事,只是道不得。"云:"恰似请你道。"师云:"作么生道?"岑上座便拦胸与一踏,师倒,起来云:"师叔用使,直下是大虫相似。"

【校注】

①原本"京岑",《景德传灯录》卷十作"景岑"。景岑在南泉作上座。

师在东平看经时,有僧侍立,师卷却经,回头问:"还会么?"对云:"某甲不曾看经,争得会?"师云:"汝向后也会去在。"

师与韦曹①相公相见后,问:"院中有多少人?"师云:"五百人。"公云:"还切看读不?"师云:"曹溪宗旨不切看读。"公云:"作么生?"师云:"不收不摄不思。"

相公就沩山乞偈子②,沩山云:"觌面相呈,犹是钝汉,岂况上于纸墨?"又就师乞偈子,师将纸画圆相,圆相中著某字。谨答左边:思而知之落第二头;右边:不思而知之落第三首。乃封与相公。

【校注】

①原本"韦曹",《宋高僧传》卷十二作"韦胄",《景德

传灯录》卷十一作"韦宙"。

②原本"偈子",《景德传灯录》作"伽陀"。伽陀是偈子之梵文（Gāthā）音译。

问："弯弓满月，唶镞意如何？"师云："唶镞拟开口，驴年也不会。"南泉对，侧身立。强大师拈问："唶镞拟开口，驴年也不会。"国师云："损益只可，句安在？"净修禅师答曰："仰山唶镞①话，拟议都难会。指拟益后来，言损这边在。"石门拈问僧："古人留会不留会？"无对。门代云："不留会。"进曰："作么生会？"

【校注】

①镞：原本字缺笔，今据上文校为"镞"。

双峰离沩山，到仰山，师问："兄近日作么生？"双峰云："某甲所见，无有一法可当情。"师云："你所见不出心境。"进曰："某甲所见不出心境，和尚所见如何？"师云："岂无能知，实①无一法可当情乎？"有僧举似沩山，沩山云："寂子此语，迷却天下人去在。"顺德颂：

　　双峰览②自粗，非是仰山屈。
　　挑汝解绳抽，把当宗徒说。
　　一盲引众盲，会古在今日。

【校注】

①实：原本作"寔"，今参《景德传灯录》卷十一仰山章

校作"实"。

②览：原本字讹写，校为"览"。

师有时正与么闭目坐次，有一僧潜步到师身边侍立。师开门，便于地上作圆相，圆相中书"水"字，顾示其僧。无对。问："如何是祖师意？"师以手作圆相，圆相中①书"佛"字对。

【校注】
①中：原本无，据文理补。

有行者随法师入佛殿，行者向佛唾。法师云："行者少去就，何以唾佛？"行者云："还我无佛处来唾。"沩山闻云："仁者却不仁者，不仁者却是仁者。"师代："法师但唾行者，行者若有语，即云：还我无行者处来唾。"

有俗官送物，充①沩山赎钟，沩山谓仰山云："俗子爱福也。"仰山云："和尚将什么酬他？"师把柱杖敲丈床两三下，云："将这个酬得他么？"仰山云："若是这个，用作什么？"师云："汝嫌个什么？"仰山云："专甲即不嫌，这个是为大家底。"师云："汝既知大家底，更就我觅什么酬他？"仰山云："怪和尚把大家底行人事。"沩山云："汝不见达摩从西天来，亦将此物行人事？汝诸人尽是受他信物者。"

【校注】
①充：原本异体字，今据文理校之。

师示众云:"与么时且置,不与么时作么生?"有人举似沩山,沩山云:"寂子为人太早。"

因沩山与师游山,说话次,云:"见色便见心。"仰山云:"承和尚有言:见色便见心。树子是色,阿那个是和尚色上见底心?"沩山云:"汝若见心,云何见色?见色即是汝心。"仰山云:"若与么,但言先见心,然后见色。云何见色了见心?"沩山云:"我今共树子语,汝还闻不?"仰山云:"和尚若共树子语,但共树子语,又问某甲闻与不闻作什么?"沩山云:"我今亦共子语,子还闻不?"仰山云:"和尚若共某甲语,但共某甲语,又问某甲闻与不闻作什么?若问某甲闻与不闻,问取树子闻与不闻始得了也。"

师在沩山时,雪下之日,仰山置问:"除却这个色,还更有色也无?"沩山云:"有。"师云:"如何是色?"沩山指雪。仰山云:"某甲则不与么。"沩山云:"是也理长则就,除却这个色,还更有色也无?"仰山云;"有。"沩山云:"如何是色?"仰山却指雪。

洞山遣人问师:"作么生即是?作么生则不是?"师云:"是则一切皆是,不是则一切不是。"洞山自云:"是则一切不是,不是则一切是。"师偈曰:

法身无作化身作,薄伽玄应诸病药。
喠喋①闻响拟嗥吠,蹈②水觅鱼痴老鹤。

【校注】

①喠喋:亦作"崖柴",狗欲咬物的样子。《三国志·魏

志·曹爽传》注:"二狗嗂喋不可当。"

②蹈:原本异体字。

师为沙弥时,在宗和尚处童行房里念经。宗和尚问:"谁在这里念经?"对云:"专甲独自念,别无人。"宗和尚喝云:"什么念经,恰似唱曲、唱歌相似,得与么不解念经!"师便问:"某甲则如此,和尚还解念经也无?"云:"我解念经。"师曰:"和尚作么生念?"宗和尚念:"如是我闻,……"师便云:"住!住!"

问:"今日设沩山斋,未审沩山还来也无?"师云:"来则有去,去则有来。"沩山唤师,师喏。沩山云:"速道!速道!子莫落阴。"云:"专甲信亦不立。"云:"汝何故不立信?"云:"若是专甲,更信阿谁?"云:"汝解故不立?不解故不立?"云:"若不立,不说解不解。"云:"汝是定性声闻。"云:"专甲佛亦不见。"

师举起一物问沩山云:"与么时如何?"沩山云:"分别属色尘,我到这里,与么不与么?"仰山云:"和尚有身而无用。"沩山云:"子如何?"仰山云:"某甲信亦不立。"沩山云:"为什么不立信?"仰山云:"若是某甲,更信阿谁?"沩山云:"有不立?无不立?"仰山云:"不立不说有无。"沩山云:"子是定性声闻。"仰山云:"专甲到这里,佛尚不见。"沩山云:"子向后传吾声教,行步阔狭,吾不及子也。"①

【校注】

①本段公案与上段似有重复,资料来源不同,传说也颇多

异趣,故并录于此。又或上段是后世所加,从其"云"之前皆无云之主体来判断,似不合原作文风。但仅此作为理据并不充分,仅供参考。

师为沙弥时,在耽源,唱礼次,耽源问:"作什么?"师云:"唱礼。"源云:"礼文道什么?"对云:"一切恭敬。"源云:"忽遇不净底,作么生?"师曰:"不审。"

第一,韦中承①问和尚曰:"五祖云何分付衣钵与慧能,不分付神秀?既分付后,云何慧明又从五祖下趁到大庾岭头夺其衣钵?复有何意不得衣回?某甲在城曾问师僧,悉各说不同。某甲常疑此事,和尚禀承有师,愿垂一决。"

师答曰:"此是宗门中事,曾于先师处闻说。登时,五祖下有七百僧,五祖欲迁化时,觅人传法,及分付衣钵。众中有一上座,名曰神秀,遂作一偈上五祖:身是菩提树,心如明镜台;时时勤拂拭,莫遣有尘埃。后磨坊中卢行者闻有此偈,遂作一偈上五祖曰:菩提本无树,明镜亦非台;本来无一物,何处有尘埃?五祖亦见此偈,并无言语。遂于夜间,教童子去碓坊中唤行者来。行者随童子到五祖处,五祖发遣却童子后,遂改卢行者名为慧能,授与衣钵,传为六祖。向行者云:'秀在门外,能得入门。得座被衣,向后自看。二十年勿弘吾教,当有难起,过此已后,善诱迷人。'慧能便问:'当往何处而堪避难?'五祖云:'逢怀即隐,遇会即逃②。异姓异名,即当安矣。'行者既得付嘱衣钵,五祖发遣,子时即发去岭南。

"五日后，五祖集众人告曰：'此间无佛法也。'此语意显六祖。众僧问五祖：'衣钵分付何人？'五祖云：'能者即得。'众僧商议碓坊中行者，又被童子泄语，众僧即知卢行者将衣钵归岭南。众僧遂趁。众中有一僧，舍官入道，先是三品将军，姓陈字慧明，星夜倍程，至大庾岭头。行者知来趁，遂放衣钵，入林向磐③石上坐。其慧明岭上见其衣钵，向前以④手抬之，衣钵不动。便自知力薄，即入山觅行者。于山高丛⑤林中，见行者在石上坐。行者遥见慧⑥明，便知要夺衣钵，即云：'我祖分付衣钵，我苦辞不受，虽将来，见在岭头。上座欲要，便请将去。'慧明答：'我不为衣钵来，只为法来。不知行者离五祖时，有何密意密语，愿为我说？'行者见苦求，便即与说⑦，先教向石上端坐，静思静虑。'不思善不思恶，正与么思不生时，还我本来明上座面目来。'慧明问云：'上来密意，即这个是？为当别更有意旨？'行者云：'我今分明与汝说著，却成不密。汝若自得自己面目，密却在汝边。'慧明向行者云：'汝在黄梅和尚身边，意旨复如何？'行者云：'和尚看我对秀上座偈，即知我入门意，即印慧能，云：秀在门外，能得入门。得座被衣，向后自看。此衣钵从上来分付，切须得人。我今付汝，努力将去。二十年勿弘吾教，当有难起。过此已后，善诱迷情。慧能问云：当于何处而堪避难？五祖云：逢怀即隐，遇会即逃。（怀即怀州，会即四会县）异姓异名，当即安矣。'

"时慧明虽在黄梅剃发，实不知禅宗面目，'今蒙指授入处，如人饮水，冷暖自知。从今日向后，行者即是慧明师，今便改名号为道明。'行者曰：'汝若如是，吾亦如是，与汝同师黄梅不异，善自护持。'道明曰：'和尚好速向南去，在后大有人来趁和尚，待道明尽却指回。今便礼辞和尚，向北去。'道明在岭头分首，便发向北去。于虔⑧州，果见五十余僧来寻卢行者，道明向僧曰：'我在大庾岭头怀化镇，左右五六日等候，借访诸关津，并不见此色目人过。'诸人却向北寻觅，云：'其人石碓垂损腰，行李恐难。'众人分头散后，道明独往庐山布水台。经三年后，归蒙山修行。后出徒弟，尽教岭南礼拜六祖处。至今蒙山灵塔见在。"

【校注】

①原本"中承"，疑即"中丞"。中丞乃官名，汉御史大夫有二丞，一曰御史丞，一曰中丞；中丞司掌图籍秘书，并受公卿奏事、举劾案章等。历东汉及晋，皆仍其制；唐之后诸朝，亦均有此官。原本所提之"韦中承"，即前面说的"韦曹"或"韦胄"。

②原本"逃"字，参契嵩本《坛经》则作"藏"。一字之差，天悬地隔。

③磬：原本作"磻"。

④以：原本作"已"，二字相通。

⑤丛：原本模糊；一校作"処"。

⑥慧：原本作"惠"。

⑦见苦求，便即与说：此中"求"字原本极模糊，"便"字缺脱，"即"字只有"卩"半边，今据文理校补。

⑧虔：原本作"虎"。当为"虔州"。

第二，宛陵①僧道存问曰："和尚沙汰后再到湖南礼觐沩山和尚，复有何微妙言说？"

和尚云："我难后到沩山，[沩山]得一日问我：'汝在仰山住持及说法，莫诳惑他人否？'仰山云：'随自己眼目。'沩山云：'汝争辨得诸方师僧知有师承？知无师承？知是义学？知是禅学？宗门事宜，说似我看。'仰山咨和尚云：'辨得也。'沩山云：'有诸方学人来问汝曹溪意旨，汝如何答渠？'仰山云：'大德，近从何处来？学人答：近从诸方老宿处来。仰山即举一境问云：诸方老宿还说这个不说这个？或时举一境云：这个则且置，还诸方老宿意如何？'已上两则，境智也。沩山闻说，叹曰：'大好，此亦是从上来宗门牙爪。'沩山又云：'忽有人问：一切众生但有茫茫业识，无本可据。汝云何答？'仰山云：'蓦呼于学人名，学人应喏。仰山问是什么物？学人答云不会，仰云：汝亦无本可据，非但茫茫业识。'沩山云：'此是师子一滴乳，六斛驴乳一时迸散。'

"沩山又问仰山：'身边还有学禅僧不？'仰山云：'还有一两个，只是面前背后。'沩山问：'云何面前背后？'仰山云：'人前受持声教只对别人，即似背后揩定著渠，自己照用处，业性亦不识。'沩山云：'我身边还有学禅人不？'仰山答云：'出山日早，有亦不识他。'沩山云：'以汝在日眼目，且沩山有不？'仰山答：'山中纵有诸同学兄弟，不曾仔细共他论量，并不知眼目深浅。'沩云：'大安如何？'答云：'不识他。''全谂如何？''亦不识他。''志和如何？''亦不识他。''志遇如何？''亦不识他。''法瑞如何？''亦不识。'沩山咄云：'我问汝，总道不识，什么意?'仰山咨和尚:'为当欲得记他见解？为当欲得行解?'沩山云:'汝云何说他见解？云何说他行解?'仰山云:'若欲记他见解，上来五人向后受持和尚声教，为人善知识，说示一切人，如泻之一瓶，不失一滴，为人师有余，此是见解。'沩山云:'行解如何?'仰山云:'未具天眼他心，不知他照用处，缘行解自辨清浊业性，属于意密，所以不知他。只如慧寂在江西时，尽头无惭无愧，今时和尚见了，唤作学禅人不?'沩山云:'是我向一切人前说汝不解禅，得不?'仰山云:'慧寂是何虾蟆蛐蟮，云何解禅?'沩山云:'是汝光明，谁人障汝?'仰山问沩山云:'西天二十七祖般若多罗，玄记禅宗向后三千年事，时至分寸不移。只如和尚今时还得不?'沩山云:'此是行通边事，我今未得。我是理通学，亦是通自宗，所以未具六通。'

"仰山咨沩山云:'只如六祖和尚临迁化时，付嘱诸子，取一饴链，可重二斤，安吾颈中，然后漆之。诸子问曰：安铁颈中，复有何意？六祖云：将纸笔来，吾玄记之：五六年中，头上养亲，口里须餐；遇满之难，杨柳为官。'沩山云:'汝还会祖师玄记意不?'仰山云:'会。其事过也。'沩山云:'其事虽则过，汝试说看。'仰山云:'五六年中者，三十年也；头上养亲者，遇一孝子；口里须餐者，数数设斋也；遇满之难者，是汝州张净满也，被新罗僧金大悲将钱雇，六祖截头，兼偷衣钵；杨柳为官者，杨是韶州刺史，柳是曲江县令，惊觉后于石角台捉得。和尚今时有此见不?'沩山云:'此是行通，我亦未得。此亦是六通数。'仰山云:'咨和尚：和尚今时若记人见解即得，若记人行解即属人情，不是佛法。'沩山喜云:'百丈先师记，十数人会佛法会禅,向后千百人围绕,及其自住数不?'仰山云:'虑恐如此,然则圣意难测,或逆或顺,亦非慧寂所知。'沩山云:'汝向后还记人不?'仰山云:'若记,只记见解,不记行解。见解属口密,行解属意密。未齐曹溪,不敢记人。'沩山云:'子何故不记?'仰山云:'燃灯身前事,这边属众生,行解无凭。'沩山云:'燃灯后,汝还记得渠不?'仰山云:'燃灯后,他自有人记,亦不到慧寂记。'

"仰山又问沩山:'和尚浮沤识,近来不知宁也未?'沩山云:'我无来经五六年。'仰山云:'若与么,如今和尚身前应普超三昧顶也。'沩山云:'未。'仰山云:'性地浮沤尚宁,燃灯身前何故未?'沩山云:'虽然理即如此,我亦未敢保任。'仰山云:'何处是未敢保任处?'沩山云:'汝莫口解脱。汝不闻安、秀二禅师,被则天一试下水,始知有长人到这里,铁佛亦须汗流。汝大须修行,莫终日口密密底。'又云:'汝三生中,汝今在何生?实向我说看。'仰山云:'想生相生,仰山今时早已淡泊也。今正在流注里。'沩山云:'若与么,汝智眼独浊在。未得法眼力人,何以知我浮沤中事?'仰山云:'大和三年,奉和尚处分,令究理。顿穷实相性,实际妙理。当刹那时,身性清浊辨得,理行分明。从此已后,便知有师承宗旨,虽则行理力用,卒未可说。如今和尚得与不得即知,以海印三昧印定,前学后学无别有路。'沩山云:'汝眼目既如此,随处各自修行,所在出家一般。'仰山咨沩山云:'初礼辞和尚时,和尚岂不有语处分?'沩山云:'有语。'云:'虽是机理,不无含其事。'沩山云:'汝也是秦时铎落钻。'仰山云:'此行李处,自谩不得。'沩山云:'仁子之心,亦合如此。'"

道存问曰："礼辞沩山时，有何言语？"仰山云："我辞和尚时，[和尚]处分：五六年闻吾在即归来，闻吾不在即自拣生路行，努力好去。"道存问云："和尚今时传持祖教，若不记，向后学人如何？"和尚云："我分明向汝道，今时即试人见解，不试人行解。他行解属意密，正涉境时，重处偏流，业田芽出，别人争知？何处记他？汝不闻大耳三藏从西天来，得对肃宗，肃宗问云：三藏解何法？三藏云：善解他心。肃宗遂令中使送到国师忠和尚处，请试三藏实解他心不？国师遂将涉境心试三藏，三藏果见知心念去处，缘为涉境。后国师入三昧，心不涉境，三藏觅国师意不得，被呵云：这野狐精！圣在何处？若入自受用三昧去，玄谁得知？所以，行解难知。故云：证者非见知，不证者非见知。"

道存问云："如何得行解相应？"和尚云："汝须会得禅宗第三玄。初心即贵入门第一玄，向后两玄是得座被衣，汝须自看，亦须自知有种觉种智。种觉者，即三身如一，亦云理无净，亦云遮那湛寂；种智者，即得身性圆明，后却向身前照用，不染不著，亦云舍那无依智，亦云一体三身，即行无净。如是身性圆明，漏尽意解，身前无业，不住动静，出生入死，接物利生，亦云正行，亦云无住本。他时自具宿命他心，三明八解，此是圣末边事，汝莫将心凑泊。我分明向汝道，却向性海里修行，不要三明六通。何故如此？然则有清有浊，但二俱是情。汝不见沩山道：凡圣情尽，体露真性常住；事用②不二，即是如如佛。"

【校注】

①宛陵：原本作"菀陵"。下同。
②原本"事用"，疑应为"事理"。

第三，宛陵僧道存问和尚："诸方大家说达摩将四卷《楞伽经》来，未审虚实耶？"仰山云："虚。"道存问云："何知虚？"和尚云："达摩梁时来，若将经来，在什么朝翻译？复出何传记？其《楞伽经》前后两译，第一译是宋朝求那跋摩三藏，于南海始兴郡译。梵云质多，此云数数生念，又云乾栗，此云无心，此是一译，见上目录；又江陵新兴寺截头三藏译，胡云质多，此云数数生念，胡云乾栗，此云无心，此是二译。义即一般，胡云汉云则有差别。若言达摩将经来，具翻译义，复是何年？又复流行何土？汝不闻六祖在曹溪说法时，'我有一物，本来无字，无头无尾，无彼无此，无内无外，无方圆大小；不是佛，不是物'，返问众僧，'此是何物？'众僧无对。时有小师神会云：'此是诸佛之本源，亦是神会佛性。'六祖索杖打沙弥数下，'我向汝道，无名无字，何乃安置本源佛性？'登时神会唤作本源佛性，尚被与杖，今时说道达摩祖师将经来此，是谩糊达摩，带累祖宗，合吃其铁棒。只如佛法到此土三百余年，前王后帝，翻译经论，可少那么？达摩特来为汝诸人贪著三乘五性教义，汨没在诸义海中，所以达摩和尚救汝诸人迷情。初到此土时，唯有梁朝宝志禅师一人识。梁帝问宝志曰：'此是何人？'宝志答：'此是传佛心印大师，观音圣人乎！'不云'传《楞伽经》圣人'也。"

道存问和尚云:"达摩《五行论》云'借教悟宗',复借何教?"仰山云:"所言'借教悟宗'者,但借口门言语牙齿、咽喉唇吻;云口放光,即知义也。悟宗者,即答梁帝云:'见性曰功,妙用曰德。功成德立,在于一念。'如是功德,净智妙用,非是世求。只如曹溪六祖对天使云:'善恶都莫思量,自然得入心体。湛然常寂,妙用恒沙。'天使顿悟,叹曰:'妙尽故知佛性。不念善恶,妙用自在。待某甲若见圣人,与传妙旨。'皇帝闻之,当时顿悟,亦叹曰:'朕在京城,不曾闻说此语,实为明据,谨敬顶礼修行。'"

道存问曰:"达摩和尚既不将《楞伽经》来,马大师语本及诸方老宿,数引《楞伽经》,复有何意?"仰山云:"从上相承说,达摩和尚说法时,恐此土众生不信玄旨,数数引《楞伽经》来,缘经上有相似处。宗通说通诱童蒙,宗通修行者,及听惠婆罗门,来问佛三十六对,世尊并拨入世论,又有相似处。从缘所得觉,及本住法,如金银等性。如来出世,及不出世,本性常住。故云:有佛无佛,性相常住。此是闲暇语话引来,非是达摩将此为祖宗的意。汝不闻达摩在西行化,般若多罗云:'汝今得法,且莫远去。待吾灭后六十一年,当往震旦,只得一九,如今便去,衰于日下。'亦不闻分付将《楞伽经》来此土。我今告你,若学禅道,直须稳审;若也不知原由,切不得妄说宗教中事。虽是善因①,而招恶果。"

【校注】

①因:原本作"国",误。

第四，幽州僧思邰问和尚："毕竟禅宗顿悟入理门的的意如何？"仰山云："此意甚难。若见他祖宗苗裔①，上上根性，如西天诸祖，此土从上祖相承，或一玄机，或一境智，他便肯去，玄得自理，不居惑地，更不随于文教。故相传云：诸佛理论，不干文墨。此一根人难得。向汝道，少有学禅师僧，何处有不得佛法？只为无志。汝不闻先德道，若不安禅静虑，到这里总须茫然②。"

思邰问云："除此一格，别更有入处不？"仰山云："有。""如何即是？"仰山云："汝是何处人？"思邰云："幽燕人。"仰山云："汝还思彼处不？"答云："思。"仰山云："彼处是境，思是汝心。如今返思个思底，还有彼处不？"答云："到这里非但彼处，一切悉无。"仰山云："汝见解犹有心境在。信位即是，人位即不是。"

思邰问："除却这里，别更有意旨不？"仰山云："别有别无，即不安也。"思邰问："到这里作么生即是？"仰山云："据汝解处，还得一玄。得座③被衣，向后自看。汝不闻六祖云，'道由心悟'；亦云'悟心'；又云'善恶都没思量，自然得入心体，湛然常寂，妙用恒沙'。若实如此，善自保任。故云：'诸佛护念'。若有漏不忘，意根忆想，在身前义海，被五阴身所摄，他时自不奈何。故云：如象溺深泥，并不见禅，亦非师子儿也。"

【校注】

①裔：原本异体字。

②茫然：原本作"忙然"。

③座：原本作"坐"。

第五，海东僧亭育问："和尚禅诀①名函，不知所措：仰山集云峰，迦叶弥伽，舍那遮那，三摩钵底，师地静虑，沙门慧寂。"

和尚云："'仰山集云峰'者，即是卢舍那本身，及现在业根分段②身所招外依报也。亦云僧宝住持处所。'迦叶弥伽'者，总也。'迦叶'者，禅宗初祖；从婆伽婆③处密传三昧也，故云'弥伽'也。'舍摩④'者，密受三昧也。"

亭育问："和尚禅决中云'还我本来面目'，莫是此三昧以不？"仰山云："若是汝面目，更教我说，如石上栽⑤花，亦如夜中树影。"问云："夜中树，决定信有。其树影，为有为无？"仰山云："有无且置，汝今见树不？"

"'遮那'者，身性如也。'三摩钵底'者，即戒定慧，亦云菩提妙花，亦云华藏庄严；即内依报招外果者，即人相成佛是也。'师地'者，通自宗。自宗通，即三十三祖。'静虑'者，即四种无受三昧。"

问："此三昧有出入不？"仰山云："有病即有出入，无病药还祛。初心即学出入，熟根即净明无住。"问："出入其意如何？"仰山云："入人如无受，即法眼三昧起，离外取受。入性如无受，即佛眼三昧起，即离内取受。入一体如无受，即智眼三昧起，即离中间取受，亦云不著无取受。自入上来，所解三昧，一切悉空，即慧⑥眼所起。入无无三昧，即道眼所起，即玄通无碍也。譬如虚空，诸眼不立，绝无眼翳。赞如上三昧，毕竟清净无依住,即净明三昧也。告诸学人,莫勤精进,懈怠懒惰⁷,空心静坐,想一个无念无生,想一个无思无心;论他身心不生不灭,二边中道义海,是他人光影。抛却身前义海,紧抱执一个黑山,此是痴界,亦不是禅。"

"'沙门'者,达本性,息缘虑。勤修上来三昧,则通达一切三昧,故云沙门。天人阿修罗,顶戴恭敬,故云道德圆备。执此向后,堪受人天供养。若不如此修行,受人天供养,一生空过,大难,大难。'慧寂'者,在住持三宝中,与初解外招依报不别,并属假名空。"

【校注】

①诀:原本作"决"。

②段:原本异体字。

③原本"婆伽婆",即薄伽梵,亦即佛陀,梵文同音异译。

④舍摩:原本前文作"舍那"。

⑤裁:原本作"裁"。

⑥慧:原本作"惠"。

⑦懒惰:原本异体字。

自余法要,及化缘之事,多备仰山行录。敕谥智通大师,妙光之塔。东平迁化后,归仰山矣。

卷第十九

香严和尚

香严和尚嗣沩山,在登州①。师讳智闲。未睹实录。时云青州人也。

【校注】

①本师住地,依《宋高僧传》卷十三、《景德传灯录》卷十一记,在邓州香严山。邓州,隋置,寻又改南阳郡,治穰县;唐以后仍之。而登州乃唐置,故治即今山东牟平县,寻徙治蓬莱,即今蓬莱县。从后文"因到香严山忠国师遗迹"来判断,香严山自在南阳,从而原本"登州"或为"邓"之繁体字脱落偏旁而误。

身方七尺,博闻利辩,才学无当。在沩山众中时,击论玄猷,时称禅匠。前后数数扣击沩山,问难对答如流。沩山深知其浮学,未达根本,而未能制其词辩。

后因一朝,沩山问曰:"汝从前所有学解,以眼耳于他人见闻,及经卷册子上记得来者,吾不问汝。汝初从父母胞胎中出,未识东西时本分事,汝试道一句来,吾要记汝。"师从兹无对,低头良久。更进数言，沩山皆不纳之。遂请为道，沩山云："吾道不当，汝自道得，是汝眼目。"师遂归堂中，遍检①册子，亦无一言可对。遂一时烬之，有学人近前取，师云："我一生来被他带累，汝更要之，奚为？"并不与之，一时烬矣。师曰："此生不学佛法也。余自生来谓无有当②，今日被沩山一扑净尽。且作一个长行粥饭僧过一生。"遂礼辞沩山，两泪出门。

【校注】

①检：原本作"捡"字。
②当：疑应为"挡"。二字相通。

因到香严山忠国师遗迹，栖心憩泊。并除草本散心。因击掷瓦砾次，失笑，因而大悟。乃作偈曰：

　　一挃①忘所知，更不自修持②。
　　处处无踪迹，声色外威仪。
　　十方达道者，咸言上上机。③

便罢，归室，焚香，具威仪，五体投地，遥礼沩山。赞曰："真善知识，具大慈悲，拔济迷品。当时若为我道却，则无今日事也。"

【校注】

①挃：参《景德传灯录》卷一本章则作"击"。
②持：《景德传灯录》卷十一作"治"。
③原本此偈，《景德传灯录》明藏本根据《通明集》在第

一行后补"动容扬古路,不堕悄然机",并在其后小字注曰"此句旧本并福邵本并无"。按旧本即元延祐本。

便上沩山,具陈前事,并发明偈子呈似和尚。便上堂,令堂维那呈似大众。大众总贺,唯有仰山出外未归。仰山归后,沩①山向仰山说前件因缘,兼把偈子见似仰山。仰山见了,贺一切后,向和尚说:"虽则与么发明,和尚还验得他也无?"沩山云:"不验他。"

仰山便去香严处,贺喜一切后,便问:"前头则有如是次第了也,然虽如此,不息众人疑。作么生疑聻?将谓预造,师兄②已是发明了也。别是气道③造,道将来。"香严便造偈对曰:

去年未是贫,今年始是贫。

去年无卓锥之地,今年锥也无。

仰山云:"师兄在知有如来禅,且不知有祖师禅。"

【校注】

①沩:原本作"扐",当校为"沩"。

②原本"师兄",参《景德传灯录》卷十一仰山章则作"师弟"。

③气道:参本章下文洞山与香严来僧之对答"伏蒙和尚垂方便,得这个气道……"云云。气道似指一种禅悟的境界。

师问僧:"如人在高树上,口衔树枝,脚下踏树,手不攀枝,下有人问:如何是西来意?又须向伊道,若道又被扑杀,不道违于他问。你此时作么生指他,自免丧①身失命?"虎头招上座反②问:"上树时则不问,未上树时作么生?"师笑嘘嘘。

【校注】

①丧:原本异体字。

②反:原本作"返"。

问:"如何是据现在学?"师以扇子旋转,示云:"见么?见么?"

问:"如何是无表戒?"云:"待阇梨还俗,则为你说。"

问:"如何是声色外相见一句?"云:"某甲未住香严时,且道在什么处?""与么时亦不敢道在。"云:"如幻人心,心所念法。"

问:"如何是声前一句?"师云:"大德未问时则答。"进曰:"即今时如何?"云:"即今时问也。"

问:"如何是直截根源①佛所印?"师把杖抛下,撒手而去,指古人迹,颂曰:

古人语,语中骨。

如云映②秋月,光明时出没。

句里隐,不当当。

人玄会,暗商量。

唯自肯,意不伤。

似一物,不相妨。

【校注】

①源：原本作"原"。

②映：原本字模糊，据文意校为"映"。

师与乐普同行，欲得相别时，乐普云："同行什么处去？"师云："去东京。"普曰："去作什么？"师云："十字路头卓庵去。"普曰："卓庵作什么？"师云："为人。"普曰："作么生为人？"师便举起拂子，普云："举拂子作么生为人？"师便抛下拂，普云："荒处犹过，在净地为什么却迷人？"师云："怪伊作什么？"

《励学吟》①：

满口语，无处说，
明明向道人不决。
急著力，勤咬啮，
无常到来救不彻。
日里话，暗嗟②切，
快磨古锥净挑揭。
理尽觉，自护持，
此生事，吾不说。
玄旨求他古老吟，
禅学须穷心影绝。

师《诫宗教接物颂》曰：

三句语，究人玄。
迅面目，示豁然。

开两路,备机缘。

投不遇,说多年。

【校注】

①原本"励学吟",《景德传灯录》卷三十作"励觉吟"。

②嗟:疑为"磋"字。磋,商量。参《景德传灯录》卷三十。

洞山问僧:"离什么处来?"对云:"离香严来。"山云:"有什么佛法因缘?"对云:"佛法因缘即多,只是爱说三等照。"山云:"举看。"学人举云:"恒照、常照、本来照。"洞山云:"有人问此三等照也无?"对云:"有。"山云:"作么生问?"对云:"作么生是恒照?"又问"常照",山云:"好问处不问。"僧问:"请师垂个问头。"洞山云:"问则有,不用拈出。缘作么故?阇梨千乡万里来,乍到者里,且歇息。"其僧才得个问头,眼泪落。洞山云:"哭作什么?"对云:"启和尚:末代后生,伏蒙和尚垂方便,得这个气道,一则喜不自胜;二则恋和尚法席,所以与么泪下。"洞山云:"唐三藏又作么生?从唐国去西天十万八千里,为这个佛法因缘不惜身命,过得如许多险难。所以道,五天犹未到,两眼泪先枯。虽则是从此香严千乡万里,为佛法因缘,怕个什么?"其僧下山,却归香严。从容得二日,师戴帽子上堂,其僧便出来问:"承师有言'恒照、常照、本来照',三等照则不问,不照时唤作什么?"师便却下帽子,抛放众前。其僧却归洞山,具陈前事。洞山却低头,后云:"实与么也无?"对云:"实与么。"洞云:"若也实与么,斫头也无罪过。"其僧却归香严,具陈前事。师下床,向洞山合掌云:"新丰和尚是作家。"

《最后颂》①曰:
> 有一语,全规矩。
> 休思量,不自许。
> 路逢同道人,扬②眉省来处。
> 踏不著,多疑虑。
> 却思量,带伴侣。
> 一生参学无事成,
> 殷勤抱得栴檀树。

【校注】
①参《景德传灯录》卷二十九,将此颂名为《最后语》。
②扬:原本作"杨"。

《常在颂》:
> 管带历历,诸边宁息。
> 平常见闻,不入榛棘。
> 四威仪中,净洁析析。
> 机感相投,一时抛掷。
> 默处对缘,声前显迹。
> 同道相知,不劳势力。

《修行颂》曰:
> 天寒宜曝日,归堂一食倾。

思著未生时，宜然任他清。

只［与］么寻时，明镜非明镜。

独坐觉雪①凉，行时也只宁。

【校注】

①雪：原本字模糊，似"雪"亦似"虚"，且校作"雪"。

郑郎中问，颂：

既无人解，又无人缚。

出此路歧，入何城郭？

师颂答：

语中埋迹，声前露容。

即时妙会，古人道同。

响应机劝①，无自他宗。

诃起骇奔，嚬迅成龙。②

郑郎中又问：

来无他彻③迹，去是非我途。

并逐猿猴尽，山川境在无。

大师以《发机颂》答：

语里埋筋骨，音声染道容。

即时才妙会，拍手趁乖龙。

【校注】

①原本"劝"字，《景德传灯录》卷二十九作"宜"。

②奔：原本字异体难辨。整句《景德传灯录》卷二十九则作："诃起骁蟒，奋迅成龙。"

③彻：疑作"辙"。

《清思颂》曰：
　　尽日坐虚堂，静思绝参详。
　　更无回顾意，争肯置平常？

《谈玄颂》曰：
　　的的无兼带，独运何依赖？
　　路逢达道人，莫将语默对。

《与学人玄机颂》曰：
　　妙旨迅速，言说来迟。
　　才随语会，迷却神机。
　　扬眉当问，对面熙①怡。
　　是何境界，同道方知。

【校注】

①熙：原字模糊，参《景德传灯录》卷二十九校。

《浑沦语颂》曰：
　　一束茅①，草六分。
　　盖得庵，无子门。
　　藏头人，入去却。
　　转头来，语浑沦。

【校注】

①茆：原字讹写，疑为"茆"误，今校为"茅"。

师为众曰："此世界日月短促，则须急急底事了却去。平治如许多不如意事，直须如地相似，安然不动，一切殊胜。境不随转，只么寻常，不用造作；独脱现前，不带伴侣；皎然秋月明，内外通透。克念寸阴，直须此生了却，今生不了，阿谁替代？大德，莫待头白齿黄，耳聋眼暗，无常到来，悔当何及！大德，身上是他衣，堂里是他食，灯油大炭，床榻卧具，十方信心供，须将何道业消受？一念迹不尽，个个是债负。特达丈夫，气志坚固，心如断绳，休去三界因果，无断现时富贵贫穷苦乐之事；尽未来际，纵恣贪爱，织造有漏。至于今日，应当知足；过去诸佛还从凡夫中修持去，无天生圣人。大德，本离翩①中，抛却父母，出家为什么事？莫因循，莫犹豫②，虚度光阴。古人道：寄语参玄人，光阴莫虚度。百丈云：努力一生须了却，谁能累劫受诸殃？"《明古颂》③曰：

　　古人骨，多灵异。
　　贤子孙，密安置。
　　此一门，成孝义。
　　人未达，莫差池。
　　须志固，遣狐疑。
　　得安静，不倾危。
　　向即远，求即离。

取即失，急即迟。

无计较④，忘觉知。

浊流识，今古伪。

一刹那，通变异。

嵯峨山，石火起⑤。

内里发，焚巅累。

无遮栏，烧海底。

法网疏，灵焰细。

六月卧，去被衣。

盖不得，无假伪。

达道人，唱祖意。

我师宗，古来讳。

唯此人，善安置。

足法财，具惭愧。

不虚施，用处谛。

有人问，少呵气。

更寻⑥来，说米贵。

【校注】

①原本"㛷"字，疑应为"乡"。

②"豫"字，原本作"预"。

③原本"明古颂"，《景德传灯录》卷二十九作"授指颂"。

④"较"字,原本作"校"。
⑤"起"字,《景德传灯录》卷二十九作"气"。
⑥"寻"字,《景德传灯录》卷二十九作"审"。

《与崔大夫畅玄颂》曰:
  达人多隐显,不定露形仪。
  语下不遗迹,密密潜护持。
  动容扬古路,明妙乃方知。
  应物但施设,莫道不思议。

《宝明颂》曰:
  思清人少虑,风规自然足。
  影落在音容,孤明绝撑触。

《出家颂》:
  从来求出家,未详出家称。
  起坐只寻常,更无小殊胜。

《寄法堂颂》:
  东间里入寂,西间里语话。
  中间里睡眠,通间里行道。
  向前即检校,向后即隐形。

时人都不措,问:"什么精灵?"答曰:"净地上鼓怒,怡然中伴嗔。平坦处不守,危险中藏身。盲聋遇之眼开,僧繇①驻笔凝神。"

【校注】

①繇:原本作"瑶"。僧繇,古代著名书画家。

《玄旨颂》曰：

　　去去无标的，来来只么来。

　　有人相借问，不语笑咳咳①。

【校注】

①笑咳咳：《景德传灯录》卷二十九作"笑哈哈"。

《赠同住归寂颂》：

　　同住道人七十余，共辞城郭乐山居。

　　身如寒木心芽①绝，不话唐言休梵书。

　　心期尽处身虽丧，如来弟子沙门样。

　　深信共崇钵塔城，巍巍置在青山嶂②。

　　观夫参道不虚然，脱去形骸甚高上③。

　　从来不说今朝事，暗里埋头隐玄畅。

　　不留踪迹异人间，深妙神光饱明亮。

【校注】

①芽：《景德传灯录》卷三十作"牙"。

②嶂：《景德传灯录》卷三十作"掌"。

③上：《景德传灯录》卷三十作"尚"。

《劝学颂》曰：

　　出家修道莫修安，失念求安学道难。

未得直须求大道，觉了无安无不安。

《志守得破颂》云：

十五日已前，师僧莫离此间；

十五日已后，师僧便住此间。

去即打汝头破，住即亦复如然；

不去不住事意如何？是即是，拟即差。

《辞见闻颂》曰：

好住黻分离，幽宗人迹稀。

从来未登陟，无计遣狐疑。

《分明颂》：

顿丧命根，威德自足。

一物不似，规矩现前。

《遵古路颂与郎中》：

虚心越境净思量，句里无踪声外详。

文字影像骇惊觉，动容弹指饱馨香。

《与董兵马使说示偈》：

宿静心意到心中，为求半偈契神踪。

向道却思思不得，却被寻思碍不通。

《专志颂》：

宛转宛转，究尽疑见。

只么分明，无生已恋。

内外不思，未露眉面。

如梦踏蛇，惊人顿变。

《与学人宗教宗如》：

满寺释迦子,未详释迦经。
　　唤来试共语,开口杂音声。
《三句后意颂》:
　　书出语多虚,虚中带有无。
　　却向书前会,放却意中珠。
自余化缘终始年月,悉彰实录。敕谥袭灯大师,延福之塔。

径山和尚

　　径山和尚嗣沩山,师讳鸿諲①。未睹实录。师两浙尚父②,大王礼重为师,赐号法济大师。

【校注】

　　①本师名讳,《景德传灯录》卷十一作"洪諲",称其"吴兴人也,姓吴氏。咸通六年上径山,为径山第三世住。光化四年九月示灭"。

　　②原本"尚父",尊称,意谓可尚可父。如《诗经·大雅·大明》:"维师尚父。"

　　师初出世时,未具方便,不得稳便,因此不说法。过得两年后,忽然回心,向徒弟曰:"我闻湖南石霜是作家知识,我一百来少师中岂无灵利者?谁去彼中勤学彼中气道,转来密救老汉?"
　　时有一僧名全表①,便辞发到石霜。恰遇上堂日,便置问曰:"三千里外久向石霜,到来为什么寸步千里?"霜云:"我道落带手不长。"从此亲近石霜,四十余日后,却归本山成持和尚。[师]便有来由,上堂说法,时有人问:"如何是短?"师云:"蟭螟眼里著不满。"进曰:"如何是长?"师云:"千圣不能量。"全表却归石霜,举似前话,石霜微笑曰:"是你和尚,真实道人。"全表却问石霜:"如何是短?"霜云:"莫屈曲。"进曰:"如何是长?"霜云:"双陆盘中不喝彩。"

全表持此因缘来举似师,师欢喜,便上堂告众曰:"南风吹来饱䐃䐃②底,任你横来竖来,十字纵横,也不怕你。"时有人问:"与么去底人,还有却来分也无?"师云:"我道金锁闭不得。"全表持此话来举似石霜,石霜当日便上堂告众曰:"今日有径山消息来,诸上座总去径山,径山是真善知识。"具举前话后,却向众曰:"只如径山与么道,还得十成也无?虽然如此,只道得八分。"全表便出来问:"与么去底人,还有却来分也无?"云:"金锁闭不得,来作什么?"

【校注】

①全表:《景德传灯录》卷十一作"全明"。

②䐃:原本异体字。

石霜久住,道明①上座欲去径山,辞石霜。临发时,便问:"一毫穿众穴时如何?"霜云:"须得万年。"进曰:"直得万年后如何?"霜云:"光俊听你光俊,白俊听你白俊。"②明上座持此问来径山,便问曰:"一毫穿众穴时如何?"云:"须得老。"进曰:"直得老后如何?"云:"登科听你登科,拔髓听你拔髓。"③

【校注】

①道明：据《景德传灯录》旧本，即"全明"。

②原本此句，《景德传灯录》卷十一则作："登科任你登科，拔萃任你拔萃。"

③原本此句，《景德传灯录》卷十一则作："光靴任汝光靴，结果任汝结果。"

灵云和尚

灵云和尚嗣沩山，在福州。师讳志勤，福州人也。

一造大沩，闻其示教，昼夜亡疲，如丧考妣，莫能为喻。偶睹春时花蕊繁花，忽然发悟，喜不自胜。乃作一偈曰：

三十年来寻剑客，几逢花发几抽枝。

自从一见桃花后，直至如今更不疑。

因白沩山和尚，说其悟旨。沩山云："从缘悟达，永无退失。汝今既尔，善自护持。"

遂而返锡瓯闽，举似玄沙，玄沙云："谛当甚谛当，敢保未彻在。"僧进问："正是也，和尚还彻也无?"玄沙云："须与么始得。"师云："亘古亘今。"玄沙云："甚好，甚好。"师云："喏，喏。"玄沙送师，颂曰：

三十年来只如常，几回落叶放毫光。

从此一去云霄外，圆音体性应法王。

中塔颂曰：

谛当恒然亘古今，未彻见闻实甚深。

现现运转三十载，春尽菱花示君心。

师初创灵应，后住灵云，玄徒臻凑矣。长庆初参见，问："如何是佛法大意？"师云："驴使未了，马使到来。"①

雪峰僧来问："如何是佛出世时事？"师竖起拂子。其僧便发，上雪峰，雪峰问："回太速乎？"其僧云："问佛法不相当，所以却归来。"雪峰云："你举看。"其僧便举前话，雪峰云："你问我，我与你道。"僧便问："如何是佛出世时事？"雪峰竖起拂子。进曰："如何是佛未出世时事？"雪峰放下拂子。僧便礼拜，雪峰便打之，喝出。僧举似玄沙，玄沙云："譬如一片地，作契卖与你总了。东西四畔，并属你了也。唯有中心一树，由②属我在。"

【校注】

①原本"驴使未了，马使到来，"《景德传灯录》卷十一作："驴事未去，马事到来。"

②原本"由"字，疑应作"犹"。

雪峰示众云："山上鸟，水里鱼，什么人取得？"有僧举似师，云："前三三，后三三。"雪峰闻举，云："灵云顶①上孤月明。"

【校注】

①顶：原本作"项"。

问:"诸方尽皆杂食,未审和尚如何?"师云:"唯有闽中异雄,雄镇海涯。"

问:"如何是西来意?"师云:"彩气夜常动,精灵日①少逢。"

【校注】

①日:原本作"曰",当校为"日",以与"夜"对。

问:"久战沙场,为什么功名不就?"师云:"君王有道三边静,何劳万里筑长城?"进曰:"罢息干戈,缩手归①朝时如何?"师云:"慈云普润无边际,枯树无花争奈何?"

【校注】

①缩手归:《景德传灯录》卷十一作"束手归"。"归"字,原本作"皈",故校。

问:"混沌未分时如何?"师云:"如露柱怀儿。"进曰:"含生来后如何?"师云:"如一片云点太清①。"进曰:"只如太清还受点也无?"师云②:"与么则含生不来。"进曰:"直得纯清绝点时如何?"师云:"由是真常流注。"进曰:"如何是真常流注?"师云:"如镜常明。"进曰:"未审向上还有事也无?"师曰:"有。"进曰:"如何是向上事?"师云:"打破镜来相见。"

【校注】

①太清：原本作"大清"。

②《景德传灯录》明藏本在原本"师云"之间加"不答"二字，变成"师不答，云……"，结果"与么则含生不来"转为问者所说；此句后，又加"师亦不答"四字。

问："摩尼不随众色，未审作什么色？"师云："作白色。"进曰："这个是众也。"师云："玉本无瑕①，相如诳于秦主。"

【校注】

①原本"玉本无瑕"，《景德传灯录》卷十一作："赵璧本无瑕。"

问："君王出阵时如何？"师云："吕才葬虎耳。"进曰："如何是吕才葬虎耳？"师云："坐见自①衣天。"进曰："王今何在？"师云："莫触龙颜。"

【校注】

①原本"自"字，《景德传灯录》卷十一作"白"。

王敬初居士

王敬初常侍嗣沩山。

因见米和尚来,公竖起笔。米和尚云:"还解判得虚空不?"天官抛笔案上,便入宅,更不出见。米乃致疑。

公制襄州延庆寺祖师堂双声碑文者是也。称扬祖教,洞契玄猷;理含金石之声,文抱风云之韵,广行于世矣。

临济和尚

临济和尚嗣黄檗,在镇州。师讳义玄,姓邢①。曹南人也。②

【校注】
①邢:原本作"刑",参《宋高僧传》卷十二校。
②原本"曹南人也",《宋高僧传》卷十二本传作"曹州南华人也"。

自契黄檗锋机,乃阐化于河北。提纲①峻速,示教幽深。其于枢秘,难陈示诲,略陈少分。

【校注】
①提纲:"纲"字,原本作"网",误。提纲指禅家宗匠向学徒提唱宗要。禅宗不立文字,专尚悟入,故不为具体之说明,而提唱宗要以启发之。

师有时谓众云:"山僧分明向你道,五阴身田内有无位真人,堂堂露现,无毫发许间①隔,何不识取?"时有僧问:"如何是无位真人?"师便打之,云:"无位真人是什么不净之物?②"雪峰闻举云:"林际太似好手!③"

【校注】

①问:原本作"闻"。

②原本此句,《景德传灯录》卷十二本章作:"无位真人是什么干屎橛!"

③原本此句,《景德传灯录》卷十二作:"临济大似白拈贼。"

师问落浦:"从上有一人行棒,有一人行喝,还有亲疏也无?"落浦云:"如某甲所见,两个总不亲。"师云:"亲处作么生?"落浦遂喝,师便打之。

因德山见僧参,爱趁打。师委得,令侍者到德山,"打汝汝便接取柱杖,以柱杖打[他]一下"。侍者遂到德山,皆依师指,德山便归丈室。侍者却归举似师,云:"从来疑这个老汉。"

因僧侍立次,师竖起拂子,僧便礼拜,师便打之。后因僧侍立次,师竖起拂子,其僧并不顾,师亦打之。云门代云:"只宜专甲。"

黄蘗和尚告众曰:"余昔时同参大寂道友,名曰大愚。①此人诸方行脚,法眼明彻。今在高安,愿不好群居,独栖山舍。与余相别时,叮嘱云:'他后或逢灵利者,指一人来相访。'"于时,师在众闻已,便往造谒。既到其所,具陈上说。至夜间,于大愚前说《瑜伽论》,谈②唯识,复申问难。大愚毕夕,悄然不对。及至旦来,谓师曰:"老僧独居山舍,念子远来,且延一宿。何故夜间于吾前无羞惭,放不净?"言讫,杖之数下,推出,关却门。

师回黄蘗,复陈上说,黄蘗闻已,稽首曰:"作者如猛火燃,喜子遇人,何乃虚往?"师又去,复见大愚,大愚曰:"前时无惭愧,今日何故又来?"言讫,便棒,推出门。

师复返黄蘗,启闻和尚:"此回再返,不是空归。"黄蘗曰:"何故如此?"师曰:"于一棒下入佛境界,假使百劫粉骨碎身,顶擎绕须弥山,经无量匝③,报此深恩,莫可酬得。"黄蘗闻已,喜之异常,曰:"子且解歇,更自出身。"

师过旬日,又辞黄蘗,至大愚所。大愚才见,便拟棒师。师接得棒子,则便抱倒大愚,乃就其背殴之数拳。大愚遂连点头曰:"吾独居山舍,将谓空过一生,不期今日却得一子。"

先招庆和尚举终,乃问师演侍者曰:"既因他得悟,何以将拳打他?"侍者曰:"当时教化全因佛,今日威拳总属君。"

师因此侍奉大愚,经十余年。大愚临迁化时,嘱师云:"子自不负平生,又乃终吾一世,已后出世传心,第一莫忘黄叶④。"

【校注】

①原本"余昔时同参大寂道友名曰大愚",此中说"同参大寂"似不妥。大愚乃归宗弟子,归宗又是黄蘗所钦敬之师,如其说"马大师下有八十八人坐道场,得其真正法眼者只有一二,庐山(归宗)是一人",由此,黄蘗与大愚同参归宗倒有可能,不妨校原本"大寂"为"庐山"。

②谈:原本作"谭"。

③匝：原本作"币"。

④原本"黄叶"，疑应校作"黄檗"。诸本禅籍都把本师列为黄檗之嗣子，而大愚只是襄助发明者。如《景德传灯录》卷十二记本师先在黄檗处"三度发问，三度被打"，然后黄檗指往高安滩头参大愚，而于大愚言下顿悟玄旨。又如《古尊宿语录》收其弟子写的《临济慧照禅师塔记》亦说"首参黄檗，次谒大愚"。这与原本借大愚口说的"第一莫忘黄檗"相符。不过，依当时禅界的看法，临济究竟嗣法于谁，得谁力多，并不能分出轩轾，如《五灯会元》卷十一记沩山举问仰山："临济当时得大愚力？得黄檗力？"仰山云："非但骑虎头，亦解把虎尾。"

自后师于镇府匡化，虽承黄檗，常赞大愚。至于化门，多行棒喝。

有时谓众云："但一切时中，更莫间断，触目皆是，因何不会？只为情生智隔，相①变体殊，所以三界轮回，受种种苦。大德，心法无形，通贯十方。在眼曰见，在耳曰闻，在手执捉，在脚云②奔。本是一精明，分成六和合。心若不生，随处解脱。大德，欲得山僧见处，坐断报化佛头。十地满心，犹如客作儿。何以如此？盖为不达三祇劫空，所以有此障。若是真正道流，尽不如此。大德，山僧略为诸人大约，话破纲宗。切须自看，可惜时光，各自努力。"

【校注】

①相：原本作"想"。

②云：疑应作"运"。

自余应机对答，广彰别录矣。咸通七年①丙戌岁四月十日示化，谥号慧照大师，澄虚之塔。

【校注】
①原本"七年"，《临济慧照禅师塔记》作"八年"。

观和尚①

观和尚嗣黄蘗，在福州。

师出家黄蘗寺，密承黄蘗宗教。后复瓯闽，于丁墓山，居小兰若。

【校注】
①观和尚：参《景德传灯录》卷十二有"福州乌石山灵观禅师"，住本山薛老峰，亦云丁墓山，时称老观和尚。

每扃①其户，学者无由辄造其门，唯有日给饷食。清信儒流，至时则号扣之，乃一开耳。

后因雪峰和尚初入岭，久钦高峻，遂往祗候。手扣其门，师才出门，雪峰一见，拦胸把住，便问："是凡是圣？"师蓦面与一唾，云："者野狐精！"便推出，却闭其户。雪峰云："只要识老兄。"

【校注】

①扃：原字讹写。

曹山到洞山，洞山问："近离什么处？"对云："近离闽中。"洞山云："有什么佛法因缘？"对云："某甲问西院：'如何是大人相？'西院云：'安三藏①时则有。'"洞山向西院合掌云："作家。"洞山又云："某甲行脚时遇著南泉，南泉也有似这个因缘。有僧问：'如何是大人相？'南泉答曰：'王老师三岁时则有，如今无'。"

洞山又问："什么处人？"对云："莆田县人。"洞山云："什么处出家？"对云："碎石院。"山云："碎石院近黄檗，你曾到不？"对云："曾到。"洞山云："有什么佛法因缘？"对云："某甲自问'如何是毗卢师法身主？'云：'我若向你道，则别更有也。'"洞山闻此语，便合掌云："你见古佛。虽然如此，只欠一问。"曹山礼拜，便请问头。曹山再三苦切问，三度方得问头。入岭参师，举前话，进问："为什么故不道？"师云："若道我不道，则哑却我口。若道我道，则秃②却我舌。"曹山便归洞山，具陈前事，洞山执手抚背云："汝甚有雕琢之分。"便下床，向黄檗③合掌云："古佛，古佛。"

【校注】

①原本"三藏"，参下文，南泉答曰"三岁"，耐人寻味。
②原本"秃"字，《景德传灯录》卷十二、《五灯会元》

卷四均作"謇"。

③黄蘗：因本和尚出家黄蘗寺，又密承黄蘗宗教，故原本此间用以代指观和尚。但"黄蘗"这个文字符号尚须一辨，不然，很有可能误此"黄蘗"为"黄蘗希运"。希运之黄蘗在洪州，乃相国裴休镇宛陵时所建，因希运酷爱旧山，故还以黄蘗名之。所谓旧山，即指希运幼时所出家的福州黄蘗山。本师灵观也正在此山出家。根据原本，本师又似乎至江表，参黄蘗希运，密受心印后，复入闽，但原本并没有提供任何有关二师的机缘语句，令人怀疑原本把观和尚列为黄蘗（希运）之嗣子是否张冠李戴。

师问安和尚："只这一片田地，合著什么人好？"安和尚云："好著个无相佛。"师云："早是污却也。"

师住庵时，有一僧吃粥了，便辞师，师问："汝去什么处？"僧云："礼拜大沩。"师云："近那，吃饭了去也。"其僧便住，吃饭了便辞。师恰得见庵前树上有青蛇，开口便指云："汝若去大沩，只这青蛇是。"

自外枢要不一，故不尽彰。乾符①五年，遇黄巢兵马，偿债而终。临刃之时，白乳涌高数尺，盖大权化迹，莫可测②。

【校注】

①乾符：唐僖宗年号，"符"字原本作"府"，今校之。

②测：原作"恻"。

陈和尚

陈和尚嗣黄蘖，在睦州龙兴寺。

师平生行密行，常制造蒲①鞋，暗遗于人，因此称为陈蒲鞋和尚是也。

【校注】

①蒲：原作"莆"，参《景德传灯录》卷十二校。

有时谓众曰："汝诸人还得个入处么？若未得入，即向这里入，向后不得辜负老僧。珍重！"

师有时云："明明向你道，尚乃不知，岂况盖覆将来？"时有一座主问："三乘十二分教，某甲粗已留心；宗门中事，乞师提纲。"师云："问著宗门中事，有什么难道？恰问著老僧，鼻孔头上漫漫，脚下底漫漫，教家唤作什么？"座主："教家无这个意旨。"师便打之。

师问大德："讲什么经论？"答曰："讲十本经论。""作么生讲？"云："依文讲。""你不解讲经。""某甲则不解讲，请师讲。"云："你不是听经人。""某甲不会，乞师说教。"云："三段不同，今当第一。"

又问大德："讲什么经论？"云："曾讲十数本经论。""何得妄说？"对云："某甲实语。"师云："雪上更加霜，担枷过状来，我与你道不妄语，近前来。"便近前，师云："得与么黑？"大德隔三月后便悟。

又问："什么处来?"云："江西来。""夏在什么处?"云："云居。""云居切要处作么生?"云："只今作么生拈上大人?"对云："有什么罪过?"师云："云居与么道，是你与么道?"云："云居与么道。"师云："三家村里老婆禅，造主不得，自领出去。"

师见僧上来，云："破也。""什么处是破处?"师云："破也。"

临济见僧上来便喝。有僧问："古人才见人便喝，意作么生?"师唤僧正，僧正应喏。师云："有什么共语处?"又云："来，来。会么?"对云："不会。""不会则念经持斋。"

又问僧："什么处来?"云："游台山去来。""还见文殊么?"云："见。""什么处见?"对云："台阁上见。"师云："见泥堆。"又云："近前，你识文殊么?"云："不识。"师云："年高腊长，占得上座头，并无气息。"

问："祖意与教意还同别?"师云："教意是教意，祖意是祖意。"①

问："如何是学人自己?"师云："一怕你不问，二恐你不会。""便请。"师云："心不负人，面无惭愧。"

【校注】

①原本"教意是教意祖意是祖意"，参《景德传灯录》卷十二作："青山自青山，白云自白云。"

大随和尚①

大随和尚嗣安和尚。师讳法真,俗姓陈,东川人也。

【校注】
①大随和尚:《景德传灯录》卷十一作"大隋",《五灯会元》卷四说"梓州王氏子"。

心行慈愍,道德高峻,赈饥酏俭,割己与①人。而天性遨②于林峦,守道不趣于浮世也。大蜀皇帝响其德高,敕书请诏。师辞老病,不赴。渥泽须送紫衣,法号神照大师。

【校注】
①与:原本作"于"。
②遨:原本字异体,故校之。

问僧:"什么处去?"对云:"去峨嵋①礼拜普贤。"师提起拂子云:"文殊、普贤总在这里。"其僧便作圆相,抛向背后。师唤侍者,师云:"将一膲茶来与师僧。"

【校注】
①峨嵋:原本作"娥媚"。

师欲顺世时患口风①，师乃集众上堂，告云："还有人医得吾口么？有人医得，出来！"再三征，无人只对。师云："若无人解医，老僧自医。"师遂以手推正，告寂。

【校注】

①口风："风"字，原本异体字，参《景德传灯录》卷十一校。

灵树和尚

灵树和尚嗣西院安禅师，在韶州。师讳如敏，冥州人也①。

【校注】

①原本"冥州人"，《景德传灯录》卷十一作"闽川人也"，《五灯会元》卷四作"闽人也"。按冥通溟，溟州乃东国之州，如前文嗣西堂之元寂，嗣盐官之通晓，都为东国高僧而在溟州弘禅。

自四十余年大化汉国①，其道行孤峻，一方贤儒敬重极矣。多有异行，南朝礼为师，赐知圣大师。

【校注】

①原本"汉国"，《景德传灯录》、《五灯会元》均作"岭表"。按南汉王朝自刘岩在广州称帝，建元乾亨（917）以来，

至南唐保大十年（952），不过三十余年。原本称"四十余年"，疑误。

有僧问："和尚生缘在什么处？"云："日出东方，月落西山。""年多少？"师云："今日生，明日死。"问："如何是法身？"云："鼓鸣也，吃饭去。"问："佛法毕竟事如何？"师展开两手。

镇州大王请赵州共师斋次，师问赵州："大王请和尚斋，和尚将何报答？"赵州云："念佛。"师云："门前乞儿也解与么道。"州云："大王将钱来与灵树。"

峣山和尚

峣山和尚嗣西院安禅师，在饶州。未睹行录，不决化缘终始。

问："如何是西来意？"云："仲冬[①]严寒。"

问："如何是深深处？"师云："待汝舌头落地，则向你道。"

【校注】

①仲冬："仲"字，原本作"中"，参《五灯会元》卷四本章校。

道吾休和尚

道吾休和尚嗣关南。

师每日上堂戴莲花笠子,身著襕简①,击鼓吹笛,口称鲁三郎。云:"打动关南鼓,尽唱德山歌,法乐自娱者是也。"

有人拈问东山:"古人有言'打动关南鼓,尽唱德山歌',如何是关南鼓?"云:"听。""如何是德山歌?"云:"还解和得么?""忽遇同道者,作么生?"云:"教他作舞。""应声便作舞时,作么生?"云:"知音者不无,亦须讳却。""讳却后如何?"云:"萎萎羸羸,且与么过时。"

【校注】

①原本"身著襕简",《五灯会元》卷四作"披瘗执简"。

师入僧堂,问第一座:"上座是什么人?"对云:"东国人。""彼中还有这个样人也无?"对云:"有。""既有,来这里作什么?"对云:"只为有,所以回避来,今日恰遇著。"师便呵呵大笑,却归方丈。

俱胝和尚

俱胝①和尚嗣天龙,在敬安州②。未睹行录,不决始终。

【校注】

①胝:原本字异体,参《景德传灯录》卷十一校。
②本师住地,据《景德传灯录》卷十一、《五灯会元》卷四均作"婺州金华山"。

师因住庵时，有尼众名实际，戴笠子，执锡，绕师三匝，卓锡而立。问师曰："和尚若答，某甲则下笠子。"师无对。其尼便发去。师云："日势已晚，且止一宿。"尼云："若答得则宿，若答不得则进前行。"师叹曰："我是沙门，被尼众所笑。滥处丈夫之形，而无丈夫之①用。"欲出山参寻知识，宴寂之中②，忽然神人报言："三五日间有大菩萨人到来，为和尚说法。"

未逾旬日，天龙和尚到来，师接足前迎，侍立之次，具陈上事："未审如何对她③？"天龙竖起一指。师当时大悟。后来为众云："某甲得天龙和尚一指头禅，一生用不尽。"

【校注】

①原本"夫之"二字模糊不清。
②"宴寂之中"四字，均皆模糊不清，据文理校之。
③她：原本作"他"。

胜光和尚

胜光和尚嗣紫胡①，在台州。

【校注】

①紫胡：见于原本卷十八，"胡"，原作"湖"。

问："如何是和尚家风？"云："福州荔①枝，泉州刺桐。"

问:"如何是佛法两字?"云:"即便道。"进曰:"请师道。"云:"穿耳胡僧笑点头。"

【校注】
①荔:原本字模糊。

资福和尚

资福和尚嗣仰山和尚,在吉州。师讳贞邃①。韶州浈昌县人也。

【校注】
①邃:原本异体字。本师在《景德传灯录》仰山法嗣下无机缘语句,不录。但在仰山法嗣西塔光穆禅师下却有"吉州资福如宝禅师",观其机语,多有与本和尚相同处。

师有时把团子①向面前云:"诸佛菩萨及入理圣人,皆从这里出。"却折破抛下,拍开胸②云:"作么生?"

【校注】
①原本"团子",参《景德传灯录》卷十二作"蒲团"。
②原本"拍开胸",《景德传灯录》卷十二作"擘胸开"。

问:"如何是古佛心?"云:"山河大地。"问:"如何是纳僧切急处?"云:"不过于此。"问:"室内呈丧时如何?"师云:"好个问头。"

学人礼拜,师云:"苦痛苍天!"学人云:"此时学人重撲和尚如何?"云:"明日来,向你道。"学人云:"苦痛苍天!"师便打之。问:"古人拈槌竖拂,此理如何?"师云:"哑。"①

【校注】

①原本"师云"二字无,参《景德传灯录》卷十二校补。

又僧过夏,问师:"某甲新入丛林,在此间过夏,未曾蒙和尚指教,亦须往问。"遂至和尚所,述其意,则被师拦胸托出,云:"某甲自住此山,未曾瞎却一个师僧眼。"

问:"如何是一路涅槃门?"师弹指一下,却展手。"如何领会?"云:"不是秋月不明,①子自横行八九。"

【校注】

①原本"不是秋月不明",《景德传灯录》卷十一作:"不是秋月明……"

卷第二十

东国五冠瑞云和尚

五冠山瑞云寺和尚,嗣仰山寂禅师。师讳顺之①,俗姓朴氏,浿江人也。

【校注】
①本师住山及名讳,《景德传灯录》卷十二作"五观山顺支"。

祖考并家业雄豪,世为边将,忠勤之誉,遗庆在乡。母昭氏,柔范母仪,芬芳闾里。怀娠之日,频梦吉祥;娩①腹之时,即多异瑞。昔贤知此,今又征焉。

及乎竹马之期,渐有牛车之量。凡为嬉戏,必表殊常。已至十岁,精勤好学。属词咏志,即见凌云;剖义谈玄,如同照镜。既登弱冠,道牙②早熟,厌处喧哗③之地,长游静默之中。遂乃恳告二亲,将随缁侣,志不可夺。所天容许,便投五冠山剃发。仍适俗离山。受具足戒,行同结草,心比护鹅。

因游公岳,忽遇神人邀请,化成宫阙,若兜率天,说法应缘,倏④焉殄灭。若非德至行圆,孰能致感如此?

【校注】

①娩：原作"免"。

②牙：疑作"芽"。

③哗：原作"华"。

④佟：原本异体字。

泊乎大中十二年，私发誓愿，拟游上国。随入朝使，利涉云滨①。乘一只之船②，过万重之浪。曾无惧念，不动安禅。径到仰山慧寂和尚处，虔诚礼足，愿为弟子。和尚宽尔笑曰："来何迟？缘何晚？既有所志，任汝住留。"禅师不离左右，咨禀玄宗。若颜回于夫子之下，如迦叶于释尊之前。彼中禅侣，皆增叹伏。

乾符初，松岳郡女檀越元昌王后，及子威武大王，施五冠山龙严寺，便往居焉。今改瑞云寺也。

【校注】

①滨：原字模糊，依稀辨得，亦作"溟"。

②船：原作"舩"，二字通。

师有时表相现法，示徒证理迟疾。此中四对八相：

○，此相者，所依涅槃相，亦名理佛性相，与群生众圣，皆依此相。相虽不异，迷悟不同，故有凡夫有圣。谓识此相者名为圣人，迷此相者名为凡流。是故龙树在南印土，则为说法，对诸大众而现异相，身如月轮，当于座①上。唯闻说法，不见其形。

彼众之中有一长者，名曰提婆，谓诸众曰："识此瑞不？"众曰："非其长圣，谁能辨②耶？"尔时提婆心根宿静，亦见相，默然契会，乃告众曰："今此瑞者，师现佛性，非师身者。无相三昧，形如满月，佛性之义……"语犹未讫，师现本身座上，偈曰：

　　身现圆月相，以表诸佛体。

　　说法无其形，用辨非声色。

若有人将此月轮相来问，相中心著牛字对也。

【校注】

①座：原作"坐"。

②辨：原作"辩"，下同。

⊕，此相者，牛食忍草相，亦名见性成佛相。何以故？经云：雪山有草名为忍辱，牛若食者则出醍醐。又云：众生若能听受，咨启大涅槃，则见佛性。故当知，草喻妙法，牛喻顿机，醍醐喻佛。如是，则牛若食草，则出醍醐；人若解法，则成正觉，故云：牛食忍草相，亦名见性成佛相也。

〇犇，此相者，三乘求空相。何以故？三乘人闻说真空，有心趣向，未证入真空，故表圆相下画三牛也。若将此相来问，以渐次见性成佛性对之。

⊕，此相者，露地白牛相。谓露地者，佛地，亦名第一义空。白牛者，咨法身之妙慧也。是故，表一牛入圆相也。

问："何故月轮相下著三兽？又，月轮相中心著牛字对之耶？"答："月轮相下三兽，是表三乘；月轮相中心一牛字，是表一乘。是故，举权乘来，现实入证对之。"

问："向前已说'月轮相中心著牛者，是牛食忍草相'，何故又言'月轮相中心著牛者，露地白牛相也'？两处皆是同相同牛，何故说文不同耶？"答："说文虽别，相及牛则不异。"问："若也不异，何故两处各现同相同牛耶？"答："虽相及牛则不异，见性迟疾不同，故两处各现同相同牛。"问："若论见性迟疾各别者，食忍草牛与露地白牛谁迟谁疾耶？"答："食忍草牛，则明华①严会中顿见实性之牛，故疾；露地白牛者，则明法华会中，会三归一牛，故迟②。是故说文虽则不同，证理不异。故举同相同牛，明理智不异，不言来处全同也。"

【校注】

①华：原作"花"。

②迟：原本无此字，据文理补之。

牛〇，此相者，契果修因相。何以故？初发心住，虽成正觉，而不碍众行。慧等佛地，行不过位，故表此相也。古人云"履践如来所行之迹"，则此相也。若有人将此相来问，又作月轮相中心著卍字对之。

㉔，此相者，因圆果满相也。问："何故月轮相上头著牛字来，月轮相中心著卍字对之？"答："月轮相上头著牛者，契果修因相。月①轮相中心著卍字者，因圆果满相。举因来，现果对之。"

【校注】
①"月"字,原本作"日",据上文当校为"月"。

○牛,此相者,求空精行相。谓门前草庵菩萨求空,故经云:三僧祇修菩萨行,难忍能忍,难行能行。求心不歇,故表此相也。若有人将此相来问,月轮相中心著王字对之。

㊎,此相者,渐证实际相。何以故?若有菩萨经劫修行,坏四魔贼,始得无漏真智,证入佛地,更无余习所怛①;似圣王降伏群贼,国界安宁,更无怨贼所怛②,故表此相也。

【校注】
①原本"恒"字,今校为"怛"。
②原本"礋"字,今校为"怛"。

此下两对四相,遣虚指实:
牛㊈,此相者,想解遣教相。谓若有人依佛所说一乘普法,善能讨寻,善能解脱,实不错谬,而不了自己理智,全依他人之说,故表此相也。若有人将此相来问,则袪①上头牛字对之。

㊈,此相者,识本还源相。经云:回神住空窟,降伏难调伏,解脱魔所缚,超然露地坐。识阴般涅槃者,即此相也。

问:"何故袪上头牛字,不袪圆相中心人字耶?"答:"圆相中心人字者,表理智;上头牛字者,喻人想解。若有人虽依教分,析三藏典,而未显自己理智者,尽是想解。想解不生,则理智现前。故祛上头牛字,不祛圆相中心人字。是故经云:但除其病而不除法。"

问:"何故不许凡人依教学法耶?"答:"若是智者依教,何用识心?凡人依教无益。"

问:"诸佛所说三藏经典有所用不?"答:"不是不许依教悟入,依教想解只是虚妄。是故佛告阿难,虽复忆持,十方如来,十二部经,清净妙理,如恒河沙,只益戏论。当知依教想解无益。"

问:"何故教云,闻佛教者,尽成圣果?又云,一毫之善,发迹[2]驻佛?"答:"约上根[3]人,依教便悟,直现理智,决定明了。若约下根,依教不悟,想解无益。此下根人,依教薰[4]种,待后世者,谁言无益?闻佛教者,尽成圣果。一毫之善,发迹驻佛。何况广学经论,及讲说者?"

【校注】

①祛:原本作"袪",今校正,下同。
②迹:原本作"踈"字。
③根:原本误作"恨"字。
④薰:原本作"勋"。

⊗牛,此相者,迷头认影相。何以故?若有人不了自己佛及净土,信知他方佛净土,一心专求往生净土,见佛闻法,故勤修善行,念佛名号,及净土名相,故表此相也。志公笑云"不解即心即佛,真似骑驴觅驴"者,即此相也。若有人来问,则祛圆相下牛字对之。

㊇，此相者，背影认头相。

问："何故祛下头牛字，不祛圆相中心人字耶？"答："众生未发真智，未达真空，故专求他方净土及佛，往生净土，见佛闻法。众生若回光发智，达得真空，自己佛及净土一时齐现，不求心外净土佛。故不祛圆相中心人字，祛下牛字也。"

问："如何是自己佛及自己净土？"答："众生若发真智，达得真空，即真智是佛，空是净土。若能如是体会，何处更求他方净土及佛也？是故经云：将闻持佛佛，何不自闻闻？"

又此下四对五相：

㊀①，此相者，举函索盖相，亦名半月待圆相。若有人将此相来问，更添半月对之。此则问者举函索盖，答者将盖著函。函盖相称故，已现圆月相也。圆相则表诸佛体也。

㊁②，此相者，把玉觅契相。若有人将此相来问，圆月中心著某对之。此则问者把玉觅契，故答者识珠便下手。

㊂，此相者，钓③入索续相。若有人将此相来问，某字边添著人字对之。此则问者钓入索续，故答续成宝器也。

㊃④，此相者，已成宝器相。若有人将此相来问，又作圆月相中心著土字对之。

㊄，此相者，玄印旨相，迥然超前现众相，更不属教意所摄。若有人似个对面付，果然不见。⑤故三祖云：毫厘有错，天地玄隔。然不无玄会之，谁能识此相也？⑥若是其人，见而谙会，如子期听伯牙之琴，提婆见龙树之相。不是其人，对面不识，似巴人闻白雪之歌，鹫子入净名之会。假使后学根机玄利，将是则顿

晓。如鸡把卵⑦，啐啄同时。相性迟钝者，学而难晓，似盲人相色而转错耳。

【校注】

①原本作"〇"，参《人天眼目》卷四校作"☺"。

②原本作"〇"，参《人天眼目》卷四校为"◑"。

③"钓"字，《人天眼目》卷四作"钩"。

④原本"佛"，《人天眼目》卷四作"仏"。

⑤原本"若有人似个对面付果然不见"，《人天眼目》卷四作："若是灵利底，对面分付，拟之则不见也。"

⑥原本"然不无玄会之谁能识此相也"，《人天眼目》卷四作："若不具正眼，焉能辨此？"

⑦把卵：原本"把"字不清，"卵"字作"卯"，今参《人天眼目》应校为"抱卵"。

师有时说《三遍成佛篇》，于中有三意，云何为三？一者证理成佛，二者行满成佛，三者示显成佛。

言证理成佛者，知识言下，回光返照自己心源①，本无一物，便是成佛。不从万行渐渐而证，故云证理成佛。是故经云："初发心时，便成正觉。"又古人云："佛道不远，回心即是。"即此义也。此证理成佛中，若说体性，都无一物；通论三身，不无一佛二菩萨。故古人云："文殊是诸佛母。"所谓诸佛从文殊生，故言文殊者，即实智也。一切诸佛，因其实智而证菩提，是故文殊是诸佛母耳。

言行满成佛者,虽已穷其真理,而顺普贤行愿,历位广修;菩萨之道,所行周备,悲智圆满,故云:行满成佛也。故古人云:"行到处即是从来处。"是故明知所行已周,还至本处。本处者,即理也。此行满成佛所证之理,不异于前证理成佛之理。理虽不异,行因至果,故云行满成佛也。此行满成佛中,若举果德,但以普贤行成佛道;论三身,亦有一佛二菩萨。虽有三人,而今别取行满成佛,故得成佛,功在普贤。故古人云:"普贤是诸佛父也。"所谓诸佛从普贤生,故言普贤者,即万行也。一切诸佛,因其万行而证菩提,是故普贤是诸佛父耳。

言一佛二菩萨者,遮那是理,文殊是智,普贤是行。此理智行三人同体,故一不可舍也。又一佛二菩萨互为主伴,以本体无上,遮那为主;以见性智功,文殊为主;以万行福力,普贤为主。是故,李玄通云:"一切诸佛,皆以文殊、普贤二大士成佛菩提也。"又云:"文殊、普贤,为诸佛作少男长子。"故知三人互为主伴耳。

言示显成佛者,如前证理行满,自行成佛已毕,今为众生示显成佛,八相成道矣。言八相者,从兜率天退,入胎,住胎,出胎,出家,成道,转法轮,入涅槃等八相成佛。故云:示显成佛,当知八相成道,是报化非真。是故经云:"如来不出世,亦无有涅槃。以本愿力故,示显自在法。"此经报化佛中,指真佛也。又经云:"吾从成佛已来,经无量阿僧祇劫。"故知释迦如来无量劫前,已成行满大觉,而为众生故,示显始成正觉。今此释迦是贤劫千佛之中第四佛也。过去庄严劫中一千佛,现在贤劫中一千佛,未来星宿劫中一千佛。如是三劫中,一切诸佛出现于世,摄化群生,相传授记,分毫不错矣。观②看教典,推寻古迹,通观一人成佛方样,应知三遍成佛耳。伏请欲磨佛位者,略看筌蹄,却自思惟。前佛后佛皆同此路,如人行路,新旧同辙,故而记之也③。

【校注】

①源:原本作"原"。

②观:原本作"欢",疑误。

③原本"故记而之也",今校为"故而记之也"。

师有时说三篇,于中有三意:第一《顿证实际篇》,第二《回渐证实际篇》,第三《渐证实际篇》。

旷①野中有一仙人,名曰该通,为大众说:"若有众生,无始已来,不悟性地,轮回三界,随缘受报。忽遇智者,演说真教,顿悟性地,便成正觉。不依渐次,故名为顿证实际。是故经云:雪山有草,名曰忍辱;牛若食者,即出醍醐。是其意也。"

众中有一隐士,名曰智通,启仙人曰:"信知群品,自有性地;又一切智者,演说真教,不为一人。何以故,同闻真教,悟与不悟,各各不同?"仙人告隐士言:"众生虽有自性清净圆明之体,背本逐末,多劫多时,受别异身,根性利钝不等,故同闻真教,悟与不悟,各各不同。不是智者说真教祸故。经云:犹如明净日,瞽者莫能见。无有智慧心,终不能见。"

隐士启仙人曰:"谛观高指②,且寻来言,智者说法不为一人,悟与不悟唯在智愚。然则愚智本来各各不同,说法有何所用?"仙人告隐士言:"汝今谛听,吾为汝说。智人不是本悟,愚人不是长迷。愚人忽悟真说,智人不是外来。若也不用真教,愚[人]争成智人?若也不用真教,何处辨得利钝?是故,众生若是根钝者,再闻真教,不晓性地。众生若是利根者,忽闻真教,顿晓性地,便是智人也。何处愚智有隔?是故当知,凡圣不隔,根有利钝。智者说法,亦不为一人。犹如母鸡抱卵,众卵皆发。占③窠不发,可即母鸡唯不爱众卵,爱占窠。是则发与不发,唯在卵性,不是母鸡抱卵之祸。一切智者亦复如是,广为大众演说真教,根利者顿晓,根钝者不晓。可则智者唯爱利根,不爱钝根。是即晓与不晓,唯在根性,不是智者说教之祸。是故经云:所有闻法,不由他悟。然即知假方便。智者常说妙法,悟与不悟,此在学人,不在智者。"

隐士问曰:"众生若是利根,忽闻真教,言下慧发,顿悟性地。此是何人?"仙人答曰:"此是智照文殊。"隐士问曰:"文殊智照在何处?"仙人答曰:"文殊智照是在性地④。"隐士问曰:"照智⑤与性地同异若何?"仙人答曰:"智照与性地不同不异。"隐士问曰:"智照与性地不同不异,其义如何?"仙人答曰:"智照是能证之人,性地是所证之法,故不无能所。是故,古人云:以此无知之般若,证彼无相之真谛。故智与性不同。又,能证智照无知,所证性地无体,不有能所。是故,古人云:智穷真际,能所两亡。故智照与性地不异⑥。"隐士智通,闻仙人说,奉契高指,顿决疑网也。

【校注】

①旷:原本作"广"。

②指：疑为"旨"，二字通。
③占：原本作"赞"，音同，今则校为"占"，下同。
④性地：原本作"性之"，据下文校。
⑤照智：疑应为"智照"。
⑥原本"异"字下又有"照"字，疑衍，故今删去。

于是，该通仙人为大众说，先为智通，已说见性；若论众行，不必如此。此众中有游子，名曰行通，启仙人曰："见性如此，众行若何？"仙人告游子言："若有众生忽闻真教，顿见性地，不住此处；随缘行，自利利他悲智，故名为众行。"游子启仙人曰："我等曾闻仙人演说法，忽闻真教，顿悟性地，名为智照文殊。今承仙人说，顿悟性地，不住此处，随缘行自利利他悲智，故名为众行。行此行者，此是何人？"仙人答曰："行此行者，寄位普贤。"游子问曰："普贤大士寄何等位？"仙人答言："寄因五位，乃至果位。虽寄此位，不住此位。众行行时，三等普贤。"

游子问曰："寄位于因位乃至果位，何等名为三等普贤？"仙人答曰："一者出缠普贤，二者入缠普贤，三者果后普贤。"游子问曰："此三普贤，胜劣等级，其义如何？"仙人答言："此三普贤，胜劣等级，其义不同。谓所言出缠普贤者，见性之后，行于众行。对前万境，不无瞥起之心；已达心源，不滞幻化之境。故古人云：不无所断之障①，还有能断之智。"游子问曰："古人云：若发能证之智，全无所断之障。其义如何？"仙人答曰："若发能证之智，全无所断之障者，此是文殊断惑。何以故？文殊当性之时，体中不有异相故。今言不无所断之障，还有能断之智，此是普贤断惑。何以故？普贤历位之时，不无断惑成德故。是故两人断惑成德不同，不会两人断惑成德，相净断惑成德之义。"

游子问曰："已知文殊断惑如此，若论普贤断惑，断现行耶？断习气耶？"仙人答言："若言普贤位中，全无现行烦恼。普贤寄位断惑，此是习气烦恼。"游子问："承言②现行与习气，如何普贤全无现行之惑，唯有习气之障？"仙人答言："凡夫对境起心，不识前境后境，作业即是现行；智者对境起心，知境虚幻，不滞前境习气。是故普贤是见性之后行行之人，故全无现行之惑，唯有习气之障。若无习气可断，何用难忍能忍？若无悲智成佛，何用难行能行？虽行悲智二门，所作依体成行。是故，古人云：所作皆依性，修成功德林。终无取寂意，唯有济群心。行悲悲广大，用智智能深。利他兼自利，少圣讵能任？然即知出缠普贤，众行悲智，而依体修行。又细说普贤众行，即行布圆融齐现，断惑成德俱有，自利利他双修，智门悲门并成。言行也，繁兴大用，起必全真。言行相也，不无依位，断惑位高，则习气渐薄，行广则悲智增深。从十住乃至十地，出缠菩提已满也。

"所言入缠普贤者，一切群品中，同类大悲是。前出缠普贤位中，广行悲智，而自利利他行，故不无断惑成德之功。虽断惑成德之功，出缠已满，而不信出缠无患之处，故于四生六趣，广行大悲，同断化物，之③名入缠普贤。以此入缠，化物之德，与前出缠成行之功，二心功齐平等，故名为等觉；悲智圆满，故名为等觉。不取出缠入缠，不取大智大悲，故名为妙觉。虽不取悲智、出缠入缠，若论果德，无行不取，无位不收也。

"所言果后普贤者，遍行三昧是也。谓妙觉位中，虽不取出缠入缠④、大智大悲，而不住此，还向出缠入缠、大智大悲，逆顺纵⑤横。于诸位中同类同心，亦不定守何⑥位，随缘任运，广作大悲。于诸类中，何位定不受？于能作能受，不作不受，故名为果后普贤也。若定取此人所行者，未会此人行处也。

"所言三等普贤者，不是三人。一人行行，依行胜劣，大义三等普贤也。所言一人者，初顿证实际之时，即文殊；今随缘行行之时，即普贤，故名为一人也。此是通取内证外化也。若以内证外化不同，故文殊、普贤两人。若以通取能证、所证及众行不同，即为三人也。此大教意说也。谓大经题⑦云：大方广者，所说之法，故即遮那是也；佛者，能证之人也，故即文殊是也；华严者，随缘之行，故普贤是也。此且一佛二菩萨，即为三人也。若欲修普贤行者，先穷真理，随缘行行，即今行与古迹相似，如似闭门造车，出门合辙耳。"

【校注】

①障：原本作"鄣"字。

②承言：原本无此二字，据文理补。

③原本"之"，作指示代词，表"这"。如《诗经·周南·桃夭》曰："之子于归。"再如《庄子·逍遥游》曰："之二虫又何知？"

④入缠：原本无此二字，据上下文校补。

⑤纵：原本作"踪"。

⑥原本此间脱一字，据下文补"何"字。

⑦原本"大经题",谓《大方广佛华严经》之题目,此经即常简称之《华严经》。

回渐证实际篇第二

时该通仙人为大众说法:"若有众生无始已来,不悟性地,轮回三界,闻三乘渐教,悟三乘法、三界患,故有三乘人。此忽闻真教,回成妙慧①,穷证实际,故名为回渐证实际也。是故,古人云:'门前三驾车是权乘,露地白牛方明实际。'即其意也。"

隐士智通启仙人曰:"此回渐证实际之者,与彼顿证实际之人,同异如何?"仙人答曰:"虽先已落三乘,不在三乘,故来处玄殊②;而今回渐证实际,故与彼顿证实际者不异。是故,古人云:百川归大海无百川名,三乘归一乘无三乘名也。然即知此回渐证实际之人,与彼顿证之人不异也。莫愁回渐与顿证同异,自回随缘之心,还照实际之理也。"隐士智通奉领真说,寂然无言也。

于时游子行通启仙人曰:"我等曾闻仙人演说,若有众生,顿证悟性地,不住此处,随缘行行,名为众行;行此行者,名为普贤。今此回渐证实之后,有人行众行耶?无人行众行耶?"仙人答曰:"不无行众行者,所以者何?回渐证实者,即露地白牛,故白牛运转不住露地,故不无行众行人。所言露地白牛者,露地是所证之法,故即遮那是也;白牛是能证之人,故即是文殊是也;白牛运转,不住此处,故即普贤是也。普贤所行,即是众行也。二篇大意如此,汝自谛观,同异自看耳。"

【校注】

①慧：原本作"惠"。

②玄殊：疑作"悬殊"。

渐证实际篇第三

时该通仙人为大众说："若有众生，无始已来，不悟性地，轮回三界，随缘受报。忽闻渐教，信解渐发，寄因六位。经三祇劫，难忍能忍，难行能行，断惑成德，始得无漏真智，露现法身，故名为渐证实际也。是故，古人云：'信根生一念，诸佛尽应知。修因于此日，证果未来时。三大僧祇劫，六度久安施。薰成无漏种，方号不思议。'是其意也。"

时隐士智通启仙人曰："今此渐证实际之人，顿悟实际之人，同异如何？"仙人告隐士言："虽渐顿不同，而终归一耳。所以者何？小川归海，全同一味。渐解归源，岂有两般也？是故，渐顿虽异，归源无二耳。"隐士智通奉仙人教，不生异解，退身默然也。

于时游子行通启仙人曰："于前篇中闻仙人说顿证实际后有行人，此篇所明渐证实际之者，渐证实际已后，有行人耶？"仙人答曰："虽不无行行，不同前篇所明者。顿证实际已后，随位行时，出缠入缠，乃至果后，三等普贤行。今此渐证实际篇意者，依渐教方便，经三僧祇［劫］，修菩萨行，始得无漏真智。以此无漏真智，露现法身，故名为渐证实际。渐证实际已后，虽不无行行，而全依位等级故。是故不同前篇所明也。"

游子问曰:"曾闻前两篇中,俱明能证之人,所证之法,乃至随缘行人,各各有名。此篇中还有能证所证,及随缘行人名耶?请为指出。"仙人答曰:"不无能证所证,及随缘行人名也。谓能证之人者,即是无漏真智,报身佛是也。所证之法者,即是实际,亦名法身佛是也。行之人,即是无漏真智,不守果位,随缘利物,名为行人,亦名化身佛是也。"

和尚享年六十五迁化也。谥号了悟禅师,真原之塔。

米和尚

米和尚嗣襄州王敬初常侍,在西京。未睹行录,莫穷氏族。

师因教僧问仰山:"今时还假悟也无?"仰山云:"悟则不无。争奈落第二头何?"师肯之。

有老宿屈师斋,师来,不排座位,老宿在一边坐。师便展坐具,礼拜老宿,老宿便起,师便坐。老宿都不作声,乃展席地上而坐。到夜间,告众曰:"他家若在佛法中用心,三日便合见。若不见,则不知。"师到三日后,来云:"前日著贼。"僧问镜清:"米和尚回意如何?"云:"只见锥头利,不见凿①头平。"

【校注】

①凿:原本异体字。

临济问师:"十二面观音岂不是圣?"师云:"是也,作么生是本来面?"临济一掴,师云:"长老且宽宽。"济侧掌,师归受业寺。

有老宿问:"月中断井索时,人唤作蛇,未审吾师唤作甚么?"师云:"若有佛见,则同众生见。"其老宿云:"千年桃核。"

宝寿和尚

宝寿和尚嗣临济,师讳沼,在镇州。未睹行录,不决化缘终始。

师问胡钉铰:"见说解钉铰,是不?"对曰:"是也。"师曰:"还解钉铰得虚空么?"对曰:"请和尚打破将来。"师便打之。对曰:"莫错打某甲!"师云:"向后有多口阿师与你点破在。"有人举似赵州,赵州云:"只者一缝,尚不奈何。"东山代第一①云:"若是某甲手里,阿那个缝闭不钉?"

【校注】
①原本"第一",意指不明,疑为"第一机"。

师初开堂时,三圣推出一僧,师便打之。三圣云:"长老与么识辨人,瞎却镇州城里人眼去在。"①

【校注】
①本段公案,《五灯会元》卷十一则列于宝寿和尚第二世下。

灌溪和尚

灌溪和尚嗣临济①,在潭州。师讳志闲。未睹行录,不决化缘始终。

【校注】

①临济:原本作"林济",前卷十七普化章则作"林际",今则校为"临济",下同。

后道吾参师,不礼拜,便问:"什么生?"师云:"无位。"吾云:"与么则同空去也。"师云:"咄!这屠儿。"吾云:"有生可杀,则不倦。"

师到末山师姑处,师姑问:"从什么处来?"师云:"露口来。"师姑云:"何不盖覆?"师却问:"如何是末山?"师姑云:"不露顶。"进曰:"如何是末山中人?"姑云:"非男非女相。"进曰:"还变也无?"姑云:"不是鬼神,变什么?"师肯之。

洞山问夹山:"作么生?"对云:"只与么①。"洞山肯之。有人举似师,师云:"金打金,水洗水。"云门拈问僧:"作么生是金打金、水洗水?"僧云:"吃糊饼。""与么道还得么?"僧云:"掇了,莫闹。"云门肯之。

【校注】

①只与么:"么"字原本无,据文理补。

问:"如何是不伤之句?"师云:"满口道不触。"

师初住灌溪山,次化岳麓,每有一言:"五阴山中古佛堂,毗卢昼夜放圆光。"

塔于岳麓山。

兴化和尚

兴化和尚嗣临济,师在魏府。师讳存奖。未睹行录,莫决终始。敕谥广济大师,通寂之塔。

师问僧:"甚么处来?"对云:"崔禅师处来。"师云:"还将得喝来也无?"对云:"不将来。"师云:"与么则不从崔禅师处来。"僧便喝,师便棒打。

师又时唤,僧应喏。师云:"点则不到。"又唤别僧,僧云:"作么?"师云:"到则不点。"问:"国师唤侍者,意作么生?"师云:"一盲引众盲。"怡山拈问众:"什么处是国师盲处?"自代云:"他家欠少甚么?"

同光帝问师:"朕昨来河南,取得一个宝珠,无人著价。"师云:"请皇帝宝珠看。"帝以两手拨开幞头角,师云:"皇帝是万代之宝珠,谁敢著价?"

后鲁祖和尚[①]

后鲁祖和尚嗣灌溪,在邓州。

问:"如何是双林树?"师云:"有相身中无相身。"进曰:"如何是无相身?"师云:"金香炉下铁昆仑②。"

【校注】

①后鲁祖和尚:《五灯会元》卷十一作"池州鲁祖山教禅师"。

②原本"崐峣",今校作"昆仑"。参《五灯会元》卷十一。

问:"如何是高峰独宿底人?"师云:"夜半日头明,午时打三更。"

问:"格外事如何?"师云:"化道缘终后,虚空更那边?"

僧问:"进向无门时如何?"师云:"太钝生!"进曰:"不是钝生,直不进向无门时如何?"师云:"灵机未曾论边际,执法无来①在暗中。"

【校注】

①原本"无来",《五灯会元》卷十一作"无门"。

问:"如何是学人著力处?"云:"春来草自青,日①上已天明。"进曰:"如何是不著力处?"师曰:"山头石崩落②,平川烧火行。"

【校注】

①日:《五灯会元》卷十一作"月"。

②原本"山头石崩落",《五灯会元》卷十一作"崩山石头落"。

隐山和尚①

洞山行脚时,迷路入山,恰到师处。师问:"此山无路,从什么处来?"对云:"来处则不无。和尚从什么处入此山?"隐山云:"我不从云水来②。""和尚是先住?此山是先住?"云:"不知。"云:"和尚为什么不知?"云:"春秋不到来。"

洞山便问③:"如何是宾中主?"云:"白云盖青山。""如何是主中主?"云:"长年不出户。""宾主相去几何?"云:"长江水上波。""宾主相见有何言说?"云:"清风拂白月。"又偈曰:

青山白云父,白云青山儿。
白云终日依,青山都不知。
欲知此中意,寸步不相离。

洞山因此颂曰:

道无心合人,人无心合道。
欲知此中意,一老一不老。

因此,龙牙大师造颂曰:

心空不及道空安,道与心空状一般。
参玄不是道空士,一乍相逢不易看。

因此,曹山大师造颂曰:

今年田不熟,来年种有期。
爱他年少父,须得白头儿。

【校注】

①隐山和尚：原本法系不明，参《景德传灯录》卷八有"潭州龙山和尚"，亦云隐山，马祖法嗣。

②原本"我不从云水来"，《景德传灯录》卷八作"我不曾云水"。

③此间洞山所问前两问，与《景德传灯录》卷八所记稍异，后者曰："如何是宾中主？师云：长年不出户。如何是主中宾？师云：青天覆白云。"

兴平和尚①

洞山礼拜，师云："莫礼老朽②。"洞云："礼非老朽者。"师云："他不受礼③。"洞山云："亦未曾止。"洞又辞，师云："何处去？"云："沿④流无所止。"师云："法身沿流？报身沿流？"云："总不作如是见解。"师拍掌讶之。保福云："觅不得几个⑤。"

又问："如何是古佛心？"师云："即汝心是。""虽然如此，犹未是某甲问处⑥。"师云："若与么，问取木人去。""某甲有一句子不借诸圣口。"师云："汝试道看。"洞山云："不是某甲，有人问。⑦"

【校注】

①兴平和尚：原本法系也不明，《景德传灯录》卷八列为

马祖法嗣,在京兆。

②朽:原本字讹写。参《景德传灯录》卷八校。

③原本"他不受礼",《景德传灯录》卷八作"非老朽者不受礼"。

④沿:原本作"泓"。参《景德传灯录》卷八校。

⑤原本此句,《景德传灯录》卷八作:"保福云:洞山自是一家。乃别云:觅得几人。"

⑥原本"犹未是某甲问处",《景德传灯录》卷八作"犹是某甲疑处"。

⑦原本"不是某甲,有人问",《景德传灯录》卷八无"有人问"三字。

米岭和尚①

问:"如何是纳衣下事?"师云:"丑陋任君嫌,不挂云霞色。"

【校注】

①米岭和尚:原本法系不明,《景德传灯录》卷八归属马祖法嗣;参《五灯会元》卷九径山谭法嗣下又有"洪州米岭和尚",但观其机语与原本不合。另按,原本把隐山、兴平、米岭三和尚法系不明者置于最末,《海东新开印版记》于此不辨,以为是灌溪和尚下所出,误矣。考《景德传灯录》也未提供三师嗣承马祖的直接证据,因而疑其只是看到原本将三师

置于马祖法系下，而未细察，便笼而统之地归为马祖法嗣。后世有《佛典精解》，因见隐山、兴平两章中有"洞山行脚"、"洞山礼拜"语，便据此推断二人是洞山法嗣，不知确否。

附录

《祖堂集》论考

1926年,胡适乘访欧之便,在伦敦大英博物馆和巴黎国家图书馆收藏的敦煌遗书中发现神会和尚语录残卷。据这些材料,他称"对中国禅学有了新的发现","从此世间恢复了两卷神会语录的古本,这是我此行最得意的事。"事隔十多年后,他说出了他之所以得意的原委,"禅宗最发达的时代,是七世纪至十一世纪约从武则天到北宋将亡的时候,这四百年中间,材料最重要,可是也最难找";"我十几年前研究禅宗,只能得到宋以后的材料,唐代和唐以前的很难得到";"我编写《中国思想史》,写到惠能、神会时难以着笔……"[①]。

近现代禅学和禅宗史研究由胡适发掘敦煌资料为开端,掀开新的一页。然而本世纪初叶,关于禅宗典籍,还有另一项重大发现,不为我国学界所注目。这就是被日本柳田圣山称为"可和敦煌禅籍媲美"、"资料价值仅次于敦煌宝卷"的《祖堂集》。1912年,日本学者关野贞和小野玄妙等人,到朝鲜南部名刹(现属韩国庆尚南道陕川郡)伽耶山海印寺调查高丽版《大藏经》版木过程中,在藏外补版中意外地发现刻于高丽高宗三十二年(1245)的《祖堂集》20卷完整的雕版。从此,一部在中国失传千年,而在朝鲜又被埋没大约700年的禅宗典籍重新公诸于世。

一、《祖堂集》之题解

《祖堂集》作为禅宗的一部灯录而问世于南唐五代，必有其相应的禅宗背景在。《祖堂集》成书后迄今为止历经10多个世纪，其版本湮湮灭灭，有诸多的变化。《祖堂集》之所以引起现代人的兴趣，个中缘由自然要到它的内涵架构中去寻找；另一方面，现代人又对它作了些什么考察和研究？这些都是"题解"所涉及的内容。

1. 《祖堂集》的禅宗背景

佛教至唐末，他宗衰歇，禅宗独盛。而禅宗至此也宗风大变，由超佛之祖师禅进至越祖之分灯禅。《祖堂集》产生在中国历史上最为纷乱的乱离之世，禅宗史上，也出现了"五家分灯"的局面。

所谓五家分灯，禅史上称"一花开五叶"，实指会昌废佛后又重相继兴起的禅宗南宗之五个宗派，即沩仰宗、临济宗、曹洞宗、云门宗和法眼宗。沩仰、临济二宗代表洪州禅系，其他三宗则属于石头禅系。《祖堂集》成书时，法眼宗虽还未开宗，但宗脉已具。如本集载云门和尚《宗脉颂》说："西天二十八，祖佛印相传；达摩观东土，五叶气相连。"法眼之外其他四宗则早具规模，而且有的宗派如沩仰宗已露衰微之端倪。临济宗隆盛于河北，曹洞、云门、法眼几宗则显扬于今湖南、福建、广东、浙江等长江流域及整个南部中国。印顺法师著《中国禅宗史》说："会昌以后，江南几乎全属石头法系"；"洪州禅主流移入北方

（沩仰宗由南方人创立，而迅速消失在石头系统中），而南方几乎全属石头门下。"②

然而，会昌前后石头禅系在江南崛起的这个历史事实，却长期未能得到禅界内外的认可。它淹没在洪州弟子遍天下的汪洋大海中，而被作为洪州禅系的附庸，在北人眼里被笼统地称为"南方禅宗"。换言之，石头宗并未如十世纪中叶起那样，被接受为和江西宗并驾齐驱的南宗正统。《宋高僧传》所引刘轲碑（820年顷作）虽说："江西主大寂，湖南主石头，往来憧憧，不见二大士为无知矣。"③这表明彼时石头禅门之兴盛不亚于马祖，但并不意味着石头宗系已经成立，这只要从本集所记马祖及门弟子众多，而石头第一代传人稀少，即可得到证明。石头禅系之真正兴盛是在三四传之后，这也在一定程度上说明了石头宗后于洪州宗而兴起。但在这之前，石头禅系作为一个宗派并不为世所瞩目，而遭到忽视，有诸多文献可以为证：

其一，韦处厚所作《兴福寺内供奉大德大义禅师碑铭》（《全唐文》卷七一五）说："自此脉散丝分，或遁秦，或居洛，或之吴，或在楚。"④鹅湖大义是道一的门下，卒于818年。韦处厚作碑，说到慧能后南宗禅的分散，代表了洪州宗当时的意见。碑中所说的"秦者曰秀"、"洛者曰会"、"吴者曰融"、"楚者曰道一"，分别指中唐以来兴盛的北宗、荷泽宗、牛头宗和洪州宗四大宗派，却没有提到石头宗。

其二，贾餗所作《扬州华林寺大悲禅师碑铭并序》（《全唐文》卷七三一）说："菩提达摩，始来中土。代袭为祖，派别为宗。故第六祖曹溪慧能，始于荆州神秀分南北之号。曹溪既没，其嗣法者，神会、怀让又析为二宗。"⑤大悲禅师是神会弟子灵坦（卒于816年）。碑文承认了怀让为曹溪门下，荷泽与洪州二宗并立，也没有说到石头宗。

其三，白居易所作《西京兴善寺传法堂碑并序》（《全唐文》卷六七八）说："由四祖以降，虽嗣正法有冢嫡，而支派者犹大宗小宗焉。以世族譬之，既师（指兴善惟宽）与西堂藏、甘泉贤、勒（泐）潭海、百岩晖，俱父事大寂，若兄弟然。章敬澄，若从父兄弟。径山钦，若从祖兄弟。鹤林素、华严寂，若伯叔然。（武）当山忠、东京会，若伯叔祖。嵩山秀、牛头融，若曾祖伯叔。"⑥《传法堂碑》系为道一弟子兴善惟宽（卒于817年）作的。所叙的谱系，有点杂乱，然也代表了洪州门下当时的意见。碑中说到了洪州大寂、牛头法融、嵩山神秀、东京神会，却照样没有提到湖南石头一系。

其四，宗密在《圆觉经大疏抄》卷三之下，曾列举当时禅门七家："拂尘看净，方便通经"，是北宗；"三句用心为戒定慧"，是净众宗；"教行不拘而灭识"，是保唐宗；"触类是道而任心"，是洪州宗；"本无事而忘情"，是牛头宗；"藉传香而存佛"，是宣什宗；"寂知指体，无念为宗"，是荷泽宗。⑦其中仍没提到石头宗。宗密在《禅源诸诠集都序》中又将禅门"宗义别者"，扩充为十家，"谓江西、荷泽、北秀、南侁、牛头、石头、保唐、宣什，及稠那、天台等"⑧。这时虽提到石头，但又将石头与牛头判为一家，称之"泯绝无寄宗"，而洪州与荷泽同属"直显心性宗"。这意味着在荷泽一系看来，石头宗也不彻底，不足以代表曹溪的正统。

上述五项文证，都是会昌废佛（845）以前的实录。到会昌废佛止，荷泽与洪州互相承认为曹溪的正统，而没有石头宗的地位。由此，印顺作出结论说："在会昌法难以前，石头一系的兴盛，是比不上荷泽与洪州的；石头一系的思想，也没有被认为曹溪的正统。""石头宗的早期意义，应好好的加以研究。"⑨国内学者葛兆光在考察禅思想史大变局之后，对印顺的这个观点作了一些修正，说"中唐前期，石头一系的确'默默无闻'，但并非因为它不兴盛，而是因为它还没有开宗立派"⑩。

据现存禅宗文献资料看来，石头宗之开宗立派当自《祖堂集》始。因为此中有意识、有系统地凸现了石头禅系进入南宗正统的视野。它并没有否定和排除洪州宗的原正统地位，但在章节的安排上、文字的铺叙中，将其降到了次要的地位。杜继文先生在《中国禅宗通史》中也发现："石头宗系在传承上存在许多尚待澄清的问题。这些问题之所以发生，与晚唐、五代间刮起的一股贬道一、抬石头的风潮有关，而以《祖堂集》反映得最为集中。""严格说，石头系兴起，实应从《祖堂集》为石头大造舆论开始。"杜继文先生还发现，石头宗系在禅观念上本和洪州禅系有着重大差别，然而《景德传灯录》之后却"被磨琢得模糊起来"⑪。这在一定程度上揭示了石头宗系脱离洪州宗，而自立门户、开宗立派的禅宗理据。

总而言之，晚唐五代禅宗五家分灯及石头宗在南方崛起的这种禅宗背景，决定了《祖堂集》的体制构架和叙述重心，必得以石头禅系为主轴，而辅之以洪州禅系，以成完整的禅宗谱系和禅宗格局。《祖堂集》编撰者以史实立传的严谨作风，也许不能掩灭其宗派倾向。这体现在《祖堂集》的主要目标之一，即在于使石头宗这个隐没者得到彰显，也使这个被遮蔽者得以门庭光大。

石头宗系在南方悄然兴起后，洪州宗系并未退出历史舞台，只不过是弘化中心有所转移，从以江西为中心的南方转移到以河北为中心的北方。当时北方藩镇割据，武宗废佛、黄巢"寇乱"都未伤及河北，而河北三镇一贯奉行扶持佛教的政策，故而前有赵州（从谂）、后有临济（义玄），而在临济死后，赵州在王氏赵国支持下继续传法达30年之久。北方战乱频仍，虽有河北之安定，但没有蓄养群僧的物质基础，因此禅僧纷纷逃往南方经济相对繁荣而又和平的地区，如福建雪峰、湖南洞山等成为当时吸引禅众的主要道场。其时"闽中多僧"，人才济济。据《资治通鉴》卷二七六记载，王审知子王延钧奉佛，于后唐天成三年（928），"度民两万为僧，由是闽中多僧"。据柳田圣山研究，雪峰义存曾得闽王王审知厚遇，在闽地讲法40余载，门下多达1700多人。其传法弟子玄沙师备、鼓山神晏等也相继受到闽主优礼。五代乱离之世，闽越地方政权得天然地利却比较的平和。作为海外贸易港，福州、泉州经济繁荣，天下禅僧为避华北及中原战乱纷纷南下，福建一带僧人云集，禅学兴盛。本集卷六投子章载云居和尚语"南有雪峰，北有赵州"，大概就是当时禅门史实之写真。因此，《祖堂集》又主要记述石头宗在福建一支，也即雪峰禅系在福州、泉州、漳州等地活动的历史。柳田先生于此又说，"雪峰门下集散的天下禅僧传播各地消息，弟子们的话题自然是评论天下的禅僧"，这在客观上为《祖堂集》的产生创造了条件和氛围。[12]

2. 《祖堂集》的版本简说

《祖堂集》产生后，可能在中国流行时间不长，或者说还没流传开来，还没产生影响，就湮没无闻了。结果，比之晚 50 多年的《景德传灯录》后来居上，被宋真宗敕入大藏经，被后世奉为禅宗灯录之源。今天，时过千年，《祖堂集》经日本学者在朝鲜发现而重公诸于世后，人们才知道，中国最早的禅宗灯录体开山之作原来是《祖堂集》。

《祖堂集》在中国为何失传，又怎么流至朝鲜（时称海东，当时为高丽），目前尚无足够的资料加以说明。《祖堂集》大约直到北宋初叶还在中国流行，因为它窜入了宋淳化间（990—994）始置的路名如广南（见卷三慧忠章）。据有关资料证明，《祖堂集》在成书后约 100 年内，在中国还是存在的。宋初禅学大师佛日契嵩（1007—1072）自撰自注《夹注辅教篇》，其中提到《祖堂集》的存在；另外，《崇文总目》（1034 年成书）"子部"也登录《祖堂集》一卷。值得注意的是，在此 100 年内，《祖堂集》为何没有对禅界内外产生甚大的影响？这样一部集"诸圣异言"、"群英散说"，又"辞藻丰富、珠玉联环"的开创性作品，它的价值因何没有引起界内人士的共鸣和赢得教外士大夫的青睐？至于《祖堂集》如何传到朝鲜，《祖堂集》本身可以提供线索。因本集内保存了诸多来华留学的东国僧，其中有的疑为后世所加。据载，东国僧入唐一般经海路往返，而泉州海港天下闻名，他们既在泉州停泊，没有不观礼泉州名刹名僧之理。因而，《祖堂集》很有可能是由高丽使者或求法僧由海路带至本国。

《祖堂集》传到东国，也长期没有引起人们特别注意。直到高丽朝高宗三十二年（1245）才由分司大藏都监新开印版雕印。《祖堂集》卷一篇末记其雕造时间"乙巳岁"，原本误作"乙乙岁"，即高丽高宗三十二年（1245）。《祖堂集》虽终在高丽版《大藏经》中占有一席之地，然而在雕印后似乎没有被人读过，被埋没大约700年不为世所知。直到1912年，日本学者关野贞和小野玄妙等人在伽耶山海印寺藏经阁中调查《高丽藏》版本过程中，才在高丽版《大藏经》之藏外补版中发现了本集20卷的完整覆刻本木板，始得公诸于世而为学术界所重。

日本人意外地发现了中国失传千年的《祖堂集》古本，居然存在于朝鲜半岛南部名刹，自然如获至宝。现今保存在日本花园大学图书馆藏《祖堂集》本，据说原为海印寺住持幻镜和尚珍藏本，后赠日本绪方宗博收藏。战后，绪方将此珍本赠花园大学图书馆。花园大学师生曾据此发行油印本200部。1972年，日本京都中文出版社征得花园大学图书馆之同意而出影印本。此本前有中文出版社社长李迺阳所写的"出版说明"称："此书初刊于五代南唐，昙花一现，中国失传，竟乃覆刻于韩国高丽朝；现存亦稀，日本国仅有一部，各国学人争相来阅……此书乃中日韩三国文化交流之结晶，同文同种之象征，兹商得藏书者京都花园大学同意影印。"

此后所出各种《祖堂集》本子大都为影印本。1984年，日本京都大学人文科学研究所出版发行的《祖堂集索引》后附该书影印本全文。1987年，我国台湾新文丰出版公司也出《祖堂集》影印本。1994年，日本花园大学禅文化研究所影印《祖堂集》大字本。同年，我国上海古籍出版社出版《祖堂集》影印本。据悉韩国方面也曾出过影印本。1972年日本京都中文出版社所出为较早之版本，故而我们选为校点《祖堂集》之底本。1996年，岳麓书社也曾出版依此影印本为底本的点校本，可惜错讹颇多。

3.《祖堂集》的内涵综述

本书正文前是泉州招庆寺（或院）主净修禅师文僜为本集所作的序。文僜即本集卷十三所载的福先招庆和尚省僜。文僜序后是《海东新开印版记》及本集禅师之《上名次第》。《海东新开印版前记》可能是沙门匡隽所写。从印版记我们知道，《祖堂集》最原始的本子并不分卷，而是至高丽新雕印版时分为20卷；同时也知道，本集以"祖堂"为名，乃依法"佋（昭）穆之仪"，也即依祖宗神位辈分排列之方法而随其"血脉初后"，序其源流系谱，并载其机语。

卷一至卷二，从形成禅宗渊源的过去七佛开始，叙西天二十八祖及唐土六代祖师。西天与唐土祖师连计，至六祖慧能为第三十三祖，慧能被奉为祖祖相传之嫡系正宗。这一部分，主要承袭《宝林传》的系谱说。

卷三，先叙四祖、五祖旁出法嗣，后叙六祖法嗣。四祖旁出主要记牛头宗祖师及其后裔，牛头宗六枝，只记初祖法融，其他五祖只在牛头和尚章后一笔带过，然后记牛头第五祖智威往下传鹤林—径山—鸟窠诸和尚。五祖旁出主要人物北宗神秀及其下普寂，本卷均不记录，而记普寂下懒瓒和尚，对这一系的传承只在懒瓒章前稍稍提及。另外提及两位和尚，一位是老安国师，另一位是道明和尚。老安国师即与神秀和尚同为武则天所征入辇下者，本卷记录老安国师及其下传腾腾和尚、破灶堕和尚。道明和尚也就是先在五祖法席，后追赶能行者至大庾岭头者，原称慧明，后因能行者指授而为避讳改作道明，曾住蒙山，后止袁州。在《海东新开印版记》"上名次第"中，我们发现，四祖旁出牛头禅系被称作"空宗"，而五祖旁出神秀、老安、道明等均称为"北宗"。原本破灶堕章文末又出现小字注"已上北宗"，此是海东新开印版时所加，抑或原本固有，难以断定。在叙及六祖法嗣时，虽不再分正嫡旁庶，但有一点值得注意，就是慧能诸大弟子之排列，靖居和尚列最前，怀让和尚在最后。这恐怕不是随意为之，这和后文将石头禅系置于马祖禅系前面遥相呼应，至少暗示了本集编者之用心是要凸现青原石头一系进入南宗正统的视野。从现存禅宗文献资料看来，把青原行思列为慧能首席大弟子并为之立传的，首先是《祖堂集》。据考察，行思和怀让，在中唐前期的文献中并不知名，只是在洪州、石头兴起后宗门大开、门户严紧时而追溯出来的。故本集在其下记这两系的传承，就只提"石头下"和"江西下"，而不像后世灯录说"青原下"、"南岳下"。

卷四至卷十三记石头禅系，录石头下7代传承，用10卷的篇幅载石头系禅师103名，其中雪峰禅系的篇幅与禅师各占去约1/3。卷十四至卷二十记马祖禅系，7卷篇幅记6代传承，收禅师79名，若剔除朝鲜祖师（据日人考证，当是再雕版时编入，而非原本之作），其篇幅当更少。《祖堂集》对石头禅系的倾斜，尤其记雪峰门下语录最多，不能否认这和资料收集的"近水楼台"有关，但其中是否也包含着作为雪峰下传人的编者的宗派倾向呢？最引人注目的例证是，石头系记到省僜和山谷（952），均还见在；而马祖系下则限到灌溪志闲（？—895）及其弟子，很可能没有超出南岳惟劲《续宝林传》（已佚）的范围，二者相差多达半个世纪以上。这充分说明《祖堂集》的宗派立场在抬高石头系而冷淡马祖系。谱系之作，一般都是由上往下顺写，但具体构思时又往往是由写作者的基点而往上追溯。本集的编撰大概就是以雪峰禅系为"根据地"，而以药山禅系为"同盟军"，壮大石头宗之声威，而抗衡洪州宗，争取禅宗南宗之正统。

以上所述为《祖堂集》的基本架构，单就每章记述的具体内容分析，主要包涵两个方面：一方面是"行录"，记述禅师的生平事迹，包括文首之师承住地、名号籍贯和性格学历，以及文末之夏腊卒年、谥号塔额等等；另一方面则是"语录"，记述诸禅师的机缘语句，包括本师的开悟机缘、上堂开示及学人问答，等等。本集编者对所记述的内容抱史传实录之态度，"凡未睹实录、不决终始者"，都在文内加以说明，而依何碑文所写则在文末也特加明示。依《海东新开印版前记》："现其本迹者，二百五十三员，并载于二十卷内。莫知迹者，不能具录矣。"柳田圣山在影印本序中又说："知其生缘始终，并录其机语者，共246位。"实际是243位，卷十七天龙、东国桐里、实相三和尚既无事迹见载，又不录机缘语句，而只记其嗣承。另外卷二十最末米岭和尚，不记其嗣法，而只录一句机语。

整体观之，《祖堂集》以诸禅师的源流谱系为经，以禅宗语录为纬，编织或展示了一幅绚烂宏伟的禅宗发展史卷和禅宗谱系图。持此一卷在手，唐五代诸禅师的来龙去脉、师承履历，历历可观；而诸大德之异言高论、神采风貌，也尽收眼底，通览无遗。

4.《祖堂集》的撰者生平

关于《祖堂集》的编撰者,其生平事迹,除本集文僜序略微提及外,不见于其他任何文献。卷首文僜序称:"今则招庆有静、筠二禅德,袖出近编古今诸方法要,集为一卷,目之《祖堂集》。"由此只能察知,静、筠二禅师为泉州招庆院之住僧,而其名当为简称,全名则未详。

然而据前辈学者和时贤之研考,结论颇多异趣。柳田圣山在1972年影印本序言中写道:依《祖堂集》序文,该书为泉州招庆院静、筠二禅德,于五代南唐保大十年编撰。编者在禅史上名不见经传,其法系则图示如下:

雪峰义存—保福从展—福先文僜—[静/筠]

葛兆光在1996年台湾出《祖堂集》精选白话版"题解"中说道:

关于静、筠二禅师,我们实在不清楚。因为他们的生平事迹没有一星半点留传下来,只是从《祖堂集》卷首的文澄(僜)禅师序中大约可以推断,他们都是雪峰义存禅师门下后裔,是住招庆寺的禅师。招庆寺在福建泉州,历史上出过好几个出名的禅师,像长庆慧稜、招庆道匡、福先省澄(即文澄)。想来静、筠二人不是文澄的同辈,就是他的弟子辈,应属雪峰义存下第三代或第四代,也就是说,他们是南宗禅青原行思、石头希迁、天皇道悟、龙潭崇信、德山宣鉴、雪峰义存一系的传人。

相较起来，柳田先生判断静、筠二人为文僜弟子，显得有些武断。葛兆光对此则持慎重态度，揣想他们"不是文僜的同辈，就是弟子辈"。文僜既为福先招庆之寺主，自然也就是当家师父，但凡住招庆者并不必然就是文僜之弟子，也有可能是其同辈，或年高德劭之同修长老。从其二人编撰《祖堂集》的丰富的学识涵养、广博的禅史知识和严谨的史学态度看，恐怕非年轻后生所能为；而从其邀请文僜为其编作序，并商得文僜同意引用其在千佛寺所作之《诸祖师颂》，且有一些新作附于本集有关章次之后，又可推知他们与文僜关系非同一般。但无论如何，可以肯定他们是招庆寺富有学识和文化素养的高僧。他们之作《祖堂集》或者在文僜的启发和授意之下，延续文僜之思绪。据敦煌出《泉州千佛新著诸祖师颂》[13]，此颂除赞西天二十八祖、东土六祖外，又赞南岳怀让、青原行司（思）、石头希迁、马祖道一等，俨然为《祖堂集》奠定了基本框架。

综上所述，静、筠二师的名字虽未如梁慧皎和唐道宣那样为史家所称道，也不像宋赞宁和道原那样为学界所看重，但他们确确实实开创了一种文体，叙述了禅宗诸宗派的兴衰沉浮史。他们的名字也许会随着人们对《祖堂集》价值的进一步认识，而重新彪炳于史册，光辉于后世。

5.《祖堂集》的研究绍介

近代以来对《祖堂集》之研究独盛于日本，我国学术界却显得相对沉寂。数十年间，日本学者对《祖堂集》之版本源流、资料价值的考校，以及本文研究和相关研究等方面取得了较丰硕的成果。我国学术界对《祖堂集》的研究尚停留在治文字、抠语言阶段，直至晚近，90年代初《祖堂集》影印本重新流归故土后，才引起思想界、文化界的瞩目和重视。

日本出版发行《祖堂集》，并对之进行学术研究的禅学机构，主要有两家：一是日本花园大学禅文化研究所，另是京都大学人文科学研究所。日本禅学界研究《祖堂集》较为突出的人物，当推柳田圣山和椎名宏雄。柳田圣山在研究中国初期禅宗史方面享有盛名，1972年影印本《祖堂集》"出版说明"称"柳田圣山先生对本书有精湛研究"；而椎名宏雄在对《祖堂集》和《景德传灯录》的比较研究方面做出有益的贡献。

柳田圣山大约在50年代就着手研究《祖堂集》，1953年发表《祖堂集的资料价值》一文在《禅学研究》第44号；1964年又发表《祖堂集的本文研究》在同刊第54号。1969年至1976年在《禅文化》第51—82号发表《祖堂集故事》连载。1980年至1984年他编的《祖堂集索引》三册陆续出版发行，又撰长达几万字的《祖堂集解题》。这说明柳田圣山对《祖堂集》的研究是深入而全面的。正如椎名宏雄所评价的："柳田圣山开《祖堂集》研究之先河，独擅胜场，功绩甚大。"椎名氏本人的研究成果主要是1979年发表在《宗学研究》第21号上的《祖堂集编成》。这是作者在1976年研究朝鲜版《景德传灯录》的基础上，又进一步研究高丽版《祖堂集》而取得的成果。本文对《祖堂集》如何编成提供了令人信服的考证结论。椎名宏雄另有《禅宗灯史的成立和发展》（载《敦煌讲座》之八，大东出版社），其中重点论述了《祖堂集》的成立。

国内最先对《祖堂集》产生兴趣的学者群来自汉语言学界。

因为《祖堂集》里保存了大量唐五代口语成分较高的白话资料和方言资料,所以从80年代初开始,汉语言学界,尤其从事唐五代语言研究的学者,就着手研究《祖堂集》的文字和语言特色。而我国哲学、宗教学界对《祖堂集》思想层面的开发基本上还没展开,或者说近年来才有所起步,如目前已开始对《祖堂集》进行典籍整理和研究。

禅学研究某种程度上以禅宗典籍研究为先导,受到典籍整理和研究的推动。如果说,胡适当年整理研究神会和尚语录敦煌残卷,揭开了近代禅学研究的新篇章;那么今日整理研究《祖堂集》,或许也会掀开禅史研究的崭新一页。

二、《祖堂集》之源流

1. 灯录性质之定位

《祖堂集》一般被公认为"现存最古的禅宗灯录",实际上它是灯录体的开山之作。日本及台湾地区有些学者把《祖堂集》之前的《宝林传》,乃至《传法宝纪》、《楞伽师资记》和《历代法宝记》,也统统视为"灯录"或"灯史"。笔者觉得,其意义不够完善。《祖堂集》之前的这些作品主要是记述一宗一派之师资传承,而较少涉及如《祖堂集》及其后灯录所载的大量的机缘语句。例如,《宝林传》主要记慧能南宗一系所奉的佛祖师资传承,以慧能为禅宗血脉之正统;《传法宝纪》记北宗法如系,《楞伽师资记》记楞伽宗或北宗神秀、普寂一系,反映的都是北宗人士的观点;《历代法宝记》则代表了保唐宗一系的意见。在这些作品中,那条师资传承的线索是他们关心的重点,至于祖师们说些什么并未进入其视野而显得相对不重要；那些传法偈颂，也基本反映不出诸祖师的个性和差异来。

从体裁上考察，灯录作为禅家的一种专门文体，不仅记载历代禅师之传承世系，同时略及人物的生平和行历，而且大量记述他们的机缘语句。这些机缘语句构成灯录的主要内容，不仅是历代禅宗思想的载体，而且也代表历代禅师各自的家风或禅风，反映禅师们丰满的个性和卓立自主的精神。某种程度上讲，这是灯录之为灯录的价值所在、魅力所在。

从宗系上分析，灯录基本上反映编者本时代兴盛的宗派的历史，而又往往以编者所属宗派为主线，同时述及本时代活动的其他宗派。他们叙写本宗派的传承历史，倒在其次，主要目的则是确定传法的正统所在。这受到中国文化的传统影响而与其相契相合。中国从来就是一个讲究师承和道统的国家，佛教传入中国后，尤其禅宗兴起时，一个主要任务便是追寻自己的宗脉和法统，以确定正统之所在。禅宗内部之争夺正统即以法统说为根据，而所谓法统说，有"一代付一人"和"分头并弘"之区别。持"一代付一人"之说是早期禅宗的旧说，到了慧能之后，则持"多头弘化"之新说。在《祖堂集》之前的禅史多主张法统旧说，而《祖堂集》之创作则标志着新法统说的确立和深入人心。

综上所述，《祖堂集》和前此禅史作品，严格说来，无论在体裁上，还是宗系法统上，都是有重大差别的。完整意义上的灯录作品始自《祖堂集》。至于说灯录作品的体制和框架，以及所奉印度至中国最初几祖的传承，《祖堂集》是参照和继承了《宝林传》等作品的。也只有在这种意义上，方可说《祖堂集》和

《宝林传》等作品一脉相承,或者说,它们为《祖堂集》的产生打下了基础;甚或可说,是接着它们往下写的禅宗灯史。

2. 《祖堂集》之前灯录作品之溯源

灯录作品的历史根源,初先起源于佛教与道教争夺宗教的正统地位,而后演变为禅宗内部争夺禅法之血脉正统。

灯录之作,可以追溯到南北朝时代。据传,北魏太平真君七年(446),太武帝听从道教信徒崔浩的意见,下诏大杀沙门,毁佛经像,并说佛教"是前世汉人无赖子弟刘元真、吕伯疆之徒,接乞胡之诞言,用老庄之虚假,附而益之,皆非真实。"⑭这便是历史上有名的"三武"灭佛运动的第一次(另两次是北周武帝建德三年和唐武宗会昌四年)。这次佛教遭到劫难的表层原因,似乎就是与道教争夺宗教的正统地位而遭受的毁灭性打击。

7年之后,文成帝即位,复兴佛教,佛教徒重整旗鼓,卷土重来。著手做的第一件事,便是到印度寻根,辟斥前代毁佛时对佛教所造的诬词,论证佛教的传承有据。在这样的背景下,当时升为沙门统的昙曜便召集了僧众,在北台石窟寺编译出《付法藏因缘传》共四卷。孝文帝延兴二年(472),西域沙门吉迦夜复以此传为基础重新编译,增广了一些事缘,而成六卷。因此,后代各经录都把此书题作"西域三藏吉迦夜共昙曜译"⑮。

《付法藏因缘传》,亦称《付法藏经》或《付法藏传》,记述了佛教在天竺的传法世系,从佛灭度时把佛法传给大迦叶起,至师子比丘止,经历了二十三代,共二十四人(第三代有摩田提、商那和修二人同时得法于阿难)。稍后,见载于梁僧祐《出三藏记集》卷十二,有僧祐自编的《萨婆多记》,记述说一切有部传律祖师传承世系，始大迦叶，终达摩多罗；又录萨婆多部佛驮跋陀罗的相承世系。此二种传承世系可信程度如何，很难断定。

其后不久又出现了新的传承。据《佛祖历代通载》卷九等，东魏孝静帝兴和三年（540），有高僧云启（宋契嵩《传法正宗记》作昙启）前往天竺求法，途经龟兹，遇北印三藏那连耶舍，两人合作共同译出《祖偈因缘传》一本，叙说七佛至二十八祖传法的因缘和偈颂。尔后耶舍东来，把译本传给北齐居士万天懿。南朝梁简文帝听说有此译本，派遣刘悬运为使前往传写，又诏僧人宝唱把它编入《续法记》⑯。到了唐贞元年间（785—804），金陵沙门智炬（又作慧炬）带着此祖偈入曹溪，与天竺三藏胜持一起，编次诸祖传法偈语，连同唐初以来宗师机缘，集为《宝林传》一书。

《宝林传》，全称《双峰山曹侯溪宝林传》，原本十卷，现只存卷一至卷六及卷八共七卷。该书于20世纪30年代，分别在日本及中国山西赵城广胜寺发现。虽缺卷七、卷九、卷十这三卷，但从《景德传灯录》卷二十九载僧润《因览宝林传》诗"迦叶最初传去盛，慧能末后得来深"⑰，便可推知其内容当自佛祖、摩诃迦叶而下，直记至南宗慧能的2000余年来的传法世系。

《宝林传》在系谱上有两个明显的特征：

一是该书采用西天二十八祖说，认为佛法在师子尊者遇难后，仍传了四代，直至菩提达摩来东土为止；二是该书又以慧能南宗一系的传承为禅宗的嫡传与正宗。关于西天二十八祖说，其实在《宝林传》之前成书的敦煌本《坛经》就业已采用，然观其传承世系则杂采自《付法藏传》等书，而与《宝林传》稍异。如

《坛经》记二十四祖师子尊者之前的传承，除将第三代摩（末）田提和商那和修分作三祖、四祖外，其余全同《付法藏传》；而《宝林传》所记第六祖弥遮迦、第七祖婆须密为《坛经》所无。《宝林传》在师子后所传四代，是婆舍斯多、不如密多、般若多罗、菩提达摩；而《坛经》是舍那婆斯、优婆堀第、僧伽罗第、须婆蜜多、菩提达摩，传了五代。

《坛经》，后世禅宗奉为宗经，但所述西天二十八祖与《宝林传》不同。据考证，《坛经》中所载西天二十八祖说，是在慧能死后他的弟子神会提出的祖统说的基础上发展起来的，大概由其法系的人加上的，代表了荷泽宗的观点[18]。而《宝林传》所记传法世系，则代表了洪州宗的意见[19]。不管怎样，《宝林传》所楷定的西天二十八祖说，经《祖堂集》、《景德传灯录》沿用后，遂成为禅宗法统说的定论而为后世禅宗所公认。

入宋之后，天台、禅二家，又为法统问题而互相是非。天台宗坚持《付法藏传》的二十四祖说，把龙树作为其东土传承的高祖；禅宗则主张《宝林传》二十八祖说，视菩提达摩为东土初祖。对此，北宋契嵩《传法正宗论》卷上辩之甚详，认为《付法藏传》是"可焚之书"[20]，二十四祖说原是昙曜与吉迦夜在破灭佛法之后的不全不详之论，不足取信于人，而《宝林传》二十八祖说，在禅、律诸家书籍中则凿凿可考，他把菩提达摩与传诸中土的一部很重要的禅经《达摩多罗禅经》联系起来，说菩提达摩是法俗合名。后人对契嵩所论虽不无微词，嫌其多牵强附会之说，没有史家超于宗派感情的冷静，但《宝林传》西天传承二十八祖说确被后世奉为不刊之论。

《宝林传》之后，多有续作出现，如唐光化年间（898—901），华岳沙门玄伟续集贞元以来宗师机缘，编为《玄门圣胄集》（已佚）。五代后梁开平四年（910），南岳沙门惟劲续集光化以来宗师机缘，编为《续宝林传》（亦佚）。至南唐保大十年（952），有泉州招庆静、筠二禅师合撰《祖堂集》，是为正式灯录著述之始。

由《宝林传》而来的这一系列作品都有一个共同特点，即都奉尊慧能南宗为禅门之正统。然而在《宝林传》产生之前，禅宗内部流传着其他几部灯录作品，则记载了与此不同的传承。如《传法宝纪》和《楞伽师资记》，记述了北宗禅的法统；又有《历代法宝记》，虽奉慧能为六祖，但反映了四川保唐宗的观点，在慧能下续记保唐禅系的传承。这几部禅史作品都是20世纪初在敦煌发现，分别撰成于大约开元初年（713）、开元四年（716）和大历九年（774）前后。根据《传法宝纪》，弘忍传法如，法如后神秀为禅宗正脉；而《楞伽师资记》则说弘忍传神秀，神秀后玄赜、老安、普寂、敬贤、义福、惠福这一系为禅脉正宗。

前灯录作品的产生，基本上也是本时代兴盛宗派的写真和反映。以神秀为代表的北宗禅，在7世纪末叶至8世纪上半叶近半个世纪的时期内，盛行于京洛地区，成为当时朝野及僧俗一致公认的正统禅法。神秀本人号称"两京法主，三帝国师"，声誉广被，弟子甚众，荣极一时。直至开元二十年（732），神会北上滑台，开无遮大会，挑起争端，神秀北宗的正统地位才受到怀疑和挑战。神会打着"为天下学道者辨是非，为天下学道者定宗旨"的旗号，指责神秀系"师承是傍，法门是渐"；又对慧能得弘忍传衣一事大肆宣染，用以证明慧能嫡传了菩提达摩南宗的正法。最终神会赢得了胜利，奠定了慧能南宗是禅宗的正统地位，他本人后来亦被敕立为禅宗七祖。

　　慧能南宗正统地位的确立与神会和尚的努力是分不开的，对此，近世胡适争辩最力，神会荷泽一系也终取代神秀北宗而"兴于洛"。然而，安史之乱后，荷泽宗仅仅确立神会为慧能南宗之正统，并且以"《坛经》传宗"作为得法的依据，这是南方的洪州宗所不能同意的。禅史上流传着"荷泽、洪州参商之隙"，盖即为此。荷泽、洪州之争，以马祖门下三大弟子章敬怀晖、兴善惟宽和鹅湖大义相继征诏入京，而宣告结束。这时的洪州弟子不仅遍布大江南北，而且伸入了北方的政治文化中心。于是北人只知有马祖而不知有石头。也许因为石头门下没有一位传人被征入北方京都，故而不仅当时的官方文献很少提到石头的名字，就是文人士大夫中也少有为石头立碑作传者。其实，石头门下也素有与文人士大夫交往者，如药山与李翱、大颠与韩愈，但不见其有石头碑铭传世。就连当时对佛教现状颇有了解的柳宗元、刘禹锡和白居易等著名崇佛文人，在其文字中，也丝毫不见石头之踪影。这又从一个侧面反证了石头禅作为宗系在当时还不存在，或者它根本就是洪州宗的附庸而被视作一回事。这种状况，直到《祖堂集》应运而生，才为石头"大造舆论"。当然，石头宗的出名与曹洞宗、雪峰法系受到唐末南方地方官僚，以及五代南唐、吴越政权的支持有直接关系。

　　从历史时段上看，洪州禅与石头禅相并兴起，但只有洪州宗被确立为正统，而石头禅湮没无闻，至少在本时代的文献上没有得到什么反应。然而到《祖堂集》编撰成书的时代,禅宗出现了新的气象,呈现了新的面貌,原先"默默无闻"的石头宗逐渐抬头,取代了洪州宗的势力范围,洪州主流则移入河北。《祖堂集》的成立,正标志着禅宗南宗两大禅系的分化已趋成熟,它们适应南北文化传统而自成二系。因此又可说,《祖堂集》站在南方禅文化的立场上,记述了洪州、石头两大禅系分化的历史。

3. 《祖堂集》为灯录体史书开山之作

《祖堂集》作为禅宗灯录史书开山之作,主要表现在两个方面:一方面在文体上,以"机语"为重,收集唐五代以来诸宗禅师的大量机缘语句;另一方面,在宗系上,把慧能之后南宗分作石头和洪州两大禅系来叙述。问题是,灯录作为宗派兴起和强盛下的产物,它主要代表的是哪个宗派的心声?它主要反映的是哪个宗派的历史?

笔者以为,《祖堂集》是一部反映石头法系在福建一支的雪峰禅系,联合湖南一支的药山禅系,竭力凸现石头宗,而与洪州宗相抗衡的灯录体著作。它固然没有否定和排除洪州宗的正统性质,但将其降到次要的地位而以石头宗系为叙述重心,目的就是要在"祖堂"中为石头宗争取正统牌位。因此,国内有学者说,《祖堂集》反映的是"南宗禅眼中的历史",这种说法似乎还嫌笼统,准确地说,应该是"石头宗雪峰禅系眼中的历史"。

会昌废佛后,北宗和荷泽宗相继在中原衰落,代之而起的是南方的洪州禅和石头禅。细说起来,洪州禅早在会昌法难前贞元、元和间(785—820),就名震朝野,达至鼎盛。至《祖堂集》编撰时,洪州禅的高峰已经过去,虽然未必就进入了低谷,但其主流则移往北方。虽然南方还有沩仰宗属洪州禅系,但正如印顺法师所说,沩仰宗由南方人开创,在南地弘化,染有南方文化的特色,且迅速消失在石头宗系中,故而南方几成石头之天下。

洪州禅在南方衰落,石头宗脱颖而出,两宗系大分化的原因,目前研究还不甚清楚。但洪州禅在禅理上倡"即心是佛",在禅行上则率性而行,其末流往往难以拘束身心而导致"狂禅"。石头禅则独标一帜,唱"理佛性",以客观遍在之"理"统摄万事万物。如石头曾引僧肇《涅槃无名论》来阐发自己的禅思想,其文曰:

夫至人空洞无象,而万物无非我造。会万物以成己者,其唯圣人乎!何则?非理不圣,非圣不理,理而为圣者,圣不异理也。

在石头看来,所谓"理",既是万物的共性,也是众生的本性,故曰"物我不异";而圣人之为圣人,就在于能"会万物以成己"、"物我玄会",而认识这个"理",故又曰"非理不圣,非圣不理"。石头又假托梦境,说明禅理,说他梦见与六祖"同乘灵智之龟而游于性海"。石头之所谓"灵智",非六识之知,而是通过契会真理开发出来的,是超越时空、无所分别的般若智慧。"性海"之性,似也不专指心性,而是泛指法性,即诸法性空;"性"而曰"海",是表示它存在于森罗万象的广袤世界。由之,石头梦"乘灵智、游性海",实是会"理"悟"智"而达到禅的理想境界。《祖堂集》记此,一方面可表明他继承了南宗正统,另方面也标示了他的禅理特点。

石头与洪州迥然有异的这种禅理特点,无疑是在南方义学的基础上形成的，与江左牛头禅系属同一思潮。宗密判定石头与牛头、径山在禅门中同为"泯绝无寄宗"，在教门中同属"破相显性教"，是较为确切的。在石头禅里，不仅有般若学和三论宗思想的痕迹，而且也有如来藏思想的影子。石头将二者结合起来，既以"缘起性空"为遍在的"理"，又承认有不灭的"灵智"而主"自性清净谓之戒体"。石头对禅的这种独特的体悟，使他对传统"戒、定、慧"三学有了慧能以来的新的突破。在戒律上，慧能之后的禅宗主流对戒律持轻蔑态度，但若全然不顾戒律，势必为社会难以长期相容，这促使石头思考禅宗自己的律学观。《祖堂集》卷四记，石头"略探律部，见得失纷然，乃曰：自性清净，谓之戒体；诸佛无作，何有生也？自尔，不拘小节……"石头戒在"自性清净"，既为冲决传统戒律以至"不拘小节"提供了理论依据，而对于促进禅宗在社会容许的限度内自由发展，也是一个有利因素。在定慧二学上，慧能倡"定慧一体"，马祖以"坐中无佛"、"即心是佛"而闻名；石头则以"理"或"性"统摄定慧，强调"契理悟智"，"理事圆融"。如他著《参同契》，将参禅命为"参玄"，而参玄便是要参悟"理"与"事"的辩证关系。有学者因此称石头禅为禅门中标准的"理学"，而谓洪州禅为禅门"心学"，这也是不无道理的[21]。

综上所述，石头禅与洪州禅相较，在禅理上呈现出来的这种变化和创新，或可说明其在南方兴衰更替之缘由，又为石头一系开宗立派提供了理论上的依据。故而，《祖堂集》在当时禅学界掀起一股"抬石头、贬马祖"的风潮，也并非"空穴来风"。

从文献上考察，《祖堂集》系倡导这股风潮的始作俑者，但揆诸禅史实际，其时高抬石头实有两股力量：一股来自药山系下曹洞宗，如《宋高僧传》卷十三《本寂传》中说：

> 咸通之初，禅宗兴盛，风起于大沩也。至于石头、药山，其名寝顿。会洞山悯物，高其石头，往来请益，学同洙泗。

另一股势力便来自雪峰系下，集中体现在《祖堂集》中。《祖堂集》不仅在份量上给石头宗系2/3的篇幅，位次上给优先的地位，而且在诸多章节中暴露无遗地说出许多"抬石头、贬马祖"的话语来。如卷四石头章不仅探讨了石头与六祖、青原的关系，还塑造了与怀让交往的石头的形象：

> 时六祖正扬真教，师世业邻接新州，遂往礼觐。六祖一见忻然，再三抚顶而谓之曰：子当绍吾真法矣！与之置馔，劝令出家。于是落发离俗。

此表明石头所传禅法乃禀承六祖真法，自当属南宗正统无疑。《祖堂集》嫌此还不够，又让怀让首肯石头禅法，他教侍者去向石头说"石上惚惇子，堪移此处栽"，石头答"任你哭声哀，终不过山来"。侍者回去告诉让和尚，让便说："这阿师，他后子孙噤却天下人口去！"时南岳有固、兰、让三人为世宗匠，都说"彼石头有真师子吼"。《祖堂集》又让马祖对石头禅也持好评，如卷四丹霞章记马祖曰："石头路滑！"并教丹霞去参石头；此外，马祖又教来参者或其门下去参石头，如对招提朗说："你从南岳来，似未见石头曹溪心要，汝应却归石头。"对五洩默说："此去七百里有一禅师，呼为南岳石头，汝若到彼中，必有来由。"

另一方面，《祖堂集》着重叙说或编造药山门下三大弟子即道吾、云岩和华亭的故事，以理清代表洪州禅的沩仰一系与代表石头禅的曹洞一系的关系。曹洞宗稍后于沩仰宗而兴起于湘赣，沩仰宗的前辈有百丈怀海、南泉普愿等，曹洞宗的前辈即药山及其门下道吾、云岩等。据卷五华亭章记，他们三人本来"拟隐于澧源深邃绝人烟处，避世养道过生"，可临分别时，道吾却提出异议，说："向来所议……于我三人，甚适本志，然莫埋没石头宗枝也无？"这似乎发出了石头宗开宗立派的重要信号。于时华林对道吾说："分别之后，我去苏州华亭县，讨小船子水面上游戏。如果碰到灵利者，教他来我这里。"后来道吾上天门，下京口，终于荐得夹山善会投嗣华亭，大兴石头法门。

关于道吾和云岩的故事，《祖堂集》着墨更多，先后见于卷四药山章、卷五云岩章和卷十六南泉章。在药山章，说他们二人在家为亲兄弟，出家则师兄弟。道吾在药山为弟子，云岩在百丈作侍者，然而二十年都未开悟。于是道吾写信给云岩说："石头是真金铺，江西是杂货铺。师兄在彼中堕根作什么？"云岩接得信后，拿给百丈看，百丈说"灼然是生我者父母，成我者朋友"，便教云岩来参药山。药山见云岩说："二十年在百丈，俗气也未除！"在南泉章，说云岩也不"先陀"，道吾念言"他与药山有因缘矣"，便同云岩去药山；道吾后跟洞山密师伯说，云岩"虽然如此，不违于药山之子"。《祖堂集》为何对云岩嗣承药山之事如此再三说明呢？大概因为云岩下开出曹洞宗一脉，弄得不好，云岩归却江西百丈，石头宗下便损折强大一枝了。由《祖堂集》看来，在石头开宗的运动中，道吾似乎是个十分关键的人物。他有忧患之志，当他们几个道友意欲隐遁山林，逍遥江湖时，他忧患石头宗枝被埋没；他又有宣传鼓动的才干，在动荡离乱之世，他能说服华林师兄出世为石头宗做番事业；他也有为石头宗网罗人才的热心，如他不辞艰辛为华林寻找传人，又三番两次促动云岩来参药山。道吾本人传石霜庆诸，也宗门大开，据宋赞宁考，石霜之"枯木禅"蜚声丛林，天下无双。

总而言之，《祖堂集》在石头、药山系下不惜笔墨，有意无意间尽抬举石头宗之能事，足可见《祖堂集》之一斑。其间隐隐然透露出诸由洪州系改宗石头系的消息，实则反映了石头系禅师在洪州系下脱颖而出、开宗立派的情形。

4. 《祖堂集》之后灯录体著作的流变

《祖堂集》对马祖禅系的冷淡，日本学者早有论述[22]。这种状况在海东新开版时，添入东国祖师，得到了一些弥补，因为东国祖师大都属马祖系下。《祖堂集》有10名东国祖师见录，其中只有2名属石头系雪峰门下，且都留住在中国，以致本集卷十七雪岳章借西堂之口说："江西禅脉，总属东国之僧乎？"同卷双峰章记南泉叹曰："吾宗法印，归东国耳！"其实，细考起来，《祖堂集》不光对马祖禅系的记述不尽完整，就是对石头系下法眼宗的记述也是残缺遗漏。法眼宗嗣法漳州罗汉院桂琛所传玄沙师备的宗旨，开宗于南唐吴越，是五代末期影响最大的宗派。法眼宗开祖名清凉文益，灭于周显德五年（958），谥大法眼禅师，故称其宗为法眼宗。文益与《祖堂集》编者是同时代人，却不为所记；罗汉桂琛也未收入。可见，就同一宗系下，也存门户之见。

《祖堂集》在宗系上存在的这两个缺陷，到了52年后成书的

《景德传灯录》有了改观。《景德传灯录》撰于北宋景德元年（1004），共有30卷，内容篇幅较之《祖堂集》扩充了1/3。编者道原，属文益下再传，法眼宗人；而奉敕为《景德传灯录》作刊削和润色者杨亿属临济门下。《景德传灯录》在宗系上所做的较大调整，一是把《祖堂集》原置于青原石头系之后的怀让马祖系调整到前面来；二是把《祖堂集》未记的玄沙师备下罗汉桂琛至清凉文益的传承补上，直至文益下天台德韶、永明延寿（904—975）。该书卷二十五、二十六两卷专载法眼宗法嗣，直至富阳子蒙、长寿法齐为止。在传承世次上看，子蒙、法齐还后于道原一代。

当然，《景德传灯录》的成就当不止于仅对《祖堂集》所做的宗系上的调整。《祖堂集》虽号称禅宗灯录开山之作，但在禅籍中第一部以"传灯"命名的书却是《景德传灯录》。其次，从二书编定的禅宗谱系看，《祖堂集》不如《景德传灯录》来得细密完整；从所收历代禅师机语和行录看，《景德传灯录》对《祖堂集》有所补充，有所扩展。所以，《景德传灯录》在禅史上被称为"最初具有完整规模的一部灯录"。但是《景德传灯录》在结构上将马祖与石头视作并列平行的两大禅系，这模糊了两者在禅理上的界限和差别，也使得两大禅系兴衰更替的禅史实际陷入迷雾之中。

《景德传灯录》问世之后，经过官方文人的裁减加工，入藏流通。《祖堂集》隐而不见，渐在中国失传，《景德传灯录》遂成为后世灯录之源。后世灯录均取法于《景德传灯录》，或增或扩，或删或减，或补续或会要。《景德传灯录》之后，有宋一代相继出六部著名灯录：（1）《天圣广灯录》三十卷，北宋临济宗李遵勖撰；（2）《传灯玉英集》十五卷，北宋临济宗王随撰；（3）《建中靖国续灯录》三十卷，北宋云门宗惟白撰；（4）《联灯会要》三十卷，南宋临济宗悟明撰；（5）《嘉泰普灯录》三十卷，南宋云门宗正受撰；（6）《五灯会元》二十卷，南宋临济宗普济撰。六部灯录分别是此时代强盛的临济、云门两宗弟子所撰。其体制框架和叙述结构，除《五灯会元》稍有改变外，其它均未超出《景德传灯录》的范围，只不过世系计算方法不同和编次有所延伸。

在唐末五代形成的禅宗五家中，到了北宋中叶，有的衰歇，有的仅存，"绵绵然若大旱之引孤泉"（契嵩语）。沩仰一系入宋不传，法眼一系在延寿以后衰落。宋代禅宗主要有临济、云门和曹洞三宗，而在宋前、中期，相当于宋太祖到哲宗的时期（960—1100），主要由临济和云门两宗推动禅学的发展。临济宗主要基地是河北，在宋初仍无变化，从仁宗统治时始（1023），其活动区域又转到了南方而以江西为中心，一变成为禅宗中最活跃的一派。从开祖临济义玄而下，次第传兴化存奖、南院慧颙、风穴延沼、首山省念、汾阳善昭、石霜楚圆。石霜往后传黄龙慧南和杨岐方会，慧南和方会门下法席极盛，他们各自举扬宗风，形成派系，即为黄龙派和杨岐派。后世将这两派和前禅宗五家合称为"五家七宗"。云门宗则为唐五代禅宗的殿军，五家中最后兴起于五代。有了雪峰禅系在五代末的奠基，云门宗在宋前期也达到繁荣和鼎盛。云门文偃传香林澄远，远下智门光祚，祚下雪窦重显，最为禅史家所称道。因此，如果说《祖堂集》和《景德传灯录》基本上是唐五代禅宗的记录，那么宋代后出几部灯录，实则反映了禅宗在宋代的发展状况。

北宋仁宗天圣七年（1029），李遵勖身为驸马都尉，"靡恃贵而骄矜，颇澡心于恬旷"，而撰《天圣广灯录》。"广"在哪里呢？观其内容则广在《景德传灯录》未能收尽的一些人物和机缘语句。该书把南岳系、青原系交叉叙说，南岳系法嗣叙至第十一世（《景德传灯录》至第九世），青原系法嗣叙至第十二世（《景德传灯录》至第十一世）。与《景德传灯录》相比，《天圣广灯录》的传法世系增加无几，而叙说方式则相当凌乱，有使人"头昏目眩"之感；就系谱的严密性而言，则残缺遗漏，如青原系前缺第一世至六世。

其后不久，有《传灯玉英集》，北宋光禄大夫行尚书吏部侍郎王随撰于仁宗景祐元年（1024）。作者因感到《景德传灯录》"缗腾之重，卷帙稍广，谅参学之者津携颇难"，于是"择乎精粹，撮其机要"，删为十五卷。《天圣广灯录》、《传灯玉英集》二书相距《景德传灯录》，不过二三十年的时间，前者嫌其略而不广而加以扩充，后者又病其繁冗难观而加以删减。陈垣先生于此感叹："是知灯录之编，不能尽如人意。今《玉英集》有《宋藏遗珍》影印本，《广灯录》有《续藏经》影印本，均未能胜《景德传灯录》，则改编亦殊不易也。"㉓

《建中靖国续灯录》撰成于北宋徽宗建中靖国元年（1101），相距《景德传灯录》已近百年，其间禅宗有了新的发展，禅的精神出现了新的表现形式——"公案"、"颂古"等。《建中靖国续灯录》作为《景德传灯录》的续作，重点在其未能收到的世次和人物，而由于临济和云门二宗在宋代前期的强盛，则新收人物又大多是这两家的儿孙，此是该书一大特点。除此，还有两大特点：其一，世次计算的方法与前《景德传灯录》、《天圣广灯录》有异，前者从下一代计起，本书以本身为第一世，照此推算，本书青原第八世、南岳第十一世，就相当于《景德传灯录》青原下第七世、南岳下第十世。其二，本书分正宗门、对机门、拈古门、颂古门、偈颂门五门叙述。这里所记的雪窦重显等29人所作的"拈古"和石霜楚圆等20人所作的"颂古"，已经富有时代特色。拈古即是先举过去禅宗的某则公案，然后加以画龙点睛的评论用来启悟学人；颂古与此稍有不同，所作的评论都用韵语写成，可以阐发其中的奥义。从临济宗汾阳善昭作颂古开始，不久后云门宗雪窦重显也作颂古百则，于是颂古这种文体开始流行，从而使禅宗由"不立文字"而公开走上"文字禅"的道路；学人亦以参公案为能事，日渐失去了禅在日用生活中的那种亲切体验。《建中靖国续灯录》收入《续藏经》第136册。

《联灯会要》，撰于南宋淳熙十年（1183），是《景德传灯录》、《天圣广灯录》、《建中靖国续灯录》三部灯录的会要和补充。所补充的是近80年来前代灯录未收的临济、云门二宗的法嗣，撰者悟明在自序中说："唯临济、云门二家，自汾阳昭、雪窦显而下，罕得其录，今所编者，十之二三。《续灯》所载，似无取焉，当伺同志集而补之。"悟明的意思是说，自汾阳善昭、雪窦重显而下，能见到的材料较少，他只编了十分之二、三，而《建中靖国续灯录》所载又没有多少可取，因此还希望有志者集而补之。本书虽没利用《建中靖国续灯录》多少资料，但采用了其计算世次的方法，而叙至南岳第十八世和青原第十五世。本书也收入《续藏经》第136册。

《嘉泰普灯录》，撰于南宋嘉泰四年（1204）。撰者正受在《上皇帝书》中叙说本书的缘起，是他的老师净慈道昌最先提出这个设想，又受到灵隐慧远禅师的督促和鼓励，花去17年时间才完成此书。道昌不满意《建中靖国续灯录》，正受说老师有一天指着此书喟然对他说："夫灯之明，等及一切。初不择物而照，何独收比丘而遗帝王公卿、师尼道俗耶？……灯虽曰《续》，惜其照之不普。"于是正受将北宋三灯综合成一书，尽量搜集其未收的各方信众，以达到他老师所谓的"普"。本书内容上始东土初祖菩提达摩，下至南岳第十七世和青原第十五世；由于南岳和青原的第一世至第九世北宋三灯已经收录，此处不再重复。本书分门叙述，"门"相当于今说"类别"，共有示众机语、圣君贤臣、应化圣贤、广语、拈古、颂古、偈赞和杂著八门。示众机语门记述本书所编的禅宗传承世系，占全书内容的大半（卷一至卷二十一）。其中新编了迄撰书为止的临济宗、洞山宗（即曹洞宗），以及云门宗的传法世次。由于沩仰宗和法眼宗在北宋中叶已经衰亡，故作者未予编次。新编三大宗法系各立一人为正传宗师，其他称为联芳宗师。另外颂古、偈赞、杂著等门保存了很多成文的作品，其中有些还是首次载录，具有重要的资料价值。

本书之前，《联灯会要》已经问世，亦是合北宋三灯为一书，但正受对它只字未提，似乎不知道有此书存在。于是有人推测"可能是传本较少的缘故"，因此断定"《普灯录》与《联灯会要》之间并无学术上的继承关系，它们是《续灯录》之后出现的两部并列的灯录。"㉔本书收入《续藏经》第137册。

《五灯会元》，成书在南宋淳祐十二年（1252）。因为本书是合前述《景德传灯录》、《建中靖国续灯录》、《天圣广灯录》、《联灯会要》和《嘉泰普灯录》五灯为一，五灯叠床架屋，内容多有重复，普济删繁就简，加以新的组织，所以书名叫《五灯会元》。因为人情乐简，此书传世之后，原来五灯反而流通少了。原来五灯，每灯各有三十卷，共计一百五十卷，现今《五灯会元》浓缩为二十卷，卷的数量减少了，书的内涵却显得丰富精练了。本书最大的特点和价值所在，即是一改过去慧能以下禅宗分南岳和青原两大系叙述的习惯，而以新近形成的临济宗下的黄龙、杨岐两派配上原来的五宗，号称"五家七宗"，以此为纲目记述禅宗的传法世次。其叙述方式比前作了重大改进，它的宗派分明，脉络清楚，易得要领，当不在话下。本书有南宋宝祐元年（1253）的初刻本和元至正二十四年（1364）的重刻本两种本子。《续藏经》第137册收入元重刻本的两篇序言和两卷目录，第138册收入正文。中华书局于1984年印单行本行世。

元代是蒙古族入主中原，流行藏传佛教，汉地禅宗的发展受到严格控制，因而这时期的灯录不多。据说至元间（1264—1295），有千越云壑瑞禅师作《心灯录》"最为详尽"，因为引用了丘玄素所制塔铭而把龙潭崇信归为马祖门下所出，从而使得本属青原系的云门、法眼二宗划入南岳系去了，当时有人强烈反对，此书便不得流传（见《五灯会元》释廷俊序）。另外，有行秀作《祖灯录》六十二卷，流传也不广，现已不存。

明清之际，灯录繁盛。灯录之作自五代宋初兴起后，至明、清两代出现繁荣发展的势头，各种各样的灯录都"粉墨登场"。这时期的灯录，不仅数量多，而且品种亦占了历代灯录之首。粗略统计，大致有这么一些类型的灯录：有承接《景德传灯录》传法世系往下续写的《续传灯录》和它的增补本《增集续传灯录》；《五灯会元》自刊行以来，深受禅学界人士的喜爱，"元、明以来，士大夫之好谈禅悦者，均喜其方便，无不家有其书"，至明末清初，它的续作亦纷纷出世，形成系列如《五灯会元续略》、《续灯录》等；此外，又有别标宗旨而无异于灯录的《指月录》和《续指月录》，此是禅学圈外人士所写，自称是"儒者谈禅之作"；明崇祯年间，又出现只载居士的《居士分灯录》；清康熙年间，出现地方性的灯录如《锦江禅灯》、《黔南会灯录》等。

明洪武末年（1398），出圆极居顶《续传灯录》三十六卷。明永乐十五年（1471），出南石文琇撰《增集续传灯录》六卷。居顶自序说："窃谓《景德录》至矣，继此四灯之录，宁免得此而遗彼乎？《会元》为书，其用心固善，然不能尊《景德录》为不刊之典，复取而编入之，是为重复矣。"居顶以为《景德传灯录》是以往所出灯录之最，后继的《天圣广灯录》、《建中靖国续灯录》、《联灯会要》和《嘉泰普灯录》这四部灯录往往都存此而失彼，《五灯会元》也没有认识到《景德传灯录》是一部典范的著述，把它与四灯并列编入书中，实是重复，因而他有必要接着《传灯录》的传承世次而作《续传灯录》。

为了突出大鉴（慧能谥号）在禅宗中盖世的地位，本书传承世次只标大鉴下某世，不同于《祖堂集》尊石头和马祖而曰"石头下"、"马祖下"，也不同于《景德传灯录》分南岳、青原二系叙述，也不同于《五灯会元》在二系之下又分五宗二派，作者说："盖五家宗派互相激扬，同出大鉴，故续录统而合之，以一其归世。"本书以大鉴世次统摄各宗派，从大鉴下第十世汾阳善昭、雪窦重显起，叙至第二十世止。二十年后，文琇认为居顶成书仓促，所收太略，因而进行增补，是为《增集续传灯录》。

由于居顶《续传灯录》之前已有《嘉泰普灯录》和《五灯会元》叙禅宗法系至南岳下十七世，相当于本书大鉴下第十八世，因而《续传灯录》实际新修只二世（即十九世、二十世）。作为增补本，从大鉴下第十八世叙至第二十五世。此二本都收入《续藏经》第142册。《大正藏》第51册也载《续传灯录》。

明末清初，出现续写《五灯会元》的系列著述。《五灯会元》收录禅宗传法世系止于南宋绍定年间（1228—1234）；《五灯会元》没有收录的，全赖《续传灯录》收之，但它采录不全，且止于宋末元初；《增集续传灯录》又有《五灯会元补遗》附于书末，但也不过收大鉴下第十七世中的20人。自元以后至明末清初大约400年间的禅宗世系，曹洞宗元贤在清顺治八年（1651）撰成《继灯录》六卷记之。在此以前有《五灯会元续略》四卷，作者亦是曹洞宗人，从明崇祯十五年开始写作到十七年完成（1642—1644）。

此二书都是《五灯会元》的续作，都只续曹洞宗和临济宗，这是因为沩仰宗和法眼宗在普济撰《五灯会元》时已经绝传，云门宗虽在《五灯会元》撰成后尚有若干传人，但他们的嗣承世次因为年代的久远已无法详考。此二书也都是把曹洞宗置于临济宗前，灯录之作出于"自尊其宗"的需要，往往把本宗置于他宗之前叙述，这是自《祖堂集》产生以来（其尊抬石头，后置马祖）灯录体著作的习惯。《五灯会元续略》，曹洞宗始青原下十五世，终三十六世；临济宗，始南岳下十六世，终三十四世。《继灯录》，曹洞宗始青原下十六世，终二十九世；临济宗始南岳下十八世，终二十七世。前者收入《续藏经》第138册，后者收入《续藏经》第147册。

其后又有两部灯录也是《五灯会元》的续作，一部是《续灯存稿》，清通向编定于顺治十五年（1654）；另一部是《续灯正统》，清性统撰成于康熙三十年（1691）。《续灯存稿》十二卷，是通向以所得的施沛居士原稿为基础，后经数年编撰才得以成书，正打算命工镂板，忽遭强盗打劫，于是秘而藏之，所以称为《存稿》。作者因是临济宗人，仍按《五灯会元》先临济后曹洞的序次，而不同意《继灯录》将二宗次序颠倒。本书收临济宗始自大鉴下第十八世，终至大鉴下三十四世；曹洞宗始大鉴下第十六世，终大鉴下三十六世。又遵照《续传灯录》以大鉴统摄各宗，统称"大鉴下某世"。本书收入《续藏经》第145册。

《续灯正统》，四十二卷。续灯，即补续上自南宋初下至康熙年间《五灯会元》所未备的禅宗传承法系；正统，是昭明法系嗣承，把临济、曹洞二宗分别开，各清其授受。所续临济宗始大鉴下第十六世，终三十五世；曹洞宗始大鉴下第十六世，终三十七世。本书收入《续藏经》第144册。

明万历二十三年（1595），瞿汝稷撰《水月斋指月录》三十卷，简称《指月录》。水月斋，是其居室的名号；指月，如传灯，亦出自禅宗的譬喻，以"指"譬名相，以"月"喻实相。禅宗认为，禅法如以手指月示人，不可把指就当作是月，如果那样的话，既没见到真正的月，亦失去了原来的指；这也就是说，真正的禅悟在于通过名相来把握实相而不滞著于实相。"指月"里面涵容了禅宗的核心思想，作者因此用来作为书名。书名虽与《传灯录》有异，其内容并无二致。观其书则仍按传法世系编写，记载历代禅师的简略生世和机缘语句。其传承世系，只标"六祖下某世"；所记世次，上始七佛，下至六祖下第十六世，不超过《五灯会元》、《续传灯录》的世次。清康熙十八年（1679），聂先撰《续指月录》，从六祖下十七世叙至三十五世，其下限又不超过《五灯会元续略》和《续灯录》的范围。由于《指月录》成书在明万历年间禅宗复兴的时代背景里，那个时候士大夫参禅之风大盛，本书作为士大夫的代表作，有某些适合士大夫的风格和口味，因而本书问世后十分流行。

　　自宋迄明，士大夫热衷于参禅者甚众，如奉诏裁定《景德传灯录》的杨亿、编撰《天圣广灯录》的李遵勖、《指月录》的作者瞿汝稷，以及著名的文人欧阳修、苏轼、王安石、袁宏道和大官僚富弼、文彦博、张无尽等，都与禅宗结下了不解之缘，深受禅学的薰陶。也许正是在这个文化背景下，明朱时恩在崇祯四年（1631）撰《居士分灯录》二卷，远追维摩诘居士，尊为居士之鼻祖。又叙唐宋以来的中土居士，有名者如庞蕴居士、裴休居士等，共计72人。

　　禅宗入宋以后，不复有唐末五代那样生机蓬勃、风起云涌般的发展，禅宗内外与他宗他教调和融合的思想倾向渐占上风，昔日禅师卓立的风采、自主的精神也逐渐枯萎凋零。直至明中叶以前，禅宗的处境还是十分艰难，前景黯淡。

万历年间（1573—1620），禅宗却有了转机，出现云栖袾宏、紫柏真可、憨山德清、藕益智旭，号称"晚明四大高僧"。他们相继应世，检查佛教衰退的原因，批评禅法的堕落，力图改变现状，誓志复兴禅宗。一方面由四大高僧从内部大力推动，另方面明季士大夫在外部积极响应和支持，内外呼应，互相标榜，终于使禅宗在明季一度呈现复兴迹象，恰似回光返照。其流风所被，远及西南滇黔。近世有陈垣先生著《明季滇黔佛教考》，专论明季滇黔佛教之盛。明末世乱时四方禅侣纷纷来此地逃难，"乞食于其间"；明亡后又有很多文化精英萃集于此，遁逃于禅，以全其志节。如此造成明末清初黔地禅宗的勃兴。后世有志者如清代如纯，有感于历代灯录所记古尊宿名目大多在江浙诸省，而关于西南记载的极少，其原因大概是边远蛮荒之地跋涉艰辛，资料收集不易。于是，如纯亲身游历黔南诸郡，不惮寒暑，汇集黔地诸家禅师语录，尔后编撰成书，这就是《黔南会灯录》。这是一部地方性的灯录，共八卷，编成于康熙四十一年（1702），它只收明末清初在贵州一带禅宗人物，而此时在贵州流传的主要是临济宗，故收曹洞宗的人数很少。本书入《续藏经》第145册。本书之前有清通醉在康熙十一年（1672）撰《锦江禅灯》，专收生于蜀地，或者生于他地而在蜀地传法的禅宗人物。

明清两代除了以上各种灯录，还有为法统问题争执而受到影响后编撰的灯录，如《五灯严统》、《五灯全书》等，采用荆州城里两个道悟说，紊乱禅宗谱系，把原属青原系下的云门、法眼二宗划归到南岳系下。此说出世后遭到不少禅宗人士的指责，因它而编的灯录也被归入该毁伪书的行列,流通很少。

综上所述,由《祖堂集》肇始的灯录之作,在禅宗典籍乃至佛教著述中,自成系统,蔚为大观,可谓源远流长。诸灯录虽互有重叠串混之不足,但总算代代都有灯录,也即禅宗在历代的发展状况都历历可考,有案可稽。因此,后世欲追寻历代禅宗宗脉的发展演变史,欲探究禅宗各家思想之源流,此种灯录之著述无疑是一大宝藏,也是最好的宝筏。

三、《祖堂集》之价值

整体观之,《祖堂集》的价值集中表现在两个方面:一方面,如前所述,它首先编定了慧能南宗下青原、石头和怀让、马祖两大禅系。这两大禅系,后经《景德传灯录》之传载(当然此未必直接继承《祖堂集》),并通过《传灯录》对后世灯录的直接影响,而成为慧能禅宗传承"法开两系,花开五叶"之铁论;另一方面,它较早地记录和保存了大量的唐五代禅师语录,这些语录绝大多数以唐五代流行的白话和方言写成,不仅生动地传达了诸方禅师应机施教的精神,成为研究禅宗思想的宝贵文献,而且也为汉语言学界研究唐五代语言和语法特色及其演变轨迹提供了鲜活的原始素材。因此,《祖堂集》的学术价值,不只经久不衰地吸引着研究禅学思想的中外人士,汉语言学界对之也保持着十分浓厚的兴趣。兹从宗系价值、资料价值和语言价值以及文化价值四个角度,具体说明《祖堂集》学术价值之所在。

1.《祖堂集》的宗系价值

就宗系而言,《祖堂集》最大的价值莫过于完整地记载了慧能后南宗两大禅系发展的历史，尤其凸现了石头宗在南方的悄然崛起。这改变了过去文献对石头宗系的忽视和冷漠倾向，直接影响了后世灯录以怀让马祖一系和行思石头一系同为南宗正统的观点，也完整地展现了慧能南宗在唐末五代的蓬勃发展和兴衰更替的历史实际。而石头禅作为禅门中标准的"理学"，自石头大师在《参同契》中唱导"竺土大仙心，东西密相付；人根有利钝，道无南北祖"以来，以其客观遍在之"理"，不仅统摄了禅宗内部多宗，如牛头宗、荷泽宗、沩仰宗等都先后消融在里边；而且影响及于圈外，绵延后世，既和教界华严宗倡导的"禅教一致"合流，又间接开启了宋明理学的复兴。

2. 《祖堂集》的资料价值

从资料方面来说，《祖堂集》是继《宝林传》、《续宝林传》之后，又一部十分珍贵的早期南宗禅史籍。它之珍贵，不只因为它内涵的材料，比《宝林传》完整，规模大和容量大；也不只因为它在中国失传千年，今又失而复得，重新流播于故土；更因为它早于对后世禅宗影响较大的《景德传灯录》半个多世纪。尤其本集编者以严谨的史家实录的态度撰写此书，多以碑文传记为据。所依何碑，作者在不少传记之末加以明示；而凡"未睹行状"、"未见实录"者，又不忘在文首予以说明。这种以碑为准、尊重实录的写作风格，使得它所存禅宗资料具有很大程度的可信性；而不像后世有些灯录为法统问题争执，不惜篡改法系，捏造事实。当然，《祖堂集》作为灯录，也未能免除宗派倾向，也不是绝对的信史。

更可宝贵的是，《祖堂集》里保存了许多今已不传，或失载，或误载的文献资料。今不传者，如其中作者在当时看到的许多碑文，像卷五德山章提到的沙门元会撰碑、三平章吏部侍郎王讽所制塔铭，卷六石霜章孙握撰碑、卷十五大梅章江劓制碑，等等，都现已不存。失载者更多，《祖堂集》里不仅记有后世灯录和僧传所未载的许多禅师的行状和机语，而且还备有不少后世灯录和语录所未存的成文的歌吟偈颂。查《祖堂集》所记200多位禅师中，其中有明确生卒年的共有 45 位，这是我们确定禅宗活动时间的重要坐标，其中有些禅师如卷十五马祖法嗣永泰灵瑞（760—829）、卷十三保福法嗣龙潭如新（894—934），以及一些海东籍禅师如卷十七之慧目和尚（787—868）、双峰和尚（798—868）等均未载传于《景德传灯录》和《五灯会元》诸灯录（有的仅有名字）。像永泰灵瑞，在《景德传灯录》、《五灯会元》虽仅有名字在目录中，但其后卷章中又突然登录他的三个弟子（上林禅师、秘魔岩和尚、祇林和尚），以至于法脉有尾无头，空缺一环，而在《祖堂集》中却有完整的记载。又，《祖堂集》中保存了许多歌吟偈颂，如卷四丹霞章载天然的《孤寂吟》、《骊龙珠吟》、《玩珠吟》、《弄珠吟》等好多诗颂，《景德传灯录》卷三十只载他的《玩珠吟》二首。又如卷十一云门章《十二时歌》，在《景德传灯录》、《五灯会元》中不见记载，就连收录颇全的《云门匡真禅师广录》也只有残缺简略的片断，但在本集中却全文收录。再如本卷惟劲章，本集载其《镜灯颂》、《象骨偈》全文，而在《景德传灯录》只说"乃著五字颂五章"，并未辑存。另外，本集诸多章次后附有省澄大师赞，现存敦煌出《泉州千佛新著诸祖师颂》中只颂到石头、马祖二师，其下所出禅师未赞，而本集又新赞道吾、德山、洞山、长庆诸和尚。

后世灯录误载《祖堂集》所记较为突出的例子是关于"百丈"和尚的问题。依《祖堂集》，百丈政和尚和百丈海和尚都同为马祖弟子，而海和尚下出涅槃和尚，本集称为"第二百丈"者是（卷十四百丈和尚章）。但在《景德传灯录》明藏本和《五灯会元》中，百丈政和尚却被视为百丈涅槃和尚。另外，禅史上流传的百丈与马祖关于"野鸭子"的公案，《五灯会元》、《古尊宿语录》都以为是百丈怀海的悟道契机，而本集卷十五五洩章却记为百丈惟政与马祖道一的机缘。

此外，《祖堂集》中有详尽记载，而《景德传灯录》及其后灯录略载的例子也有不少。如本集卷二十对于五冠顺支（又作"之"）的记载，此中提供了研究沩仰宗和朝鲜禅宗思想的可资利用的详细材料，然而在《景德传灯录》卷十二中只提到其"作圆相"示人，其余寥寥，更未见有成篇的文献。

至此，有必要指出，《祖堂集》和《景德传灯录》是中国禅宗史上两部都很重要，然而又各具特色的灯录，它们的资料价值往往在相互参补和对勘中合而双美，相得益彰。

3.《祖堂集》的语言价值

《祖堂集》是现存最古的禅宗灯录体著作，也是现存最早的禅宗语录汇集，其中虽然窜入了北宋初年的少量内容，但绝大部分是唐五代语言的记录。其中含蕴不少口语成分很高的白话和富有南方特色的方言，诸如"阿那"、"阿你"、"好去"、"好与"、"可中"、"可杀"、"可怜生"、"作么生"、"客作汉"、"气拍汉"、"没交涉"、"较些子"，等等。这些口语和方言鲜活传神，不仅极其生动地传达了当时禅师应机施教的神情，和他们的妙明的真心，激电般的迅机，如实体现了禅的真精神，而且还是五代历史、文化、风俗和世态演变之传真。

进一步说，《祖堂集》的语言标志了一种新的文体的诞生，也即在中国古代文学的园地里又盛开了白话禅文学这朵奇葩。它以记言为体，不像以前史传尚文而仅以碑板石刻为据，它直接采用记载禅师口头语言的语录加以撰述，这可以说是一种很大胆的尝试。这对入宋后白话文著述的大量出现，某种程度上起了推波助澜的作用。《祖堂集》的语言可谓禅宗推动白话文运动的典型代表。

《祖堂集》语言形成的思想根源，来自禅宗倡导的"教外别传，不立文字，直指人心，见性成佛"的精神。在禅宗史上，洪州马祖系创"势"以表义，推动了禅林呵佛骂祖、踢打棒喝的风气，披靡当世；湖南石头系则用"语"以示理，又直接促进了禅宗灯录和语录的兴盛，亦影响深远。至宋时，禅宗灯录和语录皆蓬勃兴起，出现了像被后世摹仿效颦的《景德传灯录》和诸家禅师语录总汇的《古尊宿语录》这样的大型作品，从而使禅宗由"不立文字"而公开走上"文字禅"的道路。

《祖堂集》展现的禅宗语言独具特色。其语录往往寓艰深哲理于平常言语，于平淡中显隽永，在不经意间见深刻。如夹山语："看君只是撑船汉，终归不是弄潮人"；陈尊宿语："路逢剑客须呈剑，不是诗人莫说诗"。更为奇特的是，诸方禅师用有限的语言充分表达了禅的精神在语言上呈现的"吊诡"现象：一方面，他们视语言为"葛藤"，把在言语上下功夫看作"扪空逐响"

(卷五德山章),将多嘴饶舌说禅称为"老婆禅"(卷十长庆章)。又如卷四药山章说"言语动用勿交涉",卷五三平章说"若也驰求知解义句,则万里望乡关",卷六投子章说"解语非关舌,能言不是声",卷十鼓山章说"承言者丧,滞句则迷",卷十三省僜章说"通心君子,文外相见"、"真实离言说,文字别时行",卷十四马祖章说"言语说诸法,不能现实相";另一方面,他们又鼓唇动舌,说千道万,造成上堂开示越开越长,说法语录越积越多。《祖堂集》的这种语言现象固然是禅宗深奥哲理的表现,但也是对中国哲学"言尽意"和"言不尽意"传统的继承和发扬。

《祖堂集》里禅宗的语言更多地承继了"言不尽意"的传统,而主张"得象忘言,得意忘象"。这种哲学深深地影响和熏陶了历代悦禅的中外人士,使得他们更着重于内在精神的体悟,而忽视所谓的"文字般若"。这种倾向带到学术圈子里,又造成一般学者不注重禅宗典籍研究,致使历代灯录、语录虽汗牛充栋,"而一一探讨者却少之又少";更遑论"有系统、有步骤,对禅学典籍作全盘仔细探讨"了。㉕

4.《祖堂集》的文化价值

禅学数千年来缕缕不绝,成为一种独特的文化现象。正如季羡林等著《禅与东方文化》序言所说:"文化是每个民族智慧的集中表现。每种文化都打上了各民族独特的印记;但是,它又是在各种文化的互相交流、撞击中向前发展并得到繁荣昌盛的。中国古代禅文化的繁荣就是一个杰出的例证。"从一定意义上看,《祖堂集》就是禅文化从印度传播到中国,然后又流至东国朝鲜的较早的历史记录。《祖堂集》在中国失传,埋没千年后,在近代为日本人重新发现；日本又开研究《祖堂集》之先河。故《祖堂集》这部旷世奇作成为今日沟通中、日、韩三国学者学术文化交流的桥梁。也正是在这一点上，京都中文出版社《祖堂集》影印本"出版说明"称，它是一部代表"中、日、韩三国文化交流之结晶，同文同种之象征"的作品。

  禅，尤其慧能开创的南宗禅，大凡研究禅学的人士多视之为佛法的心髓，佛教文化的真正代表。国外则有人誉之为"东方文明的精粹"，它集中表现了东方文明的特质，堪称东方古代智慧的最高成果[20]；又有人说它是"东方文化宝库中令人注目的璀灿的瑰宝"，它在古代中国和日本影响于诗歌、绘画、园林、书法、茶道和剑术，乃至风俗习惯等广泛的文化领域；"禅思想可以说是东方文化的奇葩，它使人类安乐，可以给人类打开智慧的大门"（韩国吴亨根语）。[21]这些赞誉之词，多多少少映射出了传载慧能禅宗思想文化的《祖堂集》的宝贵价值。

  的确，禅宗的思想文化里蕴含了中国人、日本人，乃至东方人的灵性和智慧。《祖堂集》如同《景德传灯录》一样，是祖先留给我们后世的一份珍贵的文化遗产，是值得我们好好加以整理研究，并将之发扬光大的。可是，观有关禅籍的出版界现状，是不尽如人意的。近十多年来，国内随着西方世界对东方文化的关注，和西哲们对禅智慧的兴趣，使得禅宗的历史、禅宗的思想和文化得到了不少有识之士的重视和开发。然而其中难免良莠芜杂，鱼目混珠，以致一些心浮气躁的人虽热衷于参禅，却不能有效地识别和把握禅的真髓，因而做着徒劳的辛苦和努力。这就需要禅学研究者以及对禅感兴趣的人们能从禅的原典，比如被禅学界奉为经典之作的《祖堂集》、《景德传灯录》等作品入手,作严肃而认真的研究,揭示其"本来面目"。

注释

①引自《胡适哲学思想资料选》,华东师大出版社,1981年2月,内部发行。

②见于印顺著《中国禅宗史》,上海书店,1992年3月版。

③见于赞宁:《宋高僧传》卷九《石头传》,上海古籍出版社,1991年12月。

④《全唐文》卷七一五,第7352页。

⑤《全唐文》卷七三一,第7546页。

⑥《全唐文》卷六七八,第6928页。

⑦《续藏经》第十四册第277—280页。

⑧《大正藏》第四十八册第400页下。

⑨参印顺:《中国禅宗史》第八章《曹溪禅之开展》。

⑩参葛兆光:《中国禅思想史》第五章《禅思想史的大变局》,北京大学出版社,1995年12月版。

⑪杜继文:《中国禅宗通史》第四章第四节《关于石头宗系及其禅风的考察》,江苏古籍出版社,1993年8月版。

⑫此段中柳田圣山关于《祖堂集》之研究,参底本收影印序。

⑬此颂现存《大正藏》第八十五册。

⑭见于《魏书·释老志》。

⑮隋费长房:《历代法宝记》卷九。

⑯宋道原:《景德传灯录》卷首《西来年表》末也记此事。载于《中国佛教史传丛刊》,台湾建康书局印。

⑰《景德传灯录》卷二十九载僧润诗三首,《因览宝林传》是其中一首,原诗全文:"祖月禅风集宝林,二千余载道堪寻。虽分西国与东国,不隔人心到佛心。迦叶最初传去盛,慧能末后得来深。览斯顿悟超凡众,嗟彼常迷古与今。"

⑱参杨曾文校写《敦煌新本六祖坛经》所附论文说:"《坛经》中的五祖传衣付法颂、四十代祖师传承世系以及二十年后有人出来'定佛教是非'等,皆不是法海所纂的祖本《坛经》所有的,是后人增加的,其中'吾灭后二十余年,邪法缭乱,惑我宗旨。有人出来,不惜身命,定佛教是非,竖立宗旨'等,肯定为神会门人或神会崇拜者所加……"上海古籍出版社,1993年10月版。

⑲参印顺著《中国禅宗史》第六章《坛经之成立及其演变》,其中提及"《宝林传》修正了《曹溪大师别传》的二十八祖说。……建中中(781),洪州门下慧炬作《宝林传》。宝林不只是曹溪的宝林寺,也是西天东土历祖相承的宝林。"上海书店,1992年3月版,第277、280页。

⑳契嵩《传法正宗论》,载《中国佛教史传丛刊》,台湾建康书局印。

㉑参杜继文、魏道儒:《中国禅宗通史》,江苏古籍出版

社,1993年8月版,第283页。

㉒见椎名宏雄:《祖堂集的编成》,载《宗学研究》1979年第21号。

㉓陈垣:《中国佛教史籍概论》,中华书局,1962年版,第99页。

㉔陈士强:《佛典精解》,上海古籍出版社,1992年11月版,第597页。

㉕参张曼涛:《禅宗典籍研究》,台湾大乘文化出版社,1977年版。

㉖参陈兵:《佛教禅学与东方文明》,上海人民出版社,1992年8月版,第4页。

㉗参季羡林等:《禅与东方文化》,商务印书馆,1996年版,第1页和第4页。

主要参考资料

《祖堂集》，南唐静、筠二禅德编著，日本中文出版社，1972年版

《祖堂集》，南唐静、筠二禅德编著，吴福祥、顾之川点校，岳麓书社，1996年版

《敦煌新本六祖坛经》，杨曾文校写，上海古籍出版社，1993年10月版

《高僧传合集》，梁慧皎等撰，上海古籍出版社，1991年12月版

《中国佛教史传丛刊》第三册，台湾建康书局印行。

《古尊宿语录》，宋赜藏主编，上海古籍出版社，1991年2月版

《五灯会元》，宋普济著，苏渊雷点校，中华书局，1984年10月版

《佛学大辞典》，丁福保纂，文物出版社，1984年版

《大正藏》第五十一册、八十五册，《续藏经》第一四二、一四三册等，日本大正一切经刊行会，1934年版

《中国佛教思想资料选编》第二卷第四册，石峻、方立天、楼宇烈等编，中华书局，1983年版

《佛典辑要》，赖永海主编，山东人民出版社，1992年版

《佛典精解》，陈士强撰，上海古籍出版社，1992年版

《人间天书》，本社编，上海知识出版社，1989年版

《祖堂集》，葛兆光释译，台湾佛光出版社，1996年8月版

《景德传灯录》，张华释译，台湾佛光出版社，1997年4月版

《宋高僧传》，赖永海、张华释译，台湾佛光出版社，1998年2月版

《中国禅宗史》，印顺著，上海书店，1992年3月版

《中国禅宗通史》，杜继文、魏道儒著，江苏古籍出版社，1993年8月版

《中国禅思想史》，葛兆光著，北京大学出版社，1995年12月版

《隋唐佛教史稿》，汤用彤著，中华书局，1982年8月版

《中国佛教史籍概论》，陈垣撰，中华书局，1962年版

《明季滇黔佛教考》，陈垣著，科学出版社，1959年版

《佛家名相通释》，熊十力著，中国大百科全书出版社，1985年版

《中国佛学源流略讲》，吕澂著，中华书局，1983年版

《中国禅宗思想历程》，潘桂明著，今日中国出版社，

1992年版

《禅与东方文化》，季羡林、吴亨根等著，商务印书馆，1996年版

《佛教禅学与东方文明》，陈兵著，上海人民出版社，1992年8月版